IDÉES ET MODÈLES

CW01665372

Rajeunir de vieux Meubles

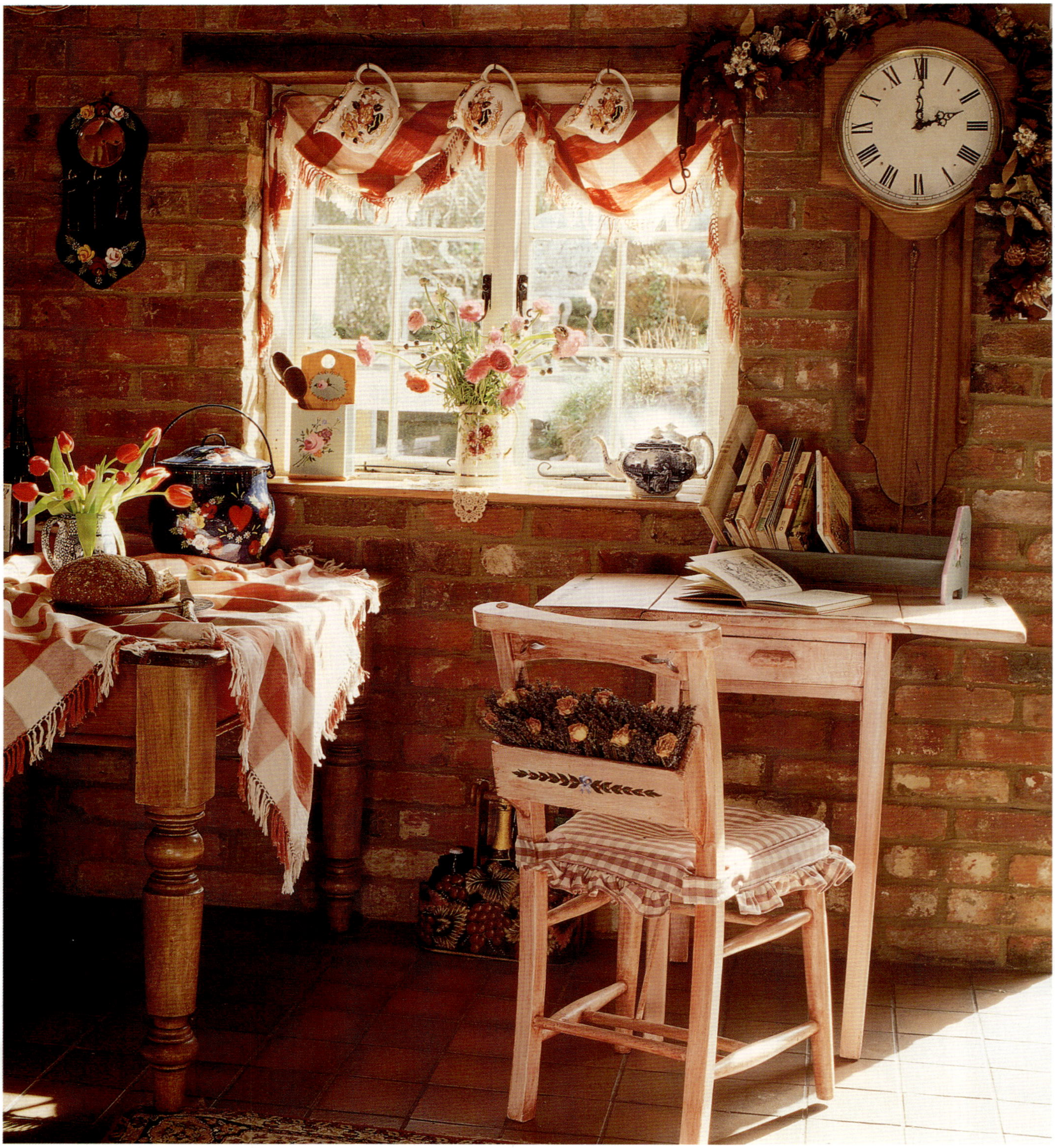

Titre original en anglais : *Doing up old junk*
Traduction et adaptation française : Marie Pieroni

Publié en 1999 par Merehurst Limited, Londres

61, boulevard Saint-Germain - 75240 Paris cedex 05 - www.editions-eyrolles.com
ISBN 2-212-02677-3

IDÉES ET MODÈLES

Rajeunir de vieux Meubles

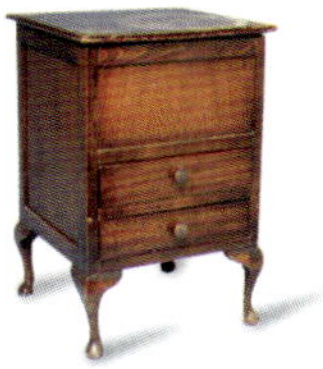
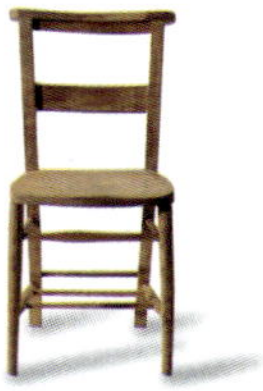
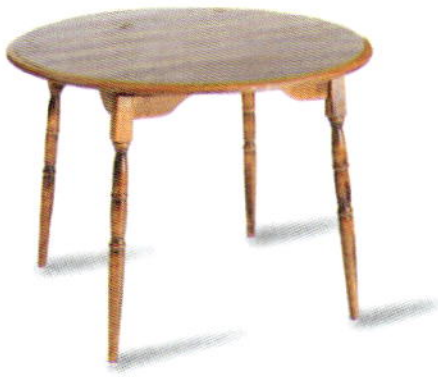
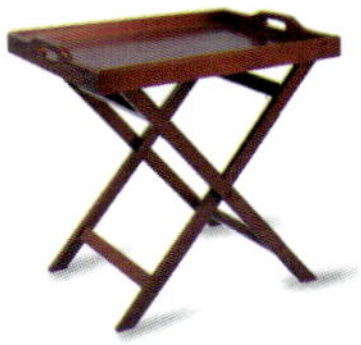

Traduit de l'anglais par Marie Pieroni

Eyrolles

Sommaire

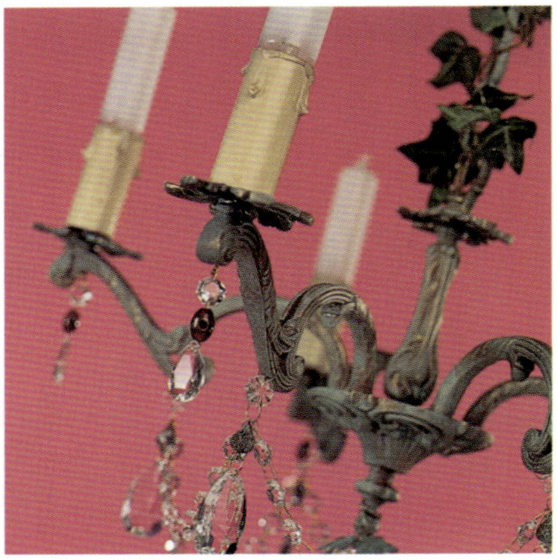

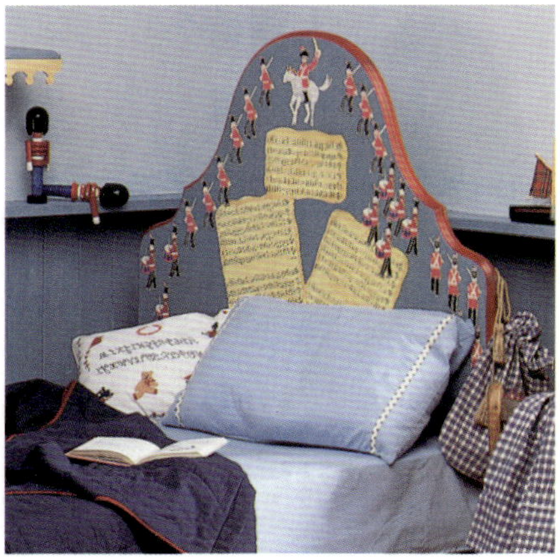

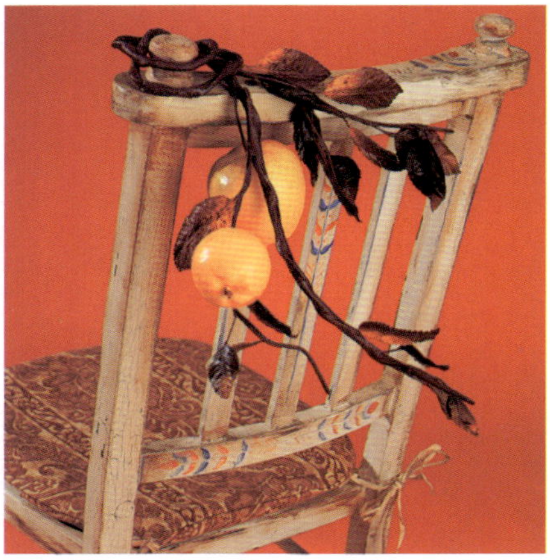

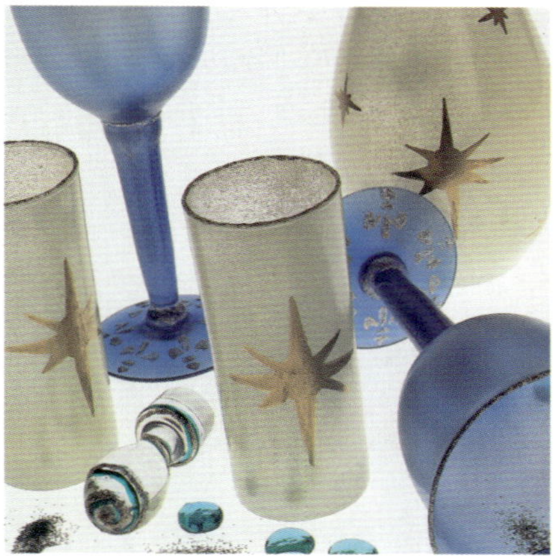

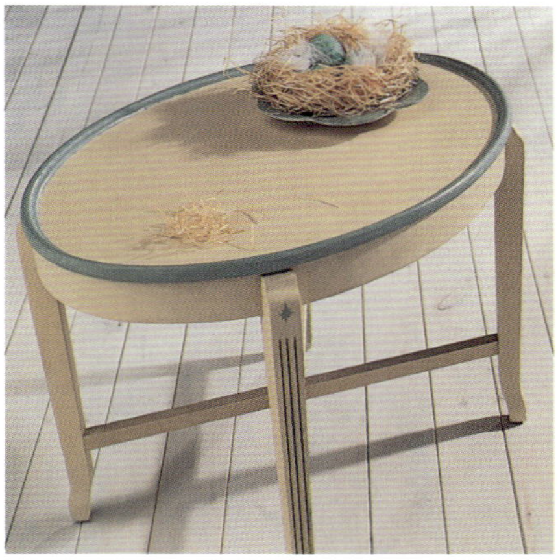

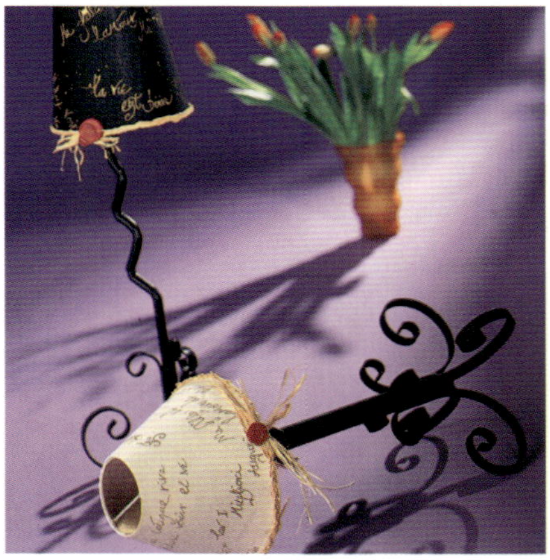

Introduction

LA COLLECTE DE MEUBLES ET D'ACCESSOIRES D'OCCASION est devenue un passe-temps prisé. Loin d'être l'apanage de quelques excentriques ou de personnes à court d'argent, la récupération d'objets représente une activité économique à part entière, qui intéresse les stylistes, les antiquaires et toutes les personnes qui aiment personnaliser leur intérieur.

Les raisons qui poussent à rénover sont nombreuses. Certaines personnes n'ont pas le cœur de jeter telle vieille table qu'ils ont toujours connue dans leur famille ; d'autres, en débarrassant le grenier de leur nouvelle maison, se retrouvent les heureux propriétaires d'une chaise un peu délabrée mais charmante. Il arrive également que l'on ait envie d'imiter un ami qui, grâce à ses réalisations, jouit d'un intérieur original et harmonieux.

Dans tous les cas, cette activité deviendra rapidement une véritable passion. Après avoir rajeuni tous les meubles de la maison, on cherche très vite à en dénicher d'autres chez les brocanteurs, sur les marchés aux puces, voire dans les rebuts que les voisins amoncellent sur le trottoir les jours de ramassage. Un objet devenu inutile à l'un peut devenir précieux pour l'autre !

Le plaisir de la rénovation repose en grande partie sur la liberté et la créativité individuelles. Tous les styles étant permis, l'idée retenue reflète réellement la personnalité de son auteur. Tout comme vous choisissez les papiers peints de votre logement, il n'appartient qu'à vous d'élaborer un décor quotidien composé de meubles et d'accessoires qui vous ressemblent, avec lesquels vous vous sentez bien. Le jeu en vaut d'autant plus la chandelle qu'on trouve des objets d'occasion à tous les prix.

L'obstacle le plus difficile à surmonter est certainement le manque de confiance en soi. Pour peu d'en avoir le désir, chacun possède en lui le talent et la créativité nécessaires à la réalisation de décors intéressants et personnalisés. Il suffit ensuite d'un peu de temps et de pratique pour obtenir les finitions soignées et l'habileté qui font toute la différence.

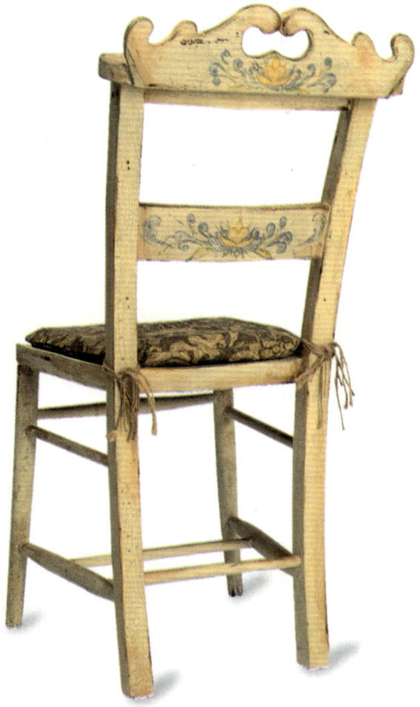

Les réalisations présentées dans cet ouvrage montrent bien que les techniques décoratives sont à la portée de tous les amateurs. Que vous soyez débutant ou chevronné, elles vous inspireront pour mettre en œuvre vos propres projets. Elles prouvent que quelques outils, un peu d'imagination et beaucoup d'enthousiasme permettent de métamorphoser un vieux meuble abandonné en une pièce unique et appréciée.

La récupération d'objets

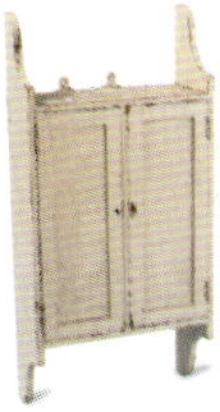

La source la plus riche d'objets à récupérer est certainement votre propre maison. Caves et greniers recèlent souvent nombre de meubles que l'on y a rangés « temporairement », mais qui se couvrent de poussière au fil des années. On est souvent surpris de la facilité avec laquelle on peut ressusciter leur charme et leur donner une nouvelle jeunesse.

On est souvent étonné par le potentiel décoratif des supports les plus ordinaires, voire les plus laids. Il ne faut donc jamais sous-estimer un objet au premier coup d'œil. Faites le tour de votre maison pour trouver les meubles oubliés qui valent la peine d'être rénovés. De même, vous avez certainement des amis qui seront heureux de vous céder des meubles dont ils n'ont plus besoin, ou qui vous demanderont de décorer des objets à leur intention. Ces travaux effectués pour autrui, en s'efforçant de trouver le style qui plaira, fait partie des joies de la rénovation. Ils permettent également de pratiquer des techniques nouvelles que nos propres goûts ne nous auraient pas amenés à exercer. Pour trouver de nouveaux supports de décoration, il vous faudra ensuite étendre le cercle de vos investigations. Cette quête est parfois aussi intéressante que la rénovation elle-même !

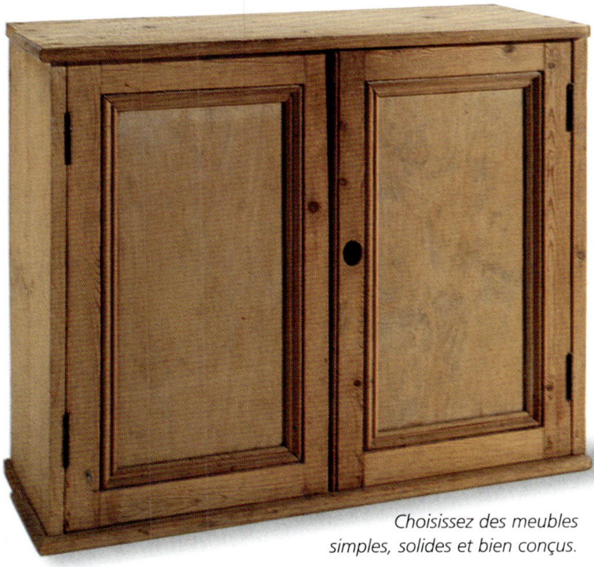

Choisissez des meubles simples, solides et bien conçus.

MARCHÉS AUX PUCES ET BRADERIES

Marchés aux puces et braderies regorgent d'occasions de dénicher des bonnes affaires, même si elles nécessitent souvent un bon nettoyage et quelques réparations. Évitez d'acheter des objets coûteux à des personnes qui ne peuvent vous en garantir officiellement la valeur. En revanche, n'hésitez pas à acquérir à bon marché des petits meubles courants et des objets décoratifs. Même s'ils ne deviennent pas le point de mire de votre intérieur, ils vous permettront de vous exercer et développeront votre imagination.

Pensez également à chercher des chutes de bois et des moulures qui vous serviront à remplacer tel ou tel élément manquant sur un meuble dont vous projetez la rénovation. De même, n'hésitez pas à fouiller dans les caisses pleines de ferrures, de poignées de portes dépareillées ou de pendeloques de lustres : ces détails peuvent apporter la touche finale à une réalisation en cours, ou bien participer à constituer une réserve dans laquelle vous pourrez puiser au fil de vos besoins.

Soyez également attentif aux étals des bouquinistes : livres, journaux, cartes de vœux et calendriers sont autant de sources où l'on peut trouver des modèles de motifs et des images à coller.

BROCANTEURS ET DÉPÔTS-VENTE

Lorsque vous visitez la boutique d'un brocanteur ou un dépôt-vente, n'oubliez jamais que votre but est de rénover des meuble bon marché, et non pas des antiquités de valeur qu'il vaut toujours mieux confier à un spécialiste.

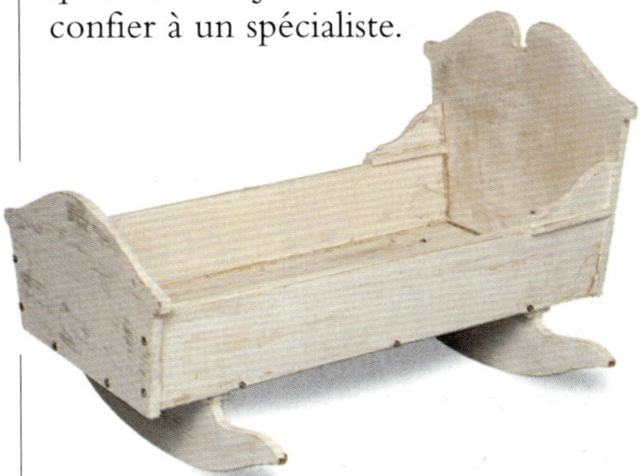

Les vieux jouets en bois ont beaucoup de charme et méritent également d'être rénovés.

Ne vous cantonnez pas aux articles les mieux exposés, mais fouillez les recoins et les arrière-salles. Ne négligez pas non plus les accessoires, tels que cadres, miroirs et pieds de lampes, qui font de parfaits supports de décoration. Lorsque vous cherchez un objet particulier, n'hésitez pas à en parler au vendeur qui saura peut-être où se le procurer.

Si vous devenez le client régulier d'un brocanteur, il apprendra à connaître vos goûts et vos moyens. Il sera alors capable de vous faire des offres adaptées et repérera les articles susceptibles de vous intéresser dans les différents lieux de vente où il se rend. N'oubliez pas qu'il faut souvent beaucoup de patience pour dénicher l'objet de ses rêves !

LES VENTES AUX ENCHÈRES

Les ventes aux enchères constituent la source d'approvisionnement la plus riche en meubles d'occasion. Annoncées par la presse locale, elles sont parfois précédées d'une période au cours de laquelle on peut venir voir les lots mis en vente. Les plus importantes sont accompagnées d'un catalogue descriptif.

Malheureusement, si un objet est intéressant, on est rarement le seul à vouloir l'acquérir ! La solution la plus raisonnable est de se fixer un prix et de ne pas le dépasser. Pour vous familiariser avec le processus des offres et appréhender les prix du marché, il est préférable d'observer quelques ventes aux enchères avant de commencer à y prendre part.

LES MAGASINS ASSOCIATIFS

Pour financer leurs actions, certaines associations caritatives, comme Emmaüs, débarrassent gratuitement caves et greniers puis vendent à bas prix les objets ainsi récupérés, parfois après les avoir restaurés. Visitez régulièrement les magasins de ce genre car leurs stocks se renouvellent rapidement.

LES PETITES ANNONCES

De nombreux particuliers vendent les meubles dont ils veulent se séparer par l'intermédiaire de petites annonces, souvent diffusées dans des journaux publicitaires gratuits.

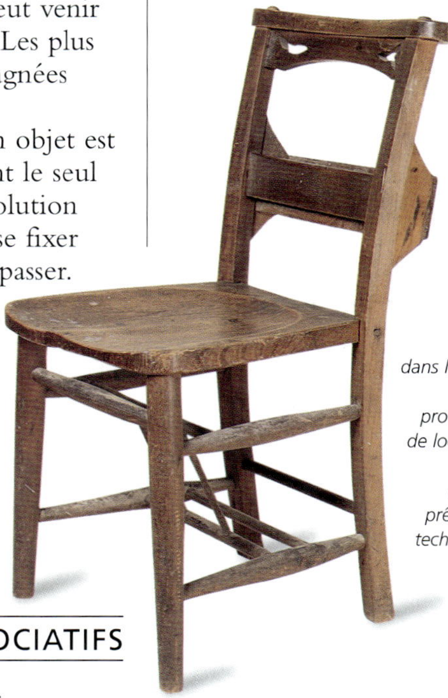

On trouve souvent dans les salles des ventes de veilles chaises provenant d'églises ou de locaux administratifs. Solides et pleines de charme, elles se prêtent à de multiples techniques décoratives.

Avant de vous déplacer, essayez d'obtenir un descriptif précis de l'objet proposé. Prenez le temps de bien l'examiner et accordez-vous un délai de réflexion. N'achetez pas de meubles coûteux si on ne peut vous en garantir la valeur.

ACHETER OU NE PAS ACHETER...

Au moment de choisir des objets en vue de les rénover, le point le plus important à vérifier est leur état général. Renoncez à tous ceux qui exigent des réparations importantes.

Bien entendu, le prix est aussi un facteur déterminant. Lorsqu'on cherche un certain type de meuble depuis longtemps, on est souvent prêt à un petit effort financier quand on le trouve enfin. En revanche, il n'est pas toujours judicieux de se laisser tenter par une bonne occasion : ce n'est pas parce qu'un objet est particulièrement bon marché qu'il convient au style de votre intérieur.

Si vous êtes séduit par un meuble et que vous n'êtes pas certain de pouvoir en tirer parti, examinez-le attentivement et essayez de visualiser les différentes façons dont vous pourrez le décorer. Si le prix est raisonnable et que vous disposez du temps nécesaire, faites confiance à votre créativité. N'oubliez pas que nombre de décors réussis sont le fruit de tâtonnements et d'expérience. À l'inverse, ne vous résignez jamais à acheter un objet qui ne vous plaît pas vraiment ou qui ne suscite pas votre imagination : sa rénovation deviendrait une corvée et il finirait de nouveau au rebut.

LES MISES AU REBUT

Il arrive que l'on trouve un objet intéressant parmi les rebuts que les gens entassent devant chez eux la veille des ramassages municipaux d'encombrants. Même dans ce cas, il est toujours préférable de demander l'accord du propriétaire avant de prélever quoi que ce soit.

LES TROUVAILLES

Un même objet peut être perçu comme une épave par une personne, et comme un support riche de possibilités par une autre. Tout est susceptible d'être décoré, des placards aux charnières, en passant par les cheminées et les carafes.

Si vous recherchez des éléments importants comme des portes ou un manteau de cheminée, intéressez-vous aux maisons en cours de restauration : ces pièces sont souvent les premières sacrifiées quand on réalise un décor moderne.

En matière de luminaires, la mode change fréquemment. Examinez les pieds de lampe avec un œil neuf : celui-ci pourrait être patiné à l'ancienne, alors que tel autre n'attend qu'un motif au pochoir pour trouver un second souffle.

La vaisselle, les vases, les boîtes en bois et, de manière générale, tous les accessoires de petite taille, sont parfaits pour les débutants ou les personnes qui manquent de temps. Ils permettent de s'exercer à de multiples techniques, rapidement et sans trop de dépenses. Ils constituent aussi des cadeaux très appréciés.

Sur les marchés aux puces, on trouve facilement de la vaisselle et des vases ordinaires que les peintures modernes permettent de métamorphoser en objets décoratifs.

Ne choisissez pas forcément un objet en fonction de son âge ou de son authenticité présumée. On trouve des accessoires et des petits meubles neufs à bon marché, qu'un peu d'imagination suffit à personnaliser et à parer de beaucoup de charme.

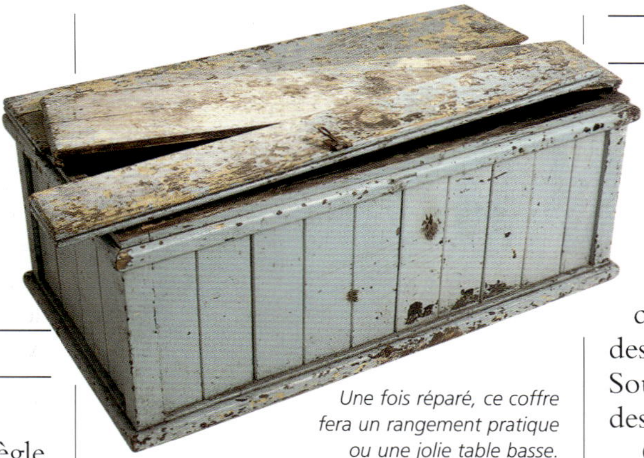

Une fois réparé, ce coffre fera un rangement pratique ou une jolie table basse.

LES VÉRIFICATIONS

Avant d'acquérir un objet, il est essentiel d'en vérifier l'état. En règle générale, évitez les meubles qui présentent des traces de pourriture sèche, de la vermoulure ou des réparations mal effectuées. Examinez-les intégralement, sans omettre les tiroirs et les panneaux du fond.

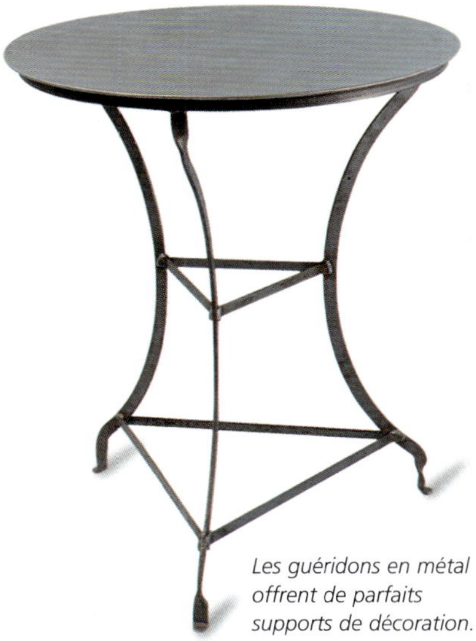

Les guéridons en métal offrent de parfaits supports de décoration.

La présence de vers est décelable par de petits trous fraîchement creusés et des traces de sciure. Il est facile de se débarrasser de ces parasites, mais il est préférable de tenir le meuble concerné à l'écart du reste de votre mobilier.

Quand un bois est sec mais fissuré, avec des pores très ouverts et des planches gauchies, c'est qu'il a certainement été soumis à une humidité excessive. S'il n'est pas trop endommagé, il est possible de le traiter en l'imprégnant d'huile de lin.

La pourriture sèche apparaît à la base des meubles. Elle rend le bois poudreux et friable. Comme il est indispensable de remplacer toutes les parties atteintes, n'achetez pas le meuble si elles sont trop nombreuses.

En général, les vieux meubles sont intégralement fabriqués en bois massif. Pour effectuer des petites réparations, il est donc souvent possible de prélever le bois nécessaire sur une partie non visible, comme le dos d'un tiroir.

LA PRÉPARATION

Lorsqu'on décide de rénover un meuble, il est important de savoir de quelle façon on peut en préparer la surface. Par exemple, contrairement aux vernis, les couches épaisses de peinture à l'huile sont difficiles à décaper. Il convient donc de les poncer ce qui ne permet pas toujours de mettre le bois complètement à nu.

Il n'est pas obligatoire d'enlever entièrement une vieille peinture avant d'en appliquer une nouvelle. Il suffit souvent de la poncer afin de la rendre lisse et de supprimer toutes les parties fragilisées.

LA DÉCORATION

À condition d'avoir été correctement préparés avec un apprêt approprié, tous les matériaux peuvent être peints, même avec des glacis. Les fabricants étendent sans cesse la gamme des peintures et des outils d'application disponibles. Souvent, ils fournissent également des nuanciers et des fiches-conseils.

Choisissez une technique adaptée à l'état du support. Par exemple, les cires et les vernis laissant tous les défauts visibles, réservez-les aux bois en parfait état, dotés de veinures intéressantes. L'application de motifs au pochoir ou au tampon nécessite des surfaces planes. N'hésitez pas à associer plusieurs procédés décoratifs sur une même réalisation.

Sans chercher à exécuter des copies exactes – ce qui est un travail de spécialiste –, vous pouvez vous inspirer du style d'une époque ou d'un pays pour rénover des meubles qui donneront à votre intérieur une note personnalisée et harmonieuse.

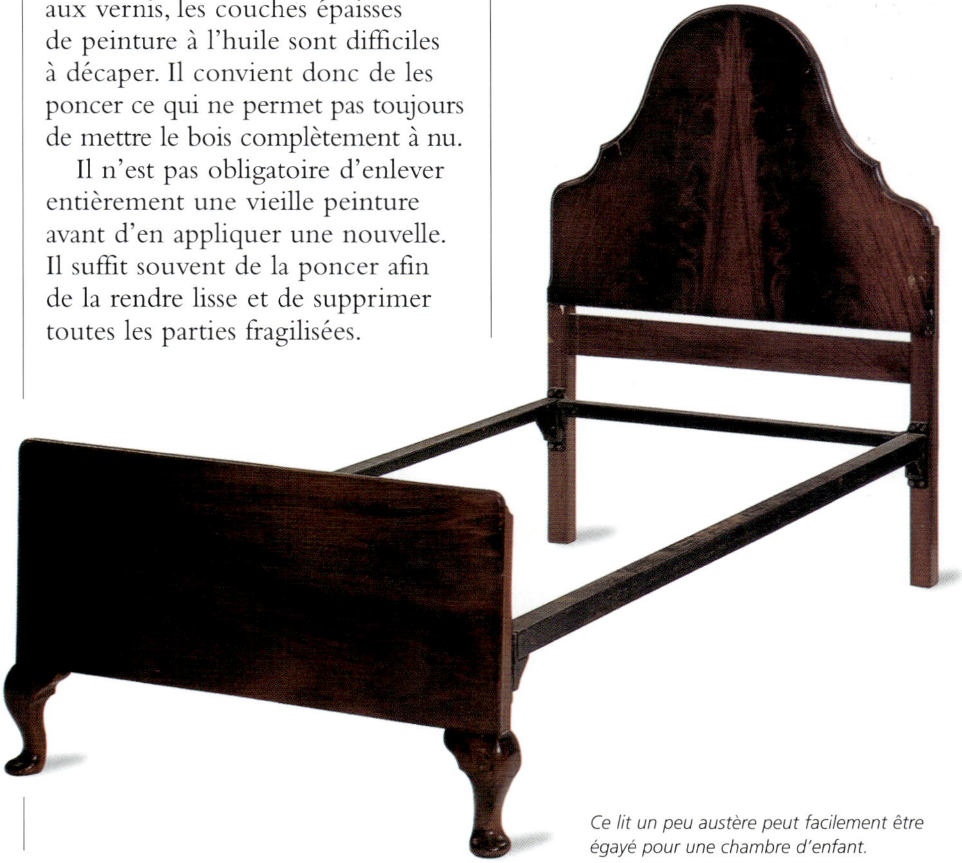

Ce lit un peu austère peut facilement être égayé pour une chambre d'enfant.

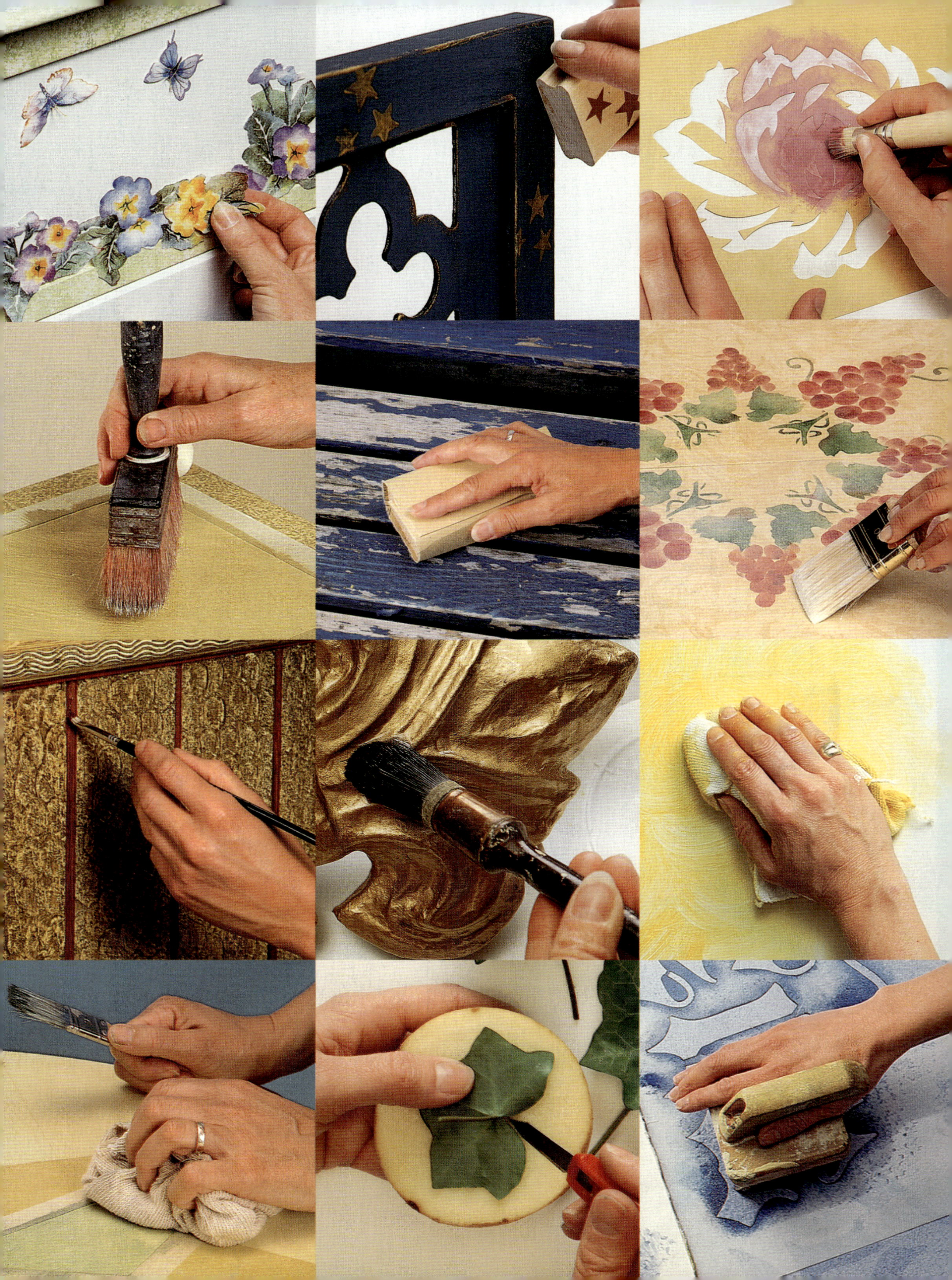

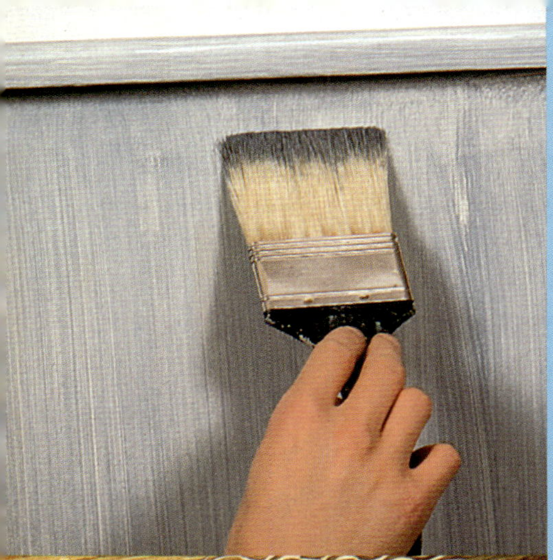

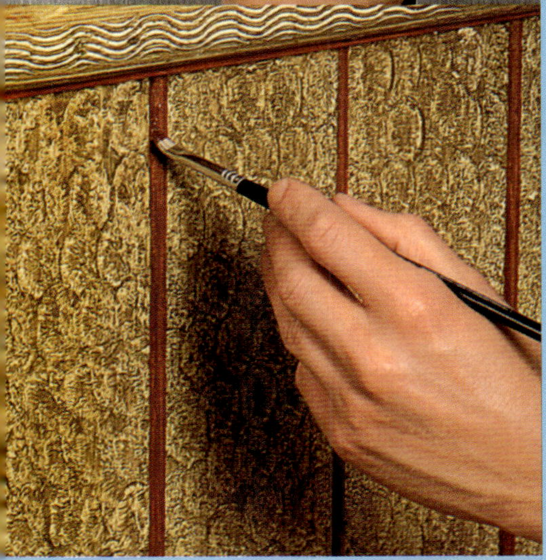

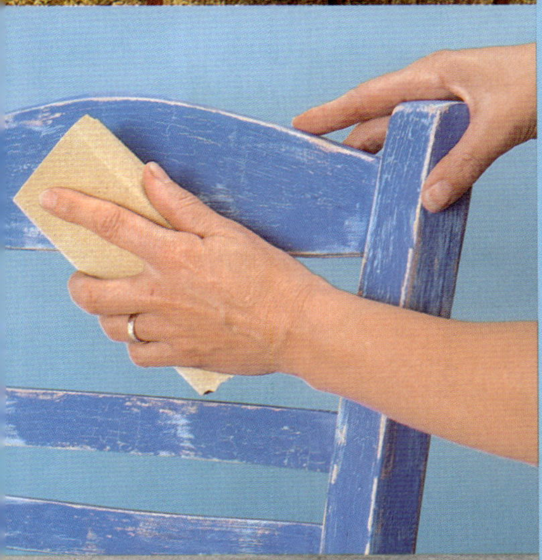

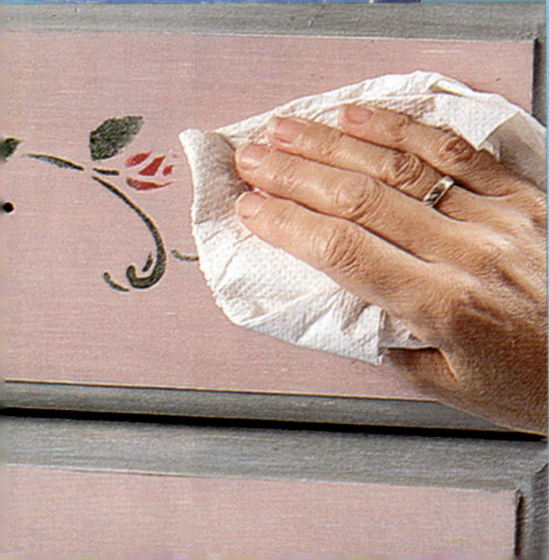

Techniques décoratives

La plupart des gens aiment les activités manuelles et créatives, mais nombreux sont ceux qui pensent qu'ils ne seraient pas capables de les pratiquer. En fait, même les réalisations les plus spectaculaires ne demandent souvent qu'un peu de goût et de patience. Ce chapitre a pour but de vous expliquer quelques techniques qui vous permettront de créer un large éventail de décors.

En fin d'ouvrage, vous trouverez en annexe des explications pour remettre en état des meubles abîmés, préparer les supports et faire les finitions.

Peintures et couleurs

LA PLUPART DES RÉALISATIONS présentées dans ce livre font appel à de la peinture. Qu'il s'agisse de préparer un fond coloré pour un décor d'images collées, d'appliquer un motif au pochoir ou d'exécuter un dessin détaillé à main levée, vous aurez besoin d'un pinceau à un moment ou à un autre. Il existe toujours plus de peintures différentes et d'outils pour les appliquer. Mais, bien que le champ des possibilités créatrices soit très vaste, il convient de prendre en compte quelques règles de base avant de commencer une rénovation, comme par exemple la compatibilité entre plusieurs produits ou la façon d'élaborer une teinte.

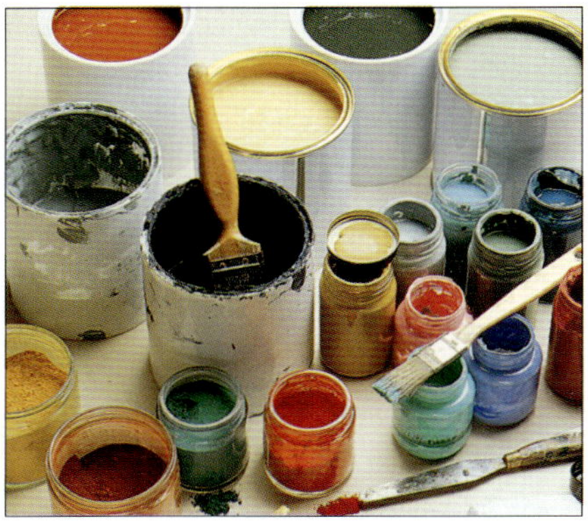

▲ Les peintures sont disponibles dans un vaste choix de teintes.

LES PEINTURES

IL EXISTE UN LARGE éventail de peintures de différentes sortes. Si certaines sont spécialement conçues pour un procédé décoratif donné, la plupart conviennent à de nombreuses techniques. On prend parfois l'habitude de travailler toujours avec le même type de peinture, alors qu'il est intéressant de procéder à des essais avec d'autres produits. Ce chapitre dresse la liste des principales qualités de peintures et vous donne des conseils sur la manière de les utiliser, avec un tableau récapitulatif page 14.

TRUCS ET ASTUCES

Les boutiques de loisirs créatifs vendent souvent les peintures dans des conditionnements plus petits que les grandes surfaces de bricolage. Même si le prix de revient est un peu plus élevé, cela évite le gaspillage et les problèmes de rangement.

LES PEINTURES-ÉMULSIONS

Composées de résines acryliques ou vinyliques, les peintures-émulsions sont souvent dites « à l'eau » car on utilise de l'eau claire pour les diluer et pour nettoyer le matériel qui a servi à les appliquer. Elles sont vendues en pots ou en petits flacons, idéaux pour décorer des objets de taille réduite ou pour procéder à des essais. Brillantes, satinées ou mates, elles existent dans un grand nombre de coloris. Il est possible de teinter une peinture-émulsion avec de la peinture acrylique pour beaux-arts, des colorants universels ou encore des pigments en poudre (voir page 20).

Les peintures-émulsions sont quasiment inodores et sèchent très rapidement : généralement, une douzaine d'heures d'attente suffit entre deux couches. Dans certains cas, comme sur le métal ou sur le plastique, il convient d'appliquer au préalable un apprêt spécial (voir pages 136-137).

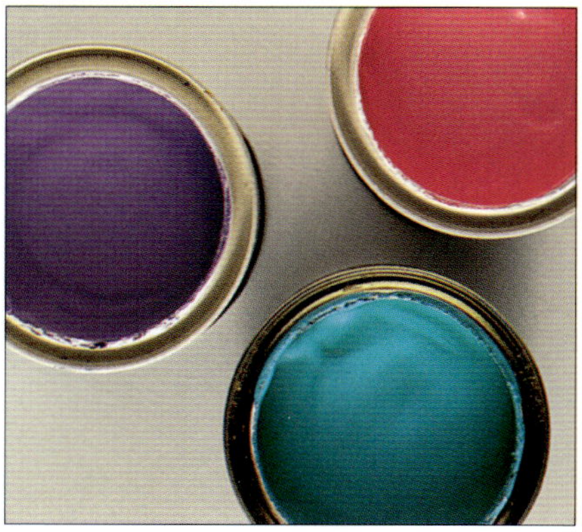

▲ Les peintures-émulsions existent dans de nombreuses teintes, douces ou très vives.

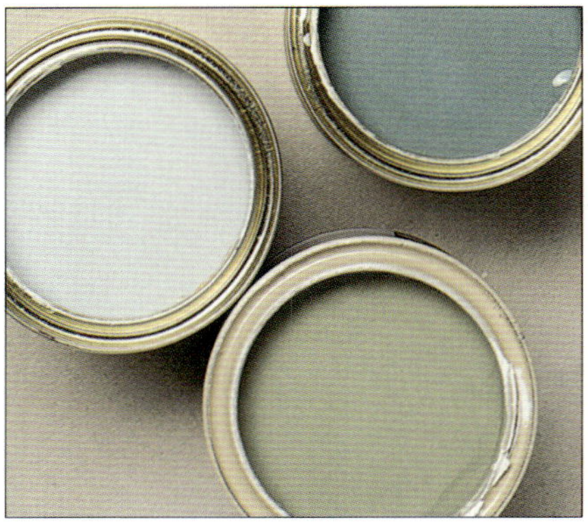

▲ Les peintures à l'ancienne présentent des teintes douces et crayeuses.

LES PEINTURES À L'ANCIENNE

Les peintures à l'ancienne sont des peintures-émulsions qui tendent à imiter les badigeons mats et crayeux d'autrefois. Comme les peintures-émulsions classiques, elles sont diluables à l'eau, presque inodores et d'un séchage rapide ; on peut également les teinter de la même façon. En revanche, elles contiennent souvent des pigments naturels plutôt que synthétiques ainsi que de la chaux.

Bien que les peintures à l'ancienne offrent la subtilité des badigeons de jadis, elles présentent l'avantage d'être plus résistantes. Elles se salissent toutefois assez facilement ; il est donc préférable de les protéger en appliquant au-dessus, après séchage, une cire ou un vernis adaptés, tout en sachant que cette opération les assombrira quelque peu. Ces peintures conviennent particulièrement bien aux procédés de vieillissement.

LES PEINTURES GLYCÉROPHTALIQUES

Les peintures glycérophtaliques se diluent et se nettoient avec du white spirit. Elles existent en version mate, satinée ou brillante ; dans le dernier cas, elles permettent d'obtenir de belles laques régulières. Elles sont assez longues à sécher : il faut attendre environ vingt-quatre heures entre deux couches. Elles dégagent une odeur entêtante qui exige de les utiliser dans un local correctement ventilé. Il est possible de les teinter avec des colorants universels, des pigments en poudre ou encore des peintures à l'huile pour beaux-arts.

Les peintures glycérophtaliques sont plus opaques et plus résistantes que les peintures-émulsions, mais elles manquent un peu de subtilité. Si l'on souhaite réaliser un effet vieilli, il est préférable d'appliquer une qualité satinée ou mate pour les premières couches, puis d'utiliser un glacis à l'huile pour effectuer la finition.

LES PEINTURES EN BOMBE AÉROSOL

Les peintures en bombe aérosol existent dans un grand nombre de teintes et conviennent à toutes sortes de supports, du carton au bois en passant par le métal et le plastique. D'un séchage rapide, elles sont particulièrement bien adaptées à la technique du pochoir. Il est toujours préférable d'en appliquer plusieurs fins voiles qu'une seule couche épaisse.

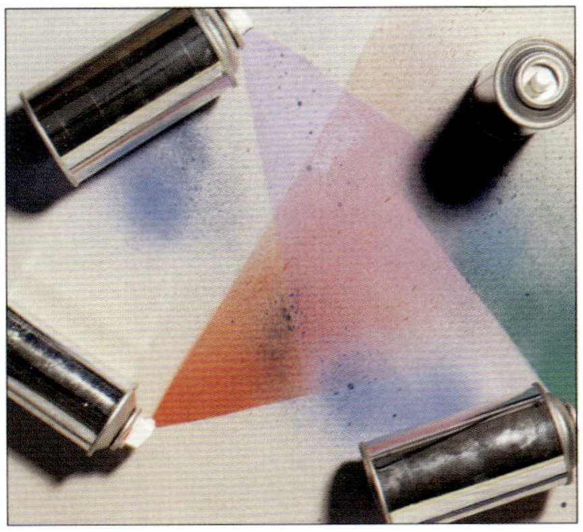

▲ Les peintures en bombe aérosol sont parfaites pour la technique du pochoir.

LES PEINTURES ACRYLIQUES POUR BEAUX-ARTS

Disponibles en tubes ou en petits pots, les peintures acryliques pour beaux-arts sont solubles à l'eau et d'un séchage rapide. Leur opacité les rend parfaites pour réaliser des motifs au pochoir, au tampon et à main levée. On peut aussi les utiliser pour peindre des objets de petite taille, ainsi que pour teinter de la peinture-émulsion ou du glacis acrylique. Certaines qualités sont conçues pour des supports particuliers, par exemple le tissu. Il convient de bien nettoyer les pinceaux à l'eau immédiatement après usage car la peinture acrylique durcit très vite.

LES PEINTURES À L'HUILE POUR BEAUX-ARTS

Les peintures à l'huile pour beaux-arts sont vendues en tubes ou en bâtonnets. Elles servent à réaliser des motifs ou à teinter des glacis à l'huile. Elles présentent l'inconvénient de mettre beaucoup de temps à sécher. On utilise de l'essence de térébenthine pour diluer les peintures à l'huile et pour nettoyer les outils qui ont servi à les appliquer, avant de les laver avec de l'eau savonneuse.

PEINTURES « CÉRAMIQUE » ET PEINTURES POUR VERRE

Cette catégorie regroupe un grand nombre de peintures conçues à l'origine pour décorer la céramique, le verre et la porcelaine, mais que l'on peut appliquer sur toutes sortes de supports (il est toujours préférable de procéder à un essai). Elles peuvent êtres translucides comme les couleurs d'un vitrail, opaques et émaillées, opalescentes pour créer des effets dépolis, ou encore irisées. Selon les qualités, elles sont diluables à l'eau ou avec un solvant, et sont vendues en pots, en bombe aérosol ou encore en tubes-applicateurs. Certains de ces produits permettent même de créer des petits éléments en relief, d'autres sont thermo-durcissables au four ménager.

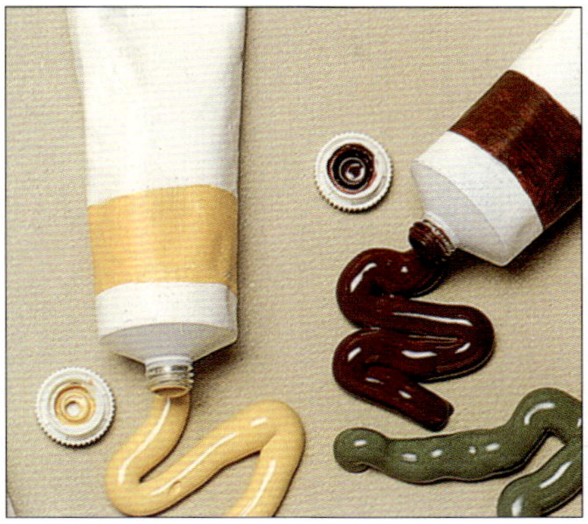

▲ Les peintures pour beaux-arts existent dans un vaste choix de teintes.

LES GOUACHES

Vendues en tubes, les gouaches peuvent servir à réaliser des motifs, à condition de protéger le décor fini avec du vernis à l'eau ou à l'alcool.

LES GLACIS

Les glacis sont des peintures prévues pour sécher lentement afin que l'on ait le temps de les travailler de façon à créer des effets texturés (voir pages 20-21). Ils peuvent être acryliques ou à l'huile. Il existe des glacis colorés, mais vous pouvez également élaborer votre propre teinte (voir page 20).

TRUCS ET ASTUCES

Si toutes les peintures doivent être appliquées dans un local correctement ventilé, celles en bombe aérosol requièrent encore plus de précautions. Appliquez-les par temps chaud et sec afin de pouvoir ouvrir la fenêtre de la pièce où vous travaillez, tout en évitant les courants d'air, et portez un masque de protection.

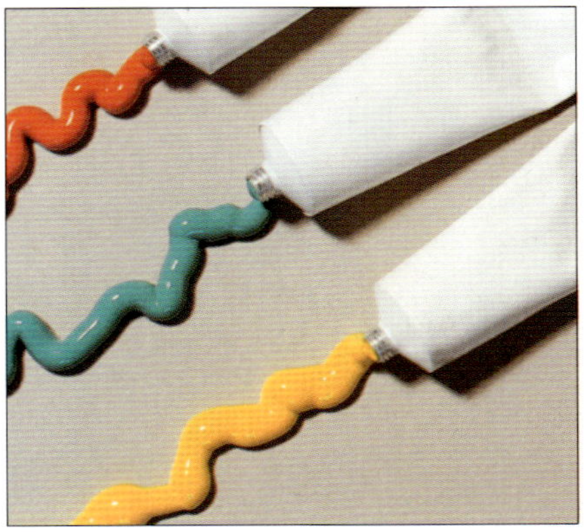

▲ Les peintures acryliques et à l'huile pour beaux-arts sont vendues en tubes.

❖ LES DIFFÉRENTS TYPES DE PEINTURES ❖

NATURE	SOLVANT	QUALITÉS
GLACIS ACRYLIQUES	eau	pour réaliser des effets texturés sur des fonds traités avec des peintures-émulsions
GLACIS À L'HUILE	essence de térébenthine	pour réaliser des effets texturés sur des fonds traités avec des peintures glycérophtaliques ou à l'huile ; sèchent très lentement
GOUACHES	eau	pour réaliser des motifs et teinter des glacis acryliques ou des peintures-émulsions ; doivent être vernies
PEINTURES ACRYLIQUES POUR BEAUX-ARTS	eau	pour réaliser des motifs et teinter des glacis acryliques ou des peintures-émulsions ; résistantes ; sèchent rapidement
PEINTURES À L'HUILE POUR BEAUX-ARTS	essence de térébenthine	pour réaliser des motifs et teinter des glacis à l'huile ; sèchent lentement
PEINTURES-ÉMULSIONS	eau	pour réaliser des fonds opaques ou des glacis ; résistantes ; sèchent rapidement ; existent en mat, satiné ou brillant
PEINTURES GLYCÉROPHTALIQUES	white spirit	pour réaliser des fonds opaques ; très résistantes ; sèchent assez lentement ; existent en mat, satiné ou brillant
SOUS-COUCHES À BASE DE SOLVANT	white spirit	pour préparer les fonds destinés à recevoir des peintures glycérophtaliques ou à l'huile ; très résistantes ; sèchent assez lentement
SOUS-COUCHES ACRYLIQUES	eau	pour préparer les fonds destinés à recevoir des peintures-émulsions ; sèchent rapidement

LES MÉDIUMS

Les médiums vinyliques et acryliques permettent d'élaborer des glacis, des vernis et des patines. On les teinte avec des peintures acryliques, de la gouache, des colorants universels ou des pigments en poudre. Selon la qualité choisie, on obtient des couleurs opaques ou transparentes, des effets plus ou moins brillants ou encore des empâtements. Il existe également des médiums à l'huile. Très résistants, ils présentent toutefois l'inconvénient de mettre longtemps à sécher.

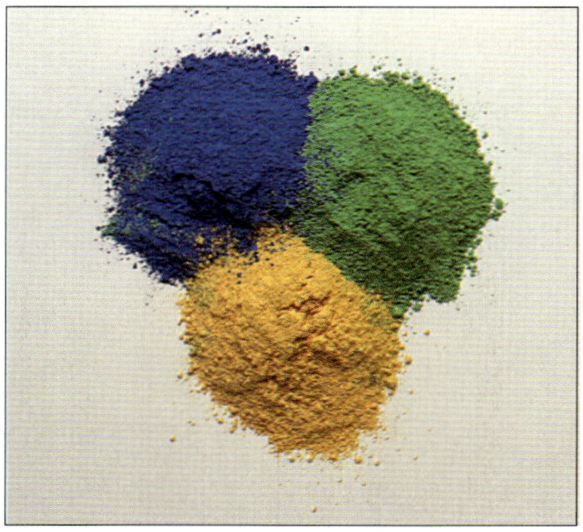

▲ Les pigments en poudre permettent d'élaborer ses propres teintes.

LES SOUS-COUCHES

Les sous-couches rendent le support étanche et permettent une meilleure adhérence de la peinture. Elles offrent un fond lisse et opaque sur lequel il est plus facile d'exécuter la finition choisie. Il est généralement possible de les teinter. (Voir page 136.)

LES COLORANTS UNIVERSELS

Les colorants universels sont des couleurs concentrées liquides, vendues en tubes. Ils permettent de teinter les peintures-émulsions et les peintures glycérophtaliques.

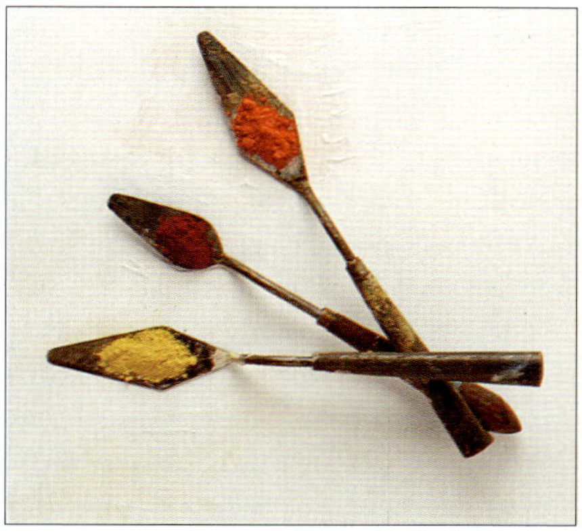

▲ Les pigments étant très concentrés, utilisez-les par petites quantités.

LES PIGMENTS EN POUDRE

Les pigments en poudre permettent de teinter tous les types de peintures, de glacis et de médiums ainsi que la plupart des cires. Ils sont vendus dans les magasins de loisirs créatifs et de fournitures pour beaux-arts. Fabriqués depuis les temps préhistoriques avec des susbstances minérales qui donnaient des teintes naturelles, ils sont souvent composés de nos jours de produits synthétiques, ce qui enrichit encore la gamme des teintes disponibles.

TRUCS ET ASTUCES

En règle générale, il est préférable de décorer un objet ou un meuble avec des produits – sous-couche, peintures, glacis et vernis – de même nature, c'est-à-dire à l'eau ou à base de solvant. Toutefois, les produits modernes autorisent souvent des superpositions, comme l'application d'un vernis acrylique sur un fond peint à l'huile. Reportez-vous aux conseils d'utilisation fournis par les fabricants et, dans la mesure du possible, choisissez vos produits au sein d'une même gamme.

LES OUTILS D'APPLICATION

Il suffit de visiter une boutique de loisirs créatifs ou un magasin de bricolage pour s'apercevoir du large éventail d'outils destinés à peindre. Le choix est souvent difficile et peut même s'avérer coûteux si l'on se laisse convaincre qu'il faut un matériel spécialement adapté à chaque tâche. En fait, la plupart des outils sont polyvalents. Soigneusement nettoyés et rangés après chaque utilisation, ils peuvent durer plusieurs années et devenir les compagnons familiers et rassurants de vos travaux de rénovation.

Avant de commencer un travail, assurez-vous que vous disposez du matériel nécessaire. Au lieu d'acheter toutes les tailles de pinceaux disponibles, réfléchissez à l'effet que vous souhaitez créer : peut-être est-il possible de le réaliser en utilisant la tranche d'un pinceau que vous possédez déjà, ou même avec un vieux couteau à beurre... Votre panoplie d'outils grandira certainement au fil du temps, mais il est toujours mieux de privilégier la qualité des outils et leur maîtrise plutôt que leur quantité. Et puis n'oubliez-pas que la philosophie-même de la rénovation de vieux objets repose sur l'ingéniosité !

BROSSES ET PINCEAUX

Il existe une multitude de brosses et de pinceaux, de tailles, de formes et de natures variées. N'hésitez pas à demander conseil aux vendeurs des magasins spécialisés.

• LES PINCEAUX BEAUX-ARTS. Il peuvent être ronds ou plats. Les modèles ronds ont une sortie pointue ou bombée. Idéaux pour peindre des motifs détaillés, ils exigent d'être soigneusement entretenus pour conserver toutes leurs qualités. Les pinceaux plats possèdent une sortie carrée qui permet d'appliquer des touches légères de couleur. Certains modèles sont bombés, c'est-à-dire que l'extrémité de leur touffe est arrondie et légèrement effilée.

• LES BROSSES RONDES. On peut les utiliser aussi bien pour peindre que pour appliquer de la colle et de la cire, ou encore pour retoucher un fond ou lisser une dorure à la feuille. Choissez une qualité de poils adaptée pour chaque travail.

TRUCS ET ASTUCES

Les pinceaux sont munis de poils synthétiques ou d'origine animale. Les pinceaux synthétiques sont parfaits pour appliquer la peinture acrylique. Il convient de les laver immédiatement après usage car il est impossible de retirer l'acrylique sèche sans abîmer les poils. Plus souples, les pinceaux en poils naturels sont mieux adaptés à l'aquarelle et à tous les travaux fins. Les meilleures qualités sont en martre ou en blaireau ; on trouve des modèles moins onéreux en petit-gris ou en soies de porc.

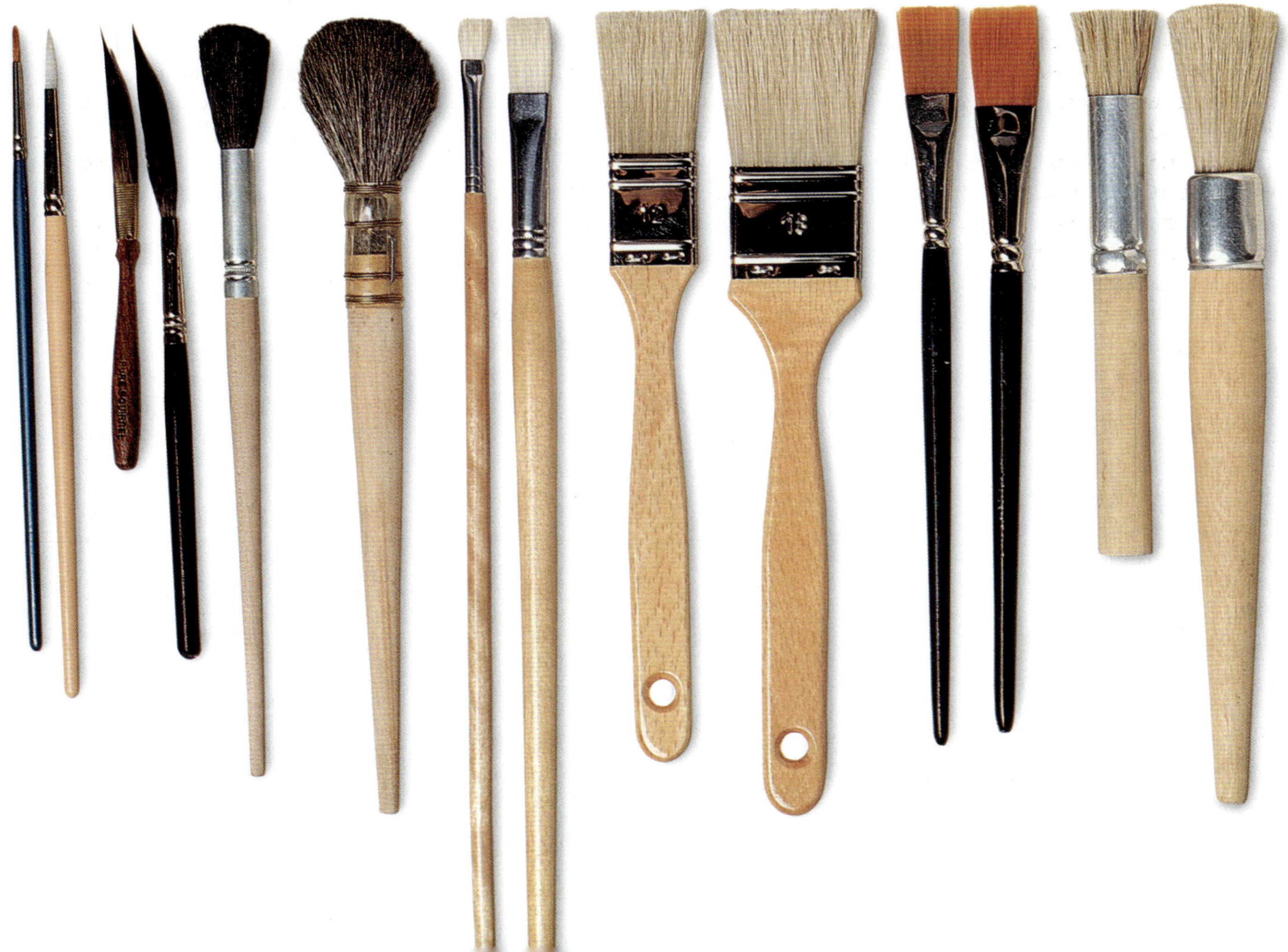

Pinceaux beaux-arts pointus — *Pinceaux à filet* — *Brosse ronde* — *Mouilleur* — *Pinceaux beaux-arts plats* — *Pinceaux à vernir* — *Pinceaux beaux-arts plats* — *Brosses à pochoir*

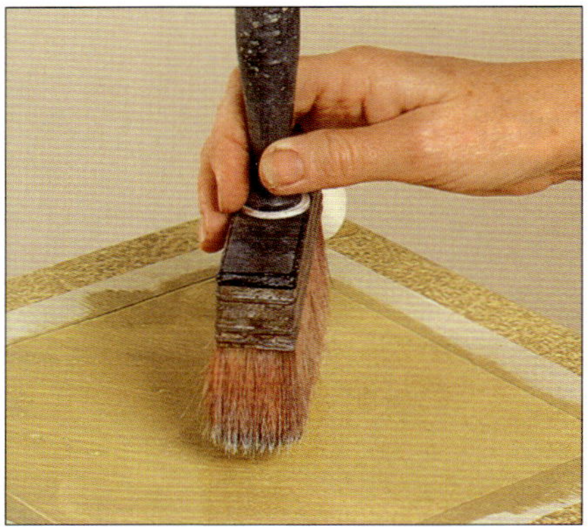

▲ Utilisez une grosse brosse à moucheter pour les supports de grande taille.

• LES BROSSES À MOUCHETER. On les utilise sur une peinture ou un glacis encore humides. Leurs poils épais et denses retirent de minuscules points de matière de façon à créer un effet moucheté. Elles servent également à estomper une couleur ou à effacer des traces de pinceaux.

• LES PINCEAUX À RÉCHAMPIR. Il s'agit de pinceaux ronds dont la sortie légèrement effilée permet d'effectuer des raccords de peinture précis.

• LES PINCEAUX À VERNIR. Il s'agit de pinceaux plats munis de longs poils souples qui ne laissent pas de traces. Afin de conserver toutes leurs qualités, réservez-les exclusivement à l'application du vernis.

• LES BROSSES À POCHOIR. Elles ont une touffe dense et ronde, terminée par une tranche plate. On les utilise pour appliquer des motifs au pochoir. Elles permettent d'obtenir des effets différents selon qu'on les tapote ou qu'on les essuie sur le support.

• LES PINCEAUX À FILET. Leur pointe effilée et biseautée permet de tracer des filets réguliers de différentes épaisseurs, selon la pression que l'on exerce dessus.

• LES MOUILLEURS. Généralement en poils de petit-gris ou de chèvre, les mouilleurs sont des pinceaux ronds très doux dont on se sert pour appliquer des poudres métalliques, et pour lisser et balayer les feuilles à dorer.

• LES VEINETTES. Il s'agit de pinceaux plats à longs poils souples que l'on utilise pour texturer un glacis encore humide. Il en existe plusieurs sortes – par exemple les queues à battre ou à lisser – qui créent chacune des effets différents.

AUTRES ACCESSOIRES

• LE PAPIER ESSUIE-TOUT. Il est indispensable pour appliquer les vernis gomme-laque et les cires, ainsi que pour essuyer les bavures et les pinceaux.

• LES COUTEAUX À PEINDRE. Ils servent à mélanger les peintures pour beaux-arts sur une palette, à boucher des petits trous avec de la pâte à bois ou encore à créer des effets de relief avec du médium prévu à cet effet.

• LES ÉPONGES NATURELLES. Leur texture irrégulière et leur capacité d'absorption permettent de réaliser des effets épongés très intéressants. On les utilise pour appliquer de la peinture ou pour retravailler un fond encore humide. N'oubliez pas de bien les laver après usage afin de pouvoir les conserver longtemps.

• LES ROULEAUX POUR RADIATEUR. Moins larges que les rouleaux à peindre classique, les modèles pour radiateur servent à travailler sur des petites surfaces. Ils permettent d'appliquer rapidement une couche de peinture régulière. Généralement, il est possible de leur adapter des manchons afin de créer toutes sortes d'effets texturés.

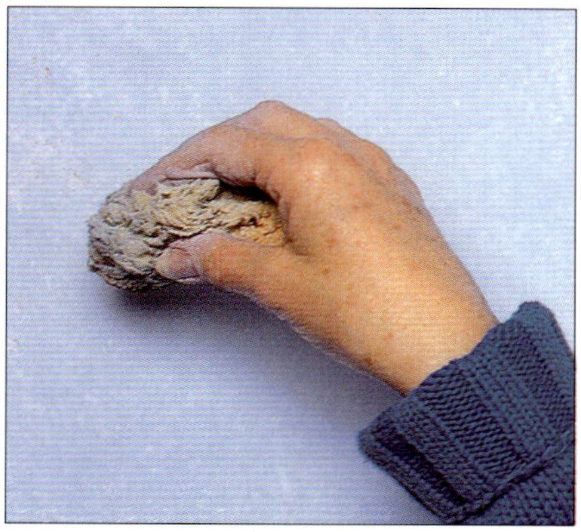

▲ Les éponges naturelles créent des effets texturés très intéressants.

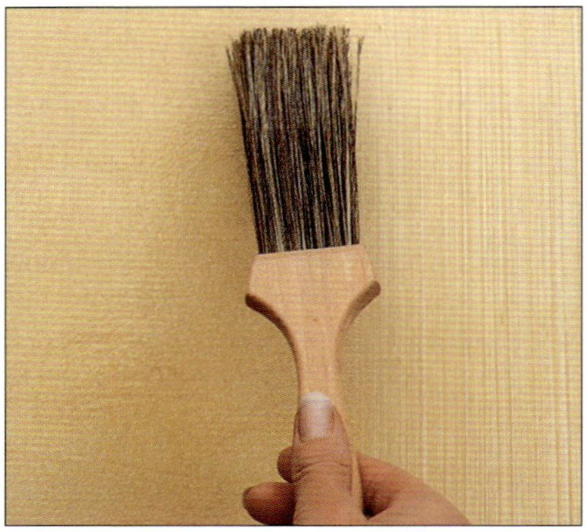

▲ Travaillez le glacis encore humide avec une veinette.

• LES PRODUITS DE NETTOYAGE. Nettoyez toujours vos brosses et vos pinceaux avec un solvant adapté à la nature du produit qu'ils ont servi à appliquer. Les magasins de bricolage proposent des rénovateurs qui redonnent de la souplesse aux poils. Utilisez-les régulièrement, surtout si vous avez décidé d'investir dans des outils de bonne qualité.

• BACS ET SEAUX. Bien qu'il soit possible de prendre directement la peinture dans son pot, il est préférable d'en verser de petites quantités à la fois dans un bac ou un seau. Le contenu du pot reste ainsi à l'abri de la poussière et ne risque pas de sécher. Les bacs et les seaux permettent également de préparer des mélanges. Utilisez pour cela une baguette ou bien une vieille cuillère en bois.

TRUCS ET ASTUCES

• Des pinceaux plats ordinaires, dotés de poils synthétiques, sont suffisants pour appliquer les apprêts et les peintures-émulsions du fond. En règle générale, trois modèles mesurant environ 2,5 cm, 4 cm et 5 cm de largeur permettent de réaliser la plupart des travaux.

• Peignez toujours dans un local bien ventilé. Une température ambiante trop basse ou trop élevée peut empêcher la peinture de sécher correctement et provoquer des craquelures.

• Veillez à bien protéger le plan de travail ou le sol avec des bâches ou des journaux, même lorsque vous peignez des objets de petite taille.

❖ LA PRÉPARATION DU FOND ❖

NATURE	PRÉPARATION
MÉTAL	appliquer une sous-couche antirouille pour métaux puis la peinture de fond
PLÂTRE ET CIMENT	appliquer deux couches de la peinture de fond
MATIÈRES PLASTIQUES ET CÉRAMIQUE	égrener, appliquer un apprêt approprié puis deux couches de la peinture de fond
BOIS	boucher les trous, poncer, bouche-porer, égrener puis appliquer deux couches de la peinture de fond

Voir également page 137

APPLIQUER LA PEINTURE

CONTRAIREMENT À ce que l'on pense souvent, il n'est pas nécessaire d'entrecroiser les coups de pinceau, à moins de vouloir réaliser une laque bien tendue avec de la peinture brillante. Sur le bois, il est même essentiel de travailler parallèlement au sens des veines. S'il s'agit d'un bois reconstitué qui n'en comporte pas, vous pouvez cependant peindre toujours dans la même direction afin de simuler leur présence.

Sur les matériaux lisses – comme le métal ou les matières plastiques – ainsi que sur les objets de petite taille, n'hésitez pas à peindre de façon très libre, en faisant chevaucher des coups de pinceau appliqués dans tous les sens. Vous obtenez ainsi des textures légèrement irrégulières qui donnent plus de caractère au support, et qui constituent des fonds parfaits pour réaliser une patine ancienne, un glacis travaillé ou encore un effet de vieillissement.

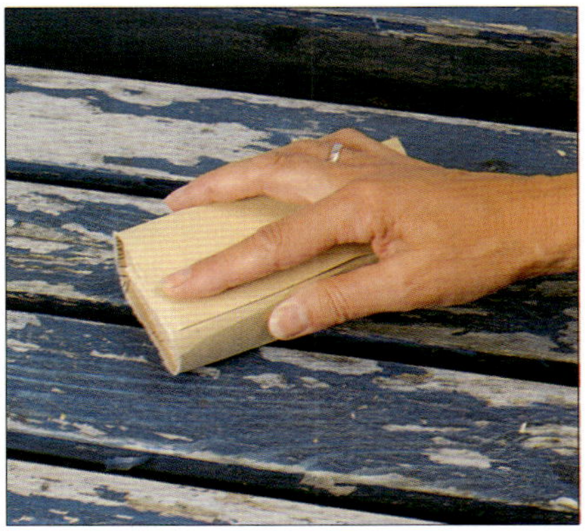

▲ Poncez soigneusement le bois avant de le peindre.

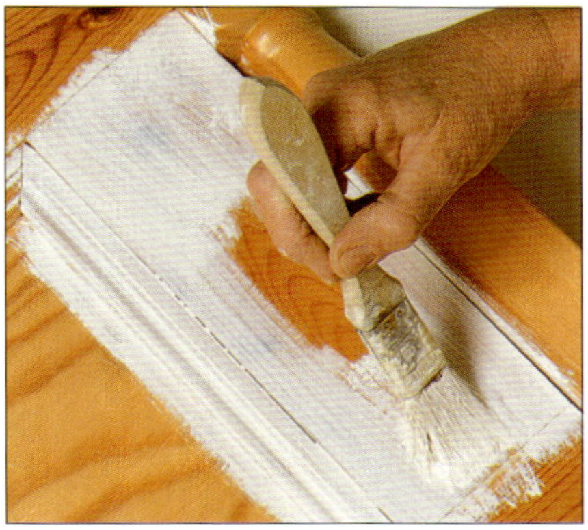

▲ Peignez toujours le bois dans le sens des veines.

Imprégnez le pinceau d'une généreuse quantité de peinture, puis étendez celle-ci souplement sur le support. Réduisez immédiatement les éventuelles surépaisseurs ou coulures en les lissant fermement avec le pinceau. Il est toujours préférable d'appliquer plusieurs voiles fins de couleur plutôt qu'une seule couche épaisse. Travaillez par petites zones successives afin de ne pas produire de traces.

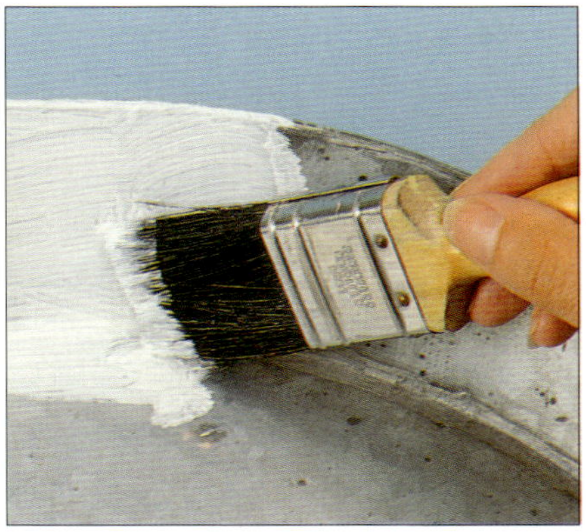

▲ Apprêtez les surfaces métalliques avec une sous-couche antirouille.

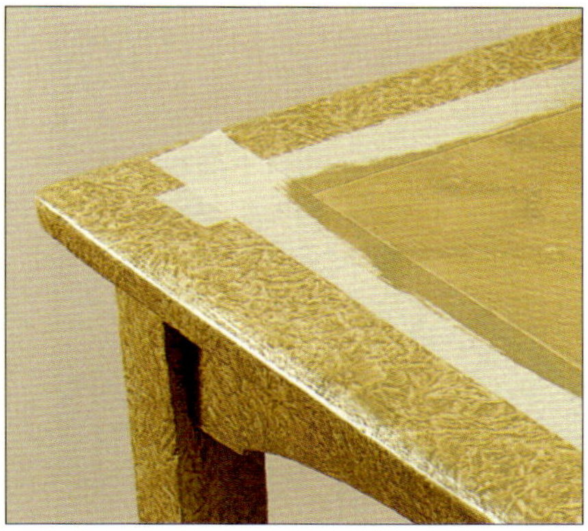

▲ Délimitez les zones à peindre avec du ruban crépon adhésif.

LE MASQUAGE

Le ruban crépon adhésif permet de délimiter les zones à peindre afin de ne pas dépasser sur les surfaces environnantes. Il existe en différentes largeurs et différentes puissances d'adhésion. Certaines qualités sont conçues pour être appliquées sur des supports particuliers comme le verre ou le papier peint. Dans tous les cas, il est toujours préférable de procéder à un essai.

Pour protéger une surface plus importante – par exemple lors d'un travail avec de la peinture en bombe aérosol –, vous pouvez fixer des feuilles de journal sous les bandes de ruban adhésif.

TRUCS ET ASTUCES

- Pour obtenir une meilleure adhésion de la peinture du fond, attendez qu'une couche soit bien sèche et, avant de poser la suivante, égrenez-la, c'est-à-dire poncez-la légèrement avec du papier abrasif à grain très fin. Cette recommandation est particulièrement valable si vous cherchez à réaliser un fond laqué.

- Lisez attentivement les conseils d'utilisation donnés avec chaque peinture, en particulier en ce qui concerne l'intervalle entre deux couches. En effet, ce n'est pas parce qu'un support semble sec au toucher qu'il est suffisamment dur pour être recouvert.

- Même si vous n'avez pas effectué de mélanges, pensez à remuer régulièrement la peinture avec une baguette ou une vieille cuillère en bois.

CHOISIR DES COULEURS

Il est parfois difficile de choisir une couleur de peinture parmi la multitude de teintes aujourd'hui disponibles. Souvent, on opte prudemment pour des tons neutres en pensant qu'ils s'accorderont à tous les styles d'intérieurs. Bien que cette démarche soit largement justifiée, il est parfois amusant de faire preuve de davantage d'audace en jouant avec un éventail plus large de coloris.

Il est intéressant de connaître les liens entre les couleurs afin de bien les mélanger et les associer.

LES COULEURS PRIMAIRES

Le bleu, le rouge et le jaune sont les trois couleurs primaires dont sont issues toutes les autres. Les couleurs secondaires résultent du mélange de deux couleurs primaires : par exemple le vert, obtenu avec du bleu et du jaune. On qualifie d'intermédiaires les couleurs secondaires contenant la même quantité des deux couleurs primaires qui la composent. Les couleurs tertiaires sont les différentes teintes obtenues en mélangeant ensemble les trois couleurs primaires.

LES COULEURS COMPLÉMENTAIRES

La complémentaire d'une couleur est un mélange de même tonalité des couleurs primaires qu'elle ne comporte pas : par exemple, le vert et le rouge sont complémentaires, ainsi que le jaune et le violet, ou le bleu et l'orangé. La juxtaposition de couleurs complémentaires crée des décors contrastés, plus puissants que ceux obtenus en associant des teintes voisines

Mélangées en proportions égales, les couleurs complémentaires produisent des teintes grisâtres. En revanche, une pointe de l'une peut servir à assombrir l'autre sans pour autant la ternir.

▶ Les quelques couleurs prêtes à l'emploi ci-contre suffisent à créer une multitude de teintes.

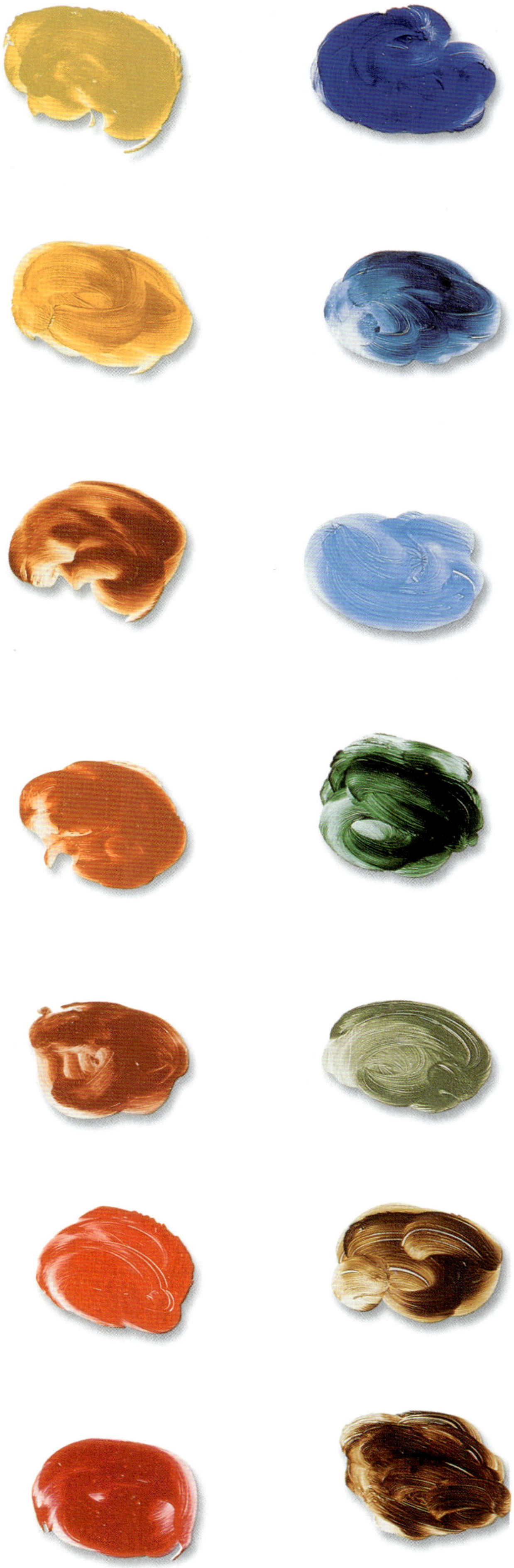

Ocre jaune — *Bleu outremer*

Terre de Sienne naturelle — *Bleu de Prusse*

Terre de Sienne brûlée — *Bleu céruléum*

Ocre rouge — *Vert émeraude*

Rouge de Venise — *Vert oxyde de chrome*

Rouge cadmium — *Terre d'ombre naturelle*

Alizarine cramoisie — *Terre d'ombre brûlée*

LES MÉLANGES

Il n'existe aucune règle stricte édictant quelles couleurs il convient de mélanger avec telles autres. Les associations les plus inattendues produisent parfois des résultats intéressants. C'est une question d'expérience et d'apprentissage de l'œil. Avec un peu de pratique, vous apprendrez à savoir d'avance quelle couleur vous devez ajouter à une autre et dans quelle proportion pour obtenir la teinte exacte que vous cherchez.

Pour réussir un mélange, il est important d'associer des produits dont la texture et la viscosité sont les plus semblables possible. Il est par exemple nécessaire de diluer les peintures pour beaux-arts avant de s'en servir pour teinter un glacis. Elles sont en effet trop épaisses à la sortie du tube pour être délayées de façon homogène dans le glacis, qui est quant à lui très fluide. (Voir également page 20.)

Lorsque vous désirez décliner une même teinte en plusieurs nuances voisines, ajoutez la couleur choisie pour éclaircir ou assombrir en toutes petites quantités.

TRUCS ET ASTUCES

On dit que l'on rabat une couleur lorsqu'on lui ajoute du noir afin de l'assombrir. À l'inverse, dégrader une couleur signifie l'éclaircir avec du blanc ; cette opération a toujours tendance à opacifier quelque peu la teinte. Pour atténuer l'éclat d'une couleur et lui donner un aspect vieilli, on peut lui ajouter une pointe de terre d'ombre naturelle.

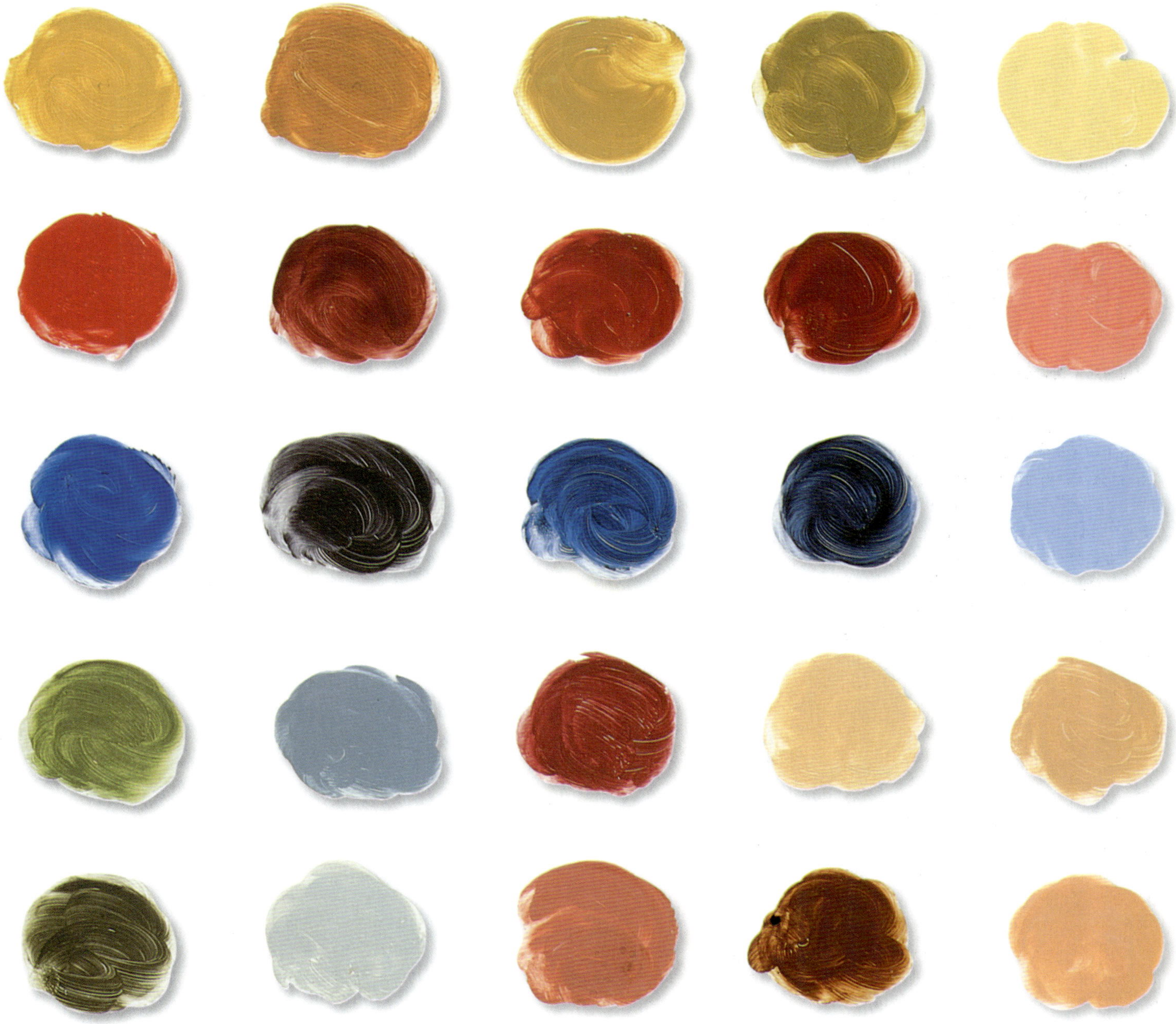

▼ Les trois premières rangées horizontales montrent des couleurs mélangées successivement avec leur complémentaire, avec de la terre d'ombre naturelle, avec du noir puis avec du blanc. Les deux dernières rangées présentent divers mélanges de bleus, de jaunes et de rouges.

TEINTER UNE PEINTURE

La façon la plus économique de disposer d'un large éventail de couleurs et de les élaborer soi-même avec des pigments en poudre. Ces derniers étant volatiles et parfois toxiques, travaillez dans un local bien ventilé, avec un masque de protection.

Commencez par teinter une petite quantité de peinture, en ajoutant progressivement des doses très réduites de pigment. Délayez graduellement le mélange concentré ainsi obtenu avec de la peinture et de l'eau (ou de l'essence de térébenthine s'il s'agit d'une peinture à l'huile), jusqu'à obtenir le volume, la consistance et la tonalité voulus.

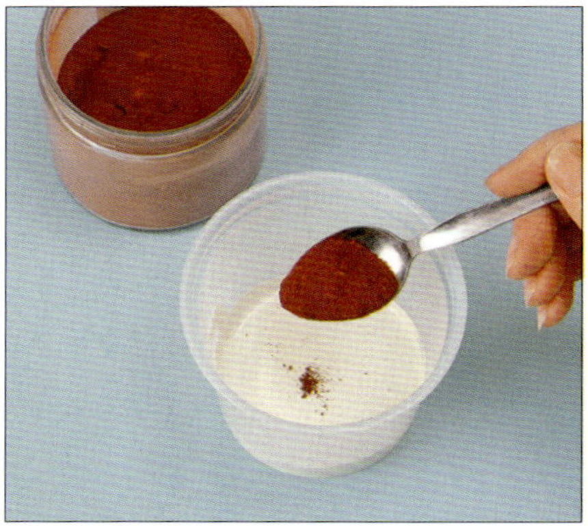

▲ Ajoutez le pigment par petites doses.

Vous pouvez teinter des glacis de la même manière, mais il n'est alors pas nécessaire d'ajouter de l'eau ou de l'essence de térébenthine. Pour réaliser des petits motifs décoratifs, il est également possible de créer des teintes intenses en mélangeant du pigment et du médium à peindre.

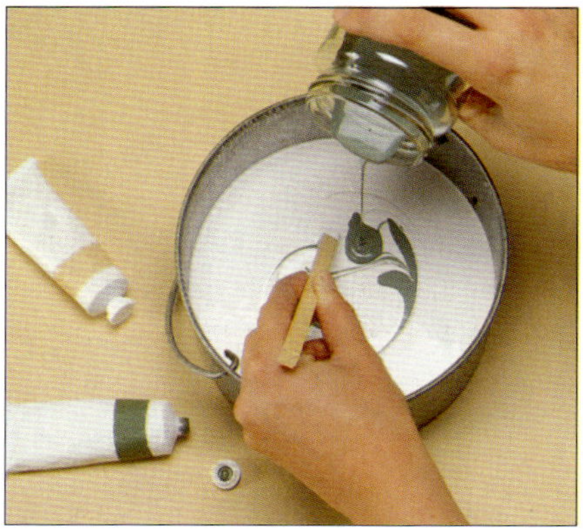

▲ On peut teinter de la peinture blanche avec des couleurs pour beaux-arts.

Il est aussi possible de teinter peintures et glacis avec des colorants universels ou des peintures pour beaux-arts. Dans le dernier cas, veillez à utiliser des produits de même nature, c'est-à-dire uniquement à l'eau ou uniquement à l'huile.

TRAVAILLER UN GLACIS

On peut poser un glacis à l'huile sur un fond de n'importe quelle nature ; en revanche, les glacis acryliques n'adhèrent bien que sur les supports préparés avec de la peinture-émulsion.

Un glacis doit être travaillé alors qu'il est encore humide. Il est donc préférable de procéder par petites zones successives, en les faisant légèrement chevaucher afin de ne pas créer de marques. La couleur du glacis peut être identique à celle du fond ou différente. Exercez-vous sur un petit panneau d'aggloméré ou de medium jusqu'à ce que vous maîtrisiez la technique choisie. Il suffira d'essuyer le panneau avec un chiffon imprégné d'eau ou de solvant pour pouvoir le réutiliser.

Travaillez avec confiance et spontanéité. Souvenez-vous qu'une erreur peut toujours être essuyée au chiffon et que la plupart des procédés expliqués ci-après souffrent les imperfections : vos décors n'en auront que plus d'authenticité.

Il est tout à fait possible de superposer plusieurs glacis pour obtenir des décors profonds et subtilement texturés.

TRUCS ET ASTUCES

Par principe, un glacis laisse toujours apparaître par endroits la couleur du fond. De plus, cette superposition génère des teintes parfois inattendues : par exemple, un glacis bleu appliqué sur un fond rose présentera différents tons de bleus et de violets. Il est donc essentiel de bien choisir les couleurs en fonction de l'effet recherché, discret et subtil ou plus contrasté. Avant d'entreprendre un décor, n'hésitez pas à procéder à plusieurs essais sur des chutes d'aggloméré ou de medium.

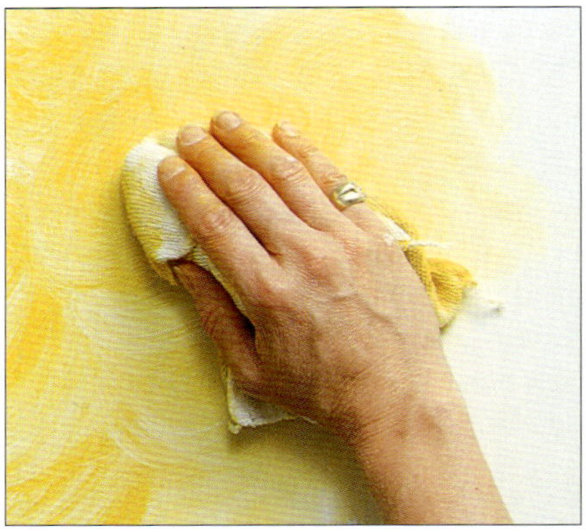

▲ Pour atténuer un badigeon, essuyez-le juste avant qu'il ne soit sec.

LES BADIGEONS

Couvrez le support d'une fine couche de glacis, à grands coups de pinceau irréguliers. Après séchage, répétez l'opération en entrecroisant les traces de pinceau par rapport aux précédentes. Le résultat final doit être doucement estompé mais très spontané. Si vous voulez atténuer la texture du badigeon, essuyez-le avec un chiffon juste avant qu'il ne soit complètement sec. On obtient des effets intéressants en superposant deux glacis de couleurs différentes.

EFFETS ESSUYÉS

Ce procédé consiste à travailler le glacis avec un chiffon. Selon la texture de ce dernier et la façon dont vous le manipulez, vous obtiendrez des effets très différents. Vous pouvez par exemple le rouler en boule et le tapoter, ou bien le rassembler entre vos deux mains et le faire rouler de haut en bas. Dès que le chiffon est trop chargé de peinture, prenez-en un nouveau.

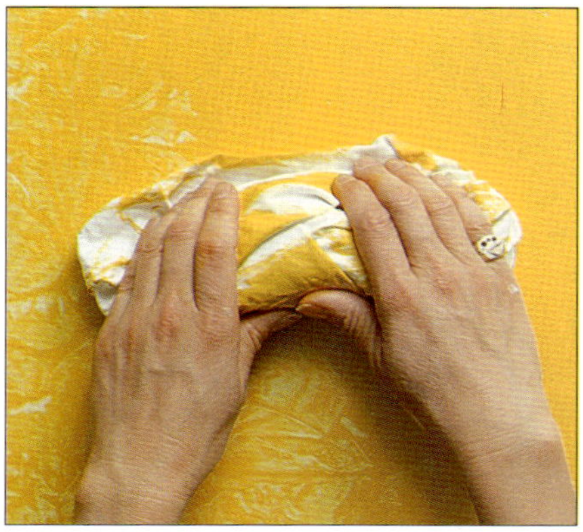

▲ On peut travailler un glacis avec un chiffon propre et sec.

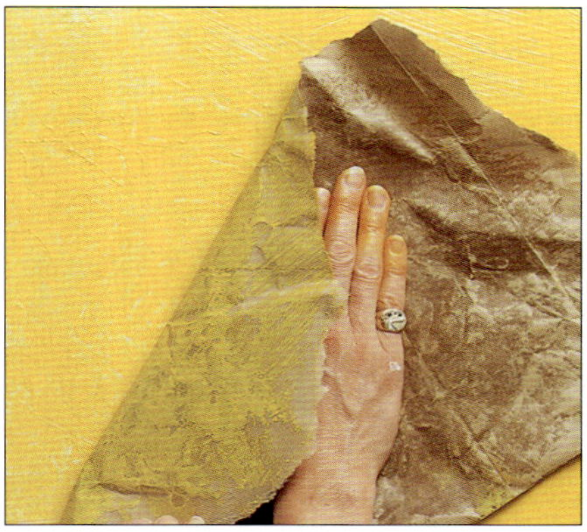

▲ On crée des effets nuageux prononcés avec du papier kraft chiffonné.

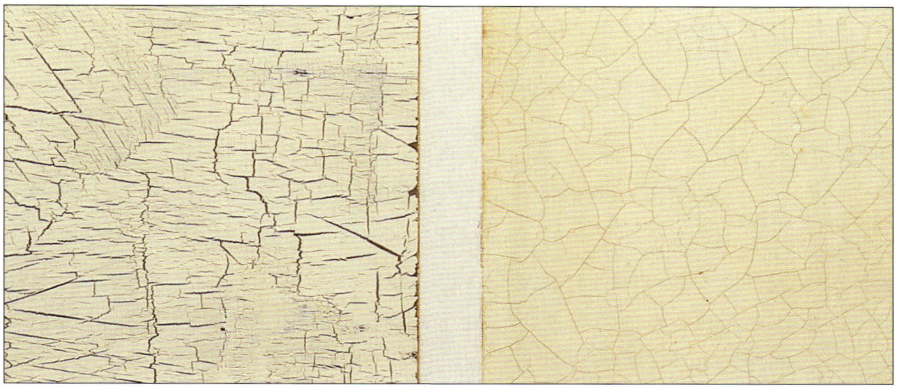

▲ Les médiums à craqueler fissurent la peinture en profondeur (à gauche) ; les vernis craqueleurs créent une pellicule vieillie en surface (à droite).

EFFETS NUAGEUX

Pour obtenir un effet nuageux (les professionnels disent dépouillé), laissez doucement tomber du film alimentaire sur le glacis humide, soufflez dessus pour qu'il s'y plaque de façon irrégulière, puis retirez-le délicatement (voir page 80). On génère des effets plus prononcés en appliquant à deux mains une feuille de papier kraft chiffonnée.

EFFETS ÉPONGÉS

Les éponges naturelles créent des textures finement mouchetées. Vous pouvez les utiliser pour appliquer directement le glacis ou bien pour le travailler après l'avoir posé au pinceau. Cette technique se prête bien à une superposition de glacis de teintes différentes.

EFFETS MOUCHETÉS

Tapotez doucement le glacis avec une brosse à moucheter pour estomper les traces de pinceau et créer un effet finement pommelé.

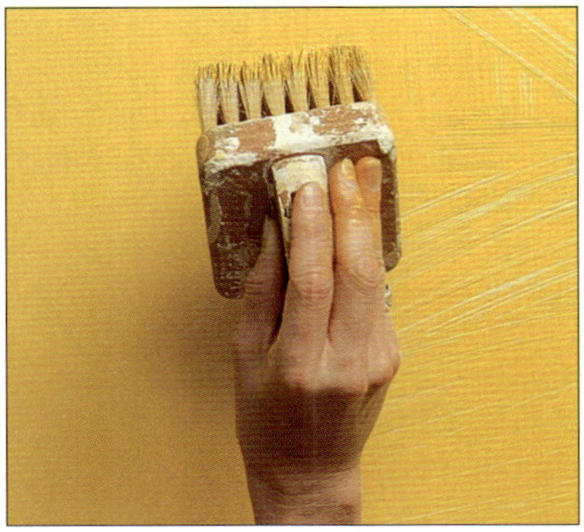

▲ Les brosses à moucheter permettent d'estomper les traces de pinceau.

EFFETS LISSÉS ET BROSSÉS

On obtient des textures très fines en brossant le glacis humide à grandes touches légères, avec un pinceau sec, doté de poils longs et souples. Ces effets sont plus ou moins prononcés selon l'outil employé – veinette, queue à battre, à lisser ou à estomper – et peuvent même simuler les veines du bois, voire d'une essence donnée.

EFFETS MARBRÉS

Il existe de nombreuses façons d'imiter le marbre, avec plus ou moins de réalisme. La plus simple consiste à appliquer un glacis de fond de couleur neutre au pinceau puis, alors qu'il est encore humide, à lui superposer de larges taches irrégulières de glacis de deux ou trois teintes différentes. Estompez l'ensemble à l'aide d'un chiffon propre ou d'un pinceau souple. Tracez des marbrures au pinceau à filet, puis atténuez-les avec une éponge ou une plume d'oiseau.

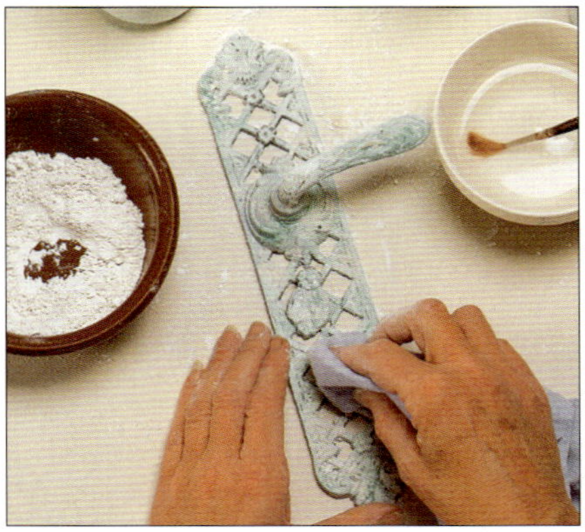

▲ Les patines vert-de-gris permettent de vieillir un support de façon réaliste.

AUTRES FINITIONS

OUTRE LES GLACIS, il existe de multiples procédés pour donner de la profondeur, du relief et du caractère à une peinture. Les réalisations présentées dans cet ouvrage vous en proposent quelques exemples. Une fois la peinture appliquée, vous pouvez également la vieillir, en la ponçant ou bien en appliquant de la cire teintante, une patine ou un vernis craqueleur (voir pages 42 à 43).

LES CRAQUELURES

Les médiums à craqueler permettent de créer de très intéressants effets de vieillissement, plus prononcés que ceux obtenus avec des vernis craqueleurs (voir pages 42-43). On les applique entre une peinture de fond et une peinture de finition de couleurs différentes. À mesure que la peinture du dessus sèche, elle se craquelle, révélant par endroits la couleur du fond.

PATINE VERT-DE-GRIS

On peut simuler le vert-de-gris qui se forme au fil du temps sur le cuivre, le laiton et le bronze, en superposant habilement plusieurs teintes de peinture-émulsion (voir pages 117-118). Les boutiques de loisirs créatifs vendent également des patines vert-de-gris qui évitent de devoir élaborer soi-même les différentes couleurs nécessaires. Dans tous les cas, cette technique permet de vieillir de façon crédible des supports de toutes sortes.

Les pochoirs

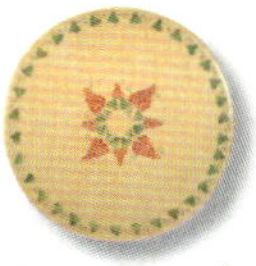

La technique du pochoir permet de réaliser simplement des décors répétitifs tout à fait étonnants. Elle était déjà utilisée il y a plus de deux mille ans par les Égyptiens, pour peindre de magnifiques frises géométriques dans les palais et les sépultures.
Les pochoirs contemporains sont caractérisés par leurs motifs nettement cloisonnés, chaque forme présentant une forme, des ombres et des rehauts particuliers. Les couleurs sont appliquées par légers voiles successifs afin de donner de la profondeur à l'ensemble. Ce procédé est adapté à tous les supports et à tous les styles, pour peu que l'on choisisse bien les motifs et les teintes.

FOURNITURES ET MATÉRIEL

Les magasins de bricolage et de loisirs créatifs vendent des pochoirs prêts à l'emploi. Il est toutefois plus original et plus créatif de fabriquer ses propres modèles. Il suffit pour cela de quelques fournitures et d'un peu de matériel.

LES SUPPORTS

La technique du pochoir consiste à peindre un motif délimité par une forme évidée dans un support. C'est le matériau choisi pour fabriquer ce support qui détermine la rapidité et la facilité de fabrication d'un pochoir.

• LA CARTE BULLE. C'est le support traditionnel pour la fabrication des pochoirs. Elle est résistante et très facile à découper. Comme elle est opaque, on ne peut pas y reporter les motifs par transparence. Il est nécessaire de les décalquer (voir page 138).

▲ La carte bulle est opaque mais facile à découper.

• LE PVC RIGIDE. Il s'agit d'une matière plastique presque transparente, vendue en feuilles fines mais solides. Sa rigidité en fait un support facile à manipuler et que l'on peut conserver longtemps

• LE FILM ACÉTATE. C'est un film transparent et très résistant. Il permet de travailler par transparence autant pour le report des motifs que pour leur application. Ce support étant particulièrement lisse, il est nécessaire d'exercer une pression ferme sur le cutter lorsqu'on le découpe, afin que la lame ne glisse pas.

• LE PAPIER-CALQUE TECHNIQUE. Ce papier-calque épais associe les avantages du film acétate et de la carte bulle. Facile à découper, il est transparent et très solide. On peut également l'utiliser dans une photocopieuse pour dupliquer les motifs ou en modifier la taille. Sa densité très fine garantit des découpes nettes et précises.

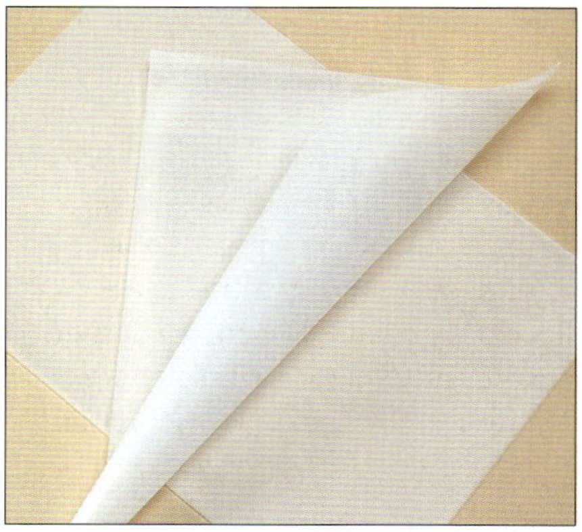

▲ Le papier-calque technique est solide, transparent et facile à découper.

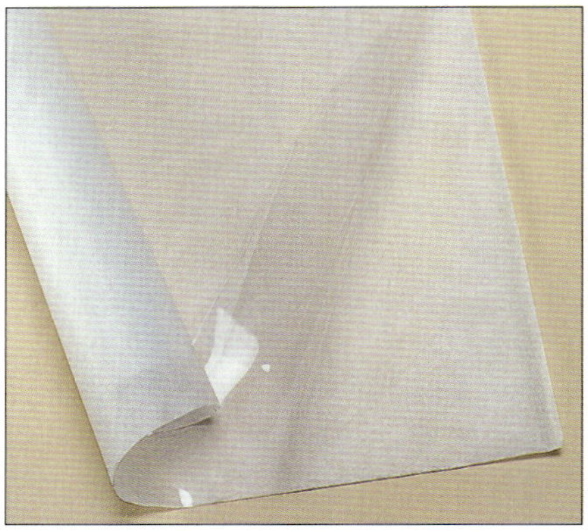

▲ Le film acétate est transparent et solide.

LES OUTILS DE DÉCOUPE

On peut découper les grandes formes très simple avec une paire de ciseaux, mais les couteaux et les cutters offrent plus de précision. Changez régulièrement leurs lames et assurez-vous qu'elles sont correctement fixées. Travaillez sur une plaque de coupe épaisse et propre. Les modèles en matière plastique autocicatrisante ne dévient pas la lame et ne l'émoussent pas. (Voir également page 139.)

LES PEINTURES

Toutes les peintures présentées pages 12-13 peuvent être utilisées avec des pochoirs. Il suffit de s'assurer qu'elles sont compatibles avec la peinture du fond. Souvenez-vous également que la peinture doit être suffisamment épaisse pour ne pas s'infiltrer sous le pochoir.

Les peintures-émulsions et les peintures acryliques pour beaux arts présentent l'avantage de sécher rapidement. Avec les premières, on peut même obtenir des effets intéressants en superposant des teintes mates, satinées et brillantes.

Les peintures à l'huile pour beaux-arts permettent de créer de superbes décors, surtout si on les utilise avec des médiums pour réaliser des effets de transparence. Elles sèchent en revanche très lentement ce qui complique leur utilisation et la manipulation des pochoirs. Il existe des couleurs alkydes ou acryliques présentant quasiment les mêmes qualités que les peintures à l'huile, mais d'un séchage plus rapide.

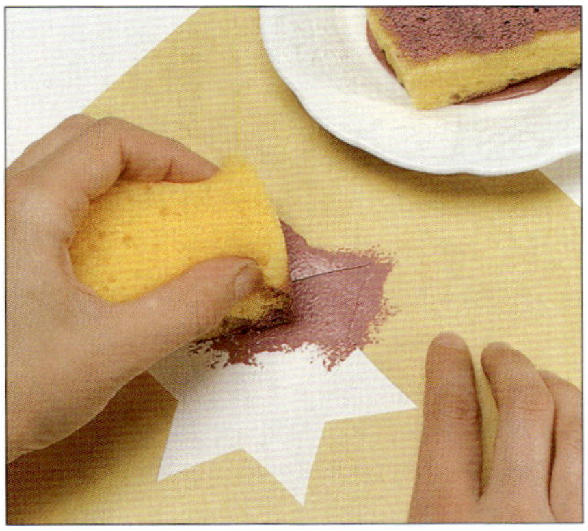

▲ On peut appliquer la couleur à l'éponge.

LES OUTILS D'APPLICATION

Traditionnellement, on peint les motifs au pochoir avec des brosses prévues à cet effet (voir page 16). Toutefois, on obtient des textures intéressantes en utilisant un morceau d'éponge ou un chiffon roulé en boule. Les peintures en bombe aérosol conviennent à de nombreux matériaux. Elles permettent de poser des voiles de couleur fins et réguliers et de réaliser ainsi de très belles superpositions de teintes.

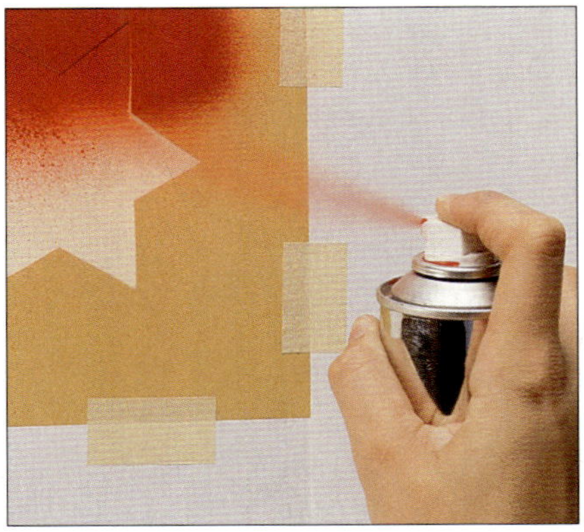

▲ Les peintures en bombe aérosol diffusent un voile régulier de couleur.

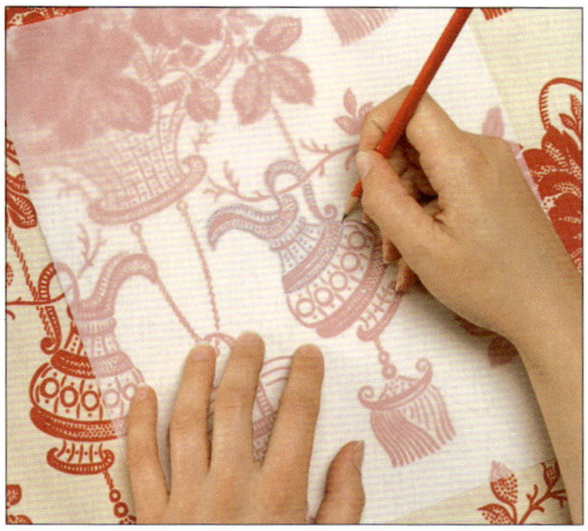

▲ Dessinez soigneusement le motif choisi sur du papier-calque.

FABRIQUER UN POCHOIR

LES SOURCES D'INSPIRATION sont multiples. On peut par exemple reprendre le dessin d'un papier peint ou d'un tissu. En fonction de l'objet à décorer, demandez-vous s'il vaut mieux créer un motif isolé ou répétitif. Lorsque vous souhaitez réaliser une bordure, vous pouvez relier les motifs les uns aux autres avec un dessin simple, comme des feuilles d'arbre ou une vrille.

LE TRACÉ DU MOTIF

Étalez le modèle bien à plat, placez une feuille de papier-calque dessus et dessinez-le avec un crayon tendre ou un stylo-feutre à pointe fine (voir page 138). Omettez les détails trop complexes pour être reproduits au pochoir. Le but est d'évoquer le modèle, non d'en faire une copie conforme. Si cela est nécessaire, établissez un nouveau calque en ne reprenant que les lignes essentielles. Souvenez-vous que seules les formes évidées seront peintes. Aussi, chacune d'elles doit toujours être entourée d'un cerne de matière d'au moins 5 mm de largeur. Dans certains cas, il est nécessaire d'ajouter des « ponts » afin de relier les formes les unes aux autres, de façon à obtenir un pochoir d'une seule pièce. Ces ponts doivent également mesurer au moins 5 mm de largeur afin de ne pas risquer de se briser. Évitez de créer des ponts trop longs car ils se soulèveraient et laisseraient la peinture s'infiltrer sous eux.

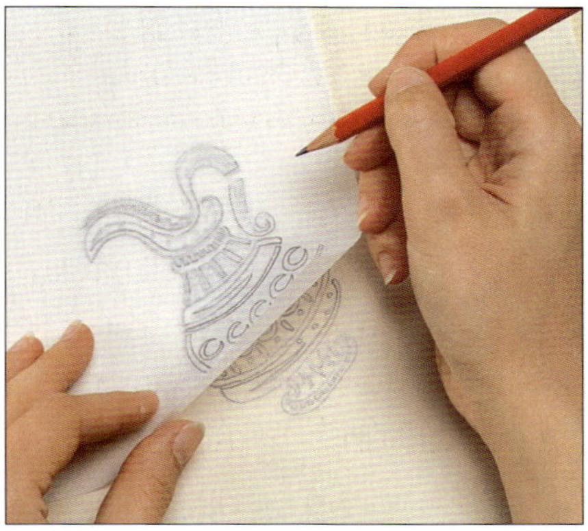

▲ Établissez un deuxième calque en ne reprenant que les lignes essentielles.

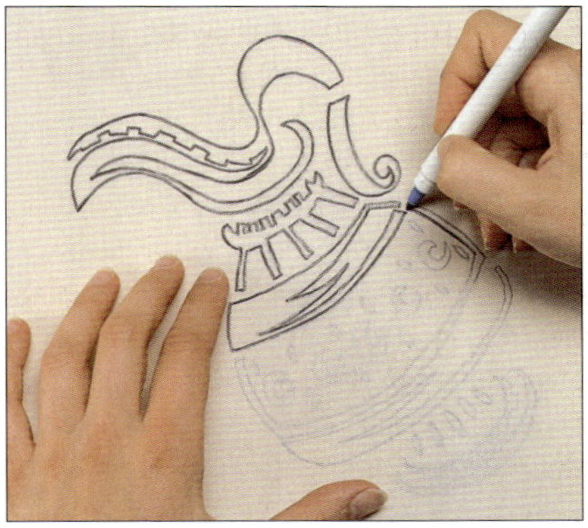

▲ Tracez avec précision toutes les zones qui doivent être évidées.

Lorsque vous êtes satisfait du motif, établissez un calque définitif à traits fins et précis. Il est préférable, surtout lorsqu'on débute, d'évider une copie de ce motif afin de vérifier la justesse des tracés et l'emplacement correct des ponts.

TRUCS ET ASTUCES

• Assurez-vous que toutes les formes qui doivent être peintes sont entourées d'un cerne de matière d'au moins 5 mm de largeur. Placez ensuite des ponts aux endroits choisis. Pour éviter de vous perdre dans un grand nombre de traits fins, vous pouvez utiliser un marqueur dont la pointe possède la largeur requise pour un pont. Au moment de découper, il vous suffira d'inciser de part et d'autre des tracés.

• Si vous voulez superposer un détail d'une couleur différente du fond sans le séparer de celui-ci par un cerne, fabriquez deux pochoirs. Appliquez d'abord celui du fond puis, quand il est sec, celui du détail.

LA MISE À L'ÉCHELLE

Une fois le motif correctement tracé, il peut être nécessaire d'en modifier la taille afin de l'adapter au support que l'on souhaite décorer.

• LA PHOTOCOPIEUSE. Calculez le rapport d'agrandissement ou de réduction voulu, puis photocopiez le motif tracé sur le papier-calque à cette échelle. Veillez à conserver les éventuelles copies intermédiaires car elles pourront vous servir pour réaliser des détails et des ornements supplémentaires. De même, en cas d'erreur, il est toujours utile de disposer de plusieurs exemplaires du motif mis à l'échelle.

• LES GRILLES DE « MISE AU CARREAU ». Tracez une grille composée de carrés égaux sur le modèle ou sur une feuille de papier-calque fixée au-dessus de celui-ci avec du ruban crépon adhésif. Calculez le rapport d'agrandissement ou de réduction voulu et affectez-le aux carrés d'une deuxième grille, dessinée sur une autre feuille de papier-calque. Par exemple, si vous voulez doubler la taille d'un modèle qui s'inscrit dans une grille de dix carrés sur huit carrés de 1 cm de côté, tracez une nouvelle grille identique, mais composée de carrés mesurant 2 cm de côté. Ensuite, en travaillant carré par carré, reportez le modèle sur la grille vierge, au crayon. Il est préférable de tracer la grille au stylo-feutre ou à l'encre afin de pouvoir gommer le dessin en cas d'erreur, sans l'endommager.

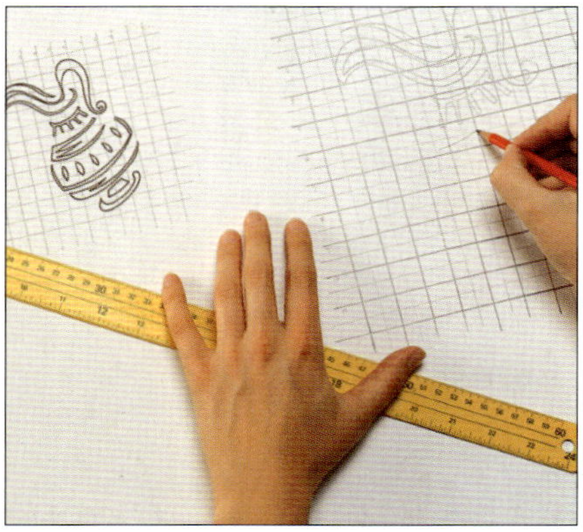

▲ On peut modifier la taille du motif à l'aide d'une grille de mise au carreau.

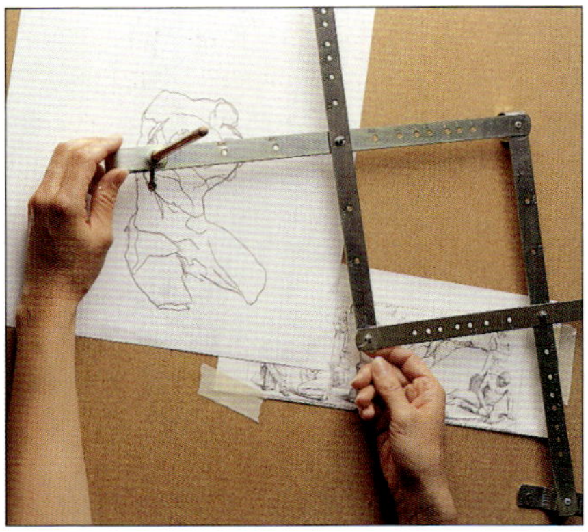

▲ Un pantographe permet de réduire ou d'agrandir un motif.

• LES PANTOGRAPHES. Avec un peu de pratique, ces outils permettent d'agrandir ou de réduire un motif très précisément. Le principe consiste à régler les branches du pantographe en fonction de la mise à l'échelle voulue, puis de repasser les tracés avec une pointe de façon qu'un crayon, fixé à l'autre extrémité de l'appareil, les reporte automatiquement.

LA VÉRIFICATION

Lorsque le motif est mis à la bonne échelle, n'hésitez pas à en réaliser plusieurs copies afin de les disposer sur le support pour juger de l'effet final. Effectuez alors les corrections de taille que vous jugez nécessaires, ou élaborez éventuellement une frise ou un décor supplémentaires. Toutefois, n'oubliez pas que le charme des décors de ce genre repose en grande partie sur leur simplicité.

LE TRACÉ DU POCHOIR

Quand vous êtes certain que le motif est correct, dessinez-le de nouveau de façon très précise sur une feuille de papier-calque. Travaillez à longs traits souples avec un stylo-feutre à poine fine, sans redouter les erreurs puisqu'elles ne risquent pas d'abîmer le dessin original. À mesure que vous recopiez et que vous retravaillez le motif, vous gagnez en souplesse et en spontanéité. Dans le domaine des artisanats d'art, ce dessin définitif est appelé « carton ».

Afin de détecter les déséquilibres et les asymétries, retournez le calque de façon à pouvoir l'examiner sur ses deux faces.

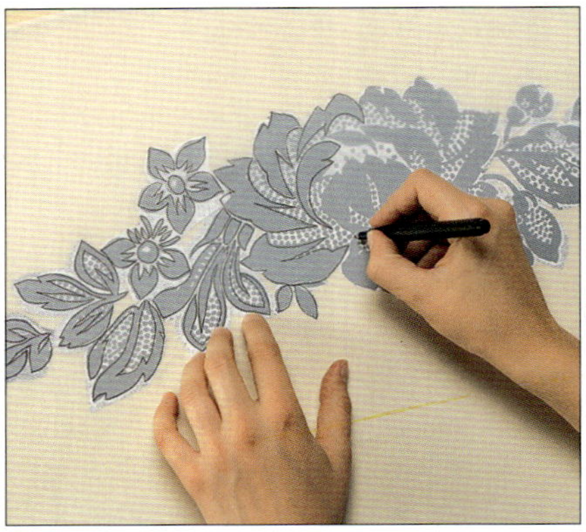

▲ Une fois le dessin mis à l'échelle et vérifié, dessinez-en une version définitive.

LE REPORT DU MOTIF

Dans la mesure où cela est possible, photocopiez le motif définitif sur du papier-calque technique. Si vous utilisez comme support du PVC rigide ou du film acétate, tracez le motif dessus, par transparence, avec un stylo-feutre à pointe fine. Si vous employez un support opaque comme la carte bulle, vous pouvez décalquer le motif (voir page 138), le reporter à l'aide d'une grille de mise au carreau (voir ci-contre, à gauche), ou bien faire appel à l'une des quatre méthodes ci-après.

• LE PERFORAGE. Placez le modèle sur la carte bulle, en le fixant de préférence avec du ruban crépon adhésif afin qu'il ne glisse pas. À l'aide d'une punaise pour tableau d'affichage, effectuez des petits trous tout au long des tracés du motif. L'intervalle entre les trous est très important : trop long, les contours manqueront de précision ; trop court, la carte bulle se déchirera.

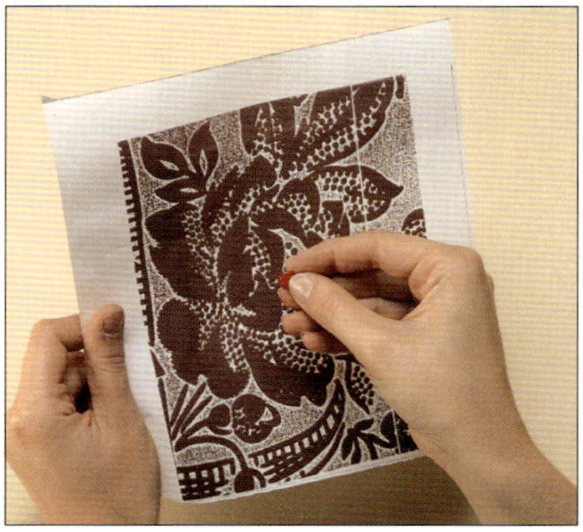

▲ Avec une punaise, perforez les tracés du motif à intervalles réguliers.

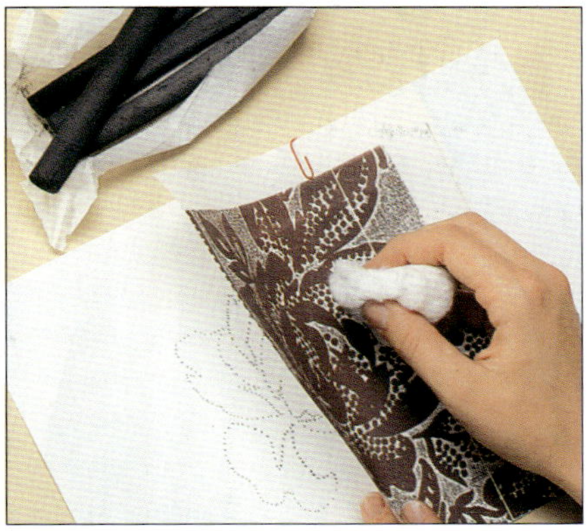

▲ Faites pénétrer la poudre de fusain dans les trous avec un tampon de coton.

• LA POUDRE DE FUSAIN. Cette technique est bien adaptée au report successif d'un même motif. Elle consiste à perforer le modèle avec une punaise comme cela est expliqué page ci-contre, à le fixer sur le support avec du ruban crépon adhésif, puis à l'enduire de fusain. On frotte ensuite le fusain avec un tampon de coton afin de le faire pénétrer dans les trous de façon à imprimer le support.

• LE GRAPHITE. Coloriez entièrement le dos du modèle avec un crayon tendre, puis placez-le sur le support, la face endroit vers le haut. Repassez les tracés du motif à l'aide d'un crayon HB bien aiguisé.

• LE PAPIER CARBONE. Étalez une feuille de papier carbone sur le support, puis fixez le modèle au-dessus. Repassez tous les tracés du motif avec un crayon HB bien aiguisé afin qu'ils se reportent sur le support.

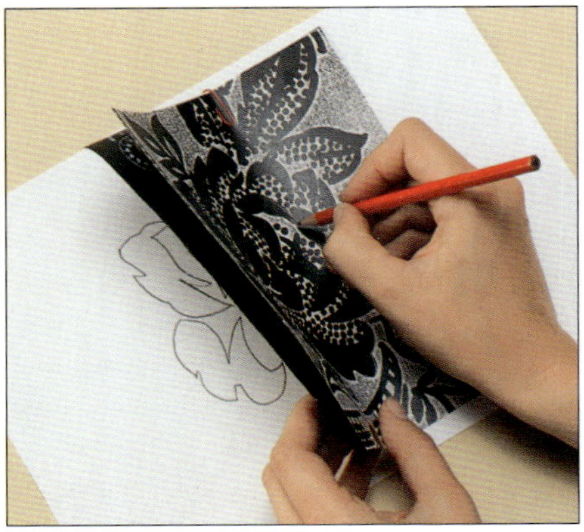

▲ Le papier carbone permet un report du motif rapide et précis.

ÉVIDER LES MOTIFS

Que vous utilisiez un couteau ou un cutter, changez régulièrement leur lame et travaillez sur une plaque de coupe. Commencez par évider les formes les plus détaillées afin de ne pas riquer de les endommager en incisant de grands tracés voisins.

Tenez l'outil de coupe le plus à la verticale possible pour éviter qu'il ne glisse et ne vous blesse. Maintenez le support de l'autre main, tout en la plaçant hors du trajet de la lame. Pour inciser de longs tracés, il est préférable de bouger le support plutôt que de changer de position. Dans les courbes, effectuez plusieurs petites incisions au lieu d'une seule qui manquerait de précision.

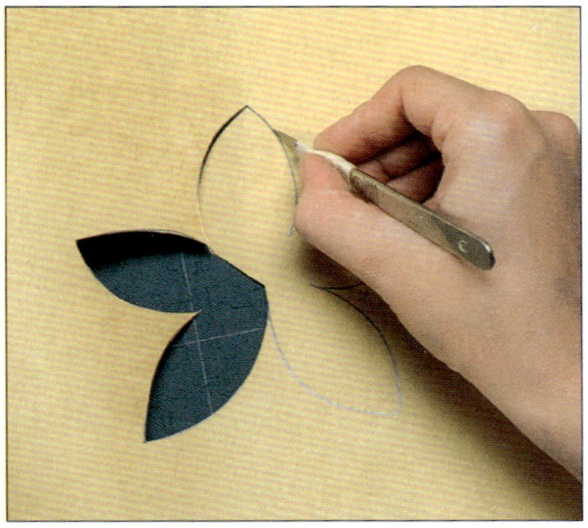

▲ Exercez une pression régulière sur la lame.

De façon générale, il n'est pas nécessaire d'appuyer beaucoup sur le couteau ou le cutter, à moins que la lame ne soit émoussée. Si le manche de l'outil de découpe vous blesse les doigts, enroulez-le de plusieurs tours de sparadrap ou de ruban crépon adhésif.

DÉCOUPER LE POCHOIR

Une fois les motifs évidés, il est nécessaire de découper le support afin d'obtenir un pochoir facile à manipuler.

Si le pochoir est prévu pour une surface précise – par exemple la porte d'un placard –, le mieux est de le découper aux dimensions exactes de celle-ci. Lorsque le pochoir doit être appliqué de façon répétitive afin de réaliser une frise, équerrez soigneusement ses bords

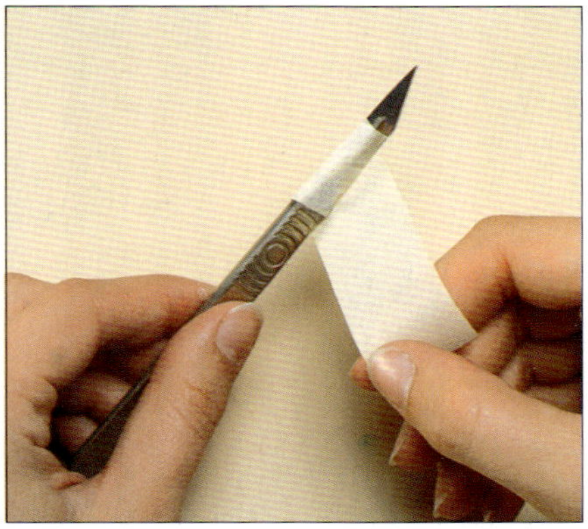

▲ Si le manche du couteau vous blesse, enveloppez-le de sparadrap.

afin de faciliter son alignement. Pensez à tracer des repères sur le pochoir avec un stylo-feutre fin, de façon à pouvoir le positionner avec exactitude sur l'objet à décorer. Dans le cas de motifs complexes, ces repères vous permettront aussi de superposer plusieurs pochoirs avec précision.

TRUCS ET ASTUCES

• Il est possible de réparer un pochoir déchiré avec du ruban crépon adhésif. Placez un morceau de ruban sur l'endroit concerné, puis découpez-le au couteau ou au cutter au ras des formes évidées.

• Pendant la découpe des motifs, vous pouvez travailler sur une plaque de linoléum, sur l'envers d'une chute de moquette ou sur une bonne épaisseur de cartons ou de vieux livres. Cependant, aucun de ces supports ne vaut une plaque de coupe auto-cicatrisante, car ils finissent toujours par émousser la lame et par entraver sa progression.

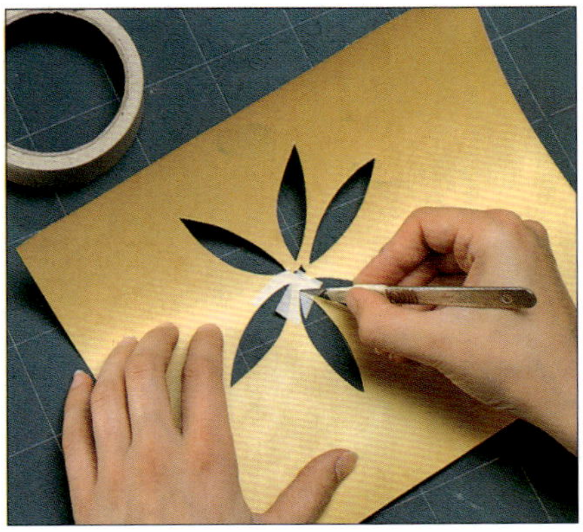

▲ Réparez les ponts déchirés avec du ruban crépon adhésif.

PRÉPARER LE FOND

Vous pouvez appliquer un motif sur une surface uniforme, mais il sera peut-être mieux mis en valeur sur un fond légèrement texturé à l'aide de l'une des techniques expliquées pages 20-21. Dans tous les cas, assurez-vous que les peintures utilisées sont compatibles. Avant d'appliquer les motifs, laissez bien sécher le fond puis essuyez-le.

POSITIONNER LE MOTIF

Il n'y a rien de pire qu'un motif décentré ou qu'une frise peinte de travers ! Pour éviter cela, marquez le centre du pochoir, et tracez des repères correspondants sur la surface à décorer, à légers traits de crayon tendre. Sur les petites surfaces planes, une équerre permet de vérifier rapidement la rectitude du placement.

Lorsque vous réalisez une frise ou une composition de plusieurs motifs, commencez toujours par placer celui du centre. Ainsi, les éventuels décalages seront situés à la périphérie et moins visibles.

TRUCS ET ASTUCES

- Il est souvent difficile d'appliquer une frise dans un angle, surtout si l'on ne veut pas interrompre le motif. Calculez le nombre de motifs entiers que vous pouvez placer, puis appliquez-les au centre du support. Pliez le pochoir en deux pour peindre les motifs des angles. Cette opération fragilise le pochoir et le rend difficile à fixer. Si cela est possible, coupez-le en deux ou fabriquez-en des copies partielles destinées uniquement aux angles. Traitez d'abord une partie de l'angle et laissez-la sécher avant de peindre la surface adjacente.
- Si vous souhaitez conserver vos pochoirs pour une utilisation ultérieure, nettoyez-les soigneusement, rangez-les à plat et saupoudrez-les de talc pour absorber l'humidité. Lorsqu'un pochoir est mouillé, fixez-le sur une plaque de verre ou de céramique avec de la colle repositionnable afin qu'il ne gondole pas en séchant.

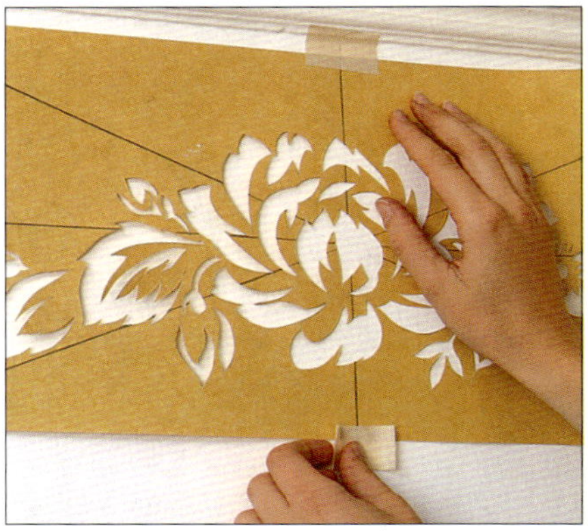

▲ Fixez le pochoir avec du crépon adhésif.

FIXER LE POCHOIR

On peut fixer les bords du pochoir avec des morceaux de ruban crépon adhésif. Procédez à un essai pour vérifier que ce dernier n'abîmera pas le fond lorsque vous le décollerez.

N'utilisez pas d'épingles car leurs pointes marquent irrémédiablement le fond. Évitez également d'employer de la pâte adhésive car son épaisseur soulève le pochoir et permet à la peinture de s'infiltrer dessous.

▲ Vaporisez de la colle au dos du pochoir.

La meilleure solution consiste à vaporiser un fin voile de colle repositionnable au dos du pochoir. Celui-ci est ainsi parfaitement plaqué contre le support. Pour le décoller, soulevez-le délicatement en vous aidant éventuellement avec la lame d'un couteau ou d'un cutter. Veillez en particulier à ne pas déchirer les ponts et les parties les plus fines en les décollant trop brutalement. Lorsque la colle perd son pouvoir d'adhérence, essuyez-la à l'aide d'un chiffon propre et vaporisez-en un nouveau voile.

PEINDRE LE MOTIF

Il existe de multiples façons de peindre un motif au pochoir. Dans tous les cas, il convient de commencer par le centre du motif et par les formes les plus grandes, puis de progresser vers les bords en traitant les détails en dernier. De même, à l'intérieur de chaque forme évidée, procédez du centre vers l'extérieur afin d'éviter les bavures et les surépaisseurs en périphérie. Il est toujours préférable d'appliquer plusieurs fins voiles de peinture plutôt qu'une seule couche épaisse. Vous pouvez ainsi élaborer les tonalités progressivement. Attendez toujours qu'une couche soit bien sèche pour appliquer la suivante. En cas d'erreur, essuyez immédiatement avec un Coton-Tige humide. Une fois le décor sec, il est toujours possible de le retoucher avec un pinceau fin.

N'hésitez pas à essayer plusieurs techniques afin de choisir celle qui correspond le mieux au style recherché. Chacune d'elles crée un effet particulier, mais la plupart génèrent une texture finement mouchetée qui donne du relief aux motifs et en fait tout le charme.

PEINDRE À LA BROSSE

Imprégnez la brosse à pochoir de peinture, essuyez l'excédent sur du papier essuie-tout, puis tapotez-la doucement sur le support. Tenez la brosse à la perpendiculaire du support car, en se couchant, les poils laissent des traces disgracieuses.

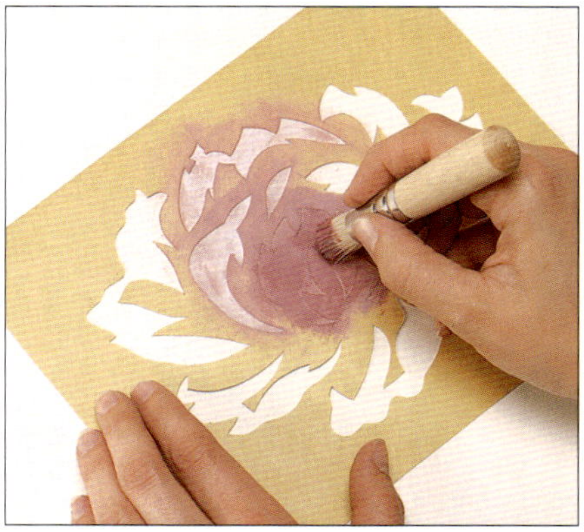

▲ Tapotez doucement la brosse à pochoir en la tenant à la verticale.

PEINDRE À L'ÉPONGE

Cette technique consiste à tapoter les formes évidées du pochoir avec un morceau d'éponge. Afin d'éviter les surépaisseurs, on utilise une grosse éponge saturée de peinture comme « réservoir », pour imprégner la petite éponge-applicatrice.

PEINDRE À L'AÉROSOL

Les aérosols présentent l'avantage de diffuser un fin voile de peinture dans les moindres recoins du pochoir. En revanche, comme ils obligent à protéger les surfaces environnantes, ils ne permettent pas de superposer plusieurs pochoirs. Tenez la bombe assez éloignée du support pour éviter les coulures et les surépaisseurs.

EFFETS ESTOMPÉS

Les peintures à l'huile en bâtonnets permettent d'obtenir des motifs estompés, à peine mouchetés. Frottez les bâtonnets sur une palette afin d'y déposer de la couleur. Imprégnez-en la brosse à pochoir et appliquez-la en effectuant de légers mouvements de balayage circulaires.

Pour ombrer un motif, attendez qu'il soit sec, déplacez le pochoir d'environ 2 mm vers la droite ou la gauche, puis appliquez un léger voile d'une couleur identique ou voisine sur l'espace ainsi dégagé.

RELIEFS LÉGERS

On obtient un effet de relief subtil en appliquant un motif sur un fond de couleur identique, avec une brosse à pochoir ou à moucheter.

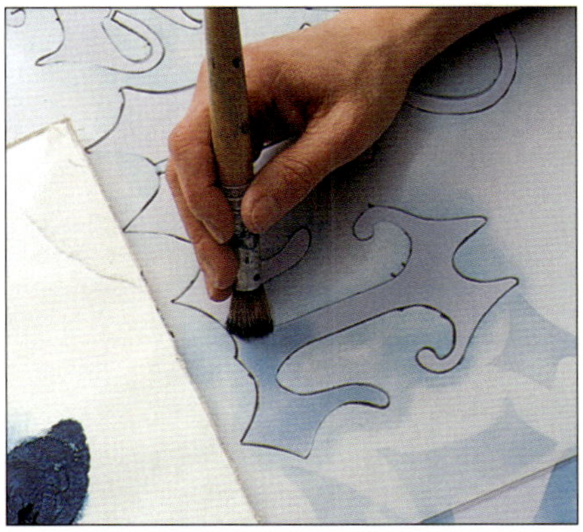

▲ Les couleurs à l'huile en bâtonnets permettent de réaliser des effets estompés.

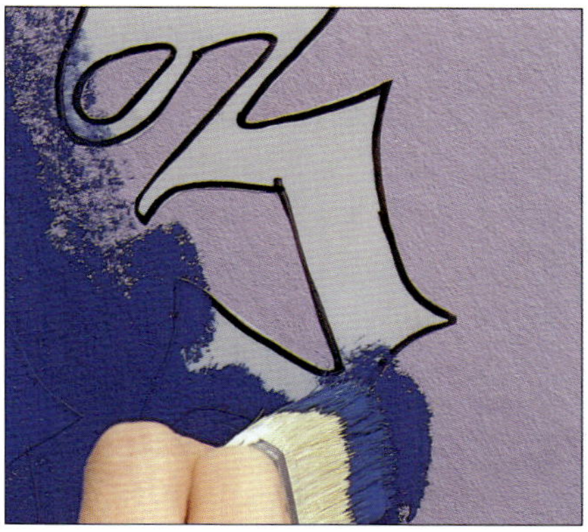

▲ Appliquez la couleur du fond.

POCHOIRS EN RÉSERVE

Ce procédé consiste à peindre autour d'un masque afin d'obtenir sa forme en réserve sur un fond de couleur différente.

Les éléments composant un décor sont indépendants les uns des autres, chacun d'eux étant découpé d'un seul tenant. Les masques devant être obligatoirement fixés avec de la colle repositionnable, il est préférable de ne pas les fabriquer avec de la carte bulle si vous prévoyez de les utiliser plusieurs fois.

Choisissez la couleur des motifs et appliquez-la au pinceau sur la surface à décorer. Lorsqu'elle est sèche, fixez les masques avec de la colle repositionnable. En utilisant toujours un pinceau, posez la couleur du fond en travaillant d'abord délicatement autour des masques, puis en traitant le reste du support.

Retirez les masques alors que la peinture est encore humide, en les soulevant délicatement avec la pointe d'un couteau.

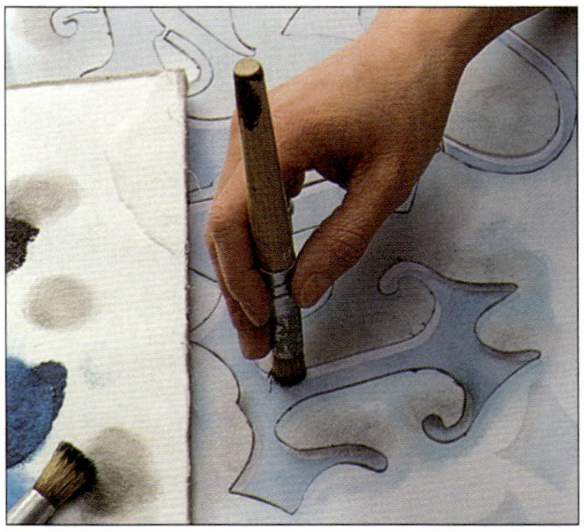

▲ Décalez le pochoir d'environ 2 mm pour ombrer les bords du motif.

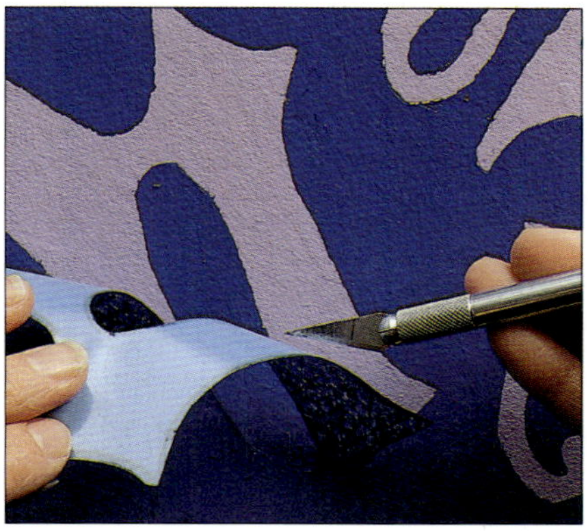

▲ Retirez délicatement les masques.

LA PROTECTION DES DÉCORS

Il est préférable de protéger les décors réalisés au pochoir, surtout s'ils sont appliqués sur des meubles ou des objets susceptibles d'être manipulés. Selon l'effet recherché, vous pouvez utiliser du vernis mat, satiné ou brillant, ou bien de la cire. Veillez à choisir un produit compatible avec les peintures utilisées. (Voir pages 139 à 141.)

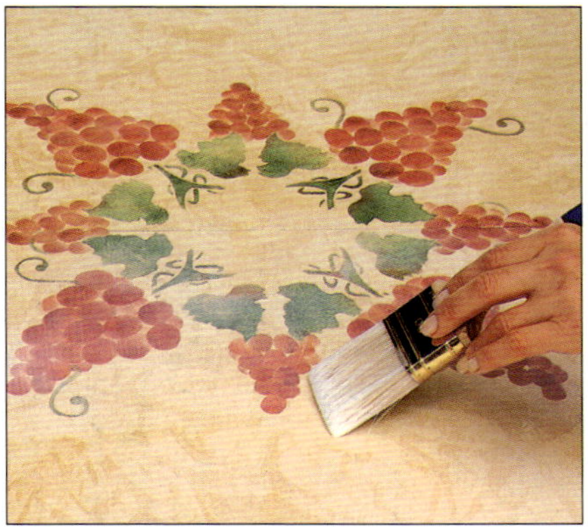

▲ Appliquez le vernis avec un large pinceau doux et souple.

LE VIEILLISSEMENT

Si vous souhaitez atténuer l'éclat des motifs et donner une patine ancienne à votre décor, protégez-le avec du vernis auquel vous aurez ajouté une pointe de pigment ou de peinture pour beaux-arts dans un ton de terre. Juste avant que la dernière couche de vernis ne soit sèche, vous pouvez également la brosser avec un pinceau sec. Vous trouverez d'autres idées pour vieillir vos réalisations pages 42-43.

Les motifs à main levée

CETTE TECHNIQUE désigne tous les motifs que l'on réalise au pinceau, sans l'aide d'un pochoir ou d'un tampon. Elle fait appel à de nombreux styles, rustiques ou plus sophistiqués, et peut être exécutée sur toutes sortes de supports. Autrefois, la tradition consistait à représenter surtout des scènes champêtres et des compositions florales. Ces thèmes restent toujours très prisés, même si les peintures et les goûts modernes en permettent de multiples déclinaisons. N'oubliez pas que ce sont les fonds unis, très clairs ou au contraire très sombres, qui mettent le mieux en valeur les motifs de couleurs vives.

LA TECHNIQUE

LE SUPPORT doit être propre et bien dépoussiéré. Disposez-le de façon à pouvoir travailler confortablement, en restant toujours en face de lui. N'hésitez pas à tracer quelques repères légers avec un crayon tendre afin de bien centrer le motif dans la surface disponible.

Vérifiez que les peintures choisies sont compatibles avec celles du fond. Par la multiplicité de leurs teintes et leurs petits conditionnement, les peintures pour beaux-arts et les peintures « céramique » sont idéales pour réaliser des motifs à main levée (voir page 13). Appliquez-les avec des pinceaux beaux-arts à bout pointu.

Une fois les motifs terminés et secs, vous pouvez vernir l'ensemble du support afin de les protéger (voir pages 139 à 141), ou bien les vieillir de façon sélective en appliquant l'une des méthodes expliquées pages 42 et 43.

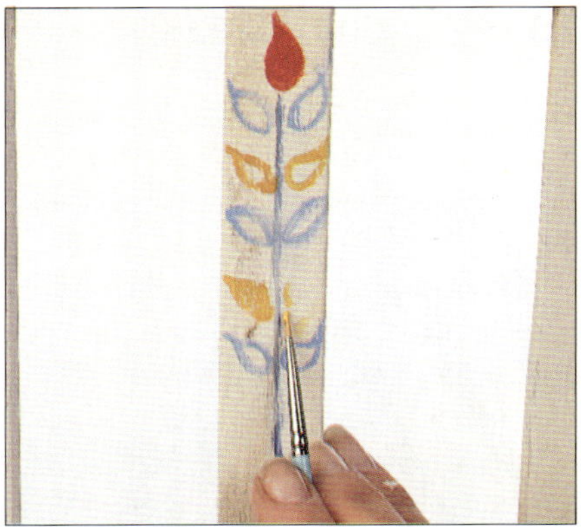

▲ Placez-vous de façon à pouvoir travailler bien en face du support.

APPLICATION DES TOUCHES DE PINCEAU

VOUS TROUVEREZ ci-après la façon de réaliser quelques formes de base, prévues pour réaliser des fleurs mais aussi de nombreux autres détails décoratifs.

1 Pétales de roses. Tenez le pinceau à la perpendiculaire du support et appuyez dessus afin d'en aplatir les poils. Faites-lui effectuer un mouvement semi-circulaire tout en le relevant de façon que, à la fin de sa course, seule son extrémité touche le support.

2 Sépales. Tenez le pinceau perpendiculairement au support afin que seule sa pointe touche ce dernier. Effectuez un mouvement descendant et légèrement courbe, de gauche à droite, en aplatissant d'abord de plus en plus le pinceau puis en le relevant pour tracer la pointe effilée.

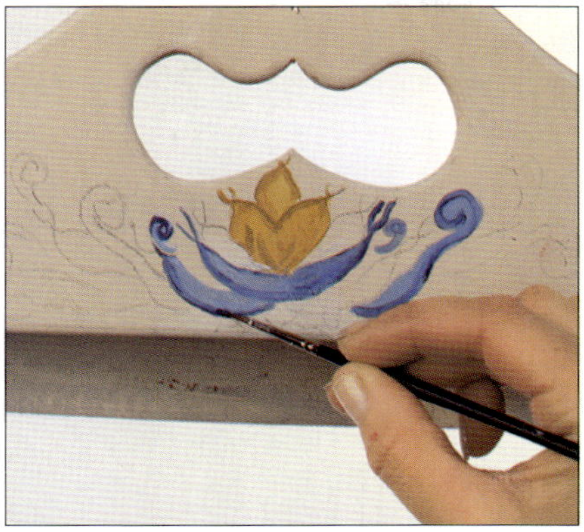

▲ Peignez les motifs à main levée avec des pinceaux beaux-arts à bout pointu.

3 Pétales de marguerites. Appuyez le premier quart du pinceau sur le support, puis ramenez-le vers la droite tout en le relevant au fur et à mesure de sa progression.

4 Pétales fins. Appuyez le premier quart du pinceau sur le support, puis ramenez-le vers la gauche en le relevant rapidement.

5 Petits pétales. Procédez comme pour les pétales de roses, mais en effectuant des demi-courbes menues et très resserrées.

6 Feuilles. Posez la pointe du pinceau sur le support, effectuez une courbe verticale en l'appuyant de plus en plus, puis soulevez-le afin d'effiler la deuxième extrémité. Tracez une deuxième courbe verticale, symétrique à la première. Remplissez l'espace entre les deux courbes.

7 Étamines. Procédez comme pour les sépales, mais en allongeant les touches de pinceau de haut en bas, sans trop les arrondir.

TRUCS ET ASTUCES

Les motifs à main levée doivent avant tout être spontanés. Assurez-vous cependant d'en espacer suffisamment chaque élément pour pouvoir les peindre intégralement sans qu'ils soient trop proches ni trop éloignés.

1

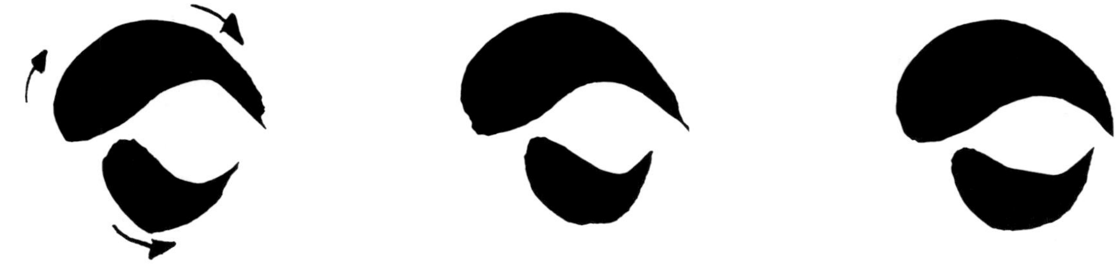

2

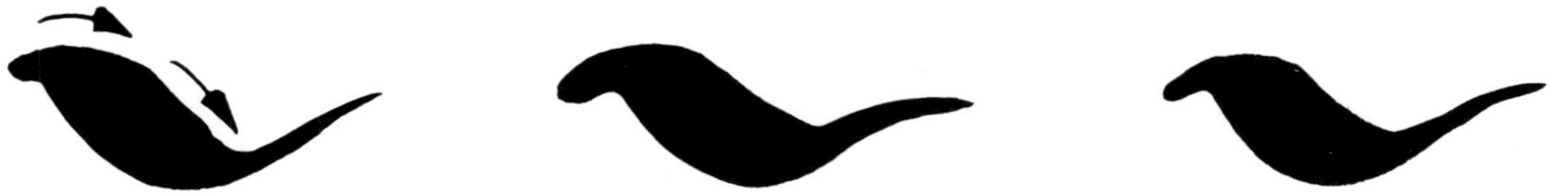

3

4

5

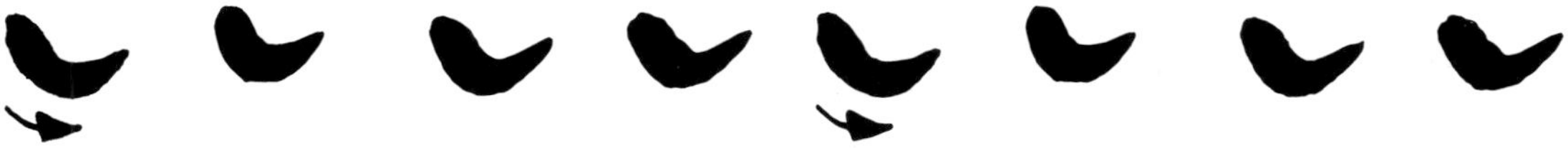

6

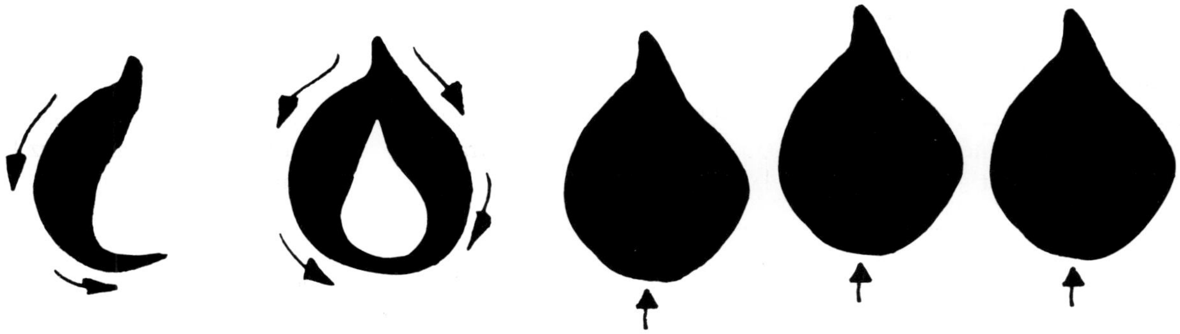

7

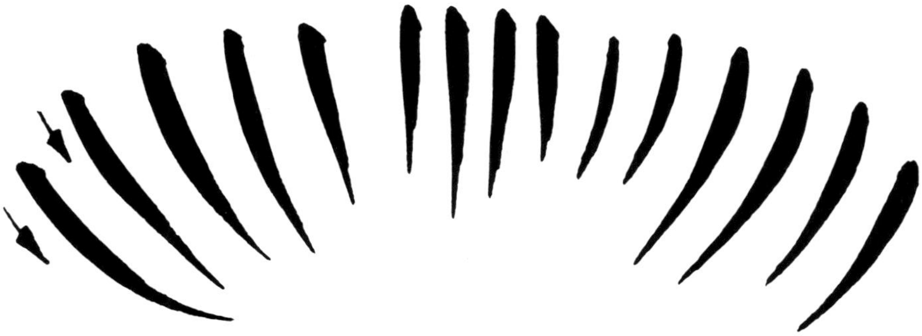

LES ROSES

• ROSE BLANCHE. Peignez un cercle avec du rose, obtenu en mélangeant du rouge vif et du blanc. Ombrez-le en rouge vif. Peignez les pétales en blanc, puis les étamines en jaune.

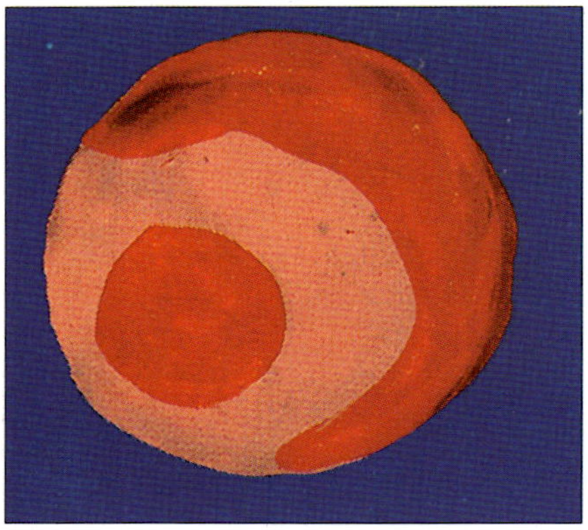

▲ Cœur rose ombré de rouge vif

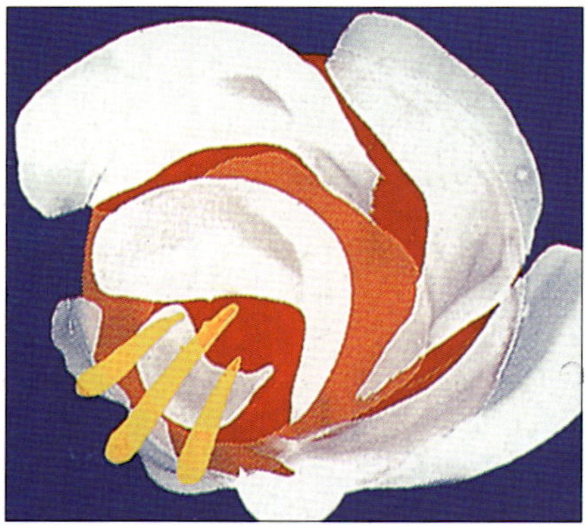

▲ Pétales blancs et étamines jaunes

• ROSE ROUGE. Peignez un cercle en rouge foncé. Ombrez-le avec la même teinte additionnée d'un peu de noir. Peignez les pétales en rouge vif, puis les étamines en jaune.

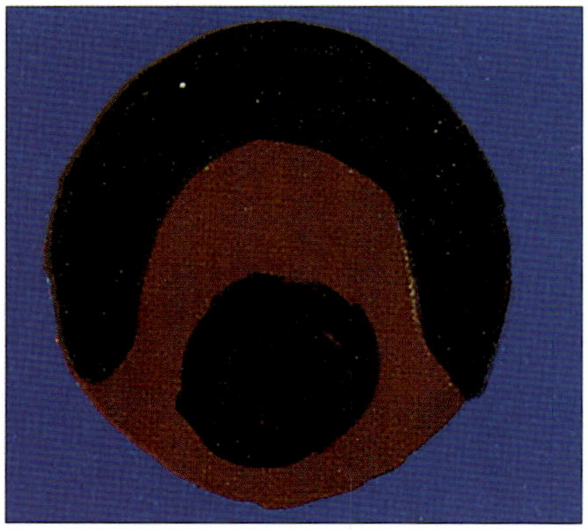

▲ Cœur dans deux tons de rouge foncé

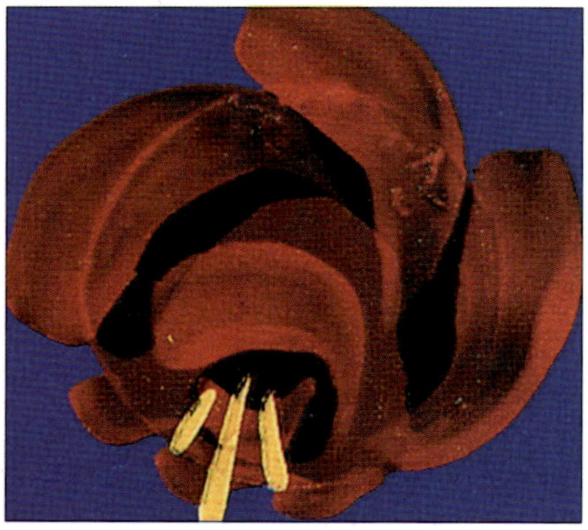

▲ Pétales rouge vif et étamines jaunes

• ROSE JAUNE. Peignez un cercle avec un mélange de rouge foncé, de jaune et de blanc. Ombrez-le avec du rouge foncé. Peignez les pétales et les étamines en jaune.

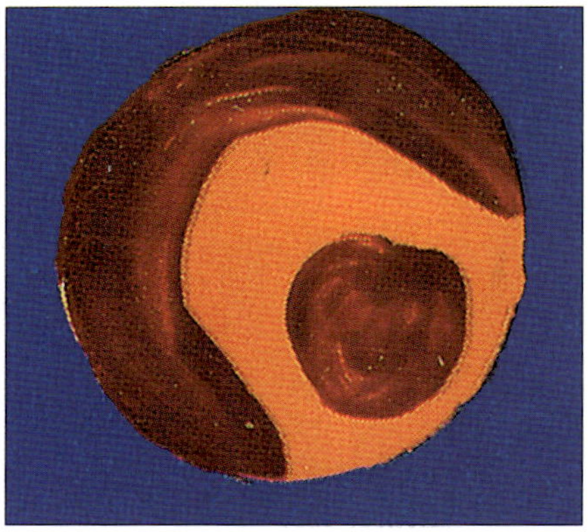

▲ Cœur orangé, ombré de rouge foncé

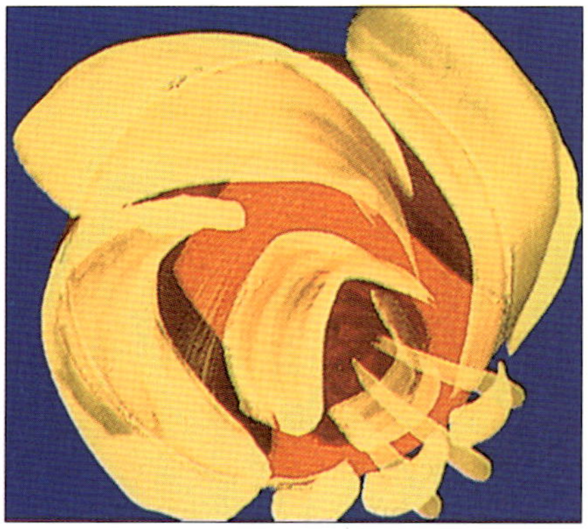

▲ Pétales et étamines jaunes

MARGUERITES

Commencez par peindre de fins pétales blancs, disposés en cercle. Si vous souhaitez leur donner du relief, vous pouvez les rehausser de touches bleu très clair. Pour le cœur, peignez un cercle jaune foncé, puis ombrez-le sur un côté de rouge vif.

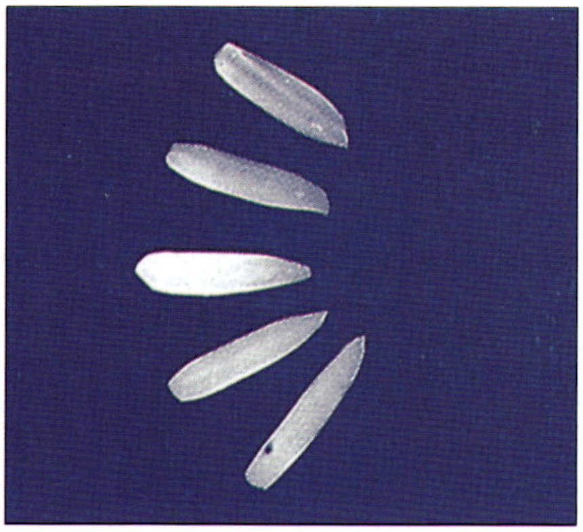

▲ Peignez des pétales blancs.

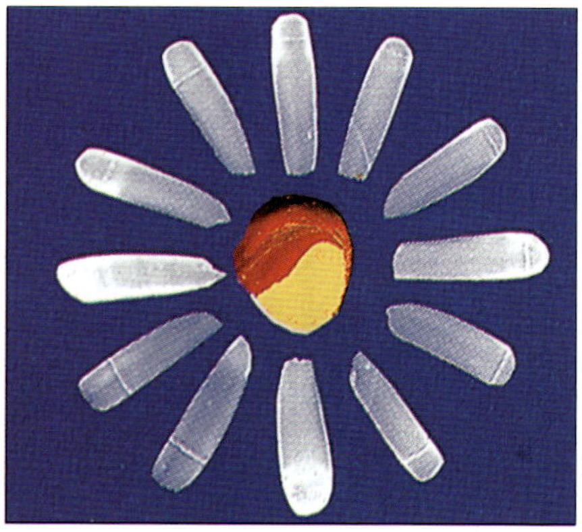

▲ Ombrez-le cœur jaune de rouge vif.

FEUILLES

Peignez la feuille en vert tendre et ombrez sa base en brun. Lorsque l'ensemble est sec, ajoutez de longues étamines jaunes.

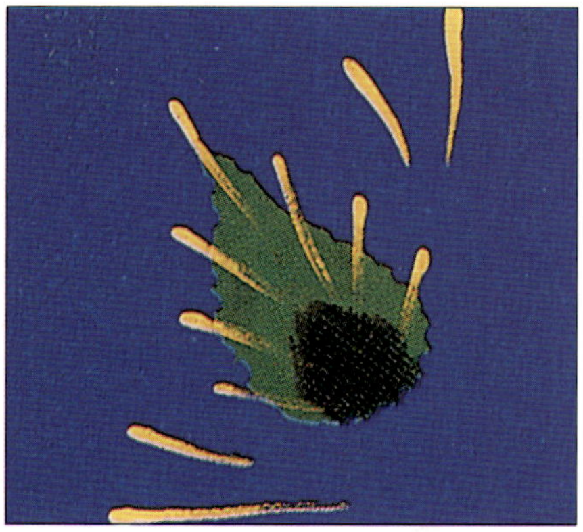

▲ Ajoutez des étamines jaunes.

Les méthodes de dorure

CONNUE DANS LE MONDE ENTIER depuis des siècles, la dorure à la feuille était déjà employée par les Incas et dans l'Égypte ancienne. Cette technique consiste à appliquer de fines feuilles d'or – ou d'autres métaux tels que l'argent, le bronze, l'aluminium ou le platine – afin de donner l'apparence du métal à n'importe quel support, y compris les plus ordinaires comme le papier mâché. Un cadre, un coffret ou un vase dorés suffisent à parer un intérieur d'une touche précieuse et ancienne. Les cires à dorer et les poudres métalliques permettent également de réaliser des effets de dorure.

FOURNITURES ET MATÉRIEL

MALGRÉ SON APPARENCE précieuse, la dorure n'exige pas forcément un investissement important. Les fournitures nécessaires varient en fonction de la méthode choisie. Dans tous les cas, le matériel de base comprend du papier abrasif, des chiffons doux et des pinceaux de bonne qualité.

Si certains produits, comme les poudres métalliques, peuvent être appliqués avec du vernis ordinaire, les feuilles à dorer requièrent des colles spéciales. Au moment de choisir une technique de dorure, déterminez le style d'effet que vous voulez créer, mais prenez aussi en compte le budget et le temps que vous souhaitez y consacrer.

LES PAPIERS ABRASIFS

Le choix du papier abrasif dépend de la nature du support que vous voulez décorer. En règle générale, il est intéressant de disposer d'un assortiment de différentes grosseurs,

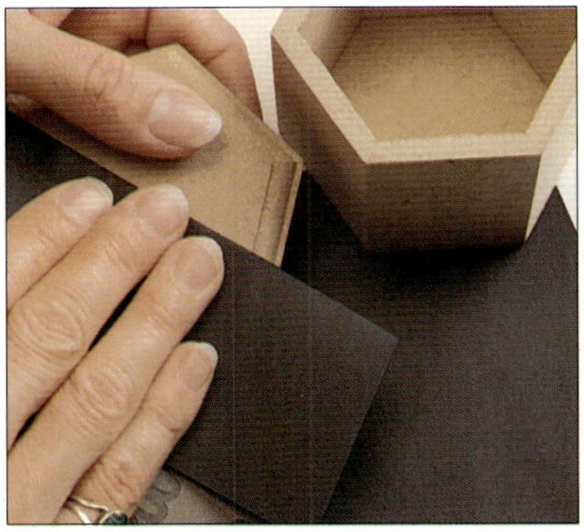

▲ Poncez le support avant de le dorer.

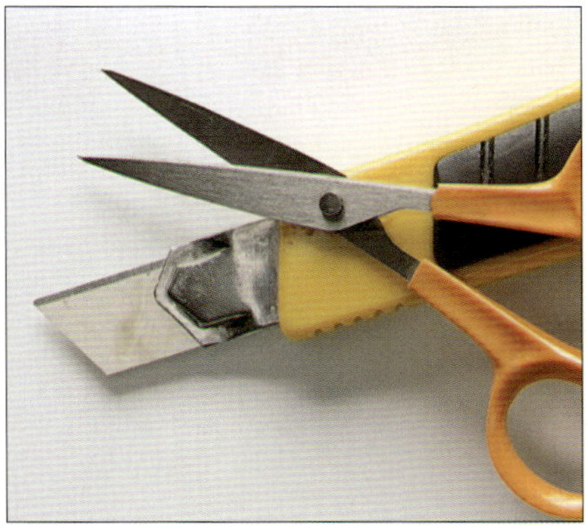

▲ Utilisez des outils de coupe bien affûtés.

afin de commencer à poncer avec un grain approprié puis d'utiliser du papier de plus en plus fin.

Les papiers abrasifs à l'eau sont également très utiles. Employés sur un support légèrement humidifié, ils permettent d'obtenir une finition parfaitement lisse, essentielle pour les dorures à la feuille.

LES OUTILS DE DÉCOUPE

Seule la technique de la dorure à la feuille nécessite un matériel de découpe. Pour découper les feuilles à dorer, on peut employer une paire de ciseaux ou un cutter. Cependant, on risque moins de les déchirer si on utilise un couteau à or. La longue lame métallique de cet outil possède en effet un bord affûté qui tranche le métal d'un seul geste. Les couteaux à or servent également à manipuler les feuilles sans les endommager. Pour éviter les retouches, il vaut mieux couper les feuilles à dorer en prévoyant une marge de sécurité ; le métal excédentaire est facile à retirer après application.

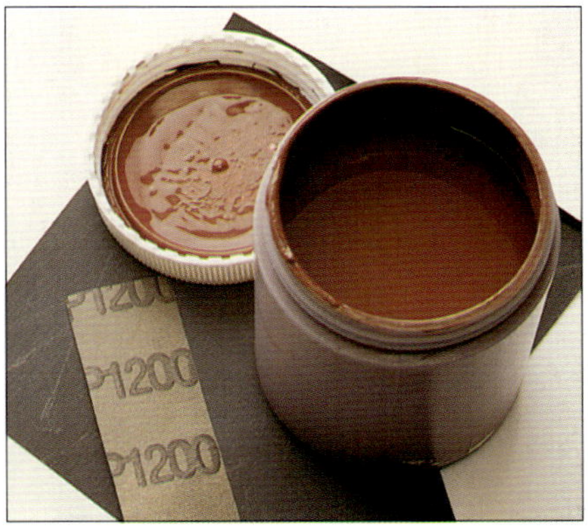

▲ Papiers abrasifs et assiette rouge

LES APPRÊTS

Avant de dorer un support, il est préférable de l'apprêter afin de le bouche-porer et de le teinter, au cas où le fond serait visible par endroits. On utilise pour cela du blanc-colle, un mélange à base de colle de peau, ou une assiette, c'est-à-dire une pâte dont la teinte rouge donne de la profondeur aux décors dorés. On peut remplacer ces produits par de la peinture satinée, à condition qu'elle soit de même nature (à l'eau ou à base de solvant) que la mixtion à dorer qui sera utilisée par la suite.

LES MIXTIONS À DORER

On fixe les feuilles à dorer avec une colle spéciale, appelée mixtion à dorer, qui peut être à base d'eau ou d'huile. Après l'avoir appliquée au pinceau, on attend qu'elle soit amoureuse, c'est-à-dire sèche mais encore un peu collante. Selon les marques et les qualités, le temps de séchage varie de quelques minutes à plusieurs heures. Pour décorer un objet de grandes dimensions, il

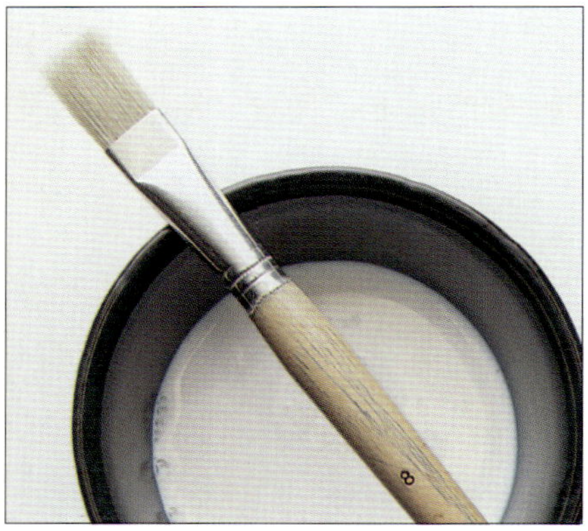

▲ Mixtion à dorer à l'eau

est préférable de choisir un produit qui sèche lentement. Une mixtion trop humide marque la dorure et la rend terne ; trop dure, elle n'est plus assez adhésive. Il existe aussi des assiettes à dorer de couleur rouge qui servent de mixtion.

LES OUTILS D'APPLICATION

Les pinceaux servent à appliquer la mixtion, à lisser les feuilles à dorer et à poser les poudres métalliques. Ils doivent être très souples et très doux ; les modèles en poils de poney ou de petit-gris sont idéaux. Si cela est possible, réservez-les exclusivement pour vos travaux de dorure, car le moindre résidu de peinture sèche suffit à gâcher un décor réalisé avec des feuilles à dorer ou des poudres métalliques. Évitez de laver les pinceaux qui servent à appliquer les poudres métalliques, mais secouez-les pour en chasser les particules de métal.

TRUCS ET ASTUCES

- Plus la mixtion sèche vite, moins grand est le risque que la poussière ne vienne s'y déposer. En revanche, les mixtions à séchage rapide ont tendance à être plus fragiles et à se craqueler. Travaillez dans un local propre et dépoussiéré, à l'abri des courants d'air, et évitez de porter des vêtements amples ou pelucheux.
- Pour connaître sans risque d'erreur le moment exact ou la mixtion est prête à recevoir les feuilles à dorer, enduisez-en un petit support-test de la même matière que le support à décorer, et procédez à des essais dessus, à intervalles réguliers.

Utilisez des Coton-Tige pour appliquer les feuilles à dorer dans les zones difficiles d'accès.

Procurez-vous des chutes de tissu en velours ras pour lisser les feuilles d'or sur les grandes surfaces et pour lustrer les cires à dorer.

LES PRODUITS DE DORURE

Les feuilles à dorer, les cires et les poudres métalliques possèdent chacune leurs avantages et leurs inconvénients. Les feuilles à dorer requièrent du temps et de la minutie, mais elles conservent très longtemps leur éclat. Faciles à poser, les cires sont parfaites pour décorer des petits objets ou pour ajouter juste quelques reflets dorés sur une réalisation. Les poudres métalliques sont sans doute les plus compliquées à utiliser ; en revanche, on peut les coller avec du vernis ordinaire.

• LES FEUILLES À DORER. Il s'agit de très fines feuilles de métal découpées en carrés. Les qualités adhésives sont fixées sur un papier huilé qui en facilite la manipulation. Les professionnels se servent d'un coussin spécial et d'une palette pour appliquer les feuilles mais on obtient de très bons résultats avec des pinceaux doux de bonne qualité.

Évitez de toucher les feuilles d'or tant qu'elles ne sont pas collées sur le support à décorer car elles adhèrent tout de suite aux doigts et risquent de se froisser. Pour les saisir, on peut utiliser un couteau à or ou bien un pinceau doux. Essuyez préalablement celui-ci sur votre peau afin de le graisser légèrement.

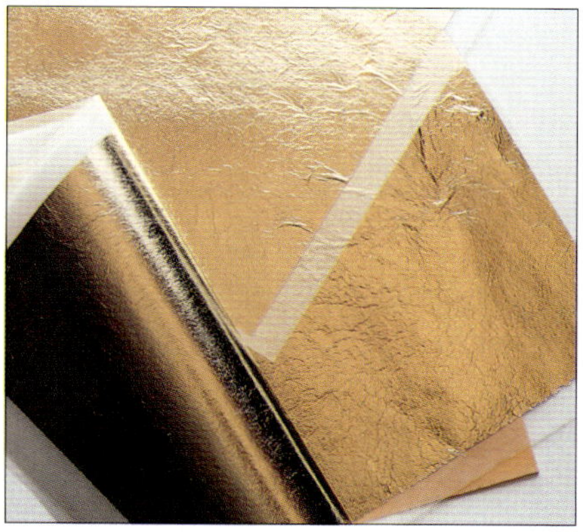

▲ Feuilles à dorer adhésives

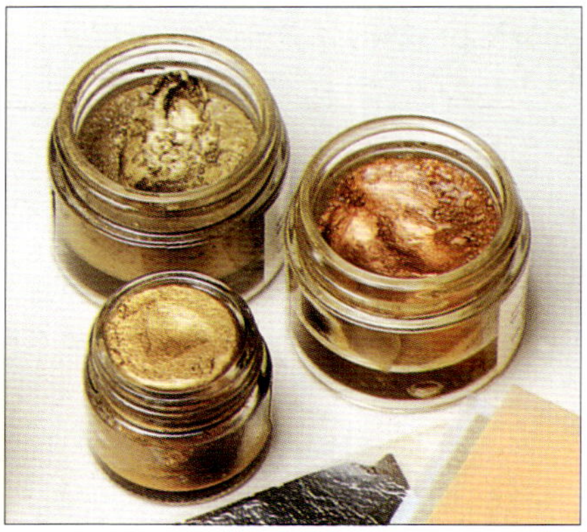

▲ Cires à dorer

• LES CIRES À DORER. À l'origine, elles sont prévues pour retoucher les imperfections et les craquelures des décors dorés à la feuille. On peut les utiliser sur toute la surface d'un objet ou simplement pour poser quelques rehauts.

• LES POUDRES MÉTALLIQUES. On les saupoudre à l'aide d'un pinceau doux sur une couche encore un peu collante de mixtion à dorer ou de vernis. Une fois le décor sec, il est indispensable de le vernir pour le protéger.

Les poudres à dorer sont volatiles et parfois toxiques. Appliquez-les dans un local correctement ventilé et portez un masque de protection.

LES VERNIS

Les vernis servent à fixer les poudres métalliques. Pour protéger celles-ci et les décors dorés à la feuille, utilisez du vernis incolore à base de solvant. Vous pouvez lui ajouter une pointe de peinture à l'huile terre d'ombre naturelle afin d'obtenir une patine ancienne.

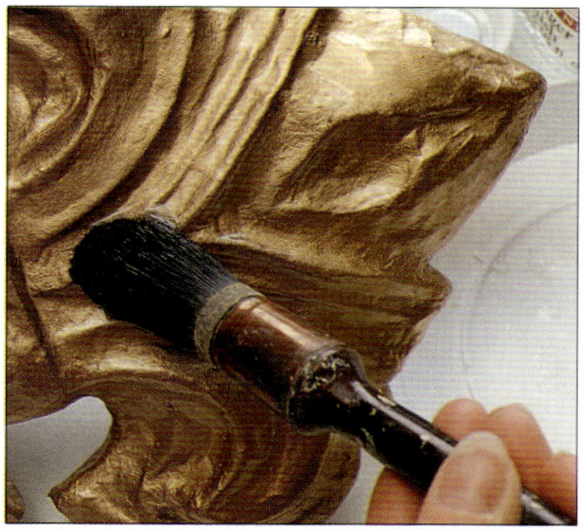

▲ Protégez les décors dorés avec du vernis.

APLLIQUER DES FEUILLES À DORER

Même si l'on cherche à obtenir les finitions les plus soignées possible, il est difficile de réaliser une dorure à la feuille sans quelques aboutages ou surépaisseurs visibles. Ces légères imperfections sont courantes, mais restent imperceptibles lorsqu'on regarde le décor dans son ensemble.

Veillez à toujours travailler dans un local propre afin qu'aucune particule étrangère ne se colle sur la mixtion. Pour empêcher la poussière de se soulever, vous pouvez vaporiser de l'eau sur le sol ou bien le recouvrir de linges humides. Assurez-vous également que les outils nécessaires sont propres et disposés à portée de main, pour éviter d'interrompre le travail.

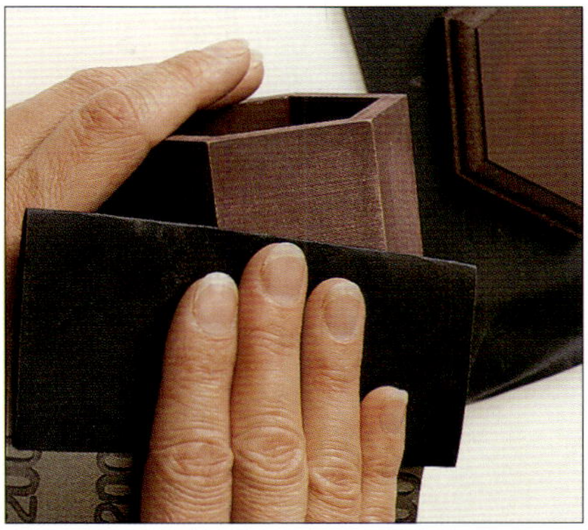

▲ Poncez soigneusement le support.

Prenez le temps de bien poncer le support que vous voulez dorer jusqu'à ce qu'il soit parfaitement lisse. Les feuilles à dorer sont si fines qu'elles laissent paraître la moindre rugosité. Utilisez du papier abrasif de plus en plus fin. Une fois le ponçage terminé, dépoussiérez le support avec une chiffonnette antistatique ; nettoyez les creux et les arêtes avec des Coton-Tige. Quand vous devez dorer entièrement un objet ou une surface importante, il est préférable de les apprêter ou, au moins, de leur appliquer une ou deux couches de peinture de fond. Dans le deuxième cas, utilisez une peinture-émulsion si vous comptez travailler avec de la mixtion à l'eau, ou bien une peinture à l'huile

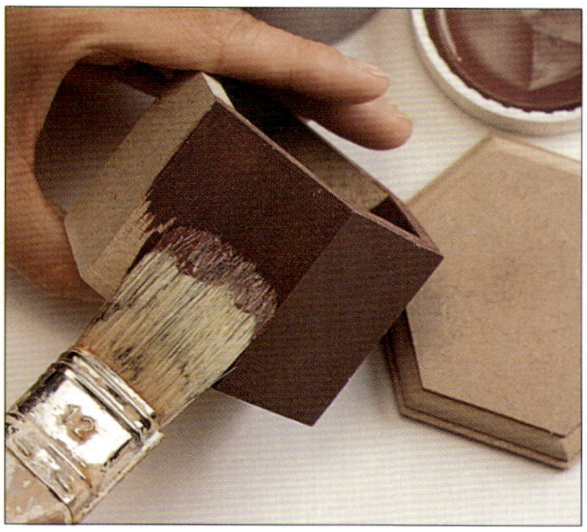

▲ Appliquez une couche d'apprêt.

ou glycérophtalique en prévision d'une mixtion à l'huile. Laissez sécher l'apprêt, poncez avec du papier abrasif à l'eau très fin, puis dépoussiérez de nouveau avec soin.

Avec un pinceau doux, appliquez une fine couche de mixtion à dorer sur le support, en évitant de faire des traces.

Découpez précautionneusement une feuille à dorer de la taille voulue. N'oubliez pas de prévoir une petite marge de sécurité tout autour : il est préférable de faire chevaucher les feuilles ou de les égaliser plutôt que de laisser des interstices.

Lorsque la mixtion est prête, appliquez délicatement la feuille à dorer dessus, sans ôter le papier protecteur s'il s'agit d'une feuille adhésive. Frottez légèrement avec un pinceau doux afin de faire adhérer le métal sur le support. Retirez éventuellement le papier protecteur en veillant à ne pas soulever la dorure. Procédez de la même façon avec d'autres feuilles jusqu'à ce que la surface voulue soit entièrement recouverte.

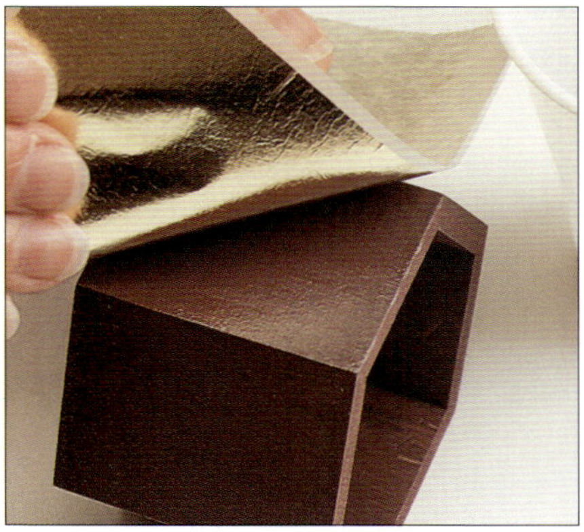

▲ Appliquez la feuille sur la mixtion.

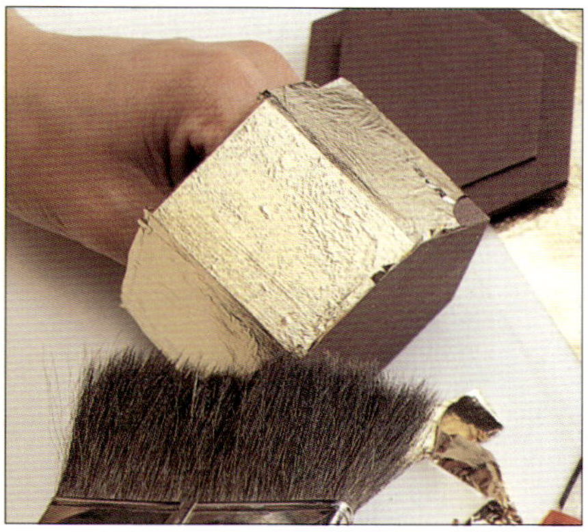

▲ Brossez l'excédent de métal.

Lissez la dorure avec un pinceau doux. Brossez le métal excédentaire. Utilisez les chutes récupérées pour combler les interstices. Tant que la mixtion est collante, vous pouvez également retoucher les petits défauts avec de la poudre métallique d'une teinte semblable à celle des feuilles.

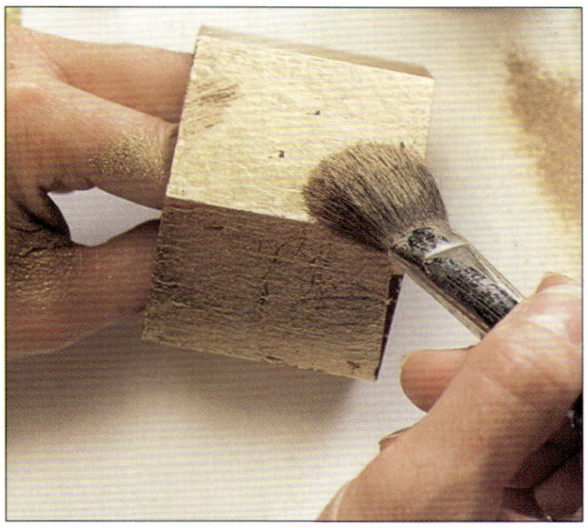

▲ Retouchez avec de la poudre métallique.

Laissez bien sécher la dorure en respectant le temps indiqué par le fabricant de la mixtion, puis lustrez-la délicatement avec un tissu en velours ras ou un tampon de mèche de coton.

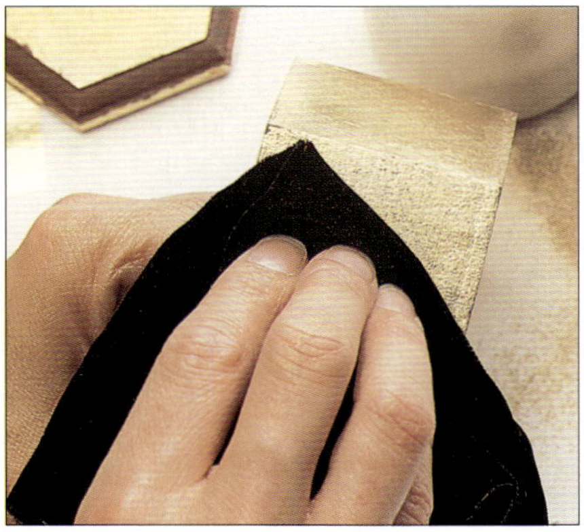

▲ Lustrez délicatement la dorure.

VERNIR UNE DORURE À LA FEUILLE

Les objets dorés sont trop fragiles pour résister à des manipulations fréquentes sans être griffés ou écaillés. De plus, ils finissent par ternir au fil du temps. Pour les protéger, recouvrez-les de quelques voiles fins de vernis, appliqués avec un pinceau très doux ou à la bombe aérosol afin de ne pas endommager les feuilles à dorer. Laissez bien sécher chaque couche de vernis avant d'appliquer la suivante.

Vous pouvez utiliser du vernis incolore, acrylique ou bien à base de solvant dans le cas où une finition plus solide est nécessaire (voir pages 139 à 141.)

Si vous voulez donner un aspect ancien à vore réalisation, protégez-la avec du vernis gomme-laque ou une patine vieillie comme cela est expliqué ci-après.

PATINE VIEILLIE

Un vernis légèrement teinté permet de simuler la patine des dorures anciennes. On peut en appliquer sur tout l'objet, ou juste quelques touches sur les parties les plus soumises à une usure naturelle, comme les moulures en saillie.

Appliquez d'abord une couche de vernis incolore. Laissez sécher. Appliquez ensuite deux couches de vernis teinté avec une pointe de peinture pour beaux-arts terre de Sienne brûlée ou terre d'ombre naturelle. Utilisez de la peinture

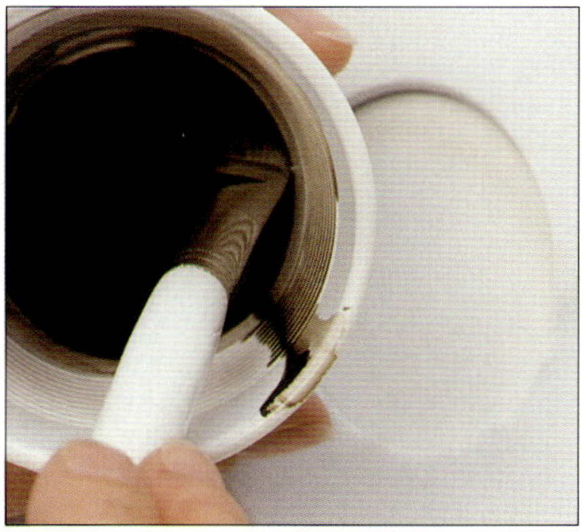

▲ Teintez légèrement le vernis.

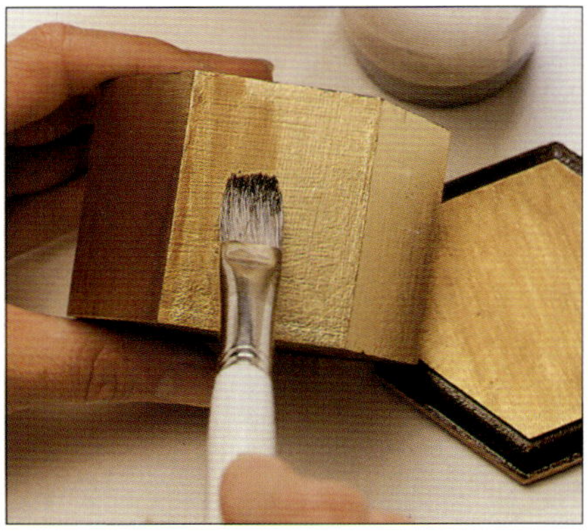

▲ Appliquez le vernis teinté.

acrylique si le vernis est de même nature, ou de la peinture à l'huile s'il est à base de solvant. Laissez parfaitement sécher la première couche avant de poser la suivante. Après lui avoir ajouté un peu de peinture pour l'assombrir, appliquez quelques touches de vernis dans

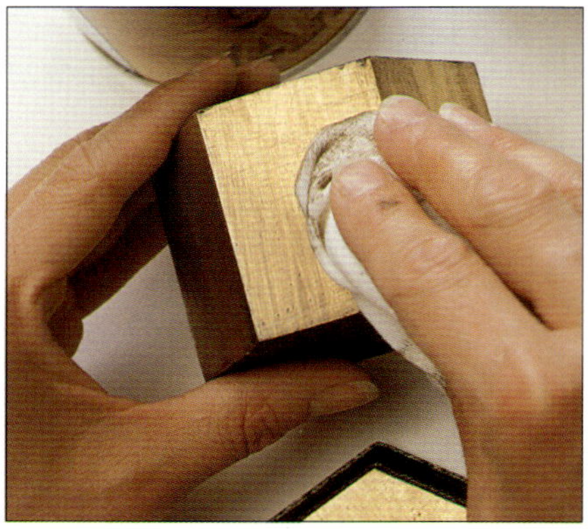

▲ Estompez le vernis avec un chiffon.

les moulures et aux endroits censés avoir été manipulés, comme les bords et les poignées. Estompez l'excédent de vernis en l'essuyant tout de suite avec un chiffon doux.

DORER À LA CIRE

Les cires à dorer sont faciles et rapides à appliquer. On peut les employer sur tous les matériaux, y compris ceux qu'il est malaisé de poncer, comme le papier mâché. Elles permettent également de poser des rehauts de couleur métallisée sur n'importe quelle surface peinte ou vernie.

Apprêtez le support avec de l'assiette rouge ou de la peinture,

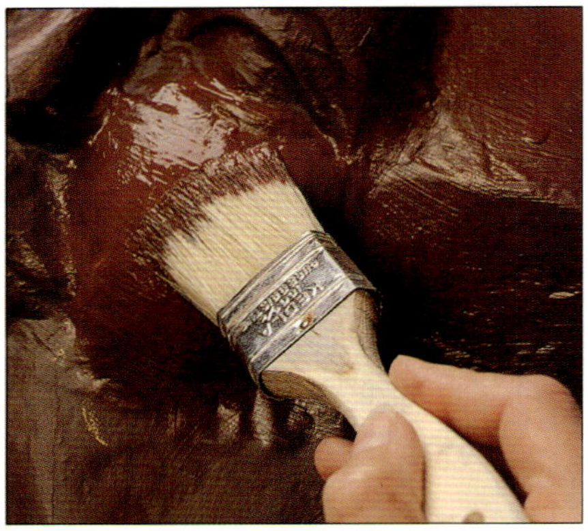

▲ Apprêtez le support à l'assiette rouge.

puis laissez sécher. Appliquez la cire à dorer du bout des doigts, sans oublier les creux et les recoins. Utilisez des Coton-Tige pour traiter les zones difficiles d'accès.

Laissez sécher la cire le temps préconisé par le fabricant, puis lustrez-la avec un chiffon doux.

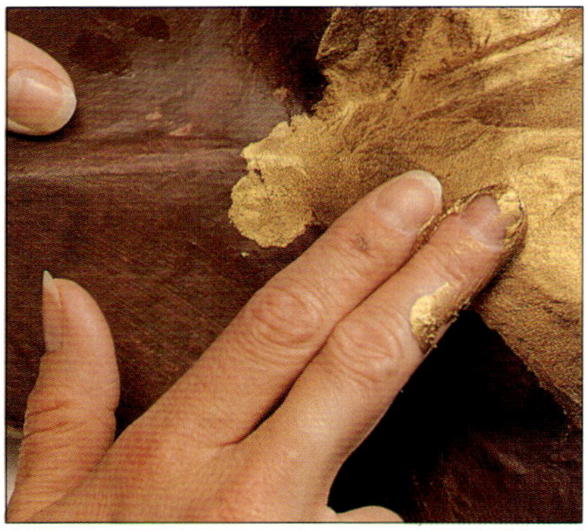

▲ Appliquez la cire du bout des doigts.

Pour protéger les décors dorés à la cire, vous pouvez appliquer du vernis incolore ou une patine vieillie (voir ci-contre). Reportez-vous à la notice du fabricant pour savoir quel type de vernis utilisé.

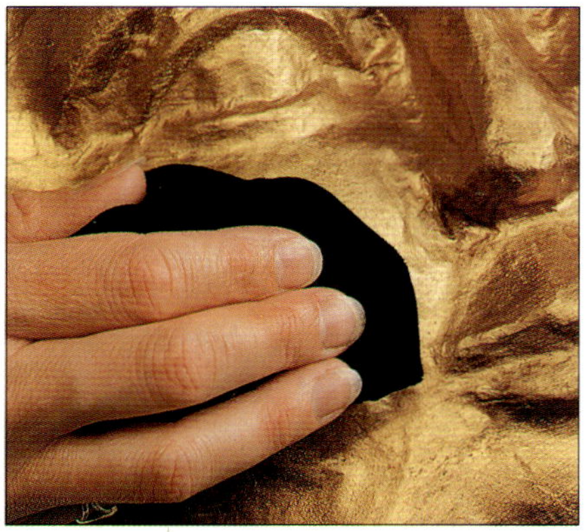

▲ Lustrez la cire avec un chiffon doux.

DORER AVEC DES POUDRES MÉTALLIQUES

LES POUDRES MÉTALLIQUES offrent un moyen parfait de dorer les objets soumis à un usage quotidien, comme les pieds de lampes ou les poignées et les boutons de portes. Les poudres étant volatiles et parfois toxiques, travaillez de préférence à l'extérieur ou bien dans un local correctement ventilé, et portez toujours un masque de protection pour les manipuler.

Apprêtez le support que vous voulez dorer avec de l'assiette rouge ou de la peinture. Laissez sécher.

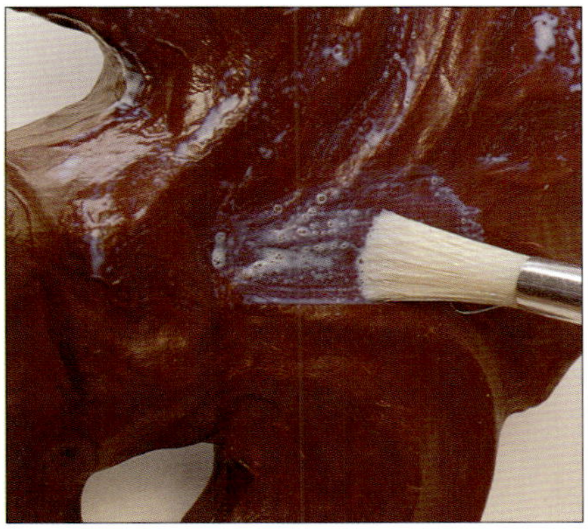

▲ Apprêtez le support à l'assiette rouge.

Appliquez une fine couche de mixtion à dorer (ou de vernis ordinaire) et attendez qu'elle soit sèche mais encore collante au toucher. Chargez un pinceau doux de poudre métallique, puis passez-le légèrement sur la mixtion. Déposez une couche suffisamment épaisse de poudre pour recouvrir la mixtion, mais brossez l'excédent jusqu'à ce que vous puissiez manipuler

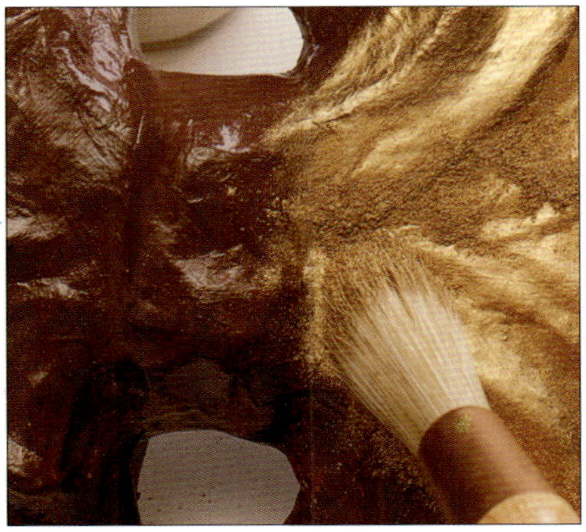

▲ Posez la poudre métallique avec un pinceau doux.

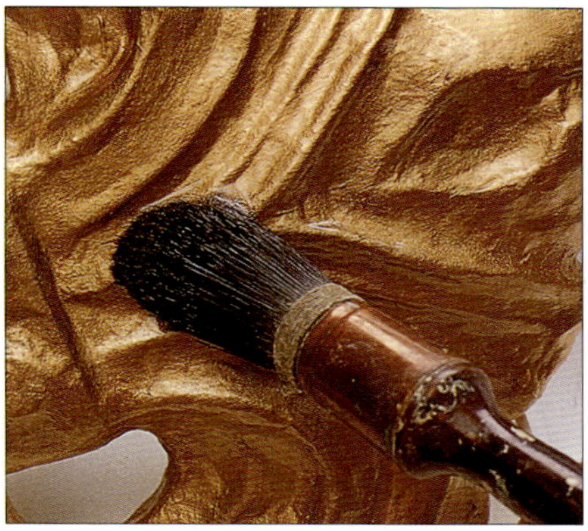

▲ Protégez le décor avec du vernis.

le support sans qu'aucune particule métallique n'en tombe.

Protégez le décor avec du vernis (voir pages 139 à 141). Reportez-vous au mode d'emploi du fabricant pour connaître le vernis compatible avec la mixtion et les poudres utilisées.

ÉLABORER DES PEINTURES MÉTALLISÉES

ON PEUT SE SERVIR des poudres métalliques pour élaborer soi-même des peintures destinées à effectuer des retouches sur une dorure à la feuille ou à poser des rehauts sur n'importe quel support peint ou verni. Ces peintures sont résistantes, mais il convient de ne pas oublier qu'elles ne deviennent jamais parfaitement lisses en séchant.

Déposez une cuillerée à café de poudre métallique dans un récipient. Mélangez progressivement une petite quantité d'huile de lin, de façon à obtenir une solution crémeuse et homogène. Ajoutez

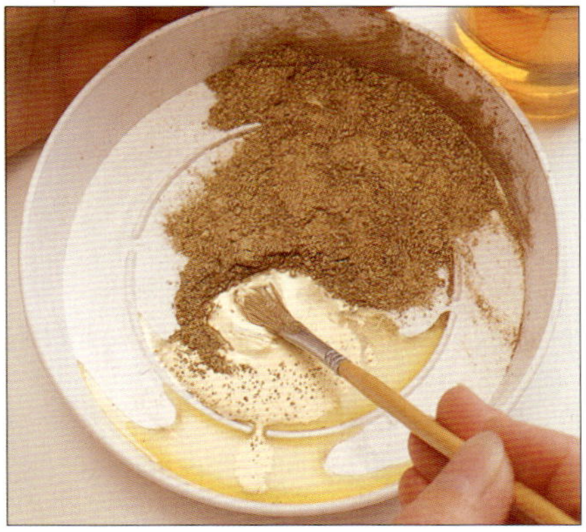

▲ Mélangez la poudre métallique et l'huile de lin de façon homogène.

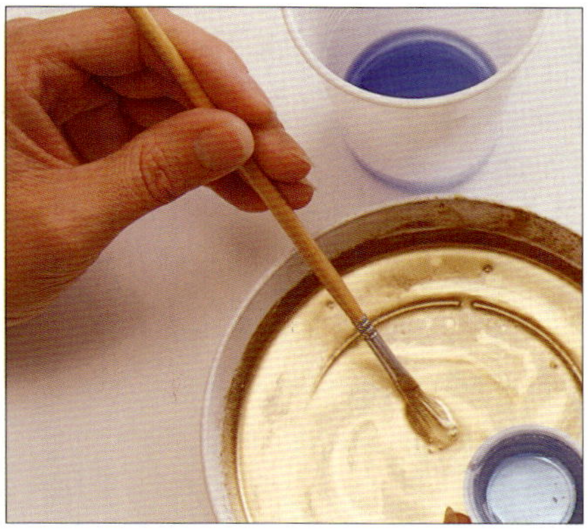

▲ Ajoutez quelques gouttes de siccatif.

quelques gouttes de siccatif pour peinture à l'huile. (Le siccatif est important car, sans lui, l'huile de lin ne pourrait pas sécher.) Lorsque la peinture est lisse et consistante mais fluide, elle est prête à être appliquée avec un pinceau fin.

TRUCS ET ASTUCES

- Tous les produits de dorure – feuilles à dorer, cires et poudres – sont disponibles dans plusieurs teintes simulant différents métaux, bruts ou patinés. Cherchez le coloris le mieux adapté au style que vous vous voulez créer.
- Il est tout à fait possible d'associer plusieurs produits de dorure pour créer des décors détaillés, jouant sur des nuances de teintes métallisées.
- La dorure permet de décorer de façon spectaculaire de nombreux objets. Pensez également à cette technique pour ajouter une touche finale à une réalisation, en patinant par exemple des boutons de portes avec de la cire couleur étain.

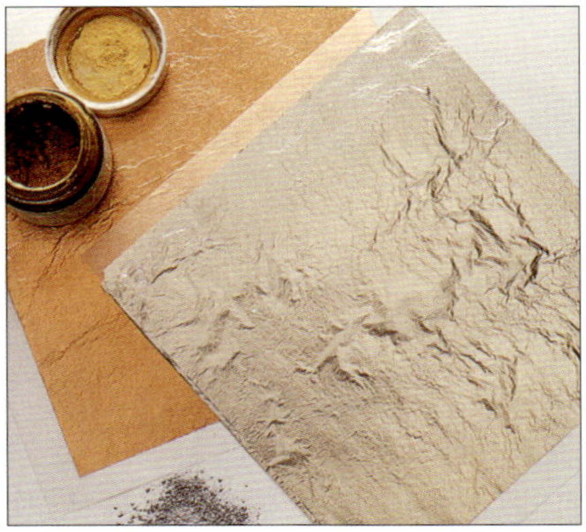

▲ Vous pouvez associer plusieurs produits de dorure sur un même décor.

Les tampons

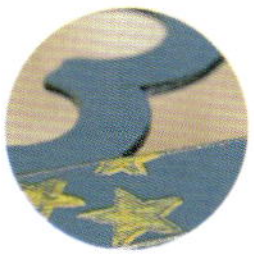

Bien qu'il s'agisse d'un procédé ancien, l'impression au tampon retrouve aujourd'hui une place de choix dans la décoration de murs et de meubles. Cette technique simple est parfaite pour appliquer des motifs répétitifs sur une surface plane, préalablement peinte. Sobres ou plus détaillés, ces motifs doivent une grande partie de leur charme à la spontanéité de leur disposition. Il n'est donc pas obligatoire de rechercher la symétrie ou d'effectuer des mesures précises. Les tampons traditionnels sont en caoutchouc ou en bois, mais il est intéressant d'essayer d'autres matériaux comme le métal, les éponges ou même les légumes.

LE MATÉRIEL NÉCESSAIRE

De nombreux matériaux sont susceptibles de servir à fabriquer des tampons. La texture et la précision du motif, ainsi que la durée de vie du tampon, varient en fonction du matériau choisi. Par exemple, un tampon destiné à être conservé pour des utilisations ultérieures doit être résistant et facile à nettoyer. En revanche, pour un petit projet, on peut fabriquer un tampon simple que l'on jette après usage.

• CAOUTCHOUC. Les tampons en caoutchouc sont les plus courants. Leur durée de vie est longue, même lorsqu'on les utilise fréquemment. Les modèles très détaillés proposés dans le commerce sont séduisants, mais peuvent rapidement s'avérer coûteux, surtout s'il est nécessaire d'en acheter plusieurs. Il est plus économique – et plus créatif – de fabriquer soi-même des tampons adaptés à ses besoins et à ses goûts.

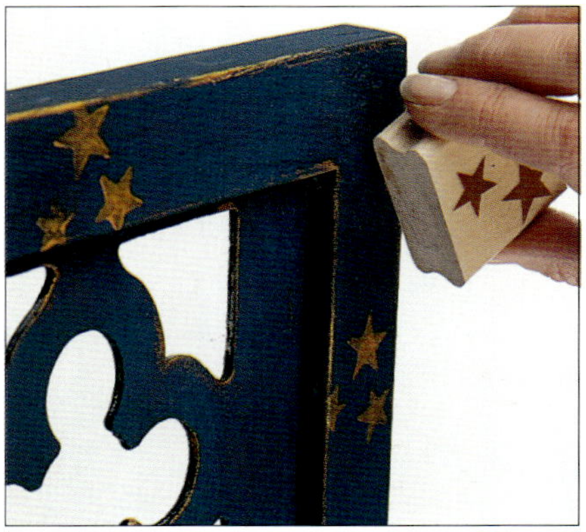

▲ Les tampons en caoutchouc sont réutilisables.

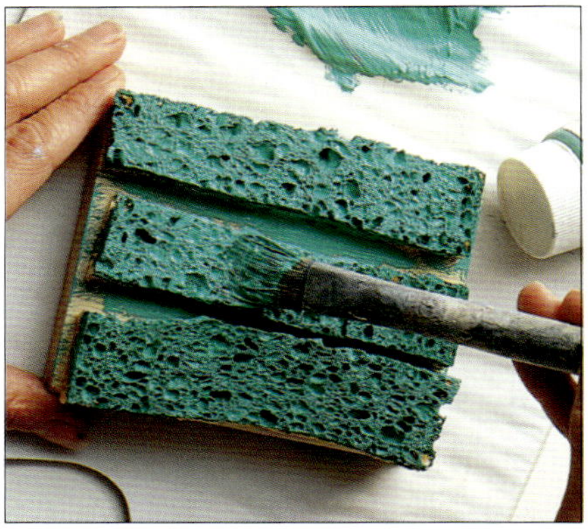

▲ L'éponge crée des textures prononcées.

• ÉPONGE, LIÈGE ET CUIR. Les tampons en éponge, en liège et en cuir peuvent résister assez longtemps à condition d'être bien nettoyés. Ils génèrent des textures prononcées qui donnent aux motifs un aspect plus artisanal que le caoutchouc.

• POMMES DE TERRE. Il est possible de découper des motifs simples dans des pommes de terre – ou dans des carottes – bien fermes. La texture obtenue est un peu irrégulière. Ces tampons se jettent après usage.

• MOUSSE. Conçus à l'origine pour imprimer sur du tissu, les tampons en mousse sont parfaits pour réaliser rapidement des motifs simples. Ils présentent en outre l'avantage de sécher rapidement. Sur le bois, ils créent des textures simulant bien l'usure due au temps.

• PEINTURES. Toutes les peintures conviennent à l'impression au tampon. C'est la nature du support à décorer qui détermine le choix.

FABRIQUER UN TAMPON EN CAOUTCHOUC

Dessinez le motif de votre choix sur du papier. Reportez-le sur une feuille de caoutchouc, en travaillant sur la face qui sera visible une fois le tampon terminé. Privilégiez les motifs simples et nets : la réussite du décor résidera plus dans la répétition du dessin que dans sa complexité.

DÉCOUPE DU TAMPON

Avec de la colle vinylique, fixez un morceau de mousse synthétique sur un bloc de bois. Sa forme a peu d'importance, pourvu qu'il soit un peu plus grand que le motif prévu.

Découpez soigneusement le motif en caoutchouc à l'aide d'une paire de ciseaux bien affûtés ou avec un cutter ; dans le second cas, travaillez sur une plaque de coupe. Collez le motif sur la mousse. Lissez bien afin de faire adhérer l'ensemble, et ajoutez éventuellement de la colle aux endroits qui en manquent.

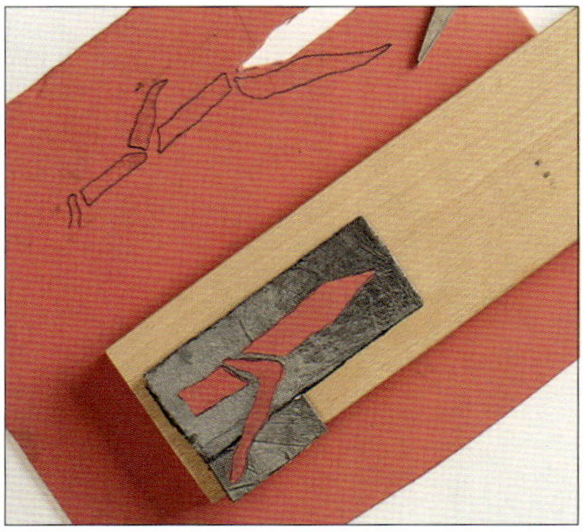

▲ Collez le motif en caoutchouc sur la mousse.

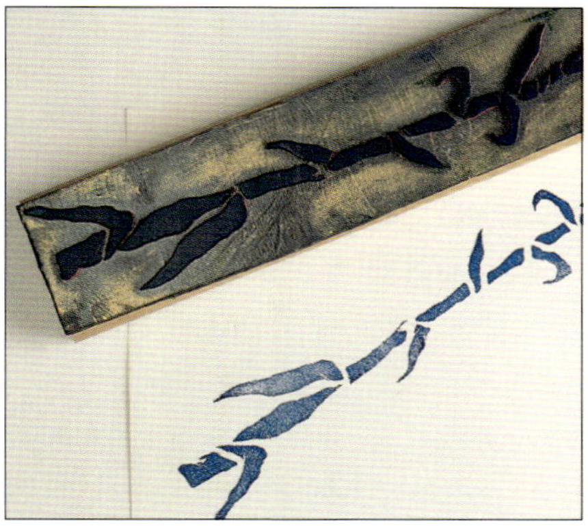

▲ Procédez à des essais sur du papier.

FINALISATION DU TAMPON

À l'aide d'un morceau d'éponge, enduisez le tampon d'une couche régulière de peinture. Appliquez fermement le tampon sur une feuille de papier. Observez le résultat et rectifiez éventuellement le motif en caoutchouc au cutter.

Lorsque vous êtes satisfait du motif, découpez la mousse au ras du caoutchouc, avec un cutter. Ainsi, le motif se détache nettement du bloc de bois ce qui évitera les bavures lors de l'application.

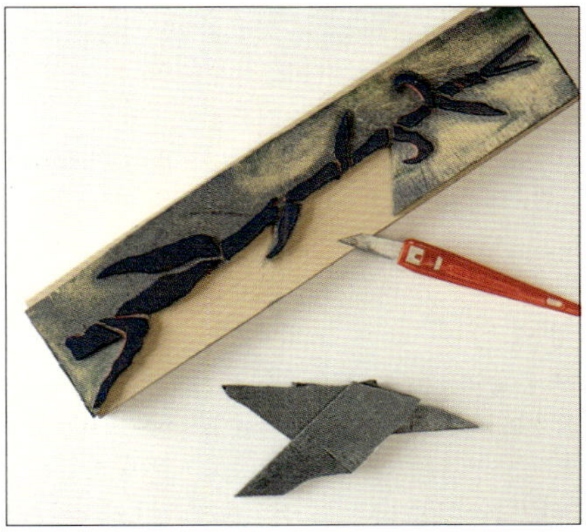

▲ Découpez la mousse au ras du motif.

TRUCS ET ASTUCES

- Avant de commencer une réalisation, déterminez la taille des motifs afin de calculer exactement le matériel dont vous avez besoin, mais prévoyez toutefois un surplus de caoutchouc en cas d'erreur.
- Pour obtenir un deuxième tampon symétrique du premier, il suffit d'imprimer celui-ci sur une feuille de caoutchouc, de préciser le contour au crayon, puis de découper au cutter le motif ainsi obtenu.

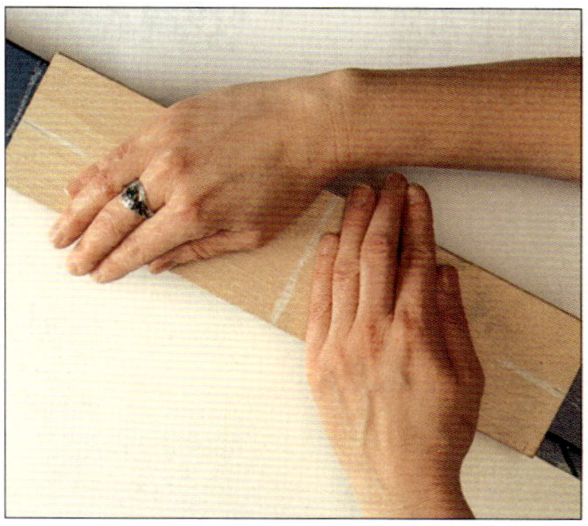

▲ Répartissez bien la pression sur le motif.

IMPRESSION

Enduisez le motif en caoutchouc de peinture à l'aide d'un petit rouleau à peindre, d'un pinceau plat ou d'un morceau d'éponge. À moins de rechercher un effet particulier, utilisez des peintures acryliques pour beaux-arts, car elles sont épaisses et opaques. Pressez le tampon sur du papier afin de le débarrasser de l'excédent de peinture.

Appliquez fermement le tampon sur le support choisi. Effectuez un léger mouvement de bascule pour assurer une pression régulière sur toute la surface du motif puis, tout en maintenant le support de votre main libre, retirez le tampon d'un geste assuré.

La périodicité avec laquelle il faut enduire le tampon de peinture dépend du matériau employé. Pour imprimer avec netteté, un tampon en caoutchouc doit être chargé de peinture avant chaque application.

UTILISER D'AUTRES MATÉRIAUX

Il est possible de fabriquer des tampons avec des matériaux aussi ordinaires que des éponges ou du polystyrène récupéré sur des emballages. Dessinez le motif sur du papier-calque, découpez-le, reportez son contour sur le matériau choisi, puis détourez-le au cutter en suivant soigneusement le tracé.

Vous pouvez réaliser un tampon d'un seul tenant, ou bien réunir plusieurs éléments en les collant directement sur un bloc de bois. Dans le dernier cas, veillez à bien espacer les différentes pièces afin d'éviter les bavures.

Les tampons fabriqués avec des matériaux très absorbants – comme les éponges – permettent de réaliser plusieurs motifs d'affilée sans être de nouveau enduits de peinture. Il faut cependant veiller à augmenter graduellement la pression exercée lors de chaque applications de façon à obtenir une intensité de couleur et une texture régulières.

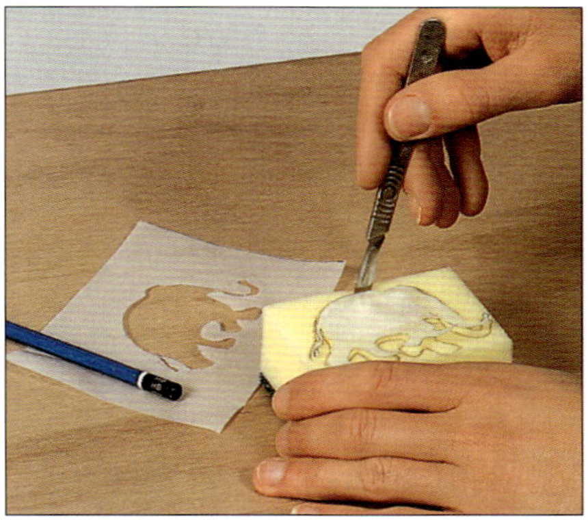

▲ Découpez l'éponge tout autour du motif.

LA « PATATOGRAVURE »

Choisissez une pomme de terre ferme et coupez-la en deux. Essuyez la tranche de l'une des moitiés pour absorber l'humidité, puis incisez en son centre le motif choisi, avec un cutter. En procédant par petits morceaux, découpez délicatement la chair autour du motif, de façon que celui-ci dépasse d'environ cinq millimètres. Essuyez régulièrement le tampon pour éviter les bavures.

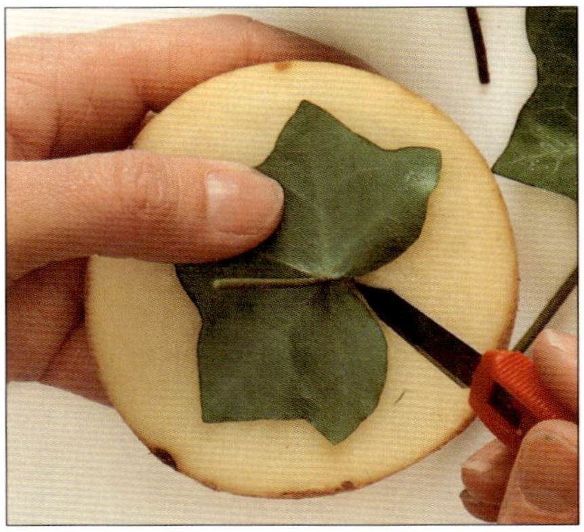

▲ Comme modèles, vous pouvez par exemple utiliser des feuilles ou des fleurs.

Le collage

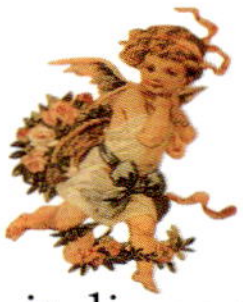

LA TECHNIQUE DU COLLAGE consiste à décorer un support d'images découpées, puis à le recouvrir d'une superposition de couches de vernis jusqu'à obtenir une surface parfaitement lisse. C'était un passe-temps prisé par les dames des cours françaises et italiennes aux XVIIe et XVIIIe siècles. Il fut très en vogue en Angleterre, à l'époque victorienne, quand les nouveaux procédés d'impression se développèrent. Le large éventail de beaux papiers à présent disponibles le remet naturellement au goût du jour. Il s'agit d'un procédé simple et créatif, mais qui demande de la minutie pour obtenir une finition vraiment soignée.

FOURNITURES ET MATÉRIEL

LA TECHNIQUE du collage permet de décorer toutes sortes de supports, des vieux meubles aux petits objets usuels, en passant par les bibelots et les boîtes en carton ou en bois bruts, vendus dans les boutiques de loisirs créatifs.

Quelle que soit la forme et la nature du support choisi, il vous faut ensuite sélectionner des images adaptées au style que vous voulez créer, et réunir le matériel de base nécessaire à la technique du collage.

LES IMAGES

Les carteries proposent un large éventail de beaux papiers-cadeau, imprimés dans de nombreux styles. Vous pouvez aussi trouver des images intéressantes dans les calendriers, les catalogues de papiers peints, les livres pour enfants, les posters et les manuels de jardinage. Les cartes géographiques, les magazines et même des fragments de manuscrits peuvent servir à créer des décors. Il existe également des albums de motifs libres de droits, spécialement conçus pour être reproduits et mis à l'échelle.

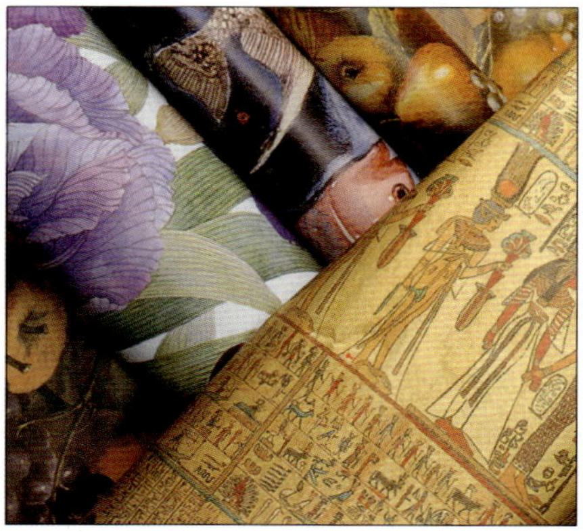

▲ On peut découper des images dans du papier-cadeau.

LES PINCEAUX

Il est pratique de disposer d'un petit assortiment de pinceaux. Choisissez-les de bonne qualité afin qu'ils ne perdent pas leurs poils dans la colle ou le vernis.

• LES PINCEAUX POUR LA PEINTURE. Pour être réussi, un collage doit avant tout être posé sur un fond bien lisse. Appliquez la peinture avec des pinceaux plats ou des mouilleurs en bon état.

• LES BROSSES À COLLE. Pour appliquer la colle vinylique, réservez deux ou trois brosses, rondes ou plates, de grosseur différente. Il n'est pas nécessaire qu'elles soient d'excellente qualité pourvu qu'elles ne perdent pas leurs poils.

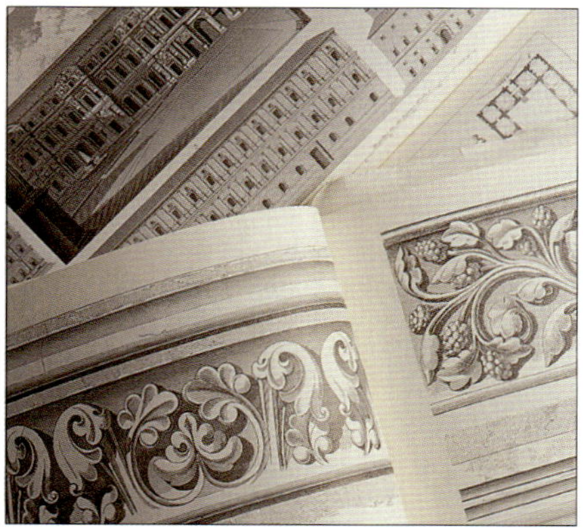

▲ Les albums de dessins décoratifs libres de droits donnent de nombreuses idées.

• LES PINCEAUX À VERNIR. Encore plus que toute autre technique, le collage nécessite un vernissage méticuleux. Procurez-vous des pinceaux à vernir de bonne qualité, réservez-les à cet usage exclusif et nettoyez-les soigneusement afin qu'ils conservent leur souplesse.

LES COLLES

La technique du collage fait appel à des fixations provisoires et à des collages définitifs.

• LA PÂTE ADHÉSIVE. Elle permet de fixer provisoirement les images sur le support afin d'élaborer la composition. Procédez toujours à un essai pour vérifier que la pâte n'endommage ni le support ni le papier lorsque vous la décollez.

• LA COLLE VINYLIQUE. Cette colle blanche devient incolore au terme d'un temps de séchage assez court. On l'applique au dos des images.

• LA COLLE DE MONTAGE. Vendue en bombe aérosol, on l'applique sur le support ou le papier. Elle n'est pas très pratique pour retoucher les bords des images et les détails.

TRUCS ET ASTUCES

Évitez de choisir un papier dont l'impression est suffisamment épaisse pour marquer le verso. Même si vous protégez convenablement les images avec du fixatif, l'encre risque de s'étaler sous le papier en formant des auréoles et des bavures disgracieuses.

LES ABRASIFS

Les papiers abrasifs et la laine d'acier servent à égrener le support – c'est-à-dire à le poncer très légèrement – avant d'y coller les images, puis à poncer chaque couche de vernis avant d'appliquer la suivante.

LES PEINTURES

Tous les types de peintures peuvent servir de fond à un collage, bien que les qualités brillantes rendent plus difficile l'adhésion des images. Assurez-vous que vous employez des produits compatibles pour l'apprêt, la sous-couche, la peinture et le vernis. (Voir pages 12 à 14.)

Au moment de choisir la peinture du fond, réfléchissez au style que vous voulez donner à votre réalisation. Cherchez des teintes qui s'accordent bien à celles des images et qui les mettent en valeur.

• LES PEINTURES POUR BEAUX-ARTS. La multiplicité de leur teintes et leurs petits conditionnements les rendent très pratiques pour ajouter des détails sur le fond ou sur les images collées.

• LES CRAYONS DE COULEUR. Ils servent à colorier des images en noir et blanc avant de les coller, ou à effectuer des retouches. On peut utiliser des crayons ordinaires, mais aussi des crayons pastels ou des crayons aquarelle. Dans le dernier cas, veillez à ne pas trop humidifier le papier pour éviter qu'il se froisse.

LES OUTILS

Des outils de coupe bien affûtés procurent de meilleurs résultats et minimisent le risque d'accident, les lames émoussées ayant en effet davantage tendance à glisser.

• CUTTERS ET COUTEAUX. La plupart des cutters ne sont pas assez fins et assez tranchants pour réaliser des découpage minutieux. On obtient de bien meilleurs résultats avec des couteaux à lame amovible, surtout avec les modèles pivotants. Travaillez toujours sur une plaque de coupe épaisse. (Voir page 139.)

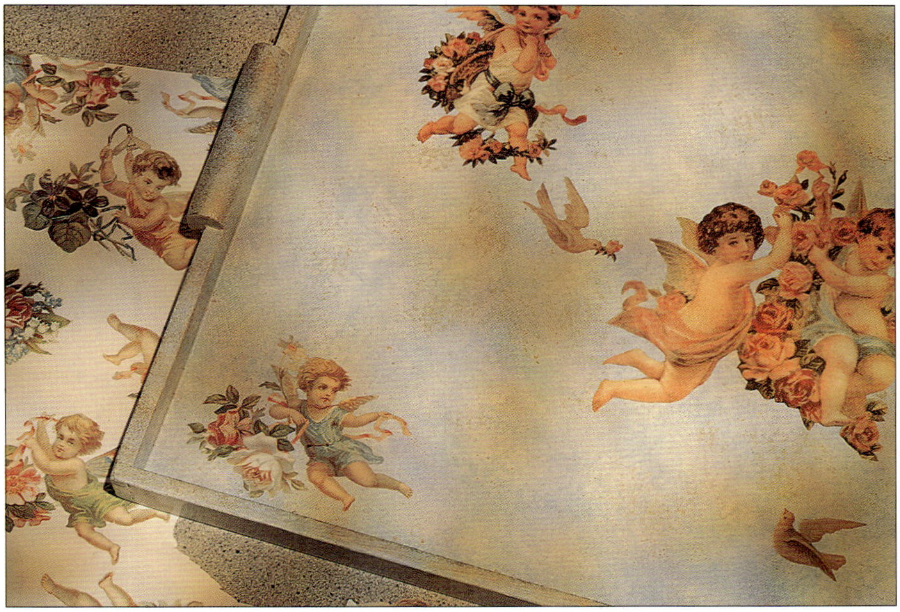

▲ Prenez le temps de choisir une peinture de fond adaptée au styles des images. Ce plateau a été décoré d'un effet moucheté (voir page 21).

• LES PAIRES DE CISEAUX. Les paires de ciseaux ordinaires ont des lames trop grandes pour les travaux de découpage détaillés. De plus, on risque de froisser le papier en les manipulant. Préférez-leur une paire de petits ciseaux de manucure.

• LES ROULEAUX.
Pour lisser les images collées et chasser les bulles d'air, on utilise un rouleau en caoutchouc rigide.

LES FIXATIFS

Avant d'appliquer le vernis sur le décor, il est préférable de fixer l'encre d'imprimerie ou les couleurs aquarelle des images collées. On utilise pour cela du fixatif pour beaux-arts en bombe aérosol.

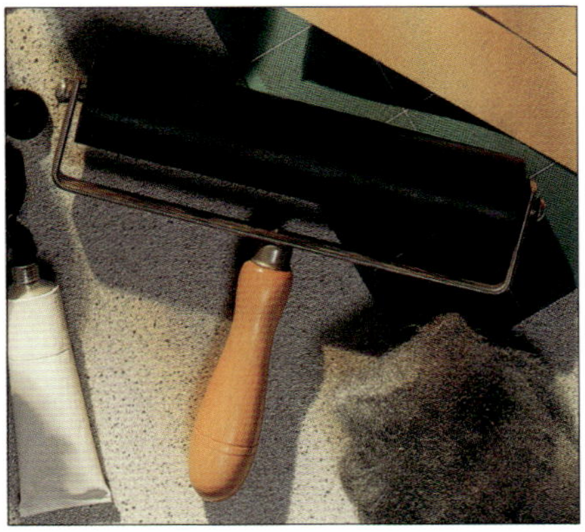

▲ Les rouleaux en caoutchouc rigide servent à lisser les images collées.

LES VERNIS

Le vernissage est l'étape la plus longue et la plus minutieuse de la technique du collage. Le temps et la patience que l'on y consacre sont récompensés par une belle finition lisse et soignée. Selon la solidité et l'effet recherchés, vous pouvez utiliser du vernis acrylique ou à base de solvant, dans une qualité mate, satinée ou brillante (voir pages 139 à 141).

LES CIRES

Si vous avez protégé votre réalisation avec un vernis mat ou satiné, vous pouvez le recouvrir d'une ou deux fines couches de cire afin de le parer d'une patine doucement lustrée. Choisissez une cire teintante pour obtenir une finition vieillie. (Voir page 141.)

TRUCS ET ASTUCES

La superposition de couches de vernis appliquées sur un collage altère la couleur du fond et celle des images. Pour anticiper l'effet final, observez les teintes choisies à travers une petite plaque de verre sur laquelle vous aurez appliqué six couches d'un vernis de la même qualité – mate, satinée ou brillante – que celle que vous prévoyez d'employer pour votre réalisation.

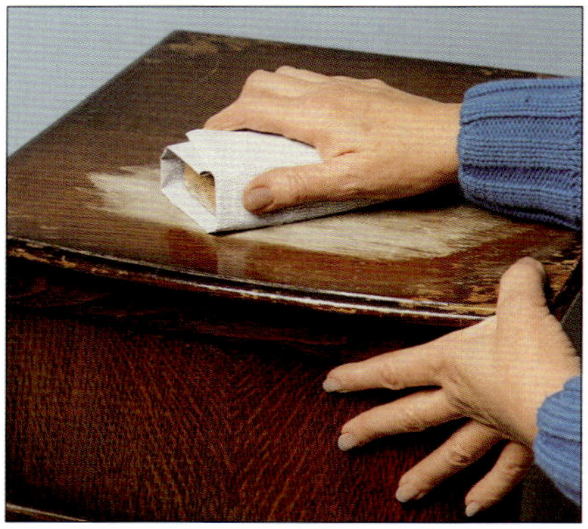

▲ Poncez soigneusement le support dans le sens des fibres.

PRÉPARER LE SUPPORT

ENCORE PLUS que pour les autres techniques décoratives, la réussite d'un collage dépend avant tout d'un support bien préparé. La surface à décorer doit être absolument lisse. Il convient donc de la décaper, de la poncer puis de la dépoussiérer avec le plus grand soin. Posez ensuite un apprêt adapté. Utilisez une sous-couche antirouille sur les objets en métal. (Voir pages 128 à 137.)

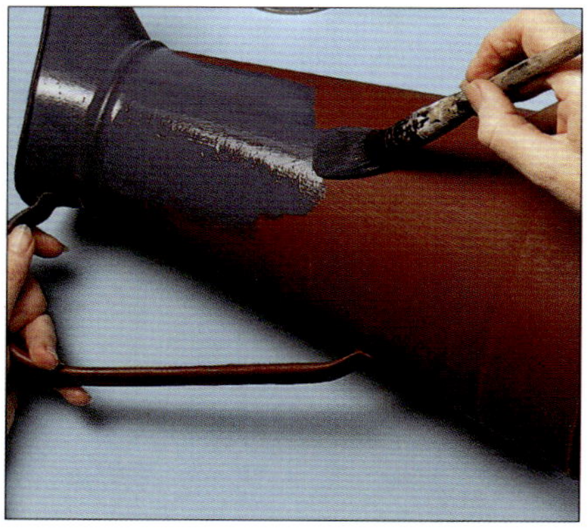

▲ Appliquez la peinture sur l'apprêt.

Appliquez entre six et dix fines couches de la peinture choisie pour le fond. Attendez toujours qu'une couche soit parfaitement sèche avant de poser la suivante. À partir de la troisième couche, égrenez le support avec du papier abrasif très fin puis dépoussiérez-le avant de procéder à une nouvelle application de peinture. Peignez dans le sens des fibres ou bien entrecroisez très régulièrement les coups de pinceau. Ce dernier doit être souple et doux.

COLORIER UNE IMAGE

BIEN QU'IL EXISTE un large choix de papiers imprimés, il est parfois intéressant de rehausser une image, de la retoucher, voire de colorier entièrement un dessin en noir et blanc. Vous pouvez utiliser pour cela des crayons de couleur ordinaires, mais les crayons pastels et les crayons aquarelle permettent de réaliser des effets plus profonds et donnent une note authentique au décor.

Procédez à des essais afin de trouver la technique de coloriage qui correspond le mieux au style des images et du fond. On obtient des aplats uniformes en travaillant toujours dans le même sens. Pour réaliser un dégradé, imbriquez des hachures denses les unes dans les autres, en utilisant des teintes de plus en plus claires ou de plus en plus foncées. Ne cherchez pas toutefois à réaliser des effets de couleurs ou de textures trop subtils, car ils ne seront plus visibles sous la superposition des couches de vernis.

Lorsque vous travaillez avec des crayons pastels, essayez de multiplier les tonalités, en ménageant quelques espaces blancs pour les mettre en valeur. Utilisez une estompe pour créer des dégradés.

Si vous avez employé des crayons aquarelle, vous pouvez estomper certaines parties de l'image en les balayant avec un pinceau doux, imprégné d'eau claire. Veillez toutefois à ne pas trop humidifier le papier afin qu'il ne gondole pas.

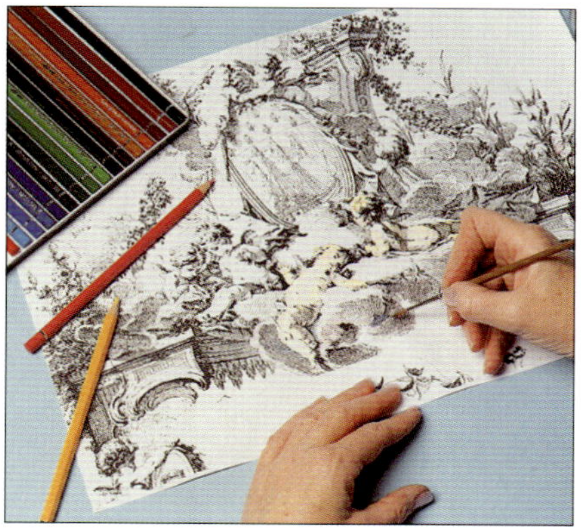

▲ Estompez les coloriages aux crayons aquarelle avec un pinceau humide.

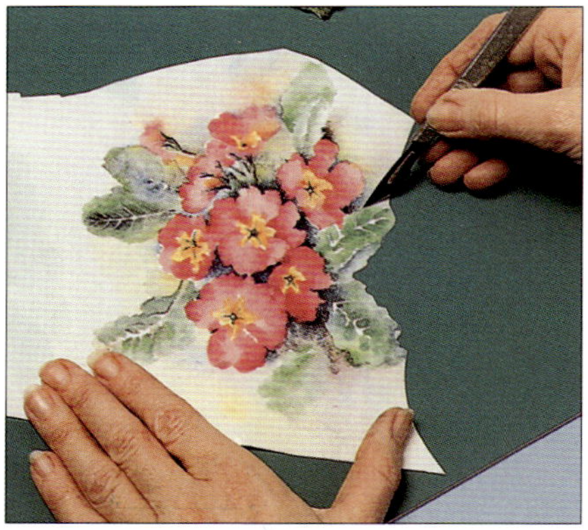

▲ Détourez délicatement les détails avec un couteau à lame amovible.

RÉALISER LE DÉCOR

LA COMPOSITION du décor est l'étape la plus amusante et la plus créative.

LE DÉCOUPAGE

Découpez grossièrement les images choisies en laissant une marge tout autour. Détourez-les précisément au couteau, en travaillant sur une plaque de coupe, ou avec une paire de ciseaux de manucure. Dans tous les cas, pour découper des courbes ou des détails complexes, il est toujours préférable de faire pivoter l'image plutôt que de changer brutalement la position de l'outil.

Commencez par découper les détails qui « rentrent » à l'intérieur de l'image, puis détourez les contours généraux. Ne découpez qu'à la fin les zones qui « sortent » de l'image.

À mesure que vous découpez les images, rangez-les soigneusement à plat. Vous pouvez par exemple les classer dans des pochettes en plastique transparent.

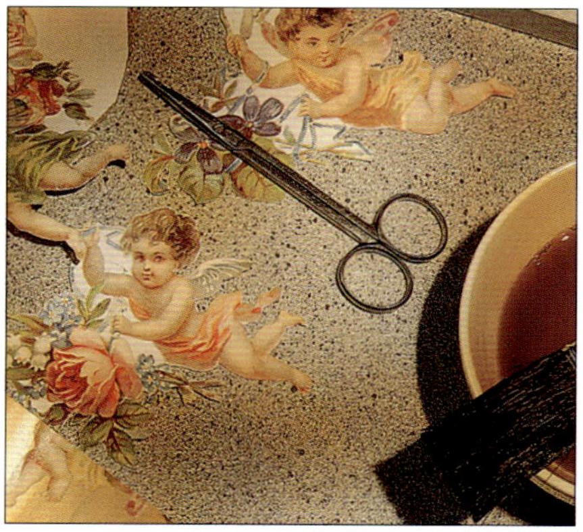

▲ Vous pouvez découper les images avec des ciseaux de manucure.

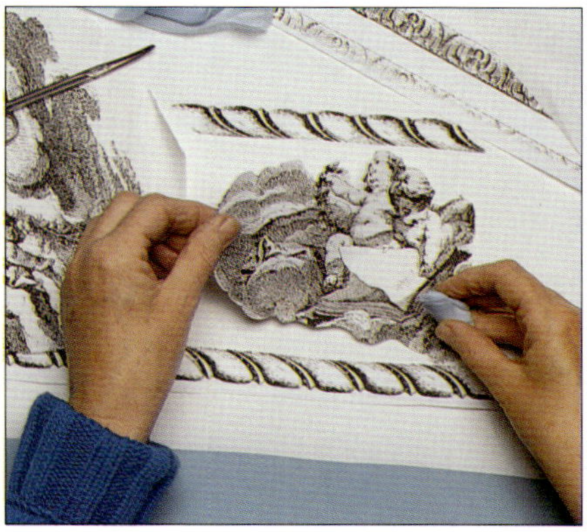

▲ Élaborez le décor en fixant les images avec de la pâte adhésive.

LA MISE EN PLACE

Prenez le temps d'élaborer une composition harmonieuse en fixant provisoirement chaque image découpée avec de la pâte adhésive. Essayez d'établir un centre d'intérêt principal plutôt que de disséminer les divers éléments du décor. Soyez attentif à l'équilibre des formes et des couleurs. Si besoin est, vous pouvez à ce stade ajouter quelques touches de couleur sur les images, avec des crayons ou des peintures pour beaux-arts.

LE COLLAGE

La méthode la plus simple consiste à enduire le dos des images de colle. Il est également possible d'encoller le support. On utilise alors de la colle en bombe aérosol. Lorsque le fond a été préparé avec de la peinture-émulsion, vaporisez du fixatif et laissez sécher avant d'appliquer la colle. En rendant le support moins poreux, cette opération laisse plus de temps pour placer les images.

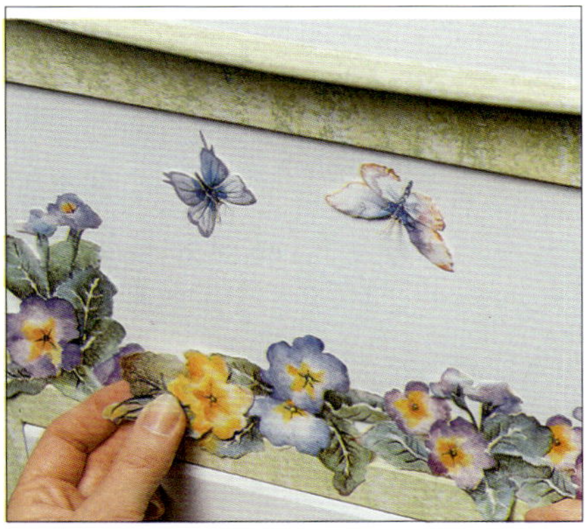

▲ Placez délicatement les images une par une sur le support.

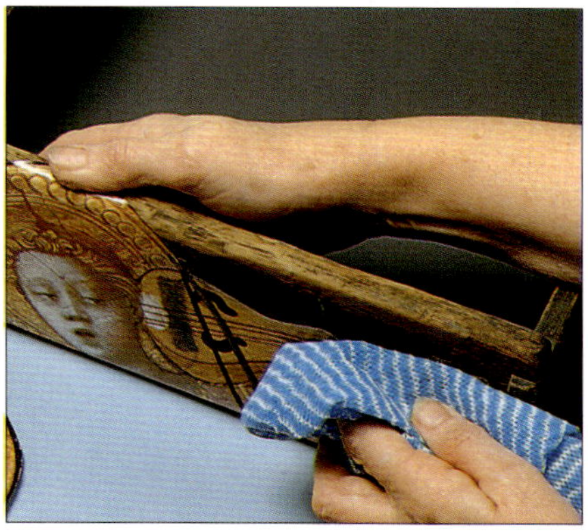

▲ Essuyez l'excédent de colle à l'aide d'un chiffon humide.

Dès qu'une image est en place, lissez-la à l'aide d'un rouleau en caoutchouc rigide afin de chasser l'air et l'excédent de colle. Plaquez les bords et les petits détails du bout des doigts. Si l'un d'eux se décolle, utilisez un pique-cocktail pour glisser un peu de colle dessous, et maintenez-le quelques secondes en place avec un ou deux doigts. Essuyez la colle avec un chiffon propre et légèrement humidifié à l'eau claire.

LE VERNISSAGE

Le but du vernissage est d'obtenir une surface lisse où les collages ne forment plus de surépaisseurs. Cela exige d'appliquer au moins six couches de vernis. Placez l'objet dans un endroit sec et raisonnablement chaud, sans écarts de température, et protégé des courants d'air afin qu'aucune poussière ne vienne se coller sur le vernis

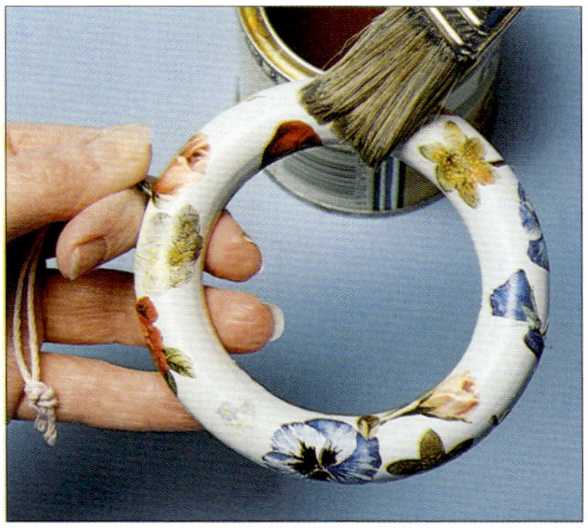

▲ Appliquez le vernis sur toute la surface de l'objet décoré.

Utilisez un pinceau à vernir parfaitement propre. Chargez-le généreusement de vernis, puis travaillez à longues touches souples, en veillant toutefois à réduire immédiatement les coulures et les empâtements. Attendez toujours qu'une couche soit parfaitement sèche pour poser la suivante.

À partir de la deuxième couche si vous utilisez du vernis à base de solvant ou de la troisième ou quatrième dans le cas d'un vernis acrylique, égrenez le support avec du papier abrasif très fin puis dépoussiérez-le avant de procéder à une nouvelle application de vernis.

LES FINITIONS VIEILLIES

Lorsque le décor est suffisamment verni et parfaitement sec, il est possible de lui donner un aspect vieilli en appliquant une patine ancienne, une cire teintante ou encore un vernis craqueleur (voir pages 42-43).

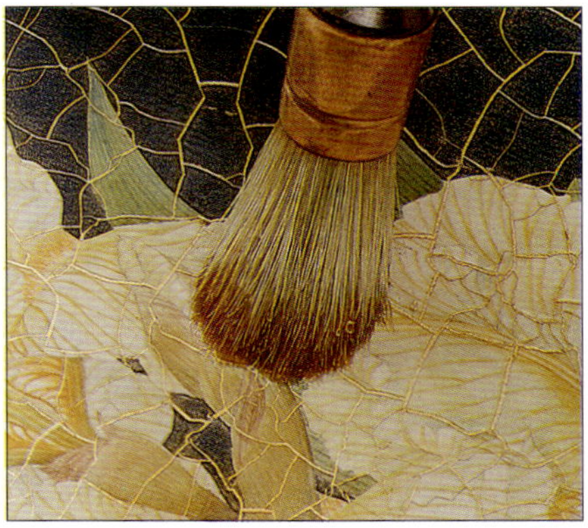

▲ On peut appliquer du vernis craqueleur.

TRUCS ET ASTUCES

- Même si un support en bois est destiné à être peint de façon opaque, il est toujours préférable de le boucheporer. On obtient ainsi une meilleure adhérence de la peinture et un résultat final plus soigné.
- S'il vous arrive de rayer une image en ponçant trop fermement le vernis, vous pouvez dissimuler la tâche blanchâtre qui en résulte avec une touche de peinture pour beaux-arts ou de crayon de couleur, protégée par un voile de fixatif.

Les procédés de vieillissement

DE NOMBREUSES PERSONNES aiment donner un aspect ancien aux objets et aux meubles qu'elles ont rénovés. Il est vrai que les finitions vieillies s'accordent tout naturellement aux formes et aux style du passé, dont elles soulignent l'authenticité. Outre leur charme, elles permettent également de dissimuler des imperfections ou des traces d'usure que l'on n'est pas parvenu à réparer. Il existe de nombreux procédés de vieillissement, plus ou moins prononcés, et que l'on exécute à différents stades du travail. Ce chapitre vous présente les plus courants, mais vous trouverez d'autres idées au fil des réalisations expliquées dans ce livre.

VIEILLIR DU BOIS BRUT

IL EST POSSIBLE de vieillir un bois brut en l'assombrissant avec une teinte prête à l'emploi ou du vernis gomme-laque de couleur brune. Dégraissez-le au préalable en utilisant de l'eau additionnée d'un peu de lessive de soude. Pour lui donner un aspect usé, frappez-le à l'aide d'un gros trousseau de clefs, et émoussez irrégulièrement ses arêtes avec un petit rabot ou un couteau.

VIEILLIR UNE PEINTURE

POUR VIEILLIR un support peint, il suffit de le poncer légèrement. Utilisez pour cela du papier anti-encrassant ou de la laine d'acier très fine, imprégnée d'alcool dénaturé.

Avant de peindre un objet, on peut l'enduire par endroits de cire incolore pour meubles ou de cire de bougie. La peinture sera plus facile à retirer sur ces zones cirées.

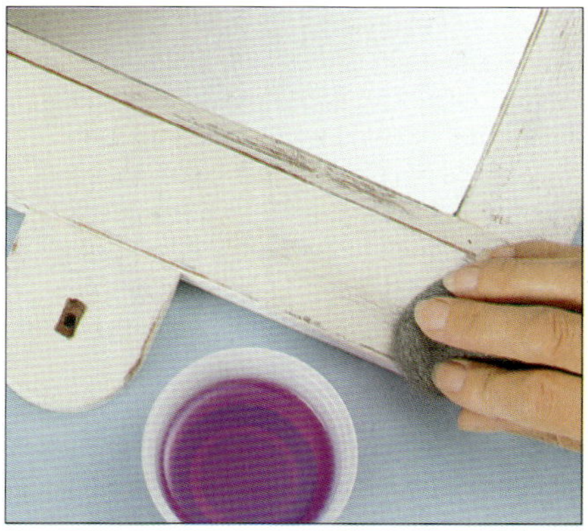

▲ Poncez avec de la laine d'acier imprégnée d'alcool dénaturé.

PATINER UN SUPPORT

APPLIQUÉE sur un support peint ou verni, une patine ancienne simule l'usure et l'encrassement des objets souvent manipulés. On la fabrique en mélangeant des peintures pour beaux-arts ou des pigments à du glacis ou à du vernis.

Choisissez une teinte brune, comme la terre d'ombre naturelle ou la terre de Sienne brûlée. Diluez-en une petite quantité dans dans un médium de même nature : utilisez de la peinture acrylique pour teinter un glacis ou un vernis acryliques, et de la peinture à l'huile pour teinter un glacis à l'huile ou un vernis à base de solvant ; pour les pigments, consultez le mode d'emploi du fournisseur. Le mélange obtenu doit être homogène mais très fluide.

Appliquez la patine au chiffon ou au pinceau. Laissez-la se déposer dans les creux, mais essuyez tout de suite l'excédent avec un chiffon propre. Vous pouvez également l'estomper en la balayant avec un mouilleur sec, ou en appliquant une deuxième patine à peine teintée au-dessus.

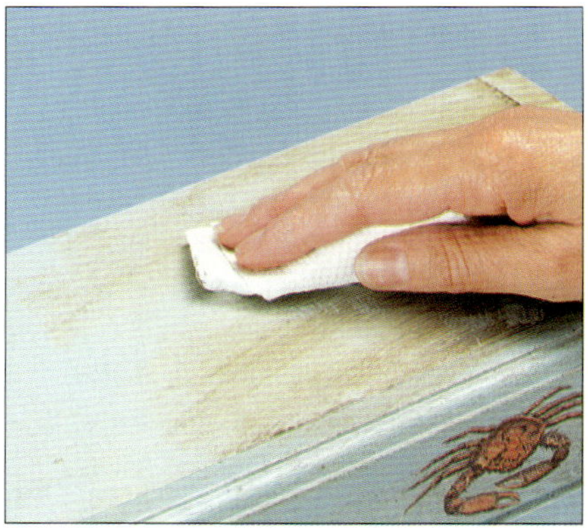

▲ Appliquez la patine et essuyez l'excédent avec un chiffon.

Les vieux meubles présentent souvent de petites taches sombres. Il est possible de les reproduire en chargeant un pinceau de peinture pour beaux-arts diluée, puis en frottant ses poils du bout des doigts de façon à projeter des goutelettes sur la patine encore humide.

POSER DES OMBRES

LES VIEUX OBJETS présentent des teintes plus sombres et plus ternes aux endroits où ils ont été souvent manipulés. C'est par exemple le cas des touches de piano ou des poignées de portes. Il est possible de restituer cette usure avec du glacis.

Couvrez le support d'une couche de glacis incolore. Appliquez un glacis à peine teinté dans les zones qui doivent rester claires, puis posez un glacis de la même couleur mais plus sombre sur les surfaces restantes. Avec une brosse à pochoir ou à moucheter, estompez le glacis foncé dans le glacis clair. Essuyez régulièrement la brosse afin de dégrader les tonalités sans les salir.

TRUCS ET ASTUCES

Si vous voulez vieillir un décor réalisé avec des images collées, protégez-le d'abord avec au moins trois couches de vernis incolore.

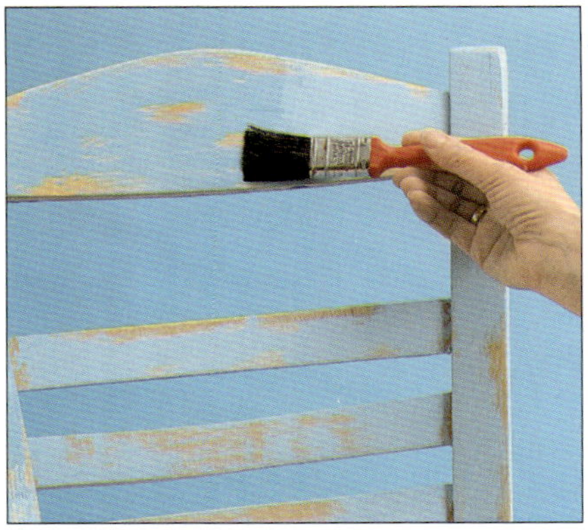

▲ Appliquez le médium à craqueler sur la première couche de peinture.

LE MÉDIUM À CRAQUELER

TRÈS FACILE à appliquer, le médium à craqueler permet de simuler les écailles et les fissures qui se forment en profondeur dans une vieille peinture. Il peut être utilisé avec la plupart des peintures.

Appliquez une première couche de peinture suffisamment inégale pour laisser transparaître le support. Laissez sécher puis posez une fine couche de médium à craqueler. Lorsqu'il est sec, appliquez la peinture choisie pour le dessus. Travaillez de nouveau de façon irrégulière tout en veillant à couvrir la grande majorité du support et à ne pas créer de surépaisseurs. Les craquelures apparaissent peu à peu pendant le temps de séchage.

Vieillissez les craquelures et patinez l'ensemble du support en ponçant avec du papier abrasif à grain moyen, de façon à mettre à jour par endroits la première couche de peinture et le fond.

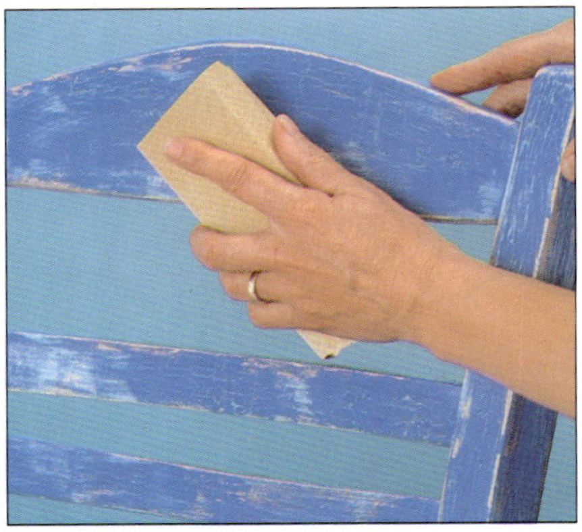

▲ Vieillissez les craquelure en les ponçant avec du papier abrasif.

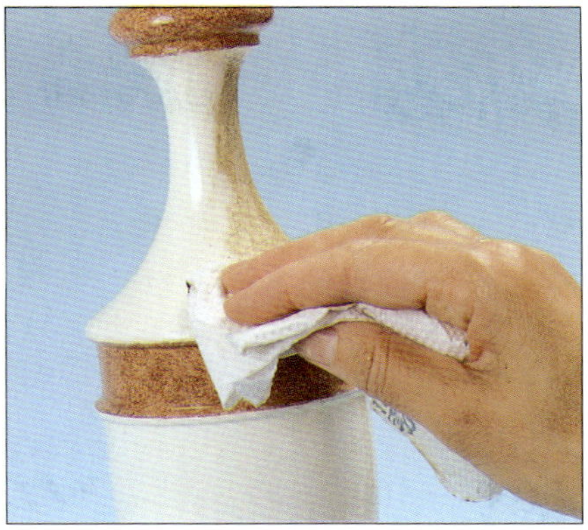

▲ Soulignez les craquelures en les bouchant avec une patine sombre.

LE VERNIS CRAQUELEUR

AU FIL DU TEMPS, les peintures à l'huile se craquellent car elles ne se rétractent pas au même rythme que le vernis qui les recouvrent. Le procédé du vernis craquelé restitue cet effet grâce à deux produits dotés d'un temps de séchage différent.

Recouvrez le support de vernis à vieillir gras. Laissez-le sécher puis, quand il est encore un peu collant, appliquez dessus une couche de vernis craqueleur acrylique.

Plus les couches de vernis sont épaisses, plus les craquelures sont importantes. De même, on obtient des craquelures plus fines en augmentant le temps de pause entre l'application des deux vernis.

Une fois les craquelures sèches, vous pouvez les souligner avec une patine terre d'ombre naturelle (voir page ci-contre). Essuyez l'excédent de patine au chiffon afin qu'elle ne se dépose que dans les craquelures. Vous pouvez cependant vieillir davantage l'ensemble du support en appliquant de la patine très diluée avec une brosse à pochoir.

Une fois la patine sèche, protégez votre réalisation avec une couche de vernis incolore à base de solvant.

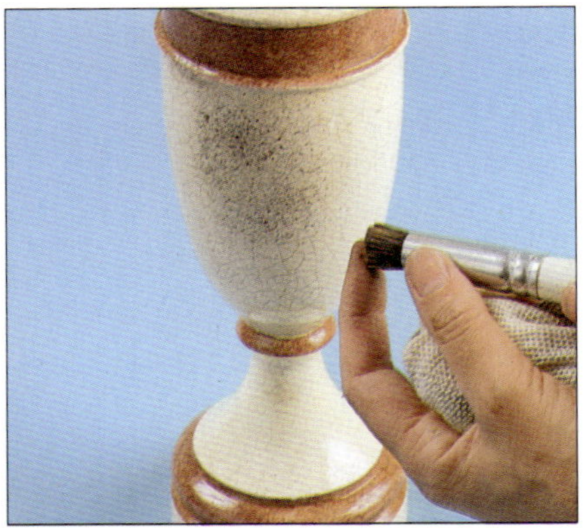

▲ Vieillissez l'ensemble en le mouchetant de patine.

LES CIRES TEINTANTES

ON TROUVE dans le commerce des cires teintantes spécialement prévues pour réaliser des patines anciennes. Elles peuvent être utilisées seules ou bien mélangées avec du vernis ou du glacis. Profondes et doucement lustrées, les cires couleur noyer conviennent très bien aux procédés de vieillissement. Il faut toutefois savoir qu'une cire teintante altère toujours un peu les couleurs du décor.

Si le support est verni, poncez-le légèrement à la laine d'acier très fine. Appliquez une couche de cire avec un chiffon ou du papier essuie-tout. Laissez sécher puis lustrez à l'aide d'un chiffon doux.

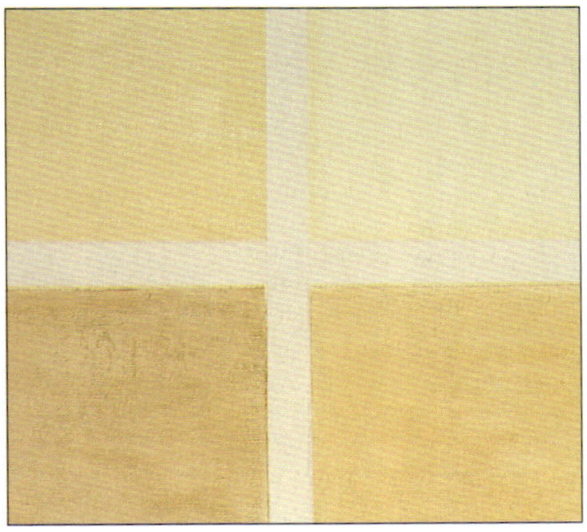

▲ Il existe des cires de teintes différentes.

TRUCS ET ASTUCES

- Qu'il s'agisse de médium ou de vernis, appliquez les produits craqueleurs rapidement, à touches légères, afin qu'ils ne puissent pas dissoudre la peinture du fond. Reportez-vous à la notice du fabricant pour connaître la compatibilité entre ces produits et les peintures.

- Pour simuler un vieille laque, vous pouvez patiner les supports craquelés à l'aide d'un vernis ou d'un glacis teinté avec une couleur vive.

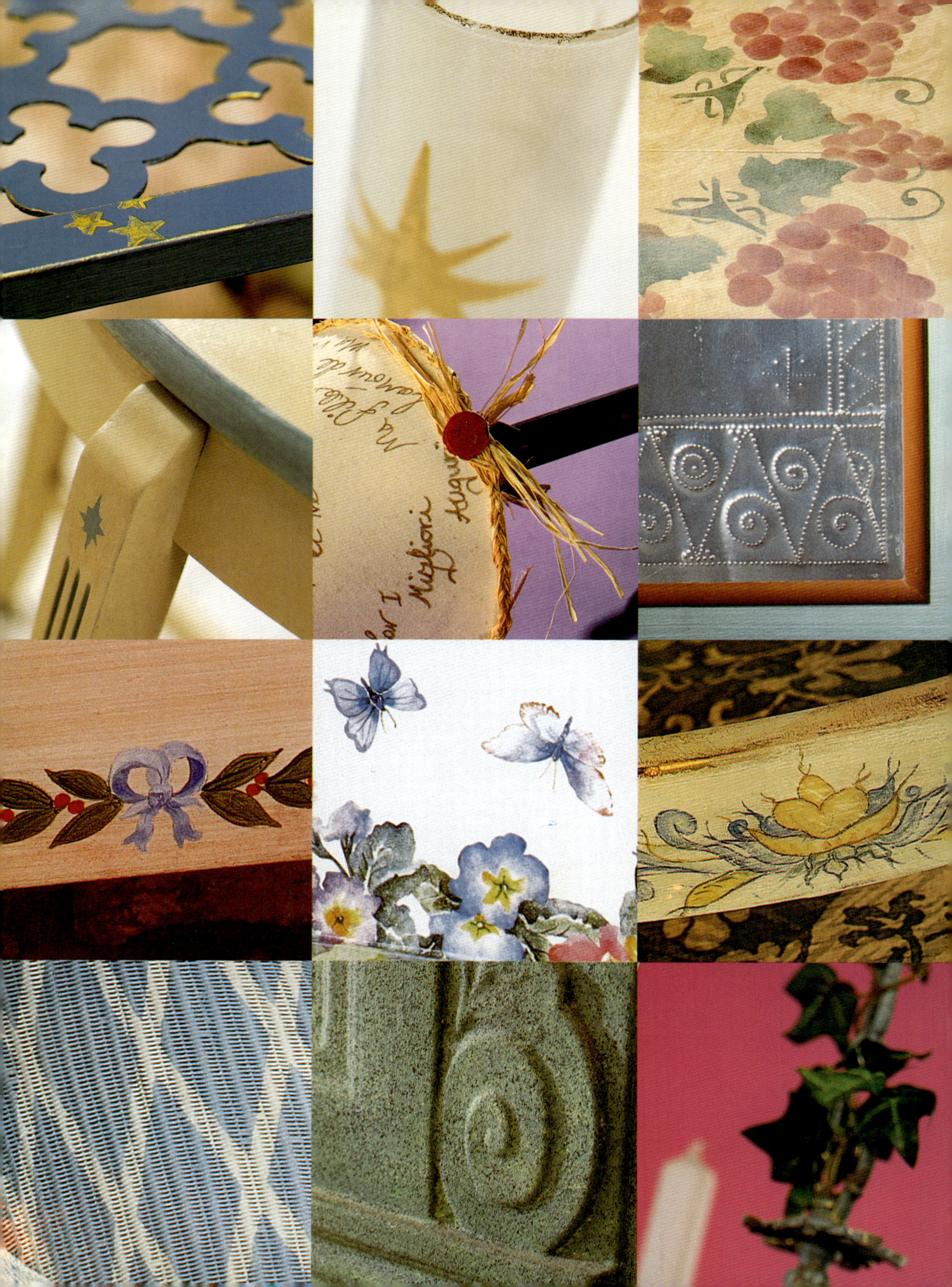

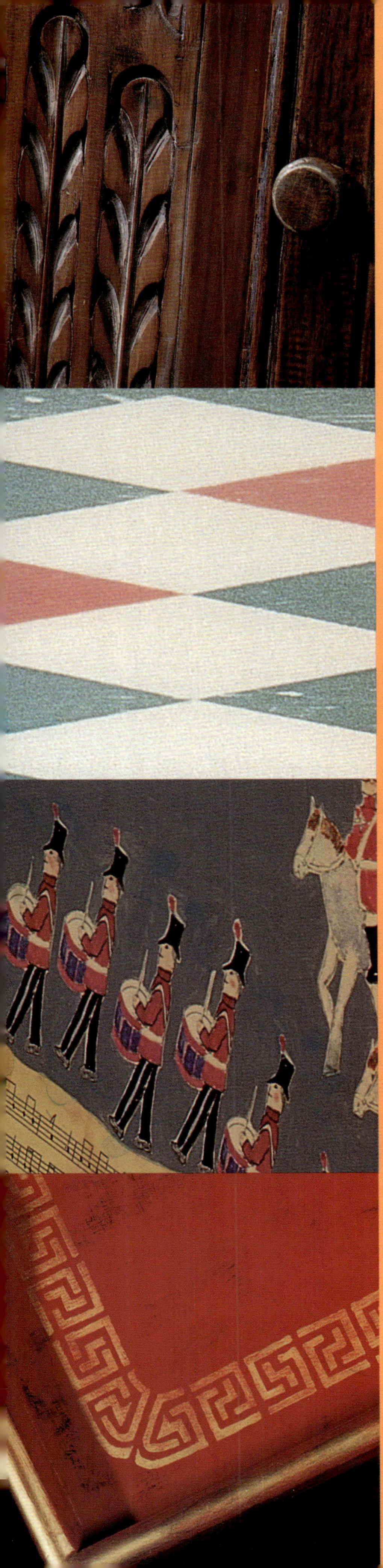

Réalisations

Il suffit souvent d'un peu d'imagination et de patience pour transformer des objets et des meubles ordinaires – voire vieux et abîmés – en des pièces originales qui donnent le ton d'un intérieur. Ce chapitre vous propose quelques idées de réalisations que vous pourrez facilement adapter au gré de vos goûts et de votre humeur décorative.

Moucharabieh

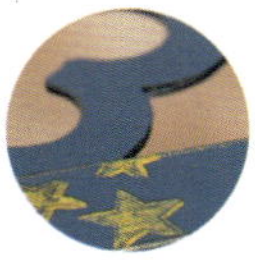

Ce paravent en métal était recouvert d'une superposition irrégulière de couches de peinture brune. Une fois poncées, elles ont révélé un support élégant auquel une jolie teinte bleu nuit suffit à redonner une nouvelle vie. Les tranches et les bords des motifs ajourés ont été soulignés avec de la cire dorée. On a ensuite utilisé un tampon pour imprimer des petites étoiles tout autour des montants. C'est sur un fond uni que ce paravent se détachera le mieux, ou devant une fenêtre, afin que lumière mette en valeur sa structure ouvragée.

❖ MATÉRIEL ❖

Papier abrasif à grain moyen et fin
Chiffons
Eau savonneuse chaude
Une vieille brosse à dents
Bâche ou journaux
Peinture-émulsion mate bleu nuit
Un pinceau plat et un petit pinceau rond
Un mètre-ruban et une craie
Peinture dorée
Un petit récipient
Un tampon en forme d'étoile
Un petit rouleau à peindre
(ou un petit pinceau plat)
Cire à dorer
Vernis polyuréthanne satiné, en aérosol

1 Préparation. Supprimez toutes les couches de vieille peinture en les ponçant avec du papier abrasif moyen puis fin. Essuyez à l'aide d'un chiffon. Lavez à l'eau savonneuse chaude en vous aidant de la brosse à dents pour atteindre les recoins et les creux. Laissez bien sécher.

2 Peinture. Après avoir protégé le sol avec une bâche ou des journaux, appliquez deux couches de peinture bleu nuit sur l'ensemble du paravent. Servez-vous du petit pinceau rond pour atteindre les recoins des motifs ajourés. Il est plus facile de travailler si le paravent est posé à plat.

3 Impression au tampon. Afin d'espacer régulièrement les étoiles, mesurez le cadre de l'un des panneaux et tracez légèrement des repères à la craie. Reportez ces mesures sur les autres panneaux.

Versez une petite quantité de peinture dorée dans le récipient. Avec le rouleau ou le petit pinceau plat, enduisez le tampon de peinture. Appliquez ce dernier sur les repères, puis retirez-le d'un geste ferme. Pour obtenir des motifs aux contours nets, enduisez à nouveau le tampon de peinture avant chaque application, et essuyez-le régulièrement afin d'éviter les bavures.

4 Application de la cire. Appliquez de la cire à dorer sur les bords et les tranches de tous les motifs ajourés. Travaillez avec le bout de l'index et du pouce, en ne prenant qu'une petite quantité de cire à la fois.

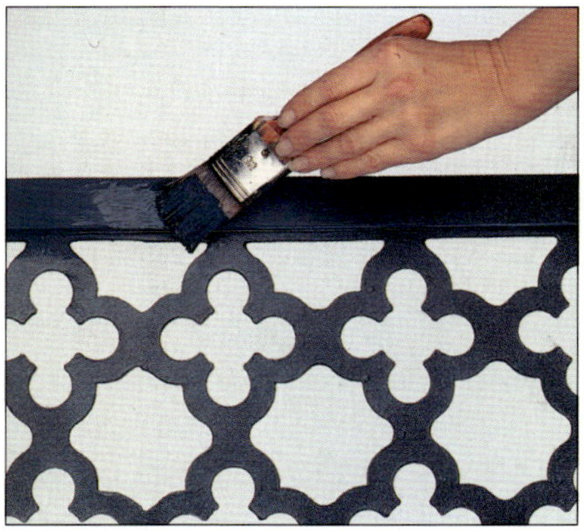

▲ Appliquez la peinture bleu nuit.

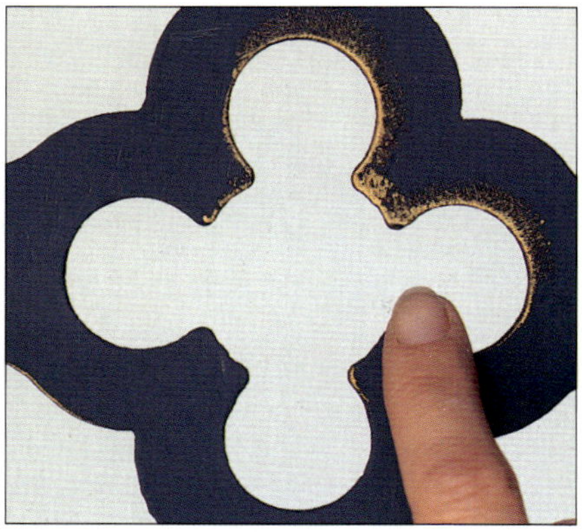

▲ Soulignez les motifs avec la cire à dorer.

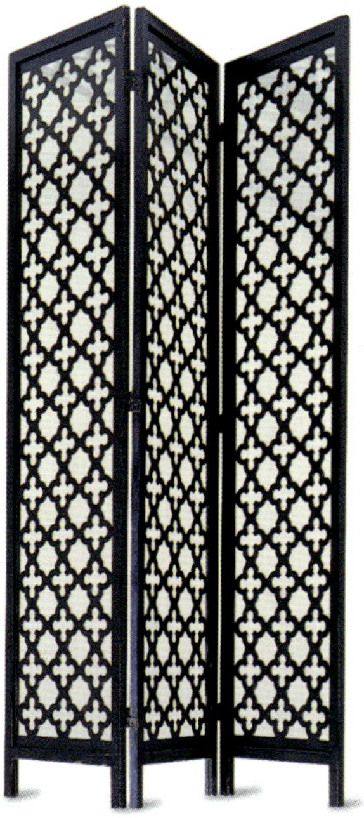

Ce paravent présente une structure très ajourée.

5 Finition. Lorsque la cire est sèche, lustrez-la délicatement avec un chiffon. Vaporisez une fine couche régulière de vernis satiné sur l'ensemble du paravent. Laissez bien sécher.

TRUCS ET ASTUCES

- Si vous souhaitez donner aux étoiles un aspect usé, enduisez le tampon d'une couche plus épaisse de peinture dorée toutes les deux ou trois applications.
- Vous pouvez acheter des tampons dans les boutiques de loisirs créatifs, les faire réaliser par un artisan, ou bien encore les fabriquer vous-même.

Techniques utilisées pour cette réalisation :
Préparation (pages 128 et suivantes),
peinture (pages 12, 17), cires à dorer (pages 32, 34),
tampons (pages 36-37), vernis (pages 139 à 141).

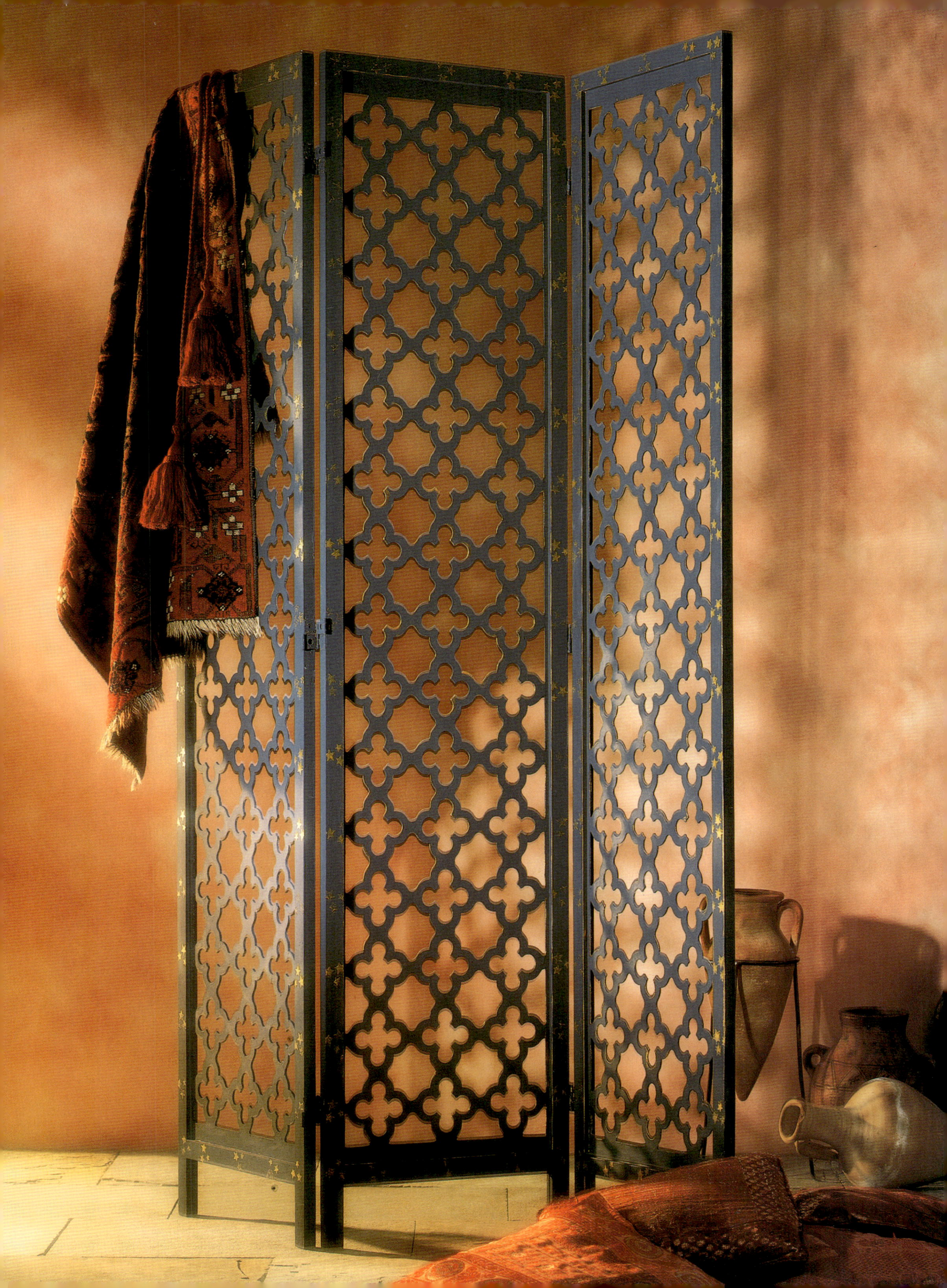

Paravent

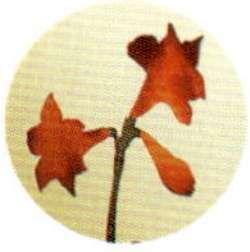

Les paravents furent longtemps prisés pour leur capacité à procurer de l'intimité. Au XIXe siècle, il était d'usage de les orner d'images imprimées de fruits, de fleurs ou de pittoresques scènes enfantines. Aujourd'hui, ils reviennent à la mode pour cloisonner certains espaces, comme un coin-bureau ou un coin-lavabo, ou tout simplement comme accessoires décoratifs. Bien que souvent fort endommagés, quelques réparations suffisent à les rénover. L'éventail des décorations possibles est alors très large, de la fresque peinte à main levée aux collages, en passant par les motifs appliqués à l'aide de pochoirs ou de tampons.

❖ MATÉRIEL ❖

Une paire de ciseaux
Tenailles
Un marteau arrache-clou
Toile
Un mètre-ruban
Un crayon
Une paire de ciseaux
Une agrafeuse de tapissier
Un vaporisateur
Peintures-émulsions :
blanc mat et jaune paille
Colle vinylique
Un récipient
Un large pinceau plat
Papiers de couleur unis
Une règle métallique plate
Un cutter et une plaque de coupe
Un petit pinceau plat
Papier-calque
Papier kraft
Papiers de couleur imprimés de nuances
Vernis acrylique
Galon en tissu
Pinces à dessin

Techniques utilisées pour cette réalisation :
Dégarnissage (page 132), peinture (pages 12, 17), tracés et découpes (pages 138-139), collage (pages 38 à 41), vernis (pages 139 à 141).

1 Dégarnissage. Retirez avec soin l'ancien revêtement, en extrayant tous les clous et pointes qui le fixaient. Une paire de ciseaux, des tenailles et un marteau arrache-clou devraient suffire à cette tâche.

2 Tapisserie. Après avoir mesuré les panneaux, coupez une pièce de toile pour chacun d'eux. Posez le paravent à plat sur le sol. Étalez un morceau de toile sur le panneau approprié, en veillant à placer le droit-fil du tissu parallèlement aux montants latéraux. Agrafez la toile au milieu des bords supérieur et inférieur, puis au milieu des côtés.

Continuez l'agrafage des deux côtés, en progressant du centre vers l'extérieur. Tendez fermement la toile au fur et à mesure que vous la fixez, tout en vous assurant qu'elle reste suffisamment souple pour ne pas former de plis, et en la laissant libre aux quatre coins. Procédez ensuite de la même façon en haut et en bas. Terminez en agrafant les coins. De cette façon, vous serez certain que la toile est régulièrement tendue sur tout le panneau.

Habillez les autres panneaux de la même manière.

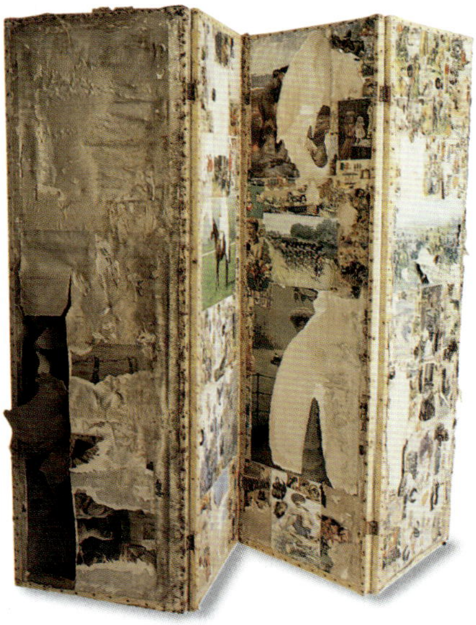

Ce vieux paravent tendu de tissu avait déjà été décoré d'images découpées dans des magazines.

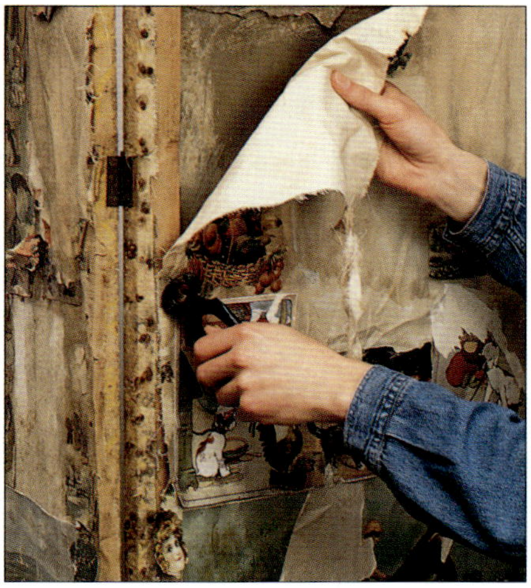

▲ Retirez le vieux revêtement et les clous.

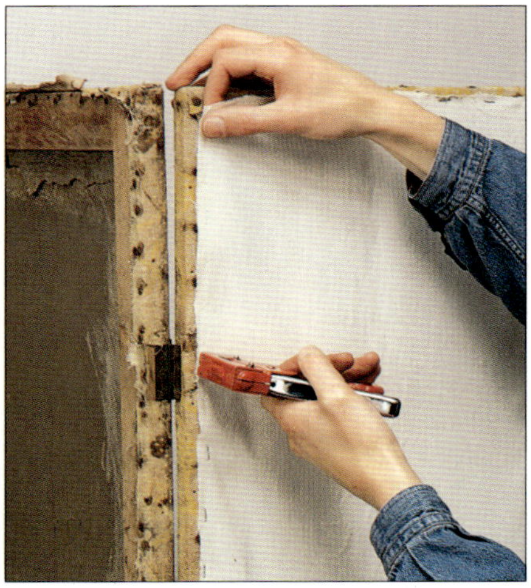

▲ Agrafez la toile neuve sur les montants.

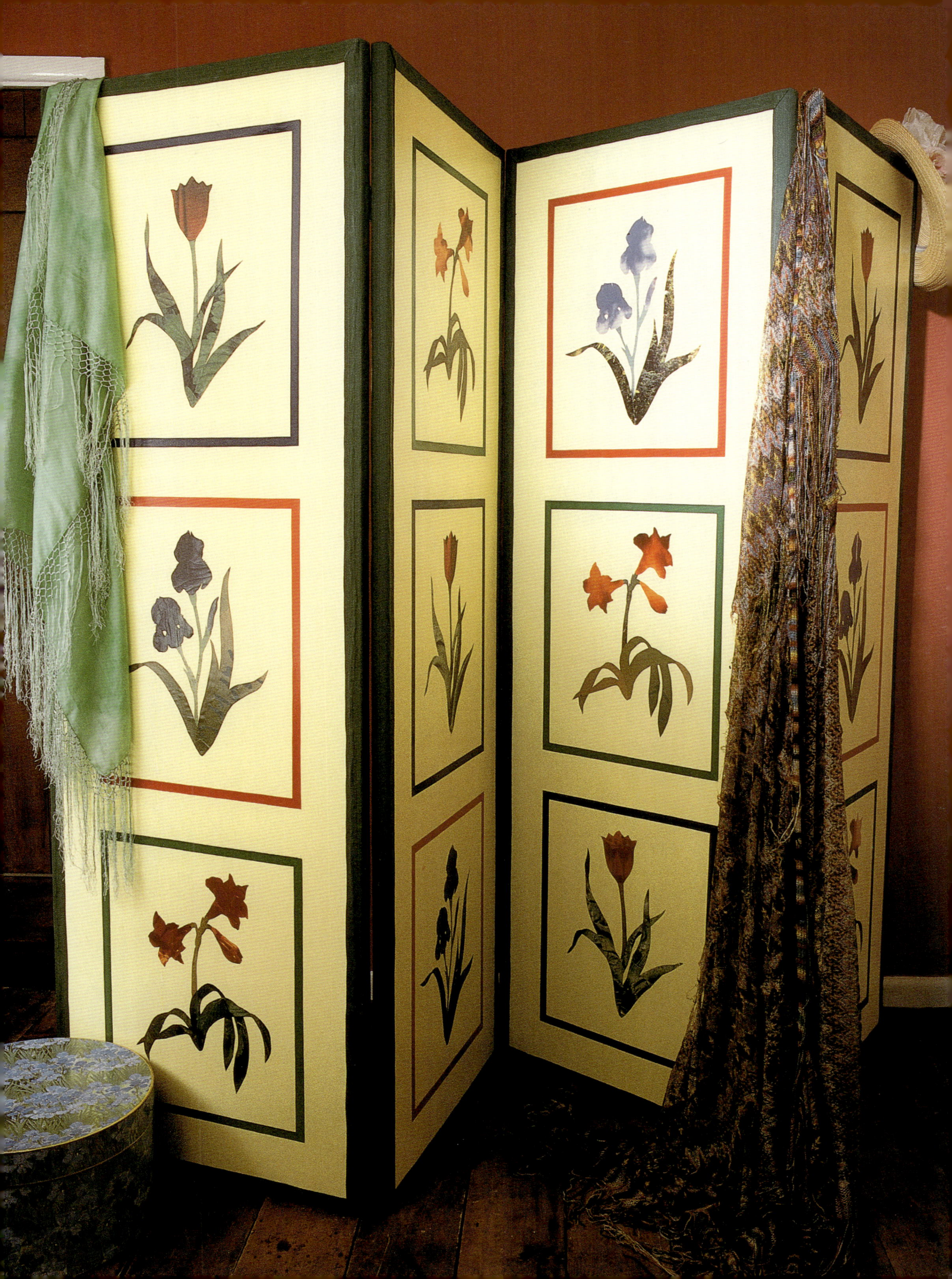

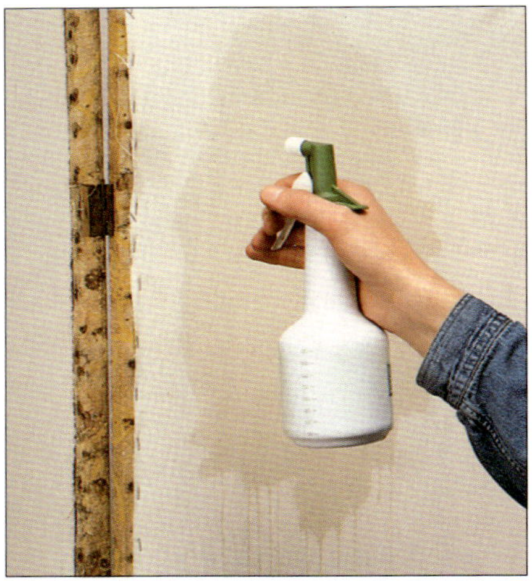

▲ Vaporisez de l'eau sur la toile neuve.

3 Préparation du fond. Vaporisez de l'eau claire sur chacun des panneaux entoilés ; laissez sécher. Cette opération a pour but de faire légèrement rétrécir l'étoffe, et donc de la tendre le mieux possible et de façon régulière sur les panneaux.

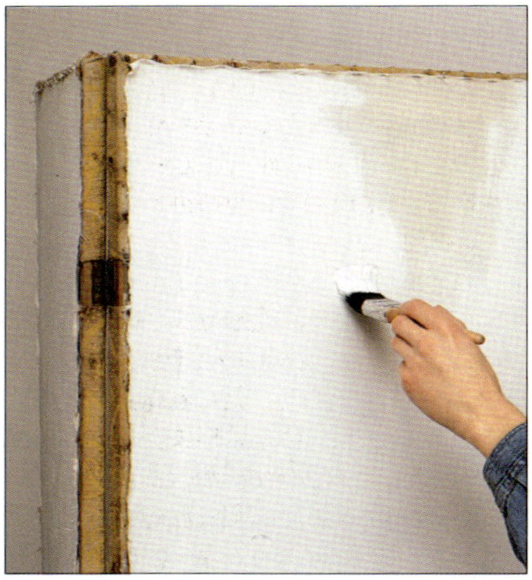

▲ Appliquez un apprêt sur la toile neuve.

4 Apprêtage. Préparez un apprêt en mélangeant une cuillerée à soupe de colle vinylique pour deux litres et demi de peinture-émulsion blanche. Diluez avec de l'eau, afin d'obtenir une consistance crémeuse mais fluide. Appliquez deux couches d'apprêt en ménageant un temps de séchage entre chacune d'elles.

5 Peinture. Appliquez deux ou trois couches de peinture-émulsion jaune paille, en laissant bien sécher chacune d'elles avant de poser la suivante.

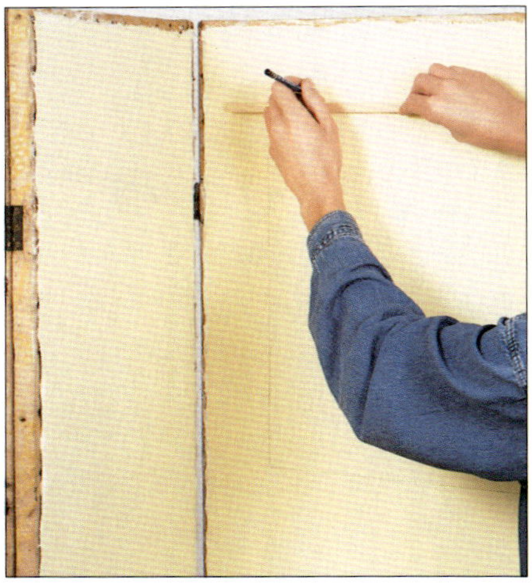

▲ Repérez l'emplacement des cadres.

6 Repérage des motifs. Lorsque la peinture du fond est parfaitement sèche, mesurez les panneaux afin de déterminer l'emplacement des cadres qui entoureront chaque motif floral. Tracez ces cadres au crayon, sans trop appuyer sur la toile.

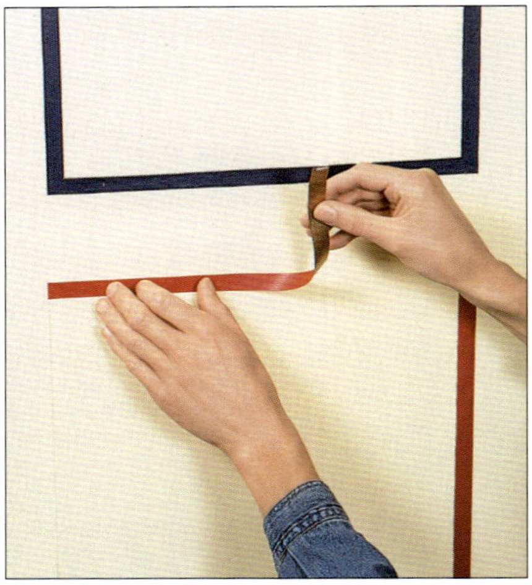

▲ Collez les cadres en ruban adhésif.

7 Réalisation des cadres. Dans les papiers unis, découpez des bandes aux dimensions voulues, en employant la règle métallique et le cutter. Enduisez leur face envers de colle vinylique à l'aide du petit pinceau plat, puis fixez-les soigneusement à leur place.

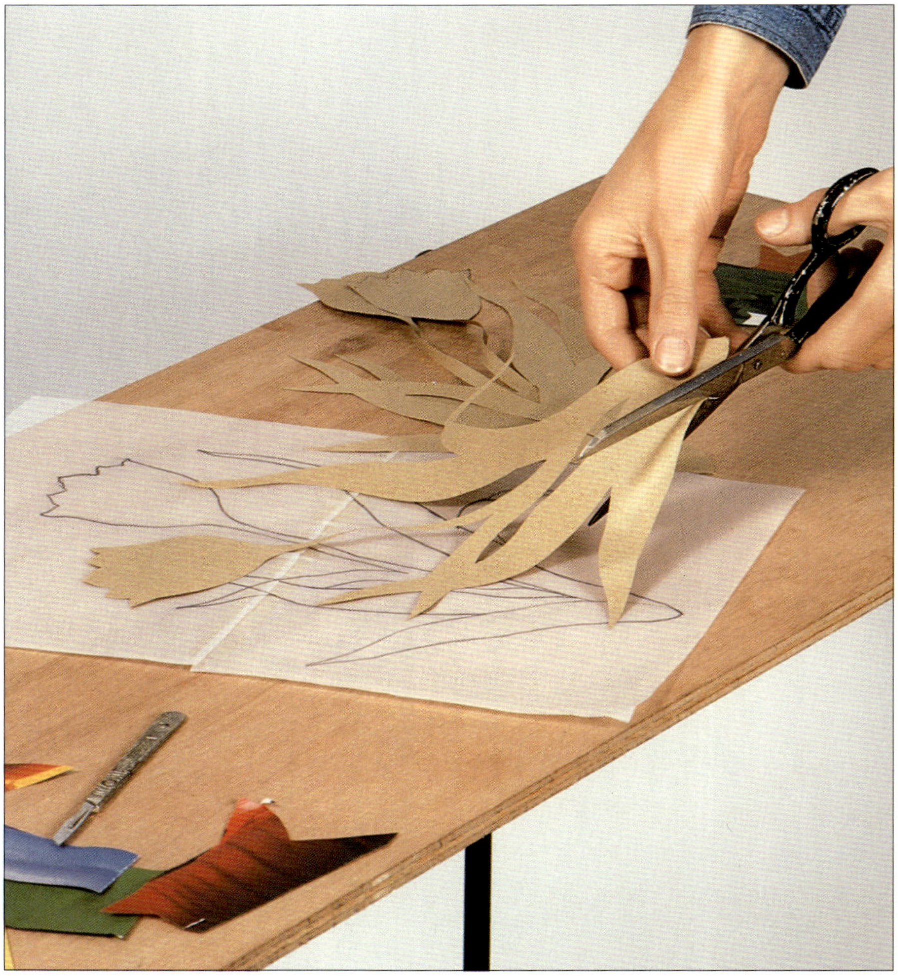

▲ Décalquez les motifs sur le papier kraft, puis découpez-les.

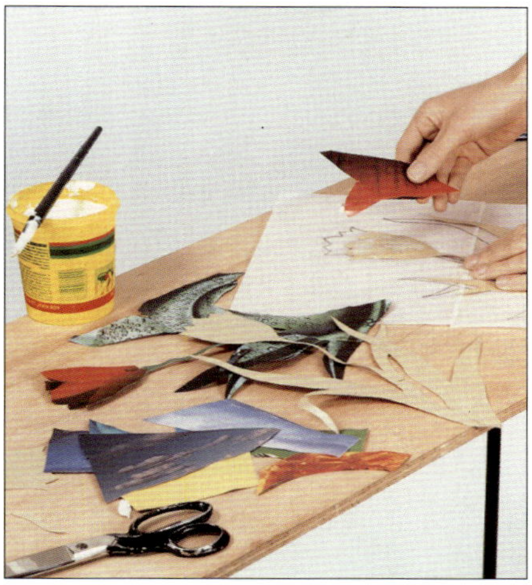

▲ Collez du papier coloré sur les gabarits.

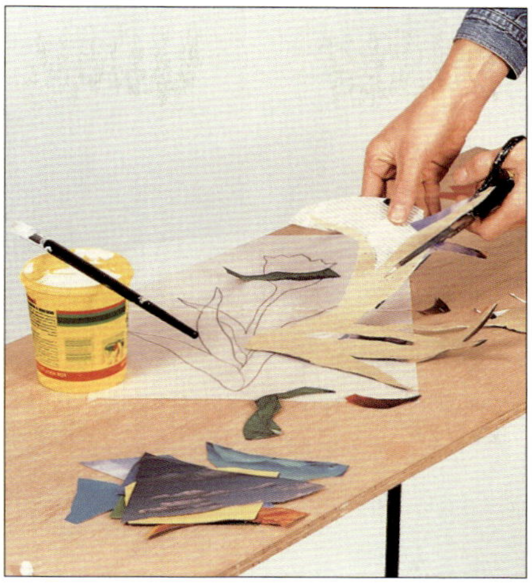

▲ Découpez le papier excédentaire.

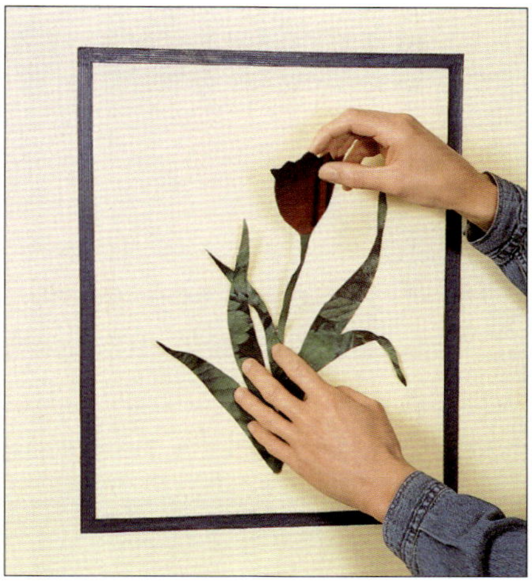

▲ Collez les motifs sur le paravent.

8 Dessin des motifs. Dessinez des motifs sur du papier-calque, reportez-les sur du papier kraft, puis découpez-les. Prévoyez un gabarit en kraft pour chaque motif.

Vous pouvez créer la composition de votre choix, ou bien vous servir des modèles donnés page 144.

9 Réalisation des motifs. Collez les gabarits sur la face envers des papiers imprimés. Prenez le temps d'effectuer des essais de façon à exploiter judicieusement les nuances de teintes des papiers. Lissez soigneusement le papier avec la paume de la main.

10 Découpe des motifs. Placez les motifs sur l'envers, et découpez l'excédent de papier aux ciseaux ou au cutter, en suivant bien les contours des gabarits.

Pour les aplatir, mettez les motifs sous presse quelques heures, entre de gros livres.

11 Collage. Déterminez la place des motifs sur les panneaux et esquissez-la légèrement au crayon. Après avoir enduit de colle la face envers des motifs, disposez-les sur le paravent.

12 Finition. Vernissez l'ensemble et laissez sécher. Fixez du galon à cheval sur les tranches de chaque panneau. Si le galon choisi n'est pas adhésif, enduisez-le de colle vinylique. Façonnez soigneusement les coins en onglets ; maintenez-les avec des pinces à dessin durant le temps de séchage.

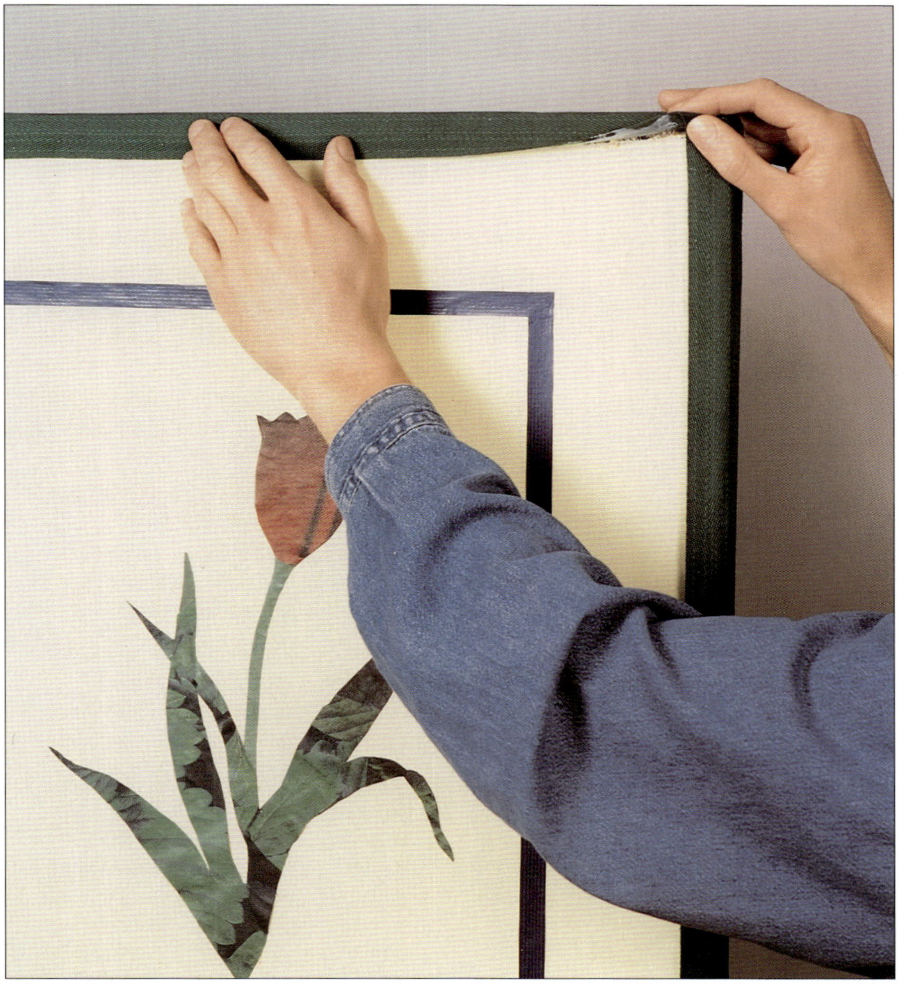

▲ Collez le galon à cheval sur les tranches de chaque panneau.

TRUCS ET ASTUCES

- Vous pouvez obtenir un effet similaire en collant des images issues de planches botaniques, photocopiées puis coloriées (voir page 40).
- Pour enrichir votre réalisation d'un détail décoratif supplémentaire, vous pouvez fixer le galon avec des clous de tapissier. Les magasins de bricolage et les quincailliers proposent toutes sortes de formes et de couleurs.

Cheminée granitée

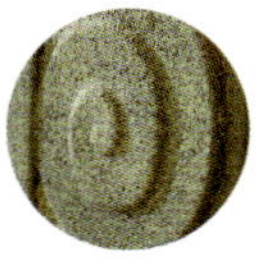

LONGTEMPS DÉLAISSÉES au profit du chauffage central, les cheminées retrouvent aujourd'hui une place de choix dans nombre d'intérieurs. En effet, même si elles ne sont pas en état de fonctionner, elles apportent toujours au décor une note intéressante. Ce manteau de cheminée a été récupéré avec l'accord de ses propriétaires qui allaient le jeter. Un glacis granité l'a paré d'une rassurante allure rustique, tout en permettant de dissimuler ses petites imperfections. Si vous prévoyez d'utiliser la cheminée, faites-vous conseiller par un vendeur spécialisé afin de choisir des produits qui ne deviendront pas toxiques une fois soumis à la chaleur.

❖ MATÉRIEL ❖

Lessive de soude
Papier abrasif à grain moyen et fin
Chiffons
Peinture-émulsion satinée vert pâle
Larges pinceaux plats
Glacis acrylique incolore
Peintures acryliques pour beaux-arts : vert émeraude et vert olive
Un récipient
Paillettes en plastique : vert foncé, argenté mat et noir
Une feuille de papier

Techniques utilisées pour cette réalisation :
Préparation (pages 128-129), peinture (pages 12-13, 17), glacis (pages 13, 20).

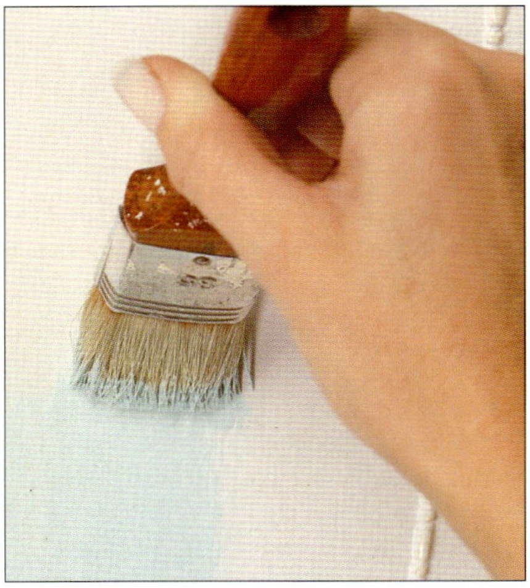

▲ Appliquez la peinture du fond.

1 Préparation. Lavez l'extérieur de la cheminée avec de l'eau additionnée de lessive de soude. Poncez à l'aide de papier abrasif moyen puis fin. Essuyez au chiffon.

2 Peinture du fond. Appliquez une couche de peinture-émulsion satinée vert pâle sur toute la cheminée. Elle doit être légèrement plus claire que la teinte définitive. Laissez sécher. Poncez délicatement avec du papier abrasif fin, puis essuyez au chiffon.

3 Élaboration du glacis. Dans le récipient, versez une cuillère de glacis acrylique et un peu de chacune des peintures pour beaux-arts. Mélangez afin d'obtenir une pâte homogène. Ajoutez tour à tour de la peinture et du glacis de façon à élaborer la teinte désirée, et de préparer une quantité suffisante de glacis. Souvenez-vous qu'il est toujours préférable d'en avoir trop que pas assez ! Le mélange final doit présenter une consistance crémeuse mais fluide.

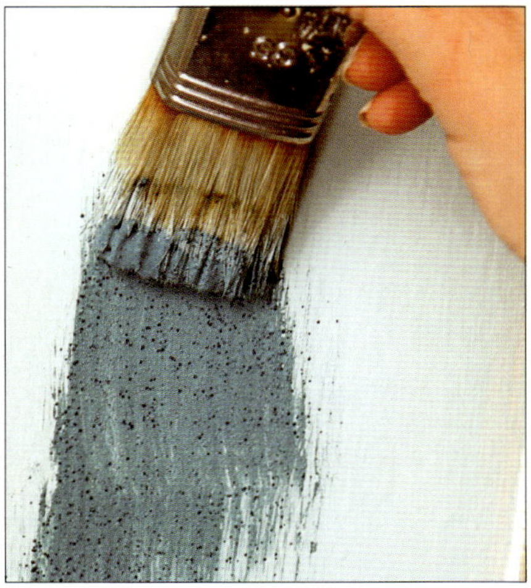

▲ Posez le glacis additionné de paillettes.

4 Incorporation des paillettes. Ajoutez les paillettes au glacis sans cesser de remuer celui-ci avec le bâton. Mélangez jusqu'à ce que les paillettes soient parfaitement réparties dans le glacis.

5 Application du glacis. Appliquez le glacis au pinceau, en veillant à bien recouvrir les arêtes, les moulures et les recoins. Laissez sécher puis posez une deuxième couche.

Pour accentuer l'effet granité, disposez une petite quantité de paillettes sur la feuille de papier, puis soufflez délicatement dessus afin qu'elles se collent sur le glacis encore humide.

TRUCS ET ASTUCES

- Le modèle présenté ici joue sur deux tons contrastés, un vert foncé et un vert pâle, mais toutes les associations de couleurs sont possibles, des plus sobres aux plus audacieuses.
- Il est préférable d'utiliser de vieux pinceaux pour appliquer le glacis additionné de paillettes en plastique, car il est assez difficile de retirer ces dernières des soies.
- Les paillettes en plastique sont très volatiles. Elles s'infiltrent facilement dans les étoffes et les moindres recoins de la pièce. Appliquez-les à l'extérieur si l'objet à décorer est transportable, ou bien pensez à protéger la zone de travail avec des bâches et des housses.

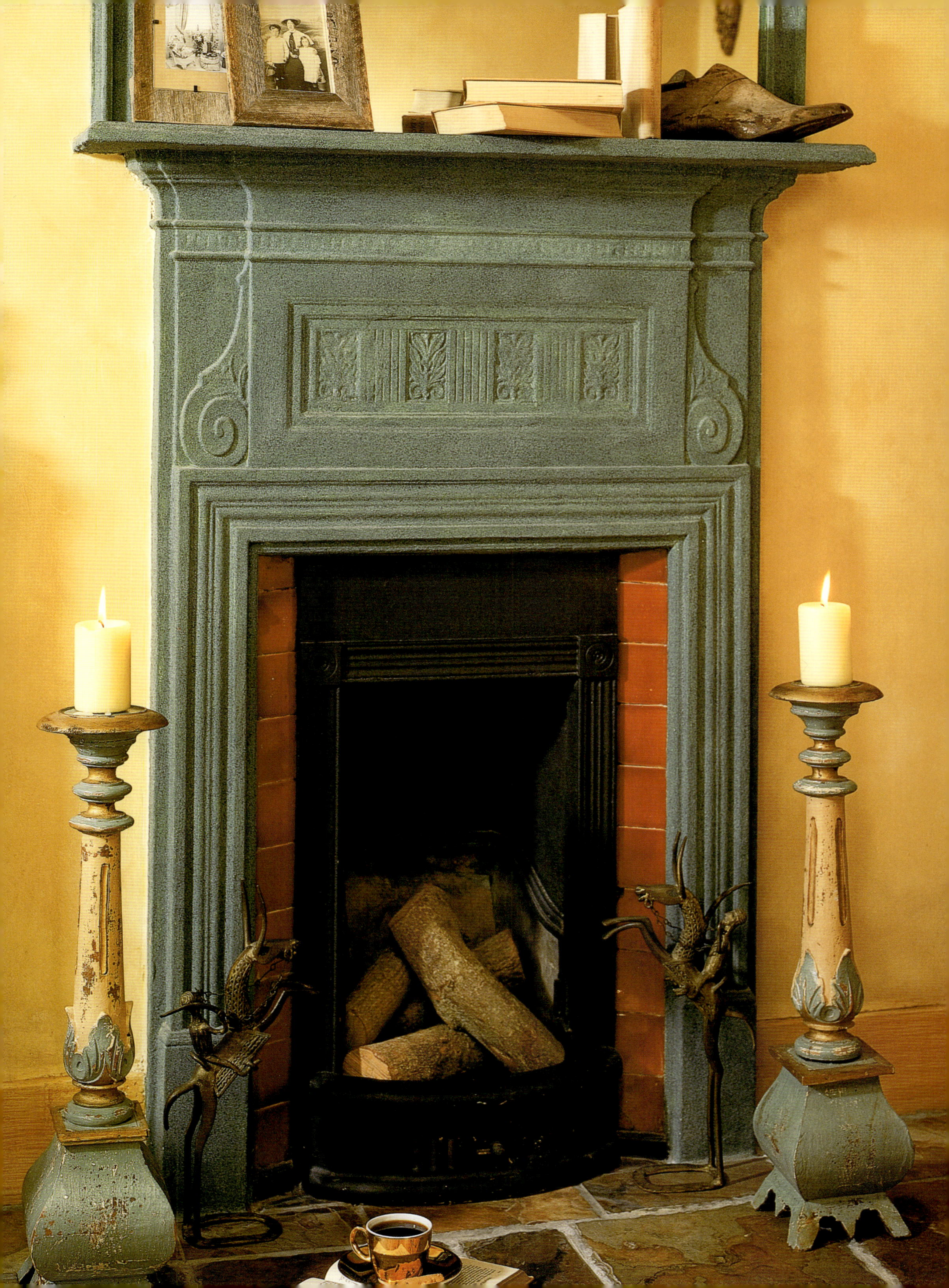

Armoire sculptée

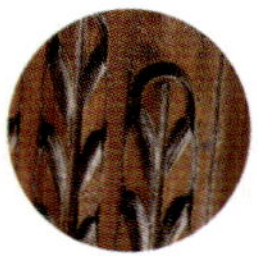

CETTE JOLIE PETITE ARMOIRE était en piteux était lorsqu'elle a été dénichée dans un magasin de brocante. Après l'avoir nettoyée et décapée, quelques réparations étaient encore nécessaires afin de lui redonner toute son allure. On a par exemple utilisé le fond de l'un des tiroirs pour remplacer les montants de portes absents. L'ensemble a ensuite été entièrement poncé. Les motifs sculptés ont été soulignés par cérusage, alors qu'une application d'encaustique et un lustrage soigné ont mis en valeur les différentes nuances du bois.

❖ MATÉRIEL ❖

Ponceuse électrique
Papier abrasif à grain moyen et fin
Brosse métallique
Chiffons
Cire à céruser blanche
Un pinceau fin
Chiffons non-pelucheux
Cire incolore
Encaustique en pâte

1 Ponçage. Poncez le meuble à la ponceuse électrique, puis au papier abrasif à grain moyen, en travaillant dans le sens des veines du bois. Lorsque l'ensemble et propre et débarrassé de tout ancien revêtement, terminez au papier abrasif fin jusqu'à obtenir une surface parfaitement lisse.

2 Nettoyage. En travaillant toujours dans le sens des veines, frottez les parties sculptées avec la brosse métallique. Cette opération a pour but d'ouvrir les pores du bois afin que la cire y pénètre mieux. Essuyez soigneusement le meuble au chiffon.

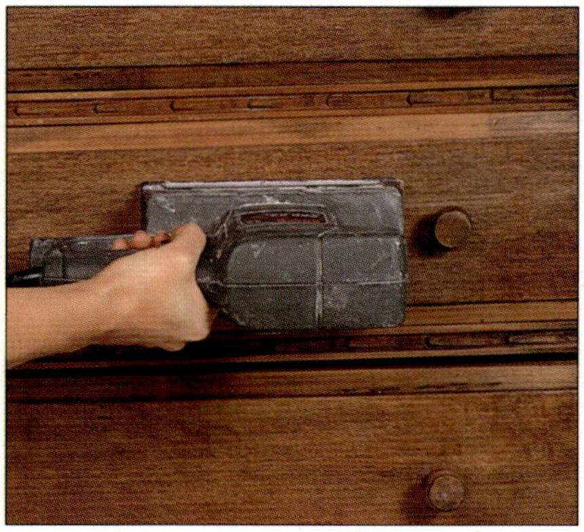

▲ Mettez le bois à nu à la ponceuse.

3 Cérusage. Appliquez la cire à céruser sur toutes les parties sculptées, en insistant dans les creux. Ce travail s'effectue habituellement au chiffon, mais les moulures étant ici très détaillées, il est nécessaire d'utiliser un pinceau fin. Travaillez par petites zones car la cire ne doit pas sécher plus de dix minutes.

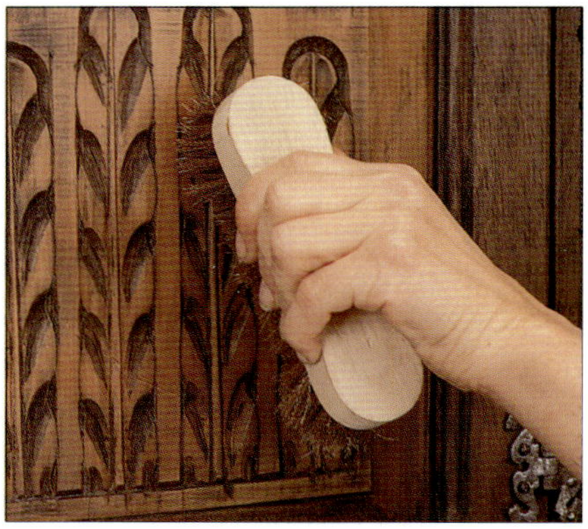

▲ Ouvrez les pores du bois avec la brosse.

Essuyez les parties planes avec un chiffon non-pelucheux pour retirer l'excédent de produit, mais laissez la cire dans les creux, sur les bords et les tranches des moulures. Laissez sécher une douzaine d'heures.

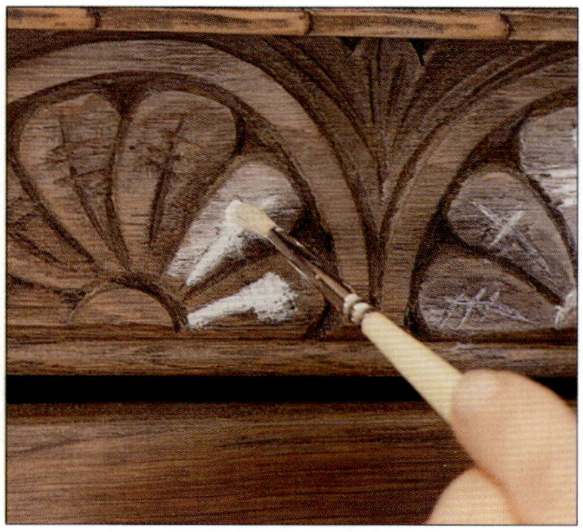

▲ Appliquez la cire à céruser au pinceau.

4 Cirage. Avec un chiffon roulé en tampon, appliquez la cire incolore sur toutes les zones cérusées. Laissez sécher vingt minutes avant de polir au chiffon non-pelucheux. Si le cérusage est trop blanc par rapport à la teinte du bois, cirez-le puis lustrez-le de nouveau afin d'obtenir une patine plus douce.

Appliquez de l'encaustique sur les parties non sculptées de l'armoire, puis attendez au moins une heure avent de les lustrer au chiffon. Pour obtenir une patine vraiment réussie, répétez cette dernière opération quelques jours après.

TRUCS ET ASTUCES

- Il est recommandé de porter un masque de protection lorsqu'on travaille à la ponceuse électrique.
- Quand vous appliquez l'encaustique en pâte, ne débordez pas sur les parties cérusées car cela donnerait un teinte jaunâtre inesthétique.

Techniques utilisées pour cette réalisation :
Préparation (page 129), cires (page 141).

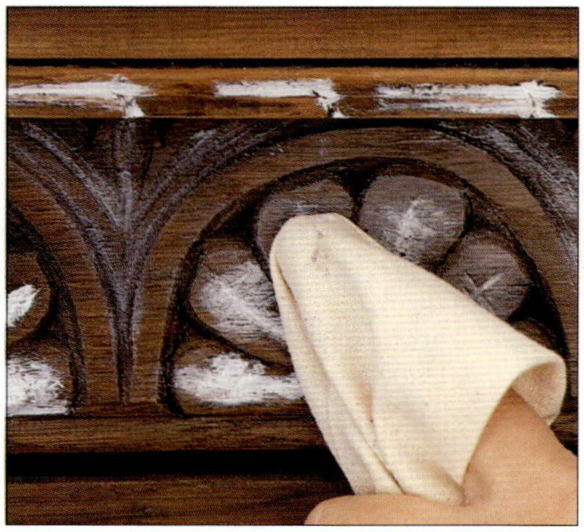

▲ Essuyez l'excédent de cire au chiffon.

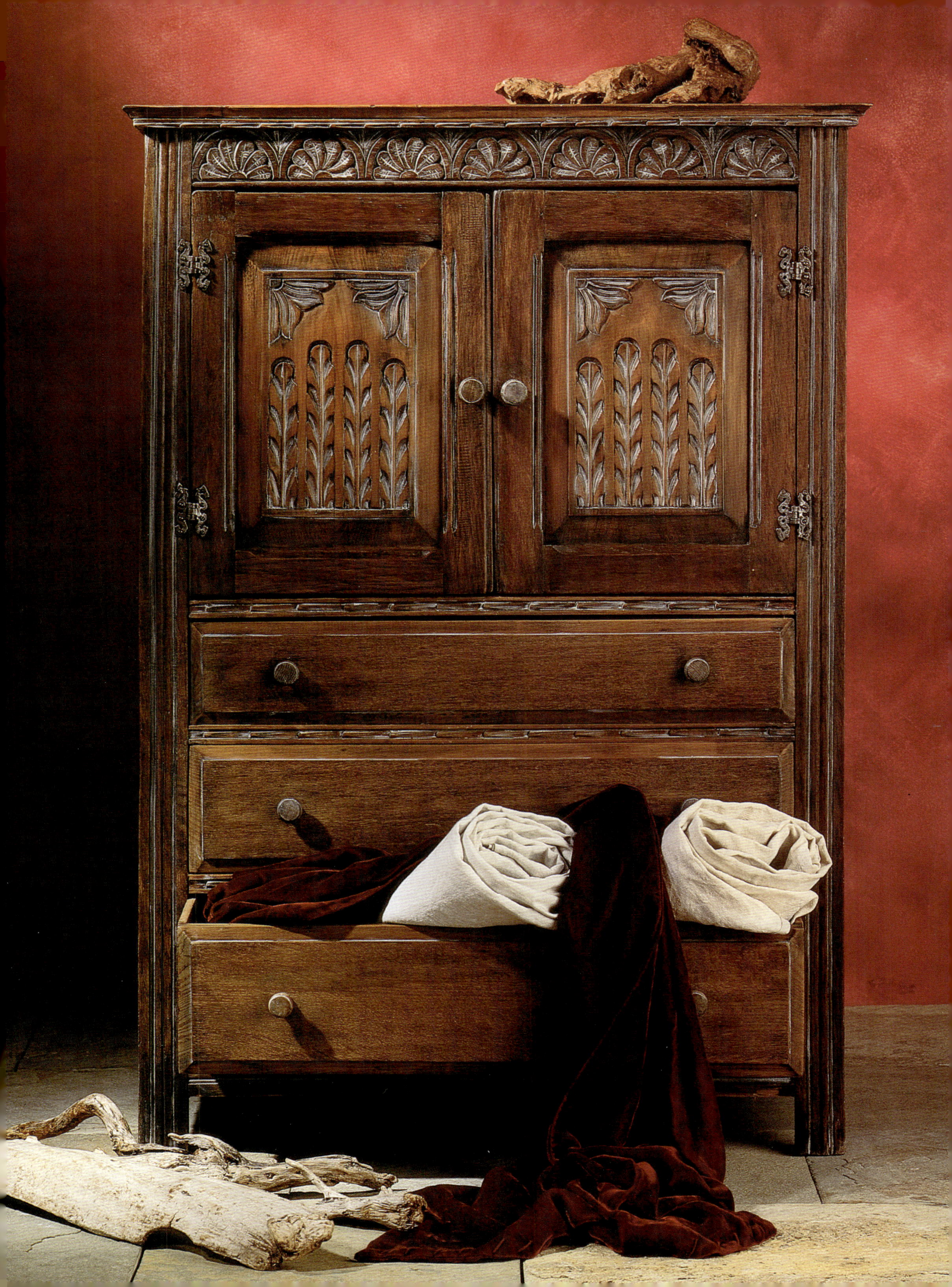

Travailleuse

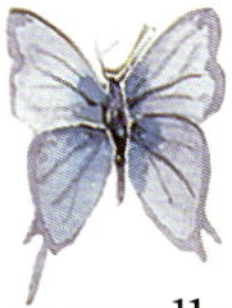

MALGRÉ SON ÂGE, cette vieille travailleuse était en bon état, à l'exception d'un pied fendu qu'il a été facile de réparer. Le bois mis à nu par ponçage ne présentant pas de qualités particulières, il a été décidé de le peindre. La structure du meuble se prêtait naturellement à un décor bicolore mais, pour ne pas alourdir l'ensemble, on a choisi un moucheté clair, réalisé à l'éponge, pour les pieds, les montants et l'encadrement du plateau. Les panneaux blancs ainsi mis en valeur étaient prêts à recevoir un décor réalisé grâce à la technique du collage.

❖ MATÉRIEL ❖

Laine d'acier n° 00
White spirit
Papier abrasif à grain fin
Chiffons
Peinture glycérophtalique satinée blanche
Un pinceau plat
Peinture acrylique dans deux tons de vert
Une éponge
Images en papier
Un cutter et une plaque de coupe
(ou une paire de ciseaux de manucure)
Pâte adhésive
Colle vinylique
Un pinceau pour la colle
Un rouleau en caoutchouc ou en plastique
Vernis acrylique

Techniques utilisées pour cette réalisation :
Préparation (page 129), peinture (pages 12-13, 17, 21), collage (pages 38 à 41).

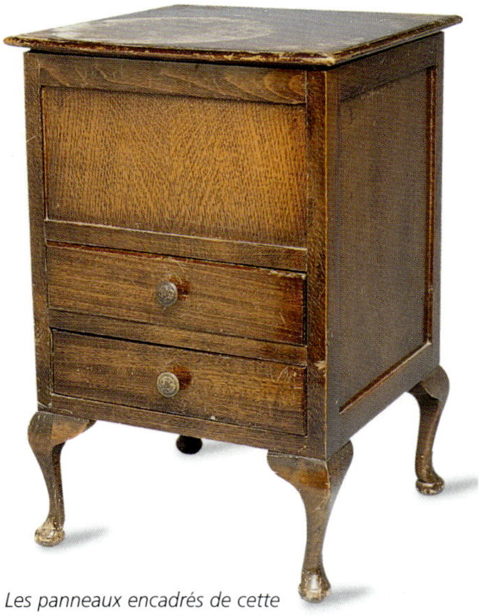

Les panneaux encadrés de cette travailleuse se prêtaient bien à un travail de collage.

1 Préparation. Décapez la travailleuse avec de la laine d'acier fine imprégnée de white spirit, puis poncez-la au papier abrasif fin. Essuyez soigneusement l'ensemble avec un chiffon.

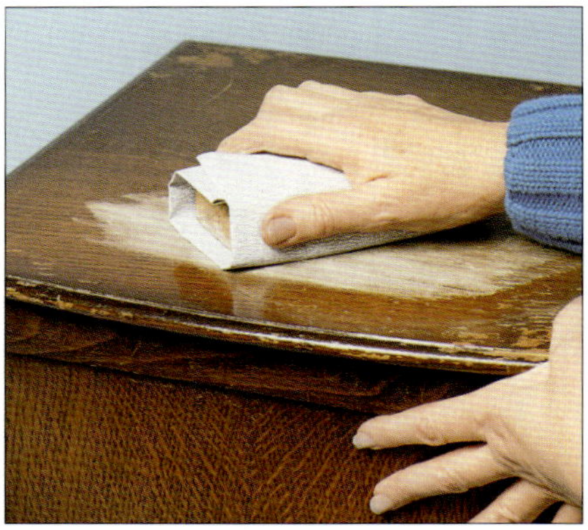

▲ Poncez le bois dans le sens des veines.

2 Peinture. Posez une couche de peinture blanche. Laissez sécher, poncez, essuyez, puis appliquez une deuxième couche.

Peignez les montants, les pieds et le bord du plateau à l'éponge, avec de la peinture acrylique diluée à l'eau. Appliquez d'abord la teinte la plus claire en tapotant délicatement

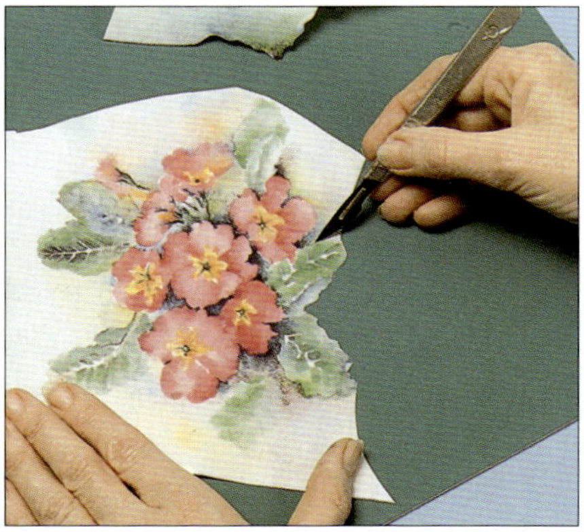

▲ Détourez soigneusement les images.

l'éponge de façon à créer un effet nébuleux et irrégulier. Procédez de même avec la deuxième teinte.

3 Collage. Détourez les images au cutter. Disposez-les sur la travailleuse avec de la pâte adhésive puis, lorsque vous êtes satisfait de votre composition, fixez-les en utilisant la colle vinylique. Lissez le décor au rouleau afin de chasser l'excédent de colle et essuyez avec un chiffon humide.

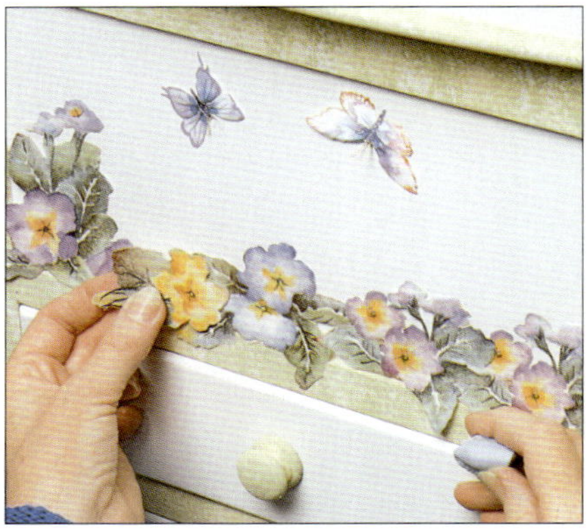

▲ Composez le décor avant de le coller.

4 Finition. Lorsque le décor est sec, appliquez deux couches de vernis sur la travailleuse. Poncez au papier abrasif fin, essuyez, puis posez une nouvelle couche de vernis. Répétez l'opération jusqu'à ce que la surface soit parfaitement plane.

TRUCS ET ASTUCES

Pensez à changer les boutons des tiroirs afin de parachever l'allure du meuble. Ici, on a remplacé les vieux boutons en métal par des modèles en bois brut, que l'on a peints à l'éponge, comme les montants.

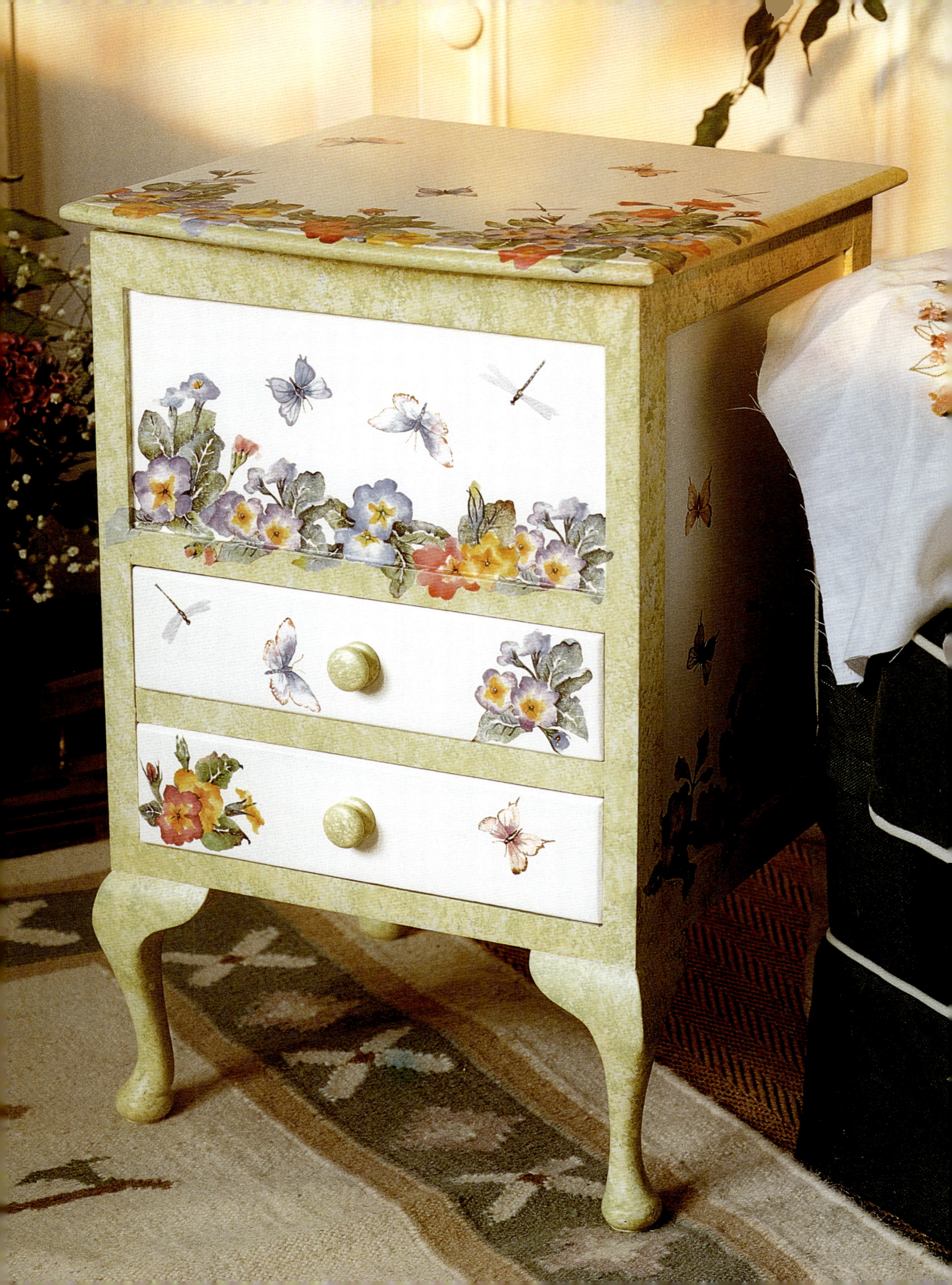

Chevet

CE PETIT CHEVET EN PIN BRUT de fabrication récente ne nécessitait ni réparations, ni nettoyage particulier, mais il manquait considérablement de caractère. Repeint et agrémenté d'un dessin au pochoir dans le style de la chambre à laquelle il est destiné, ce meuble n'est plus anodin. La technique du pochoir était donc parfaitement adaptée à ce projet puisqu'elle permet de réaliser toutes sortes de décors. Il est même possible de reprendre les motifs d'un rideau ou d'un couvre-lit : il suffit de photocopier un morceau du tissu et d'ajuster la taille du modèle obtenu aux dimensions du meuble. Le charme ancien des frises choisies pour cet exemple est accentué par le vieillissement des teintes du fond et par une finition cérusée.

❖ MATÉRIEL ❖

Papier abrasif à grain moyen
Une cale à poncer
Chiffons
Sous-couche acrylique blanche
Pinceaux plats de différentes largeurs
Peintures-émulsions : rose clair et vert clair
Laine d'acier n° 00
Feuilles de PVC rigide
(ou feuilles de film acétate)
Un stylo-feutre à pointe fine
Un cutter et une plaque de coupe
Ruban crépon adhésif
Peintures acryliques pour beaux-arts :
deux tons de rose et deux tons de verts
Brosses à pochoir
Cire à céruser blanche
Papier essuie-tout

Techniques utilisées pour cette réalisation :
Préparation (page 129), peinture (pages 12-13, 17), vieillissement (page 42), pochoirs (pages 22 à 27), cires (page 141).

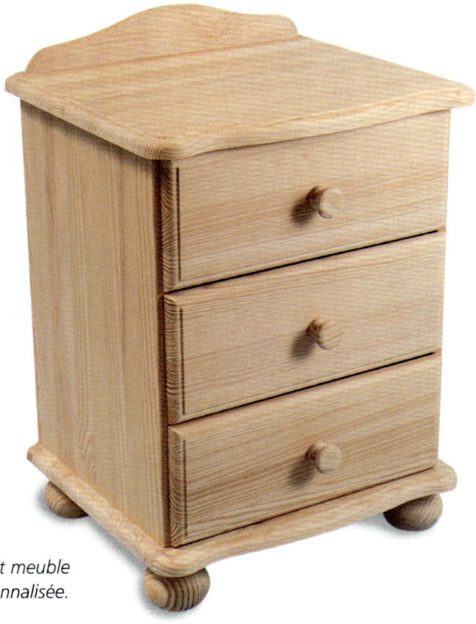

Bien que pratique et bien conçu, ce petit meuble de chevet appelait une décoration personnalisée.

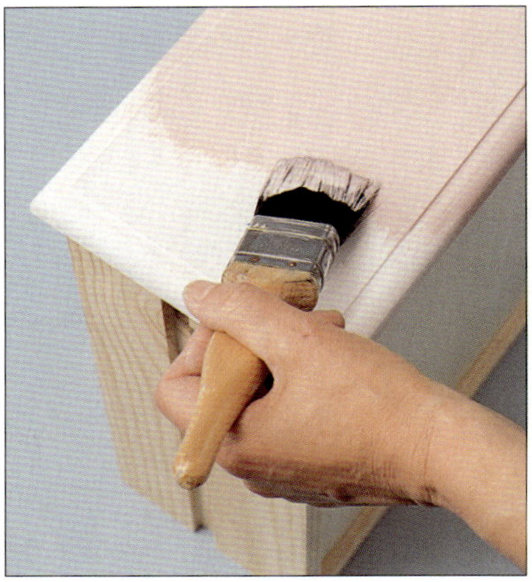

▲ Appliquez une couche de peinture rose.

1 Préparation. Poncez le meuble avec du papier abrasif à grain moyen enroulé autour d'une cale à poncer, puis essuyez-le à l'aide d'un chiffon.

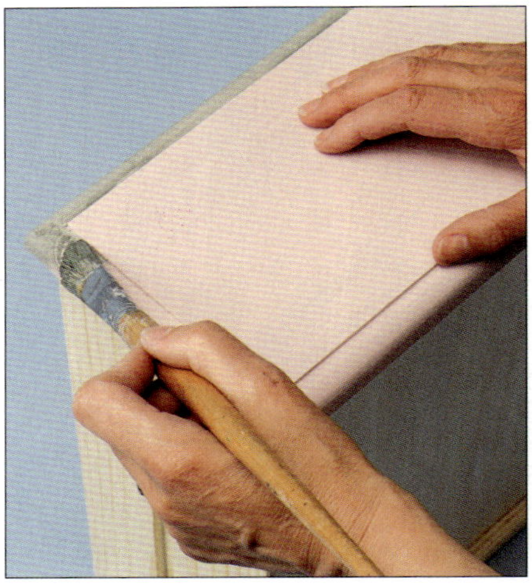

▲ Peignez moulures et montants en vert.

2 Peinture. Sortez les tiroirs et démontez les accessoires tels que boutons de tiroirs et pieds, afin de pouvoir peindre chaque élément séparément.

Recouvrez toutes les surfaces du meuble d'une couche mince et régulière de blanc acrylique. Laissez sécher vingt-quatre heures.

Avec un pinceau plat large, appliquez une couche de peinture-émulsion rose clair sur l'ensemble du meuble, y compris les tiroirs. Veillez à bien croiser les coups de pinceau de façon à obtenir une surface lisse et régulière. Laissez sécher une douzaine d'heures.

Peignez en vert clair les pieds, les montants et les moulures. Utilisez pour ce faire un pinceau plat assez étroit. Si vous craignez de déborder, vous pouvez masquer les surfaces qui doivent rester roses avec du ruban crépon adhésif.

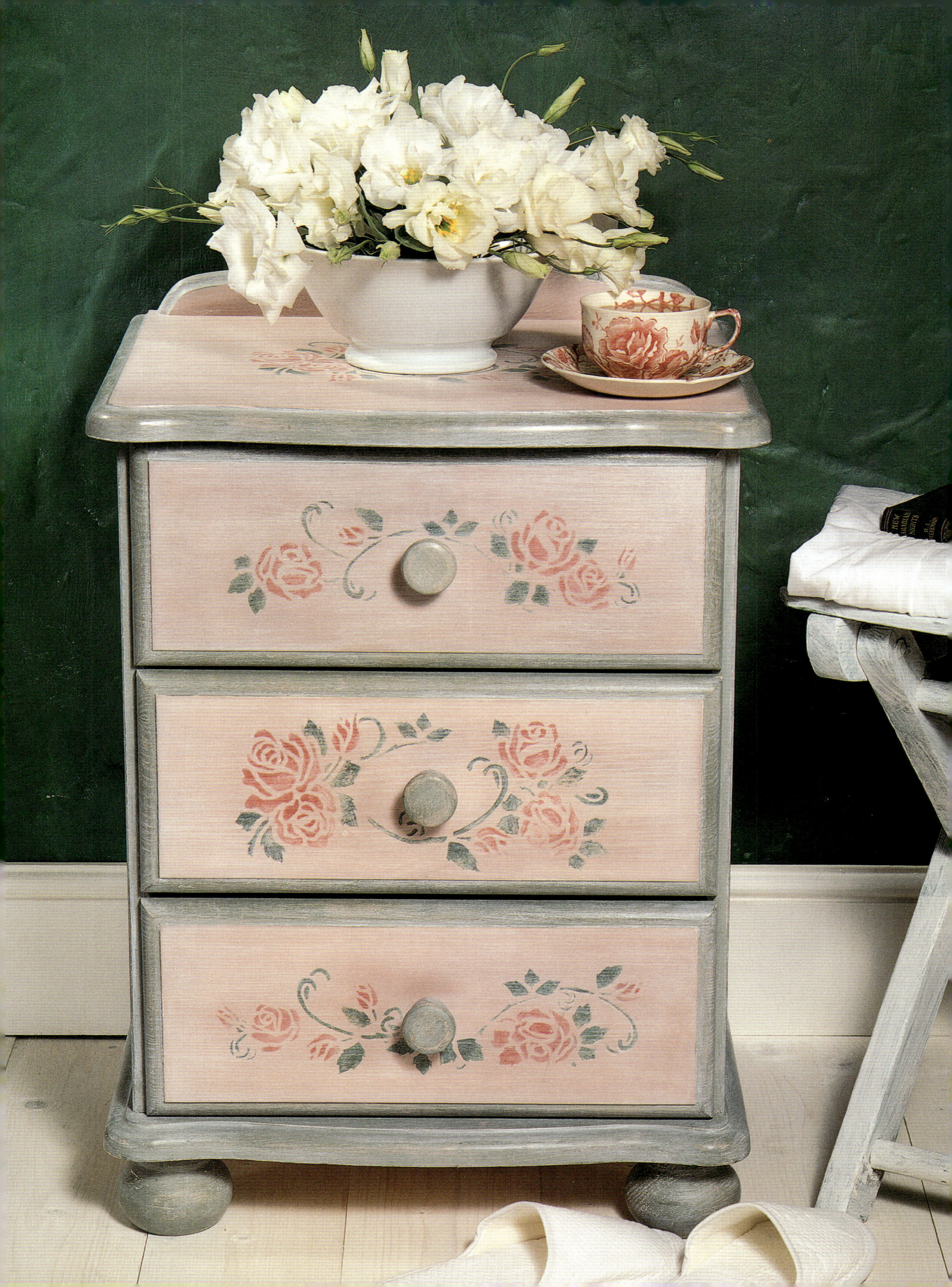

3 Patine. Poncez délicatement le meuble avec la laine d'acier fine. Le but de cette opération est d'enlever suffisamment de couleur pour faire transparaître le blanc de l'apprêt sous le rose, et un peu de rose sous le vert.

4 Réalisation des pochoirs. Les modèles donnés page 143 peuvent être utilisés tels quels, mais vous pouvez également en disposer différemment les éléments, comme sur l'exemple photographié page 59. Procédez à des essais sur du papier de façon à trouver les compositions les plus intéressantes.

Agrandissez les motifs retenus à la taille voulue, puis reportez-les sur les feuille de PVC ou d'acétate avec le stylo-feutre à pointe fine. Évidez les motifs au cutter, en travaillant sur la plaque de coupe afin de protéger le plan de travail.

5 Application des motifs. Procédez à des essais sur du papier et rectifiez éventuellement les pochoirs jusqu'à ce que vous soyez satisfait du résultat.

Fixez les pochoirs sur le meuble avec du ruban crépon adhésif.

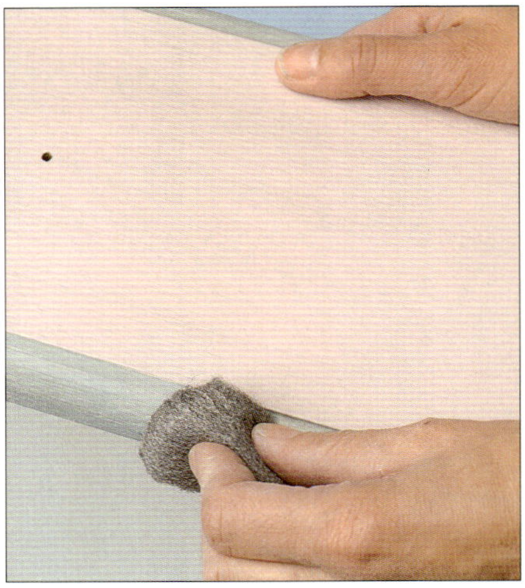

▲ Patinez la peinture à la laine d'acier fine.

L'ensemble du décor est réalisé avec de la peinture acrylique, en tapotant délicatement les brosses à pochoir sur le bois. Peignez d'abord les fleurs avec le ton de rose le plus pâle, et les feuilles avec le vert le plus clair. Ajoutez ensuite des ombres avec les teintes foncées.

6 Cérusage. Avec un tampon de papier essuie-tout, appliquez de la cire à céruser sur l'ensemble du meuble. Laissez sécher une heure et demie avant de lustrer avec un chiffon doux et propre.

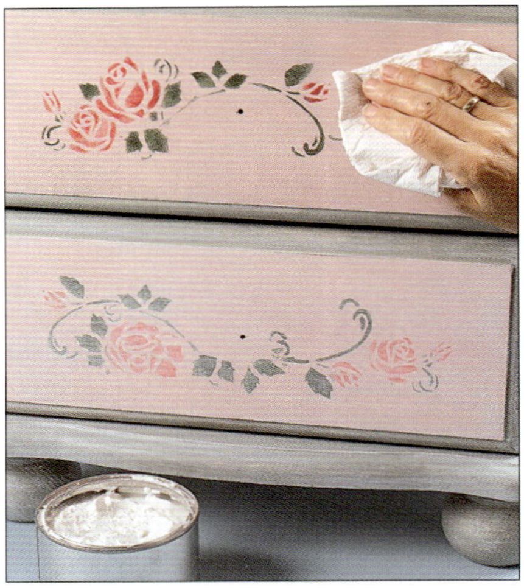

▲ Appliquez la cire à céruser.

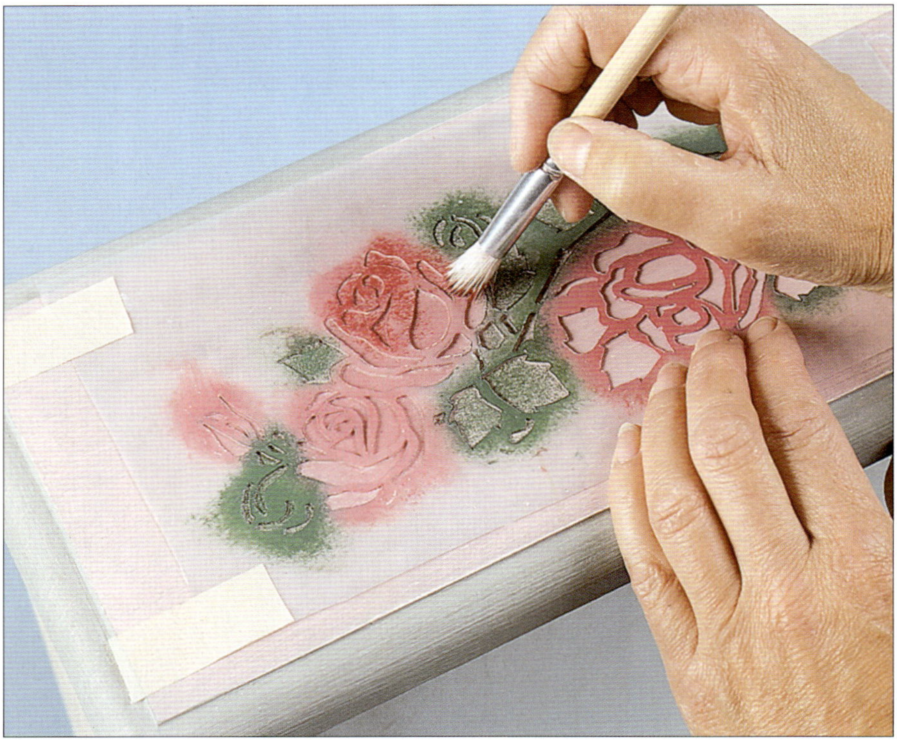

▲ Peignez les motifs en tapotant la brosse à pochoir tenue presque verticalement.

TRUCS ET ASTUCES

- Les peintures acryliques pour beaux-arts conviennent bien à ce genre de travail car leurs couleurs conservent une intensité suffisante une fois recouvertes de cire à céruser.
- Lorsque vous appliquez des motifs au pochoir, ne chargez pas trop la brosse de peinture et essuyez-la sur du papier essuie-tout afin d'éviter les bavures.
- Il est important d'utiliser deux tons de rose pour les fleurs et deux tons de vert pour les feuilles et les tiges afin de donner de la profondeur au décor.
- N'hésitez pas à choisir des peintures à l'eau pour ce genre de projets : si elles ont tendance à foncer une fois vernies, elles conservent toute leur fraîcheur sous le cérusage.
- Quand vous découpez les pochoirs au cutter, veillez à adopter des gestes sûrs mais prudents, en maintenant toujours vos doigts hors de portée de la lame.

Coffre

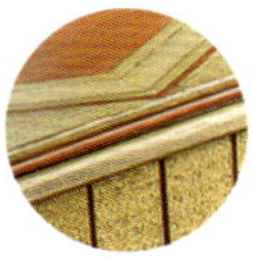

On trouve de nombreux coffres dans les magasins de brocante, dans des styles et des états très variables. Les malles de voyage présentent souvent de jolies ferrures en laiton auxquelles un simple polissage suffit à restituer tout l'éclat. Ici, c'est un vieux coffre de chantier en planches ordinaires, très endommagé, que nous allons entièrement rénover. Une fois décoré d'un jeu bicolore de glacis opposant des textures différentes, il sera digne de servir de rangement d'appoint ou même, si on a pris soin d'en traiter les quatre côtés, de table basse.

❖ MATÉRIEL ❖

Un tournevis
Papier abrasif à grain moyen et fin
Chiffons
Colle vinylique et un pinceau
Tasseaux pour consolider le couvercle
Un mètre-ruban et un crayon
Une scie
Une perceuse avec un foret à bois
(ou une vrille)
Vis à bois
Pâte à bois et un couteau à enduire
Une cale à poncer
Enduit de finition liquide
Pinceaux plats de différentes largeurs
Sous-couche acrylique blanche
Peinture-émulsion couleur ivoire
Glacis acrylique incolore
Pigments en poudre
ou peintures acryliques pour beaux-arts :
ocre jaune et ocre rouge
Récipients pour les mélanges
Un peigne de décorateur
Ruban crépon adhésif
Un bouchon en liège
Une queue à battre (ou un pinceau à vernir)
Charnières
Vernis acrylique
Laine d'acier n° 00

Techniques utilisées pour cette réalisation :
Réfection (pages 128 à 138),
peinture (pages 12 à 14, 17),
glacis (pages 13, 20).

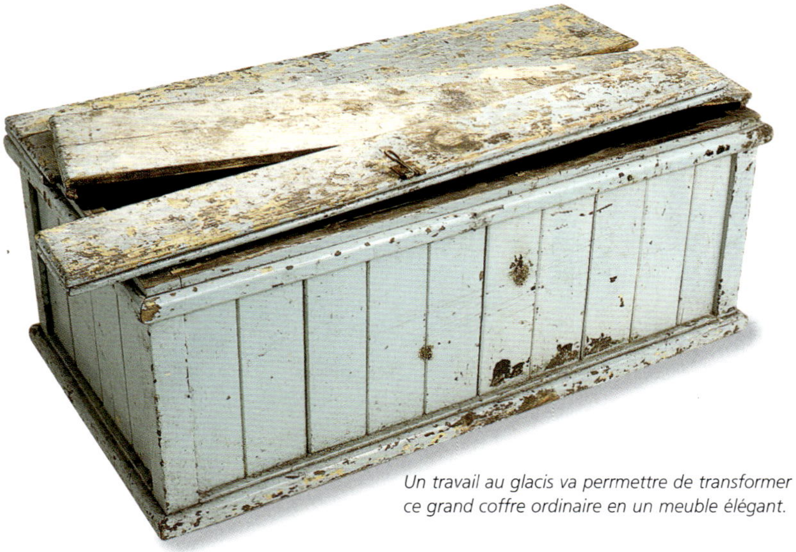

Un travail au glacis va perrmettre de transformer ce grand coffre ordinaire en un meuble élégant.

1 Réparation du couvercle. Dévissez les charnières du couvercle. Avec du papier abrasif à grain moyen, poncez les tranches de chaque planche pour les équarrir et supprimer toute aspérité. Essuyez-les au chiffon, enduisez-les de colle vinylique puis assemblez-les côte à côte, en les alignant bien, afin de reconstituer le couvercle.

Mesurez deux tasseaux d'une longueur légèrement inférieure à la profondeur du couvercle, sciez-les, puis percez-les de trois ou quatre trous régulièrement espacés.

Placez les tasseaux sur l'envers du couvercle, à au moins une dizaine de centimètres de chaque extrémité. Avec le crayon ou la vrille, repérez l'emplacement des trous sur le couvercle et forez-y des avant-trous. Collez les tasseaux puis vissez-les. Si le couvercle est très grand, prévoyez un troisième tasseau au centre.

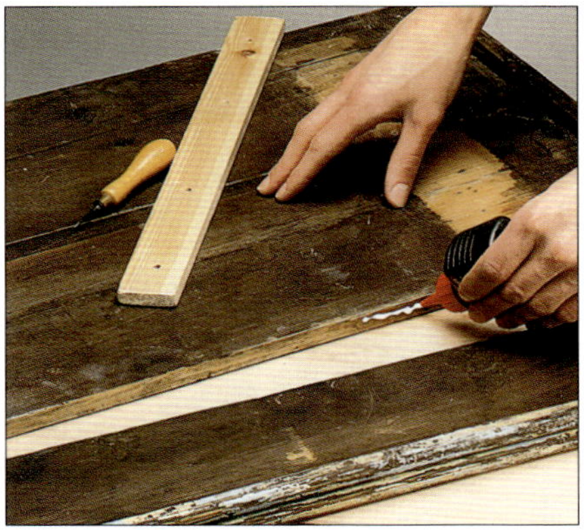

▲ Encollez les tranches des planches.

2 Préparation. Bouchez tous les trous et fissures avec de la pâte à bois appliquée au couteau à enduire. Comblez soigneusement les interstices entre les planches du couvercle de façon à obtenir une surface bien lisse. Laissez sécher.

Poncez entièrement le coffre avec du papier abrasif à grain moyen enveloppé autour d'une cale à poncer, puis terminez au papier abrasif fin.

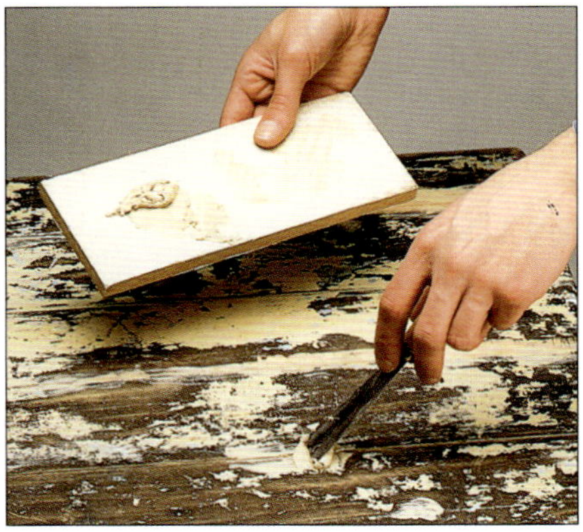

▲ Bouchez les trous avec de la pâte à bois.

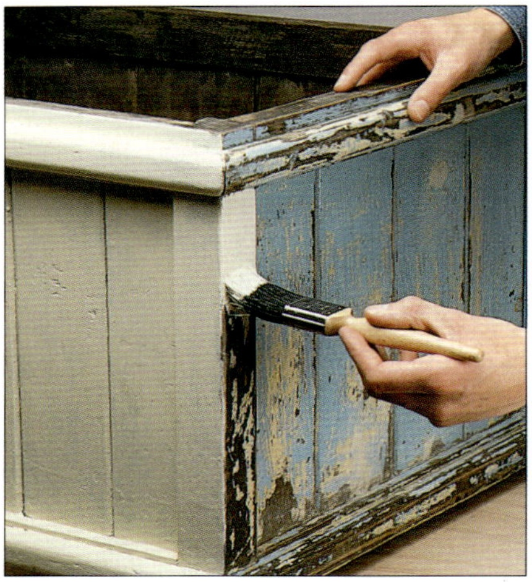

▲ Appliquez un enduit de finition.

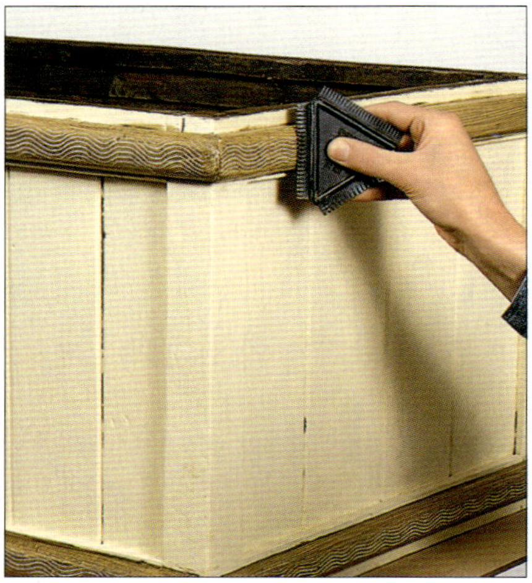

▲ Gravez le glacis à l'aide d'un peigne.

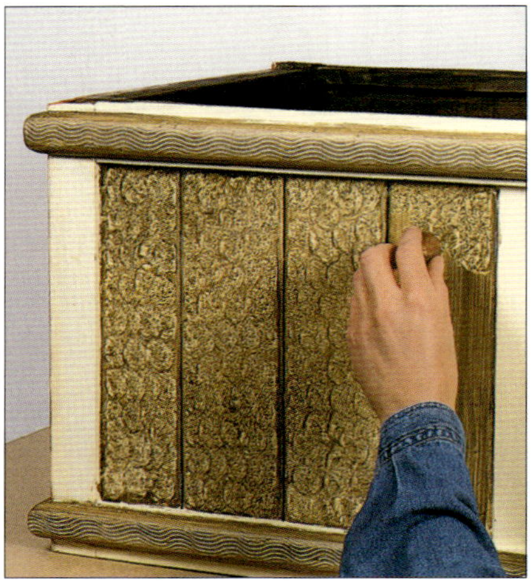

▲ Tapotez le glacis avec un bouchon.

3 Peinture du fond. Recouvrez entièrement le coffre d'enduit de finition, de sous-couche blanche puis de peinture-émulsion ivoire, en ménageant un temps de séchage suffisant entre l'application de chaque produit. Choisissez avec soin la teinte de la peinture car elle sera visible sous les glacis.

4 Conception du décor. Déterminez les parties qui recevront un glacis ocre jaune très travaillé, et celles qui seront décorées de glacis ocre rouge simplement brossé. Tracez au crayon les zones qui ne sont pas délimitées par des planches ou des moulures comme, par exemple sur l'exemple photographié, les losanges du couvercle.

5 Application des glacis. Dans un récipient, mélangez le glacis avec les pigments ou la peinture acrylique ocre jaune. Appliquez le glacis obtenu sur les moulures supérieure et inférieure puis, alors qu'il est encore humide, gravez des lignes sinueuses avec le peigne.

Traitez les autres zones une par une afin de pouvoir retravailler le glacis avant qu'il soit sec. Si vous craignez de déborder, vous pouvez délimiter les motifs tracés au crayon avec du ruban crépon adhésif. Ici, sur les planches des côtés et sur la majeure partie du couvercle, le glacis a été tapoté avec un bouchon en liège. Le losange le plus large a été gravé au peigne, alors que les deux bandes qui l'encadrent ont été brossées avec une queue à battre.

Préparez un glacis ocre rouge et appliquez-le sur les zones restantes, en travaillant par longues touches régulières et parallèles aux veines du bois. Avant que le glacis soit sec, brossez-le délicatement avec la queue à battre, en travaillant toujours dans le même sens.

6 Finitions. Fixez le couvercle en place en vissant solidement les charnières.

Appliquez une couche de vernis sur l'ensemble et laissez sécher. Polissez à la laine d'acier fine en insistant davantage sur les arêtes et les parties saillantes afin de simuler un vieillissement naturel.

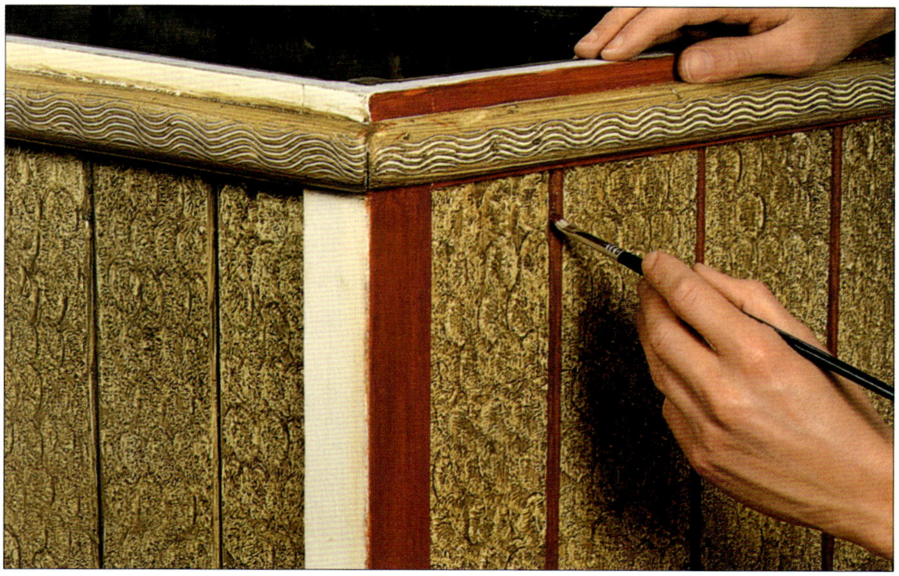

▲ Appliquez le glacis ocre rouge en travaillant parallèlement aux veines du bois.

TRUCS ET ASTUCES

- Afin d'éviter les variations de teintes, préparez une quantité suffisante de glacis pour traiter toutes les zones prévues. Conservez l'excédent dans un récipient fermé : il vous sera utile pour d'éventuelles retouches.
- Pour préparer le glacis, commencez par délayer le colorant – pigment ou peinture en tube – dans une très petite quantité de glacis. Placez la moitié de la crème obtenue dans un récipient, versez progressivement du glacis puis un petit peu d'eau, sans cesser de mélanger. Procédez à un essai sur un morceau de carton, et ajoutez du glacis incolore, du glacis coloré ou de l'eau jusqu'à obtention de la teinte et de l'épaisseur voulues.

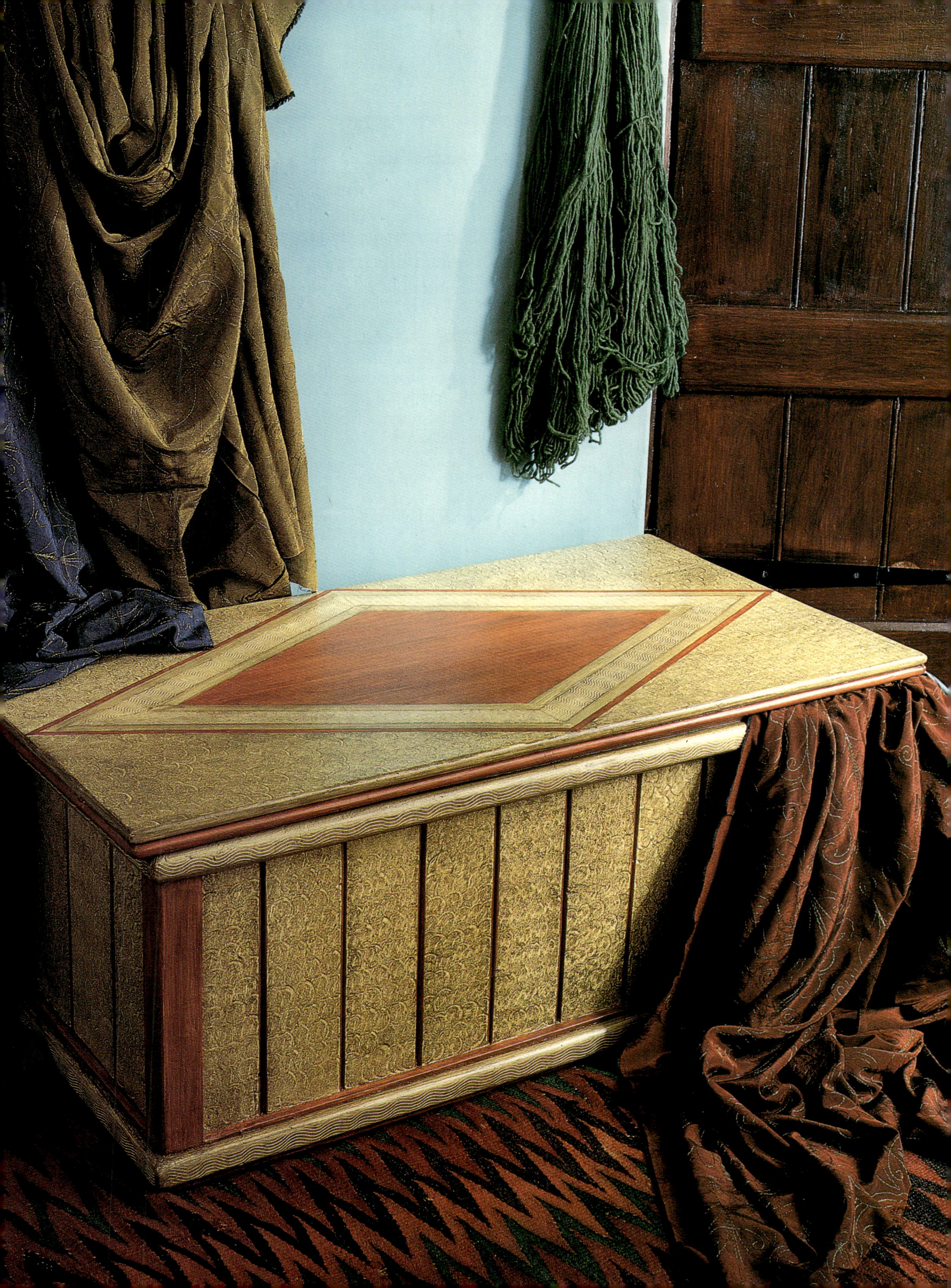

Confiturier

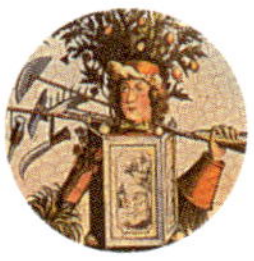

LORS DE SON ACHAT, ce petit placard mural était en bon état, nettoyé et décapé. Il était important de le mettre en valeur sans rien perdre du charme très prisé des vieux meubles en pin. Il a donc été décidé d'appliquer simplement des images sur les panneaux des portes, puis de les vieillir à l'aide d'un vernis craqueleur, souligné par une patine sombre. On a choisi des reproductions de gravures françaises du XVIIIe siècle. Pour finir, quatre gros boutons de portes en pin ont été vissés sous le meuble en guise de pieds.

❖ MATÉRIEL ❖

Vinaigre
Un récipient
Une brosse à ongles
Chiffons
Fondur liquide
Pinceaux plats
Un mètre-ruban
Images en papier
Un crayon
Une règle plate en métal
Un cutter et une plaque de coupe
Pâte adhésive
Colle à papier peint
Un pinceau pour la colle
Récipients pour préparer les colles
Une brosse de tapissier
Fixatif en bombe aérosol
Colle de peau
Vernis gras à vieillir
Vernis craqueleur à l'eau
Noir de patine
(ou peinture à l'huile gris anthracite)
Vernis gras de finition
Quatre gros boutons de portes

Techniques utilisées pour cette réalisation :
Nettoyage (page 128),
bouche-porage (pages 136-137),
collage (pages 38 à 41), craquelures (page 43).

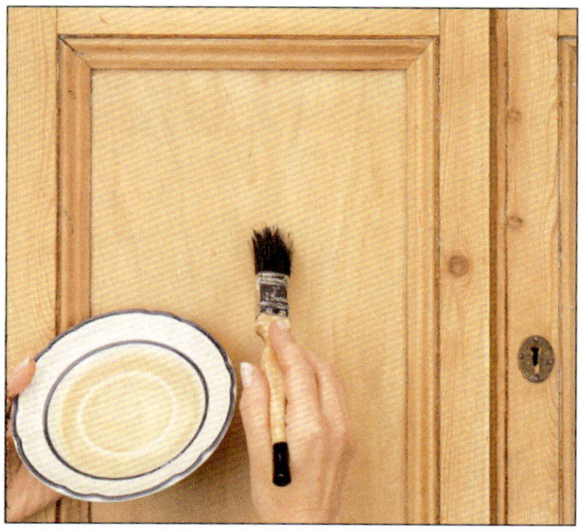

▲ Bouche-porez les panneaux des portes.

1 Nettoyage. Frottez le meuble avec la brosse à ongles trempée dans une solution composée à parts égales d'eau chaude et de vinaigre. Essuyez avec un chiffon imprégné d'eau claire. Laissez sécher.

2 Bouche-porage. Appliquez le fondur au pinceau sur les panneaux qui recevront les images. Laissez sécher.

3 Collage. Mesurez les panneaux des portes et reportez leurs dimensions sur les images, en veillant à bien cadrer les motifs. Découpez au cutter, en vous aidant de la règle plate en métal. Fixez provisoirement les images sur le confiturier avec de la pâte adhésive afin de vérifier leur taille, et ajustez-les éventuellement.

Préparez la colle à papier peint puis appliquez-en une couche fine et régulière au dos des images. Collez celles-ci sur le confiturier, lissez-les avec la brosse de tapissier, du centre vers les bords, afin de chasser les bulles d'air et l'excédent de colle, puis essuyez-les à l'aide d'un chiffon humide. Laissez sécher.

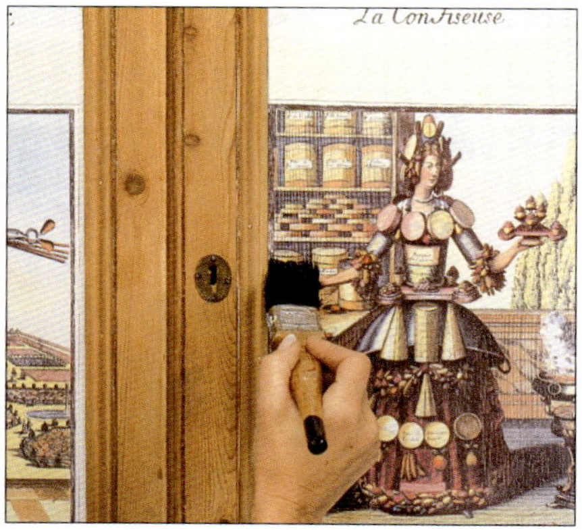

▲ Apprêtez avec de la colle de peau diluée.

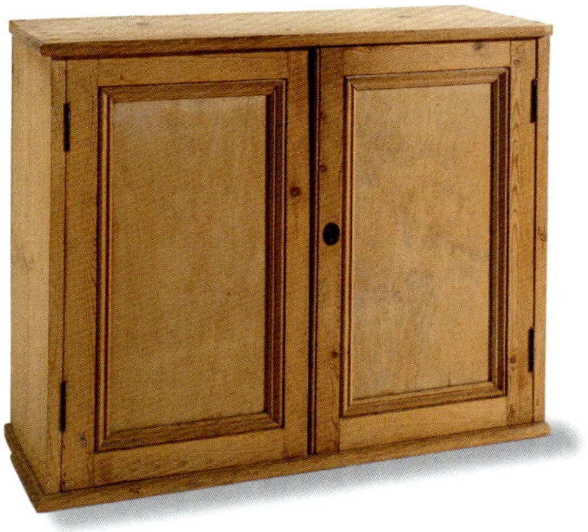

Ce placard bien conçu mais ordinaire devait être mis en valeur sans dissimuler l'authenticité de son bois.

4 Finitions. Pour fixer les encres d'imprimerie, vaporisez un voile de fixatif sur les images.

Mélangez seize parts de colle de peau pour une part d'eau chaude. Avec un pinceau, appliquez une couche généreuse de cet apprêt sur les images. Laissez sécher.

Enduisez les images de vernis gras à vieillir puis, alors qu'il est encore un peu collant, de vernis craqueleur à l'eau. Entre les deux applications, ménagez un temps de séchage d'une heure si vous voulez des craquelures prononcées, et d'environ trois heures pour un effet plus discret.

Essuyez les images avec un chiffon imprégné de noir de patine ou de peinture à l'huile. Laissez sécher.

Appliquez une couche de vernis gras sur les images.

TRUCS ET ASTUCES

Mettez le pin brut en valeur en le cirant avec une encaustique composée majoritairement de cire d'abeilles.

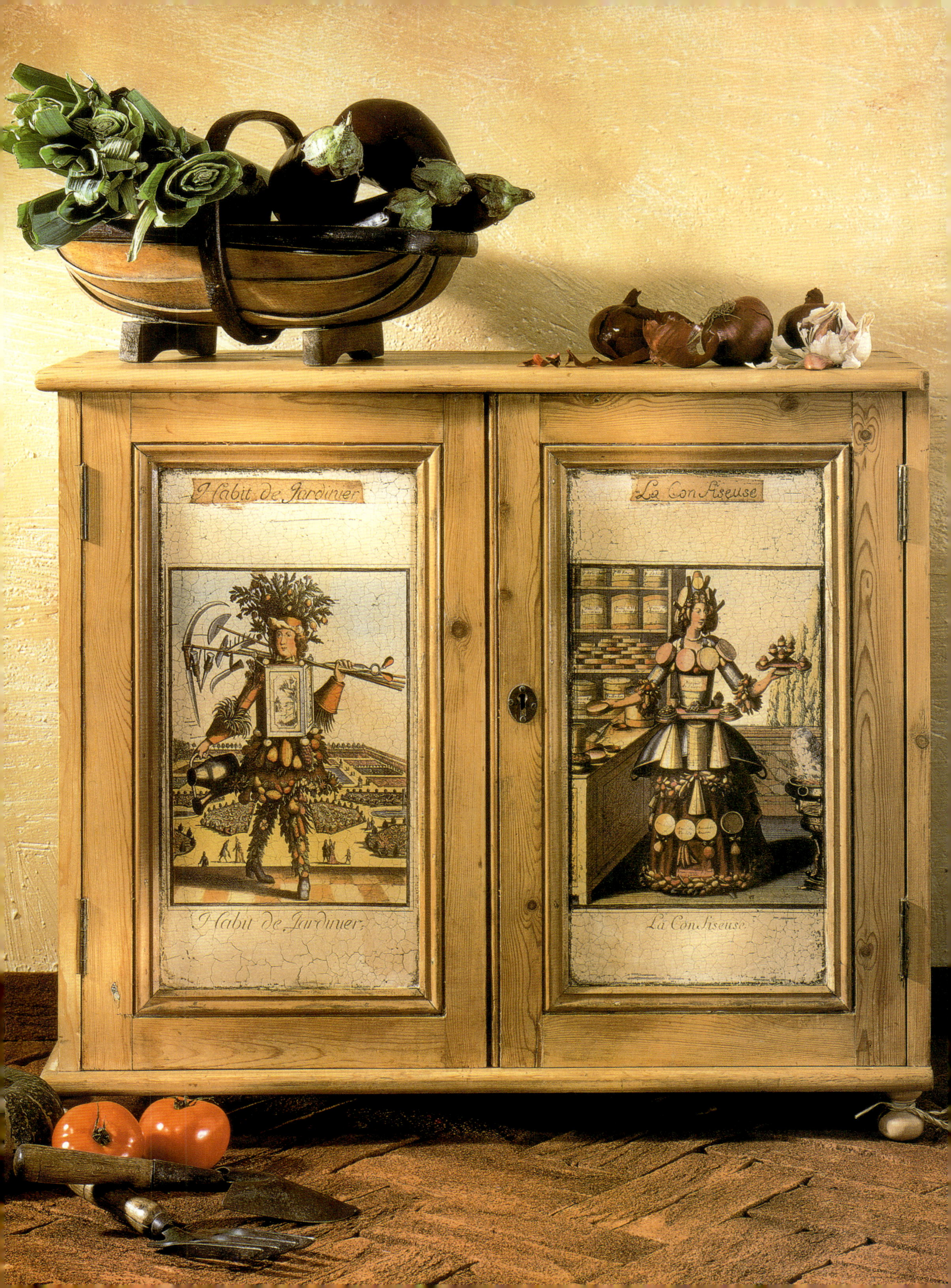
Habit de Jardinier
La Confiseuse
Habit de Jardinier
La Confiseuse

Buffet

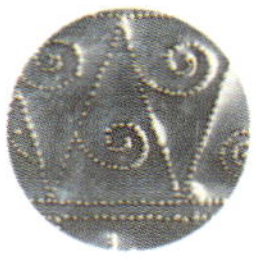

Il arrive souvent que l'on dispose d'éléments de cuisine standard, fonctionnels mais très ordinaires. Composés de panneaux de medium mélaminés, ils sont dénués de charme et d'authenticité. Il est pourtant tout à fait possible de leur donner beaucoup d'allure en faisant preuve d'un peu de créativité dans le choix des teintes et des matériaux. Sans chercher à les déguiser en meubles anciens, dotez-les d'une touche de fantaisie délibérée. Ici, on a choisi de décorer un placard avec des feuilles de métal repoussé. Des moulures et de jolis boutons de portes assortis parachèvent le style de l'ensemble. C'est ce genre de détails qui permettent d'intégrer facilement un meuble à un intérieur donné.

❖ MATÉRIEL ❖

Un tournevis
Pâte à bois
Un couteau à enduire
Papier abrasif à grain moyen et fin
Chiffons
Un crayon
Une règle
Glacis acrylique vert clair
Pinceaux plats de différentes largeurs
Une queue à lisser
(ou un pinceau à vernir)
Grandes feuilles de papier ordinaire
Feuilles d'aluminium
de 0,8 mm d'épaisseur
Un crayon gras de couleur
Un poinçon à pointiller
Un marteau
Baguettes demi-rondes en pin
Une boîte à onglets
Serres-joints
Une scie à dos
Boutons de portes en bois brut
Sous-couche acrylique blanche
Peinture-émulsion brune
Un poinçon fin
Petites pointes à tête homme
Un petit couteau à enduire
Un pinceau fin
Une perceuse avec un foret à bois
(ou une vrille)
Boutons de portes
Ruban crépon adhésif (facultatif)
Vernis polyuréthanne satiné

Techniques utilisées pour cette réalisation :
Préparation (pages 129, 132),
peinture (pages 12-13, 21), vernis (pages 139 à 141).

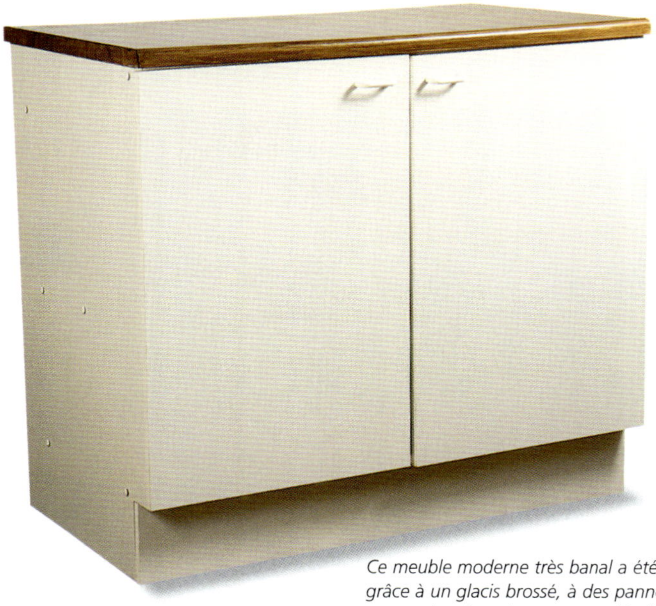

Ce meuble moderne très banal a été métamorphosé grâce à un glacis brossé, à des panneaux en métal repoussé et à quelques autres détails.

1 Préparation. Démontez les portes et dévissez les poignées. Comblez les trous de ces dernières avec de la pâte à bois appliquée au couteau à enduire. Laissez sécher.

Poncez toutes les surfaces qui doivent être décorées à l'aide de papier abrasif à grain moyen puis fin. Essuyez soigneusement l'ensemble au chiffon.

2 Application du glacis. Sur chacune des portes, mesurez puis tracez au crayon l'emplacement des panneaux de métal repoussé.

Diluez un peu d'eau dans le glacis acrylique de façon à obtenir un mélange assez fluide. Appliquez-le autour des portes et, alors qu'il est encore humide, brossez-le avec la queue à lisser de façon à réaliser des bandes perpendiculaires simulant des montants en bois. Procédez de la même façon sur le meuble. Laissez sécher.

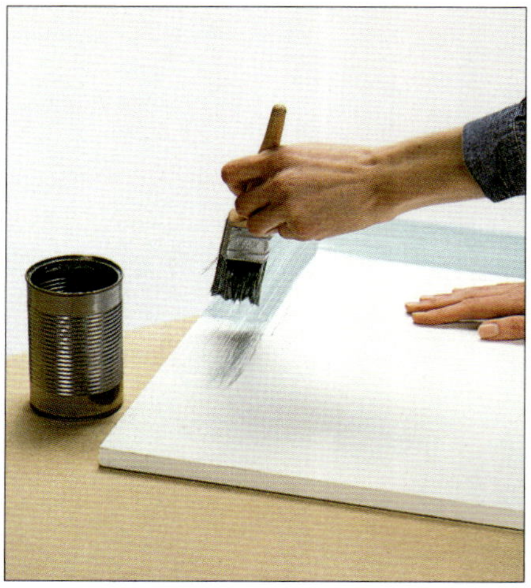

▲ Appliquez le glacis acrylique.

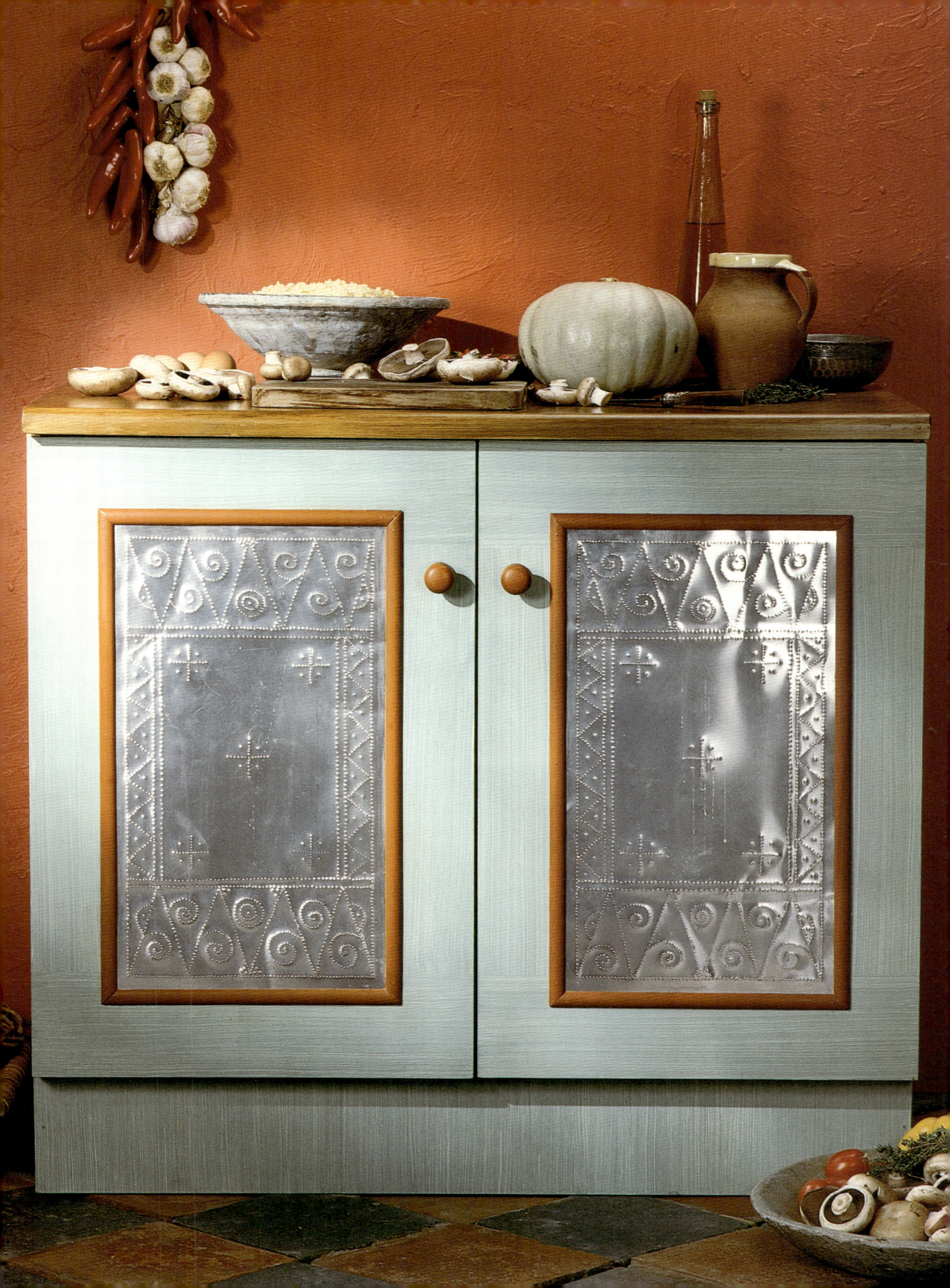

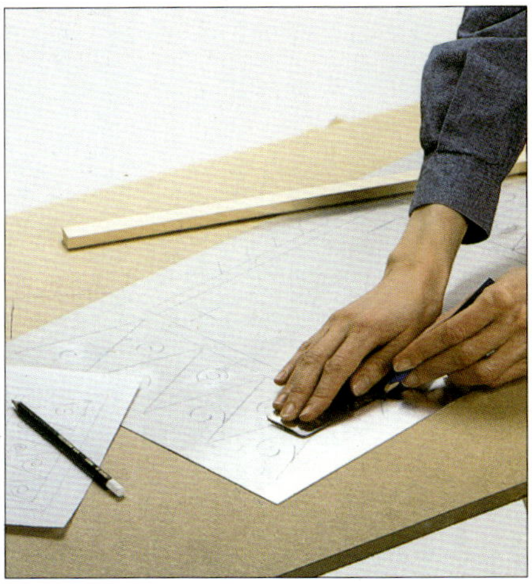

▲ Reportez les motifs sur l'aluminium.

3 Repoussage du métal.

Élaborez les motifs des panneaux de portes sur le papier et, lorsque vous êtes satisfait, reportez-les au dos des feuilles d'aluminium avec le crayon gras de couleur.

En travaillant toujours sur l'envers du métal, exécutez un pointillé sur les tracés en frappant le poinçon, tenu à la verticale, avec le marteau. L'intervalle séparant chaque marque de poinçon varie selon la taille du décor ; il est généralement égal à la largeur du poinçon, mais on peut espacer le pointillé le long des grandes lignes, et le resserrer pour créer des motifs plus détaillés.

4 Préparation des moulures.

Mesurez les baguettes demi-rondes afin de débiter le nombre de moulures nécessaires pour encadrer les panneaux des portes. Fixez la boîte à onglets sur le plan de travail avec les serre-joints. Sciez les baguettes à 45° puis poncez-les.

Recouvrez les baguettes et les boutons de portes de sous-couche acrylique blanche. Laissez sécher puis appliquez la peinture brune, en veillant à bien couvrir les bords de chaque pièce. Si cela s'avère nécessaire, appliquez une deuxième couche après avoir respecté le temps de séchage préconisé par le fabricant.

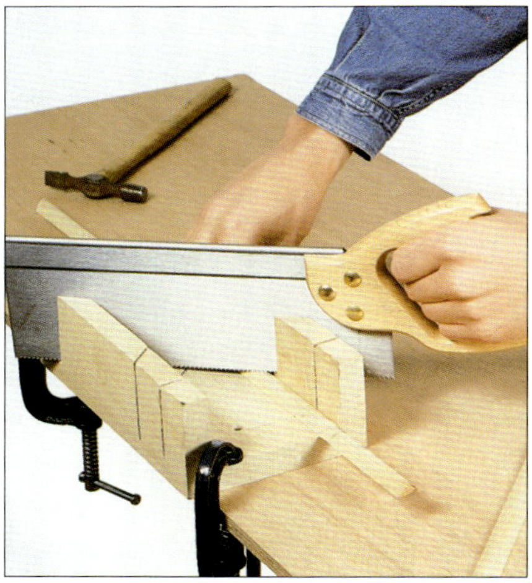

▲ Sciez les baguettes demi-rondes.

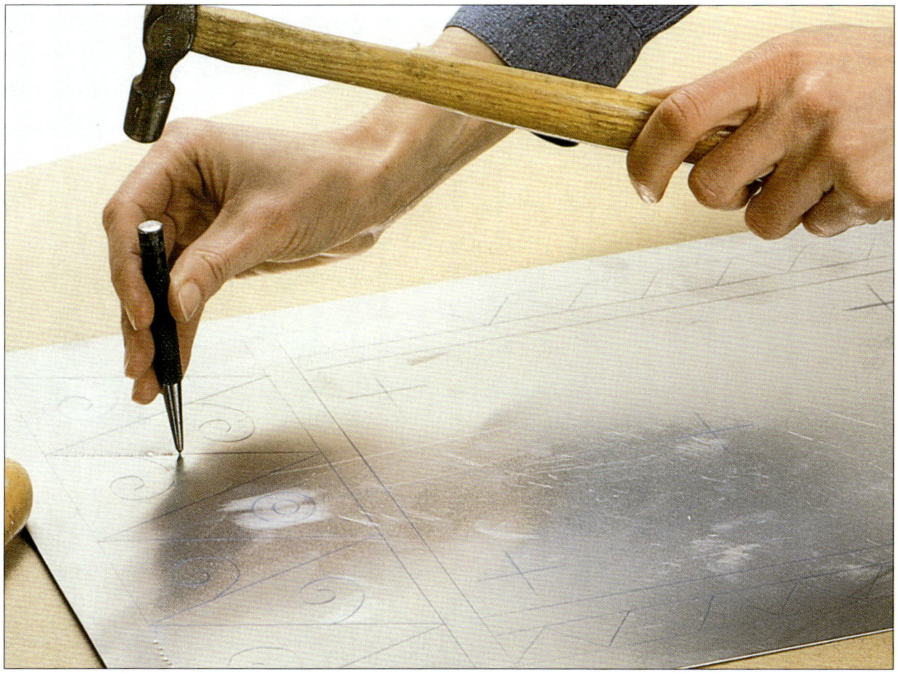

▲ Repoussez le métal en frappant le poinçon à pointiller avec le marteau.

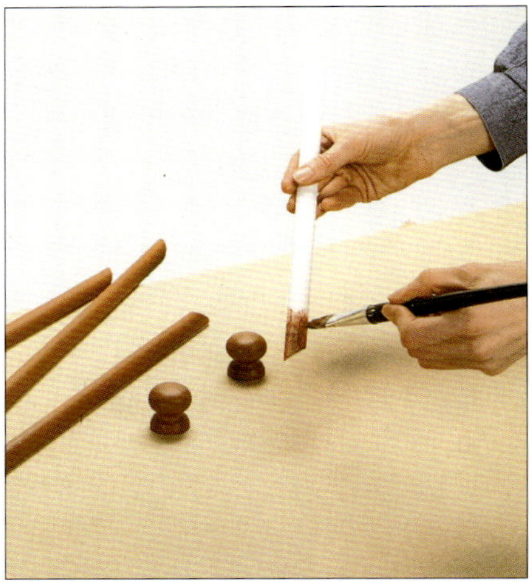

▲ Peignez les baguettes et les boutons.

5 Préparation des panneaux.

En frappant le poinçon fin avec le marteau, percez les panneaux d'aluminium repoussé aux endroits où ils seront cloués sur les portes : pratiquez un trou à chaque coin, et un autre au milieu des deux grands côtés verticaux. Ces trous doivent être suffisamment près des bords pour pouvoir être ensuite dissimulés sous les baguettes.

6 Pose des panneaux.

Placez les panneaux d'aluminium repoussé sur les portes, en les alignant soigneusement sur les repères tracés au crayon à l'étape 2. Clouez-les à l'aide de petites pointes à tête homme. Veillez à ne pas frapper le marteau sur le métal afin de ne pas le marquer. Pour ce faire, guidez les pointes et protégez le métal avec vos doigts.

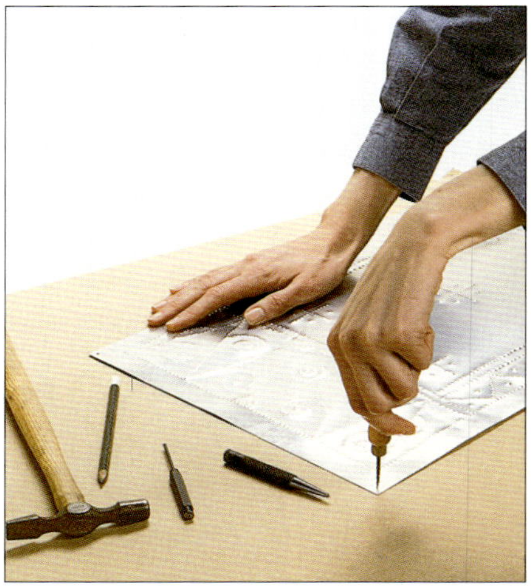

▲ Percez les panneaux pour les fixer.

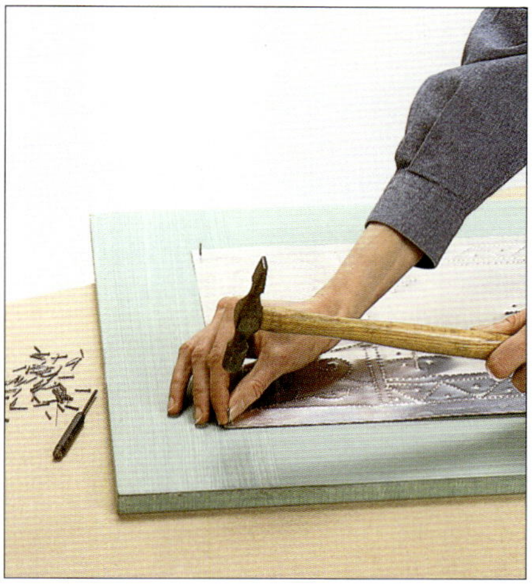

▲ Clouez les panneaux sur les portes.

7 Pose des moulures.

Disposez les baguettes autour des panneaux. Placez-les de façon qu'elles recouvrent les pointes qui fixent les feuilles d'aluminium, mais en les écartant suffisamment de ces dernières pour pouvoir les clouer dans le bois, sans avoir à transpercer le métal. Veillez également à bien assembler les baguettes à chaque angle, mais sans créer une tension excédentaire qui pourrait les faire se bomber. Clouez les moulures avec des petites pointes à tête homme.

Si les moulures ne sont pas parfaitement ajustées dans les coins, comblez délicatement les interstices avec de la pâte à bois appliquée à l'aide d'un petit couteau à enduire. Laissez bien sécher, poncez avec du papier abrasif à grain fin, puis effectuez des retouches de peinture au pinceau fin.

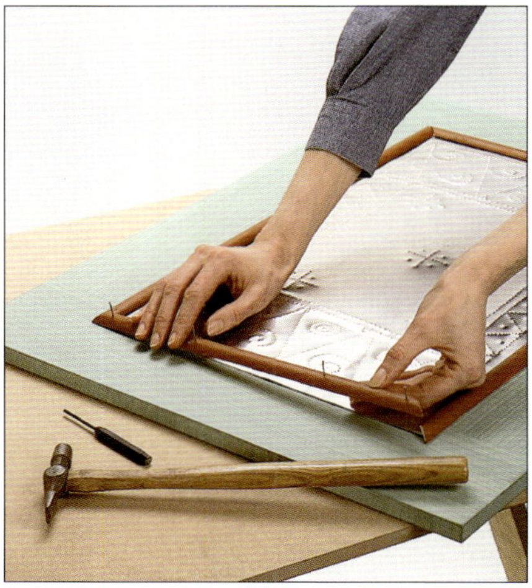

▲ Clouez les moulures.

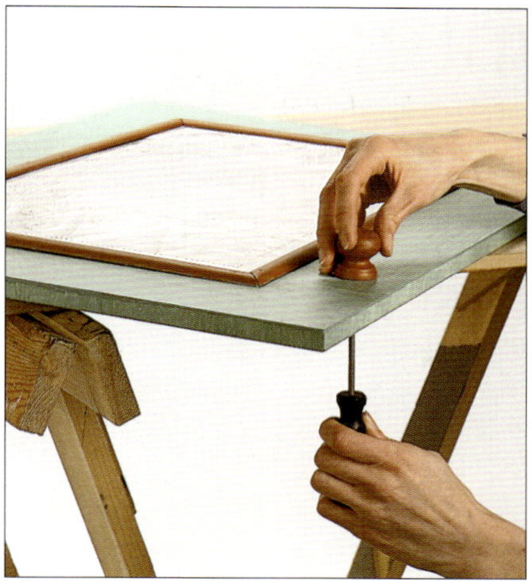

▲ Vissez les boutons des portes.

8 Pose des boutons des portes.

Repérez l'emplacement des boutons au dos des portes. Percez ces dernières de part en part puis vissez les boutons.

9 Finition.

Appliquez une couche de vernis polyuréthanne sur toutes les surface peintes, y compris les moulures. Si vous craignez de déborder, masquez le bord des panneaux en aluminium repoussé avec du ruban crépon adhésif. Laissez sécher puis appliquez une deuxième couche.

Lorsque l'ensemble est bien sec, remontez les portes sur le meuble.

TRUCS ET ASTUCES

- À moins de disposer d'un établi qui ne risque rien, il faut protéger le plan de travail avec des cartons épais lors du repoussage du métal.
- Pour éviter que les feuilles d'aluminium glissent pendant leur repoussage, fixez-les sur le plan de travail avec quelques petits serre-joints.
- Les fabricants de peintures proposent de nombreux glacis colorés prêts à l'emploi. Si vous ne trouvez pas la teinte exacte qui vous convient, élaborez-la vous-même en mélangeant du glacis incolore avec des pigments ou de la peinture acrylique.
- Qu'il soit prêt à l'emploi ou teinté par vos soins, un glacis donnera des résultats très différents selon la couleur du fond sur lequel il est appliqué. N'hésitez pas à procéder à des essais et à consulter les nuanciers des fabricants afin de trouver l'effet qui correspond le mieux au décor souhaité.
- Les quincailleries et les grandes surfaces de bricolage proposent une multitude de boutons de portes de tous styles, en bois, en métal, en porcelaine ou en résine synthétique. Choisissez-les avec soin pour souligner le style de votre réalisation.

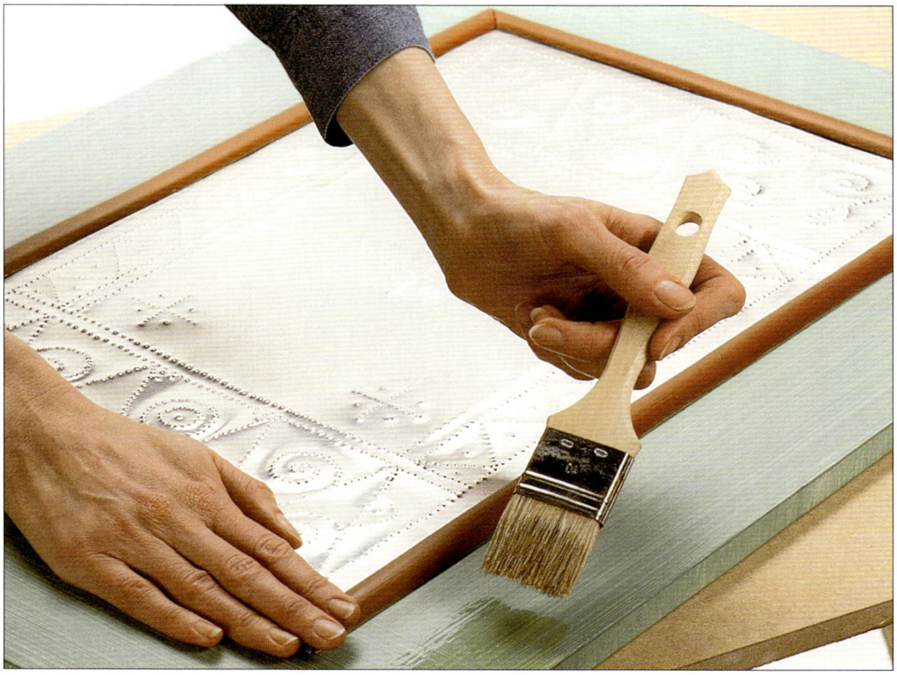

▲ Appliquez une couche de vernis polyuréthanne sur toutes les surfaces peintes.

Petit placard mural

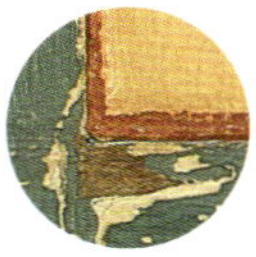

Le décapage complet de ce petit placard très écaillé aurait nécessité beaucoup de temps et d'efforts. Aussi, au lieu de chercher à mettre le bois à nu, il a été décidé de tirer parti de son usure. Après avoir été simplement nettoyé, le meuble a été par endroits enduit de cire. Ce traitement empêche la peinture d'adhérer de façon uniforme, créant ainsi des superpositions de teintes qui simulent un vieillissement naturel. Un ponçage à la laine d'acier et une cire sombre finissent de donner à l'ensemble le charme des vieux objets familiers.

❖ MATÉRIEL ❖

Lessive de soude
Une brosse à ongles
Papier abrasif à grain gros et moyen
Pâte à bois
Un petit couteau à enduire
Cire liquide incolore
Une petite brosse ronde
Peintures-émulsions :
jaune pâle, jaune foncé, vert moyen, vert foncé et rouge
Pinceaux plats de différentes largeurs
Ruban crépon adhésif
Laine d'acier n° 000
Cire brun foncé
Papier essuie-tout
Vernis acrylique mat

1 Préparation. Nettoyez le placard en le frottant avec la brosse à ongles imprégnée de lessive de soude diluée dans de l'eau. Laissez sécher puis poncez à l'aide de papier abrasif à gros grain afin de supprimer tous les éclats de vieille peinture.

Bouchez les trous les plus gros avec de la pâte à bois appliquée au couteau à enduire. Laissez sécher puis poncez l'ensemble du placard à l'aide de papier abrasif moyen.

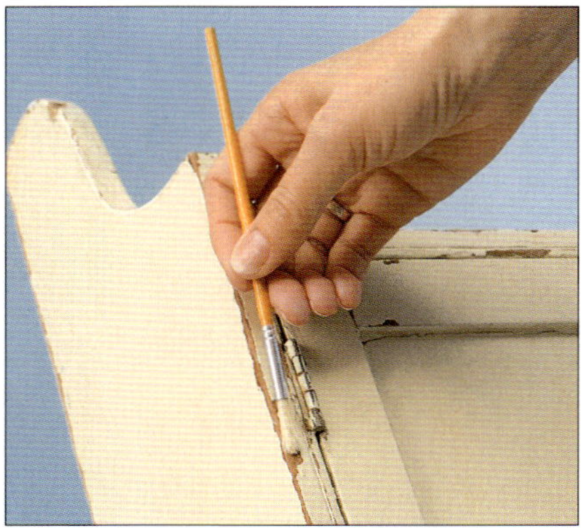

▲ Appliquez de la cire sur les zones usées.

Avec la brosse ronde, appliquez de la cire liquide sur les zones où vous voulez laisser transparaître la couleur du fond, en particulier celles qui sont déjà usées et écaillées. Laissez sécher deux heures.

2 Peinture. Appliquez deux couches de peinture jaune pâle sur l'ensemble du meuble, en ménageant un temps de séchage suffisant entre elles.

Peignez les différents éléments en vous inspirant de la photographie de la page ci-contre pour répartir les teintes. Lorsque les panneaux des portes sont secs, délimitez une bordure intérieure sur chacun d'eux avec du ruban crépon adhésif, puis peignez-la en rouge. Peignez également en rouge la tranche des montants qui encadrent les panneaux. Laissez sécher.

3 Vieillissement. Frottez le bois avec de la laine d'acier afin de révéler par endroits la couleur du fond et de vieillir l'ensemble. La peinture s'enlève très facilement sur les zones cirées à l'étape 1.

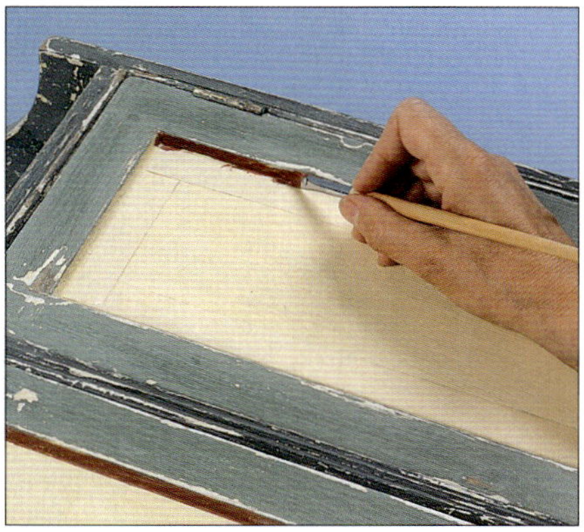

▲ Peignez le bord des panneaux en rouge.

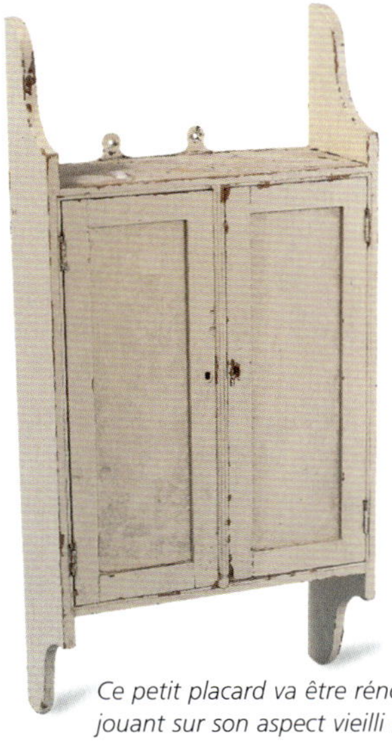

Ce petit placard va être rénové en jouant sur son aspect vieilli et écaillé.

4 Finitions. Avec du papier essuie-tout, appliquez de la cire brun foncé sur toutes les parties extérieures du placard. Laissez sécher une heure et demie puis lustrez à l'aide d'un chiffon doux.

Protégez l'intérieur du placard en appliquant deux couches de vernis acrylique mat.

TRUCS ET ASTUCES

• Pour vieillir un meuble neuf, exécutez les étapes 2 et 3, peignez à nouveau chaque élément dans une couleur plus sombre que la précédente, puis procédez à un nouveau vieillissement à la laine d'acier. Frappez la peinture à l'aide d'un trousseau de clefs afin de la griffer.

• Vous obtiendrez également des effets intéressants en superposant des teintes claires sur un fond sombre.

Techniques utilisées pour cette réalisation :
Préparation (pages 128-129, 132), peinture (pages 12, 17), cires (pages 43, 141), vernis (pages 139 à 141).

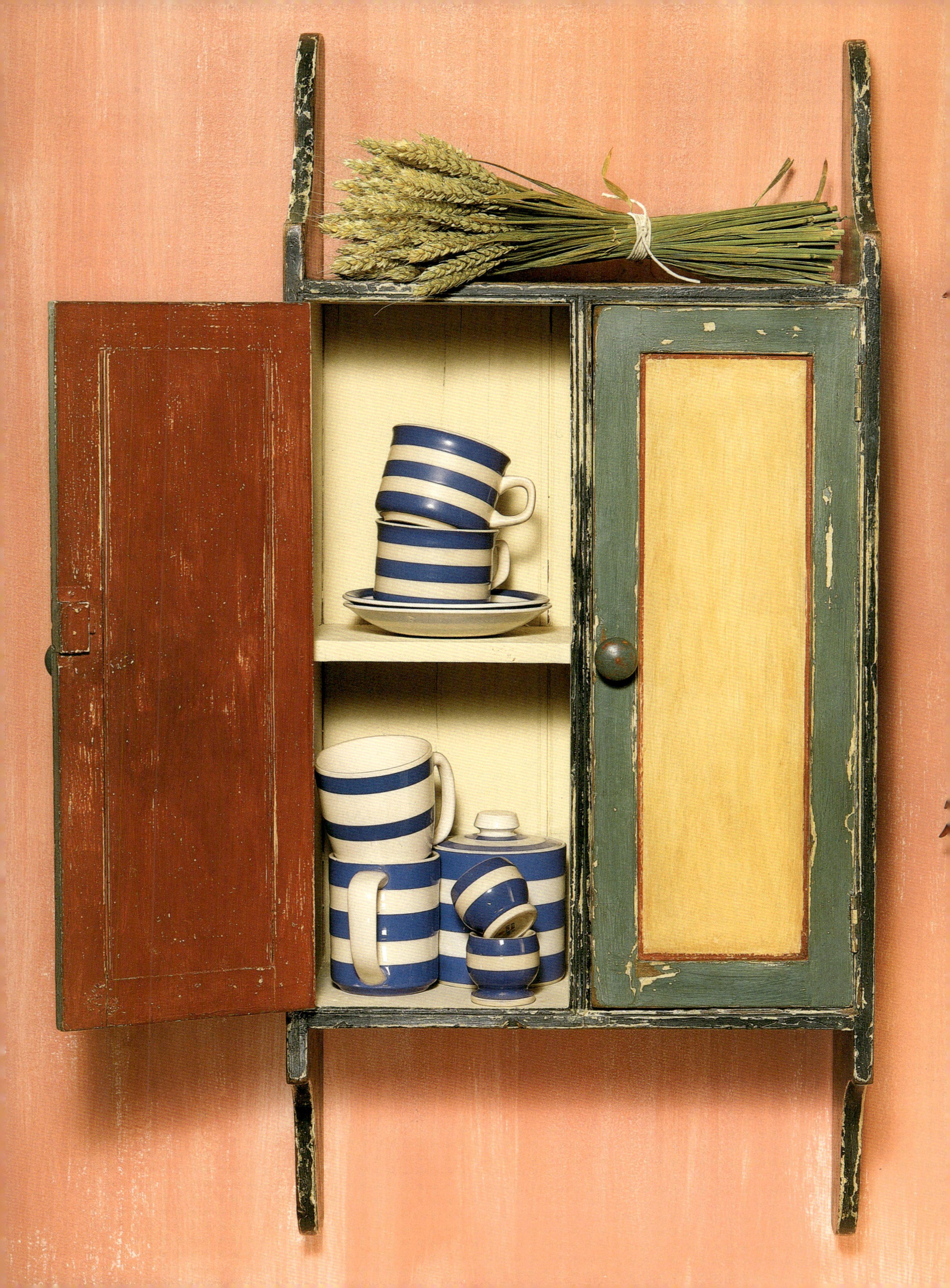

Guéridon de jardin

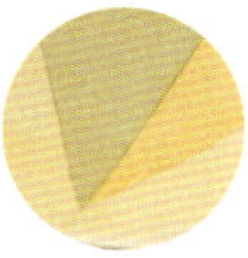

Il est courant de trouver de vieilles tables rondes en métal, bien qu'elles soient souvent recouvertes d'une couche épaisse de peinture écaillée ou de rouille ! Celle qui nous sert ici d'exemple étant en bon état, elle nécessitait simplement d'être nettoyée et brossée. Après avoir été peint en doré puis vieilli, le piétement a reçu une patine vert-de-gris, obtenue grâce à une superposition de teintes bleues et vertes. Pour donner de l'unité à l'ensemble, le motif du plateau reprend des couleurs voisines, accompagnées de jaunes plus chauds.

❖ MATÉRIEL ❖

Alcool dénaturé
Papier essuie-tout
Une brosse métallique
Laine d'acier n° 0
Chiffons
Sous-couche antirouille pour métaux
Pinceaux plats de différentes largeurs
Peinture acrylique dorée
Vernis gomme-laque brun
Un pinceau à vernir
Peintures-émulsions :
bleu turquoise, vert menthe et blanc cassé
Une brosse à pochoir
Chiffons en jersey
Peintures acryliques pour beaux-arts :
vert foncé, ocre jaune,
terre d'ombre naturelle,
bleu de cobalt et vert menthe
Glacis acrylique incolore
Une grande règle plate
Un crayon
Une gomme
Ruban crépon adhésif
Vernis acrylique mat ou satiné

Techniques utilisées pour cette réalisation :
Préparation (pages 128-129, 136), peinture (pages 12-13, 17), glacis (pages 13, 20), masquage (page 17), vernis (pages 139 à 141).

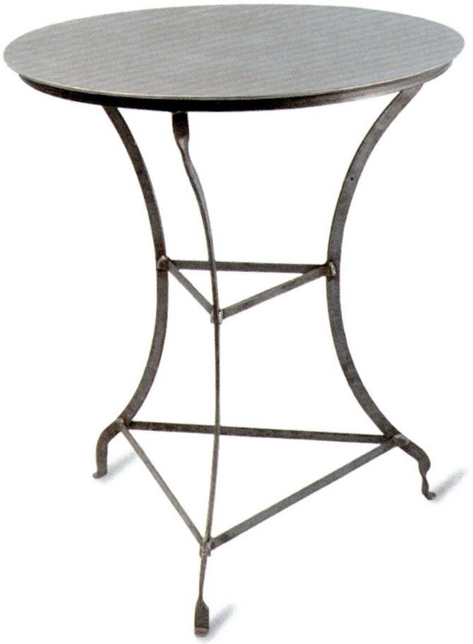

Le piétement de ce guéridon va être vieilli grâce à une patine vert-de-gris.

1 Préparation. Dégraissez le guéridon avec un chiffon ou du papier essuie-tout imprégnés d'alcool dénaturé. Débarrassez-le de toutes traces de peinture et de rouille en le frottant à la brosse métallique puis à la laine d'acier. Essuyez avec un chiffon. Appliquez la sous-couche antirouille. Laissez sécher.

2 Préparation du piétement. Les étapes 2 et 3 concernent uniquement le piétement du guéridon, et non le plateau qui recevra un traitement différent par la suite.

Appliquez une couche régulière de peinture acrylique dorée sur tout le piétement, laissez-la sécher, puis recouvrez-la de vernis gomme-laque brun afin d'en atténuer l'éclat. Laissez à nouveau sécher.

3 Patine vert-de-gris. Mouchetez irrégulièrement la peinture dorée en la tapotant avec la brosse à pochoir imprégnée de peinture-émulsion bleu turquoise. Laissez sécher. Répétez l'opération avec de la peinture-émulsion vert menthe ; appliquez cette fois davantage de couleur, tout en laissant transparaître le bleu turquoise.

Afin d'estomper la patine, tapotez le métal avec un chiffon en jersey imprégné d'alcool dénaturé. Si, au contraire, vous souhaitez renforcer la teinte, imprégnez le chiffon de peinture acrylique vert foncé préalablement diluée à l'eau.

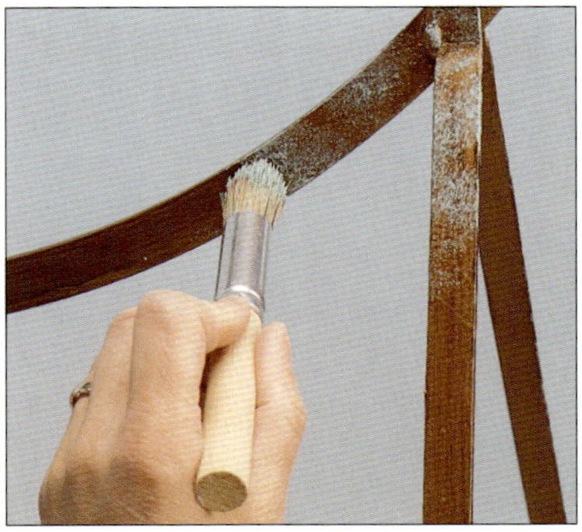

▲ Mouchetez le métal de bleu turquoise.

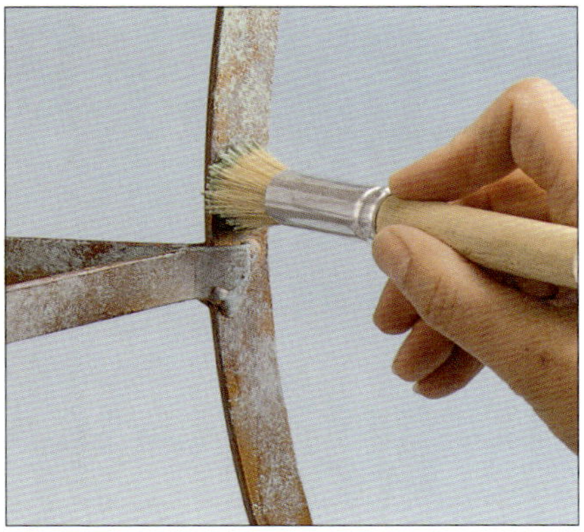

▲ Appliquez du vert menthe sur le bleu.

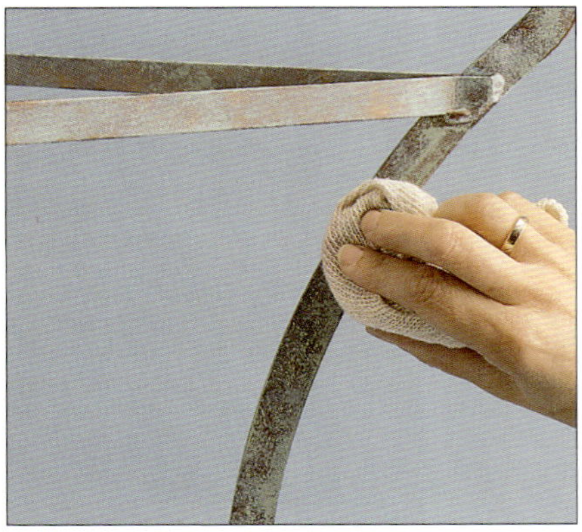

▲ Estompez la patine à l'alcool dénaturé.

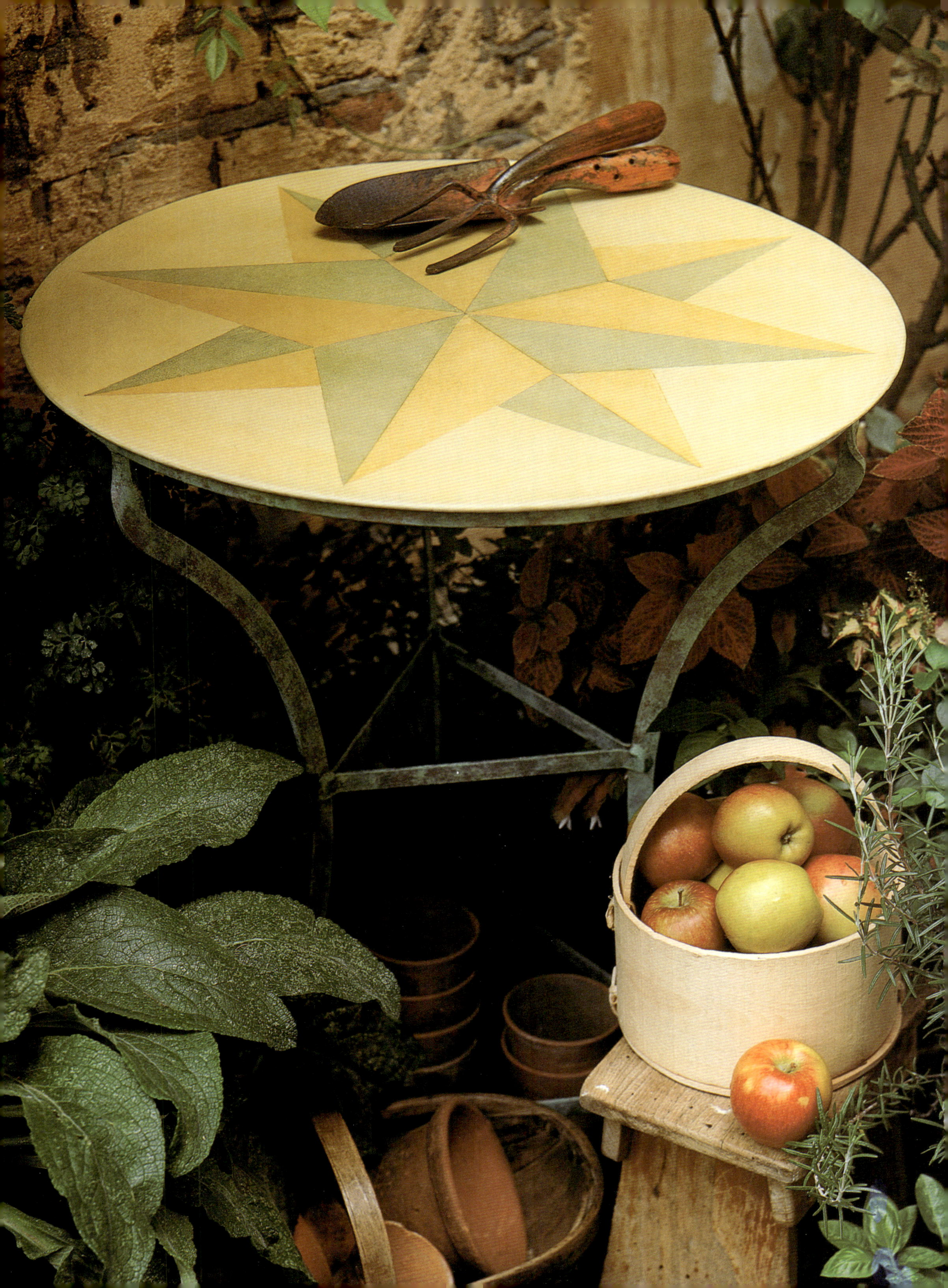

4 Préparation du plateau. Appliquez deux ou trois couches de peinture-émulsion blanc cassé sur le dessus du plateau, en ménageant un temps de séchage suffisant entre elles.

Mélangez les peintures acryliques ocre jaune et terre d'ombre naturelle à du glacis incolore afin de préparer deux glacis jaune clair, de tonalités légèrement différentes. Diluez-les avec un peu d'eau de façon à obtenir une consistance gélatineuse dans laquelle les soies du pinceau pourront laisser des traces.

Appliquez le glacis le plus clair sur le plateau, de manière légère et irrégulière, en travaillant librement dans toutes les directions. Si vous voulez estomper les traces de pinceau, tapotez-les avec un chiffon en jersey. Laissez sécher puis posez le second glacis de la même manière. Répétez l'opération jusqu'à obtenir la teinte et l'effet voulus.

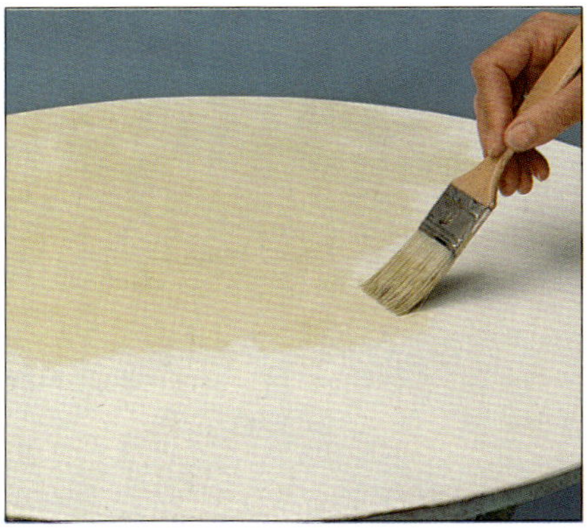

▲ Appliquez le glacis de façon irrégulière.

5 Tracé du motif. À l'aide de la grande règle plate, dessinez le motif au crayon, en travaillant à traits légers afin qu'ils disparaissent ensuite sous la couche de glacis. Mesurez le plateau de façon à en déterminer le centre. Tracez une ligne le divisant en deux parties égales, placez sa perpendiculaire, puis tracez deux autres lignes afin de partager le plateau en huit quartiers égaux (1). Marquez des repères situés à environ 1,50 cm des extrémités de chaque ligne, et reliez-les deux à deux (2). Gommez les traits inutiles pour mettre la structure de l'étoile en évidence (3).

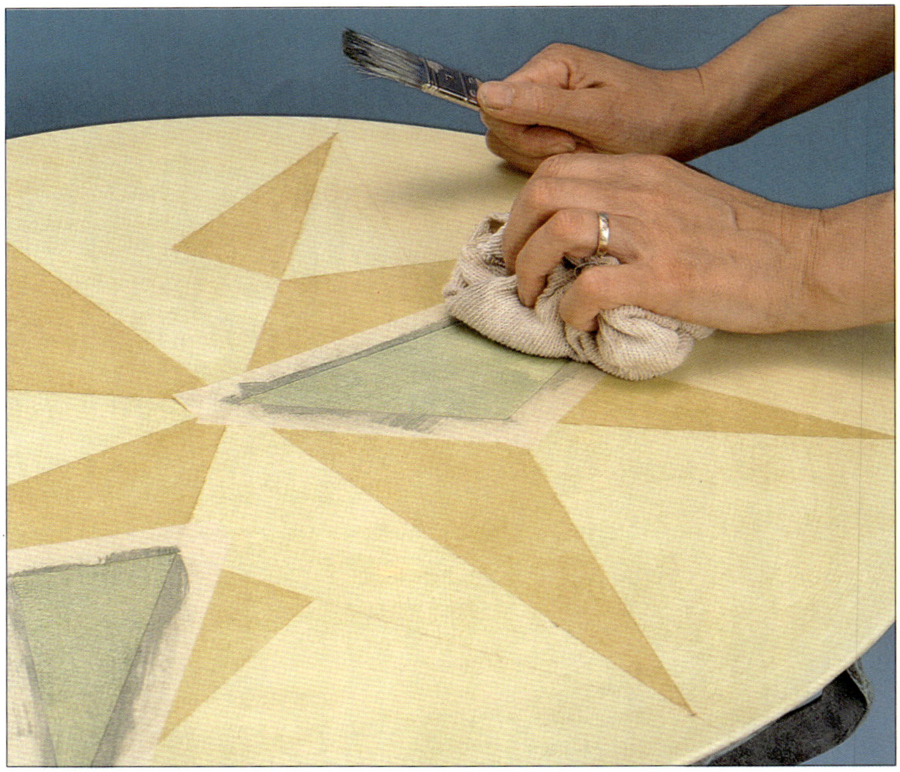

▲ Tapotez un chiffon en jersey imprégné de glacis pour peindre les motifs.

6 Peinture du motif. Les branches de l'étoile sont alternativement peintes avec un glacis jaune et un glacis vert. Pour le premier, procédez comme à l'étape 4 mais en élaborant un ton plus soutenu ; pour le second, utilisez les peintures acryliques bleu de cobalt et vert menthe.

Délimitez les branches à l'aide de ruban crépon adhésif, puis peignez-les en les tapotant avec un chiffon en jersey imprégné de glacis de la teinte voulue. Laissez sécher avant de retirer le ruban crépon. Vous pouvez traiter plusieurs branches simultanément à condition qu'elles soient suffisamment éloignées les unes des autres pour pouvoir coller le ruban crépon adhésif autour.

7 Finition. Appliquez une couche de vernis acrylique mat ou satiné sur l'ensemble du guéridon.

TRUCS ET ASTUCES

Bien que ce guéridon soit parfait pour déjeuner au jardin ou sur la terrasse, évitez de le laisser à l'extérieur par mauvais temps afin de ne pas en abîmer le décor. Il existe des vernis de protection très résistants, mais leur finition ne convient pas forcément à l'allure patinée de ce meuble.

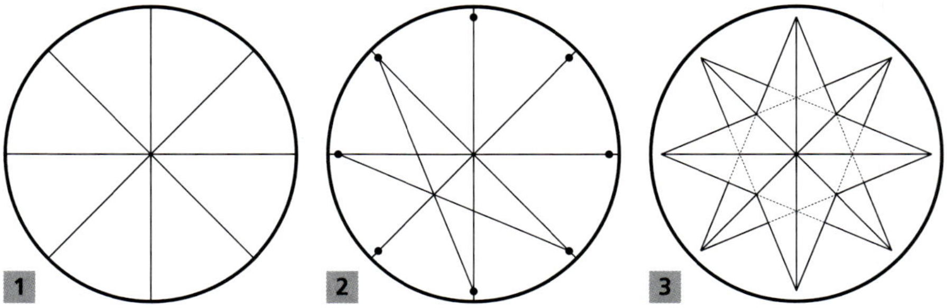

▲ Méthode à suivre pour tracer le motif de l'étoile sur le plateau.

Table basse

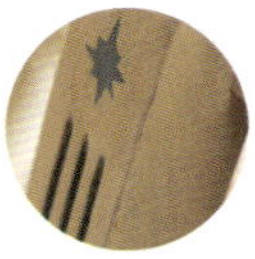

CETTE TABLE BASSE avait été mise au rebut par des personnes qui rénovaient leur maison. Irrégulièrement décapée, elle était sale, poussiéreuse et pleine d'éraflures. En revanche, ses pieds sculptés et la moulure entourant le plateau étaient intacts. Il fut décidé que la meilleure façon de mettre en valeur l'élégance de ses lignes était un fond uni, à peine rehaussé de quelques détails contrastés. Réalisé au pinceau avec des produits acryliques, ce décor est simple à exécuter. Pour rehausser ce meuble d'une touche contemporaine, la peinture verte est élaborée à l'aide de pigment afin de pouvoir la coordonner à un intérieur donné, et un cirage soigné donne à l'ensemble un lustre chaleureux mais discret.

❖ MATÉRIEL ❖

Papier abrasif à grain moyen et fin
Une cale à poncer
Chiffons
Fondur liquide
Pinceaux plats de différentes largeurs
Peintures-émulsions : jaune paille et crème
Pigment en poudre terre verte
Un petit récipient
Un pinceau fin
Ruban crépon adhésif (facultatif)
Cire incolore en pâte
Chiffons non-pelucheux

Techniques utilisées pour cette réalisation :
Préparation (page 129), bouche-porage (page 137), peinture (pages 12, 14, 17, 20), cires (page 141).

1 Préparation. Poncez la table avec du papier abrasif à grain moyen enroulé autour d'une cale à poncer. Travaillez délicatement afin de ne pas risquer d'émousser les moulures, mais en veillant à supprimer toutes traces de peinture ou de vernis. Terminez avec du papier abrasif à grain fin afin d'obtenir une surface parfaitement lisse, puis essuyez au chiffon.

2 Bouche-porage. Appliquez une couche de fondur à l'aide d'un pinceau plat. Cette opération empêche la peinture de pénétrer dans les fibres du bois. Laissez sécher.

3 Peinture du fond. Appliquez deux ou trois couches de peinture-émulsion jaune paille sur toute la table, en ménageant un temps de séchage suffisant entre chacune d'elles. Pour obtenir une finition parfaite, vous pouvez poncer légèrement chaque couche de peinture au papier abrasif à grain fin avant d'appliquer la suivante.

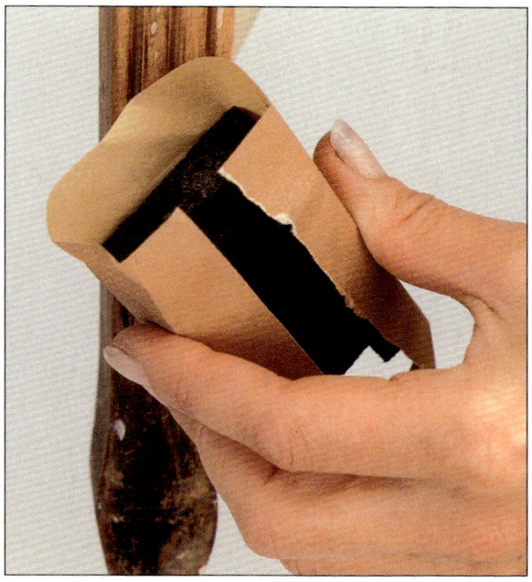

▲ Poncez délicatement toute la table.

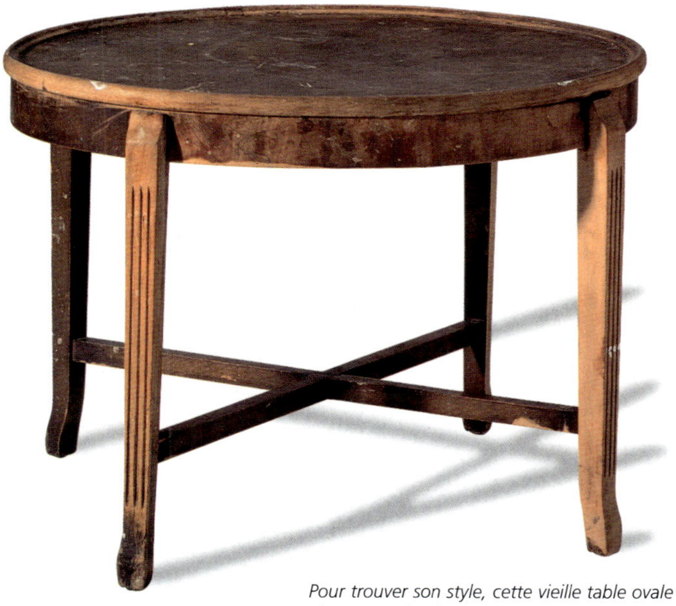

Pour trouver son style, cette vieille table ovale exigeait plus qu'un simple décapage.

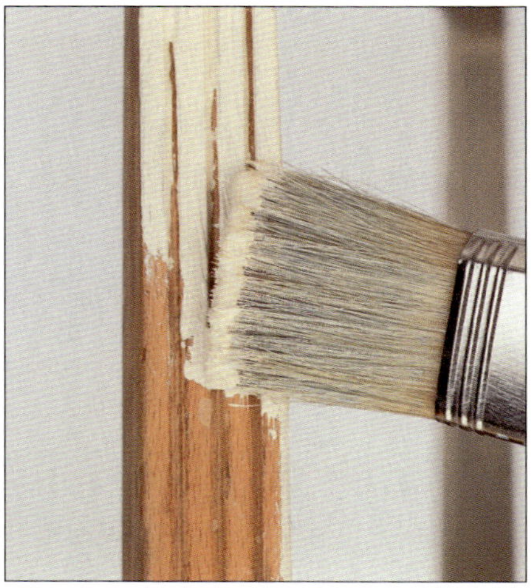

▲ Appliquez la peinture jaune paille.

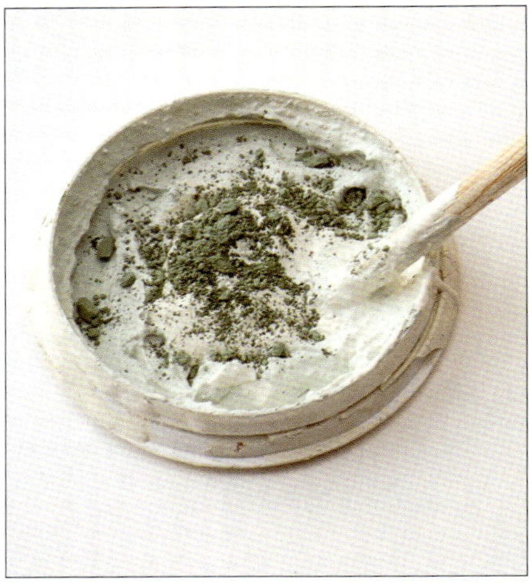

▲ Mélangez du pigment vert et de la peinture couleur crème.

4 Préparation du ton vert. Versez de la peinture-émulsion jaune paille dans le petit récipient, et ajoutez un peu de pigment vert. Mélangez soigneusement, en ajoutant de la peinture ou du pigment jusqu'à obtention de la teinte souhaitée. La consistance doit être crémeuse, à peine plus épaisse que la peinture d'origine.

5 Peinture des moulures. Avec le pinceau fin, appliquez de la peinture verte au creux de chaque moulure, en travaillant par longues touches souples. Si la peinture n'est pas assez fluide, humidifez le pinceau à l'eau claire avant de l'imprégner de couleur. Dans le cas où la table ne présente pas de moulures, délimitez de fins filets avec des bandes de ruban crépon adhésif. Peignez également en vert la moulure qui entoure le plateau. Laissez sécher, appliquez une deuxième couche de peinture verte sur toutes les moulures, puis laissez à nouveau sécher au moins une douzaine d'heures.

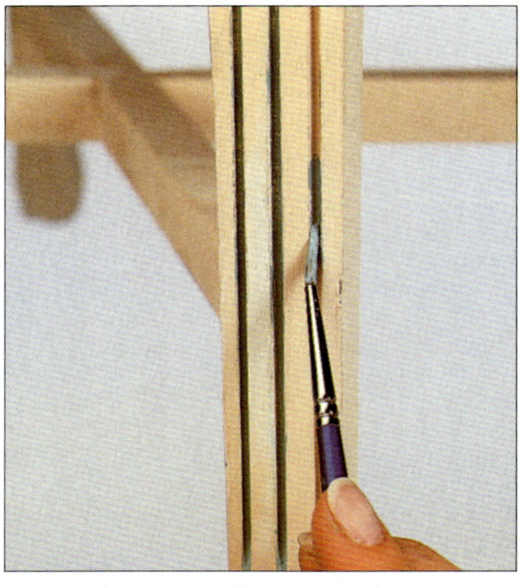

▲ Avec le pinceau fin, peignez les creux des moulures en vert.

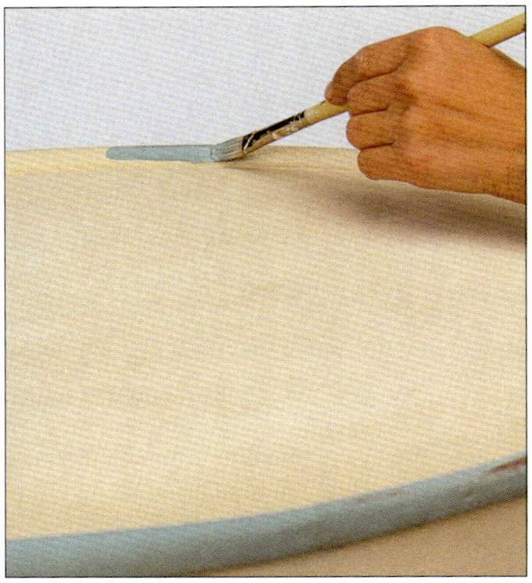

▲ Peignez en vert la moulure qui entoure le plateau avec un pinceau plat étroit.

6 Finition. À l'aide d'un chiffon non-pelucheux, appliquez une première couche de cire incolore en pâte sur toute la table. Attendez une dizaine de minutes puis lustrez avec un chiffon propre. Répétez l'opération entre deux et six fois afin d'obtenir un poli satiné et résistant.

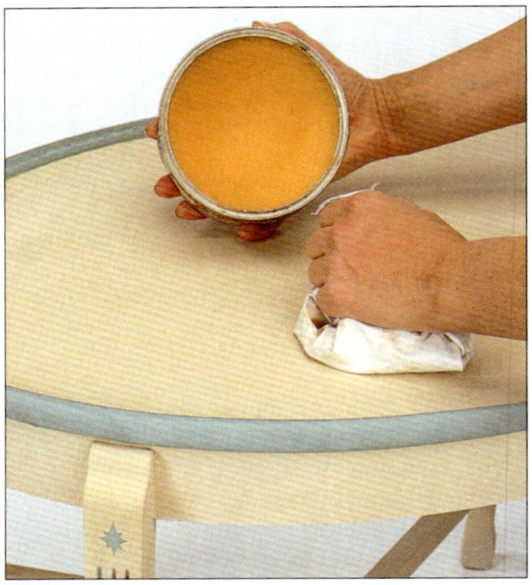

▲ À l'aide d'un chiffon non-pelucheux, enduisez la table de cire incolore.

TRUCS ET ASTUCES

- N'utilisez pas de cire d'abeilles ou de cire teintée car ces produits risquent de modifier les couleurs du décor.
- À la place de la cire en pâte, vous pouvez appliquer un vernis ciré. Ce genre de produit est bien adapté pour les meubles soumis à un usage intensif comme, par exemple, les bureaux d'enfants.
- Vous trouverez page 142 deux idées de petits motifs à appliquer au pochoir, au tampon ou à main levée.

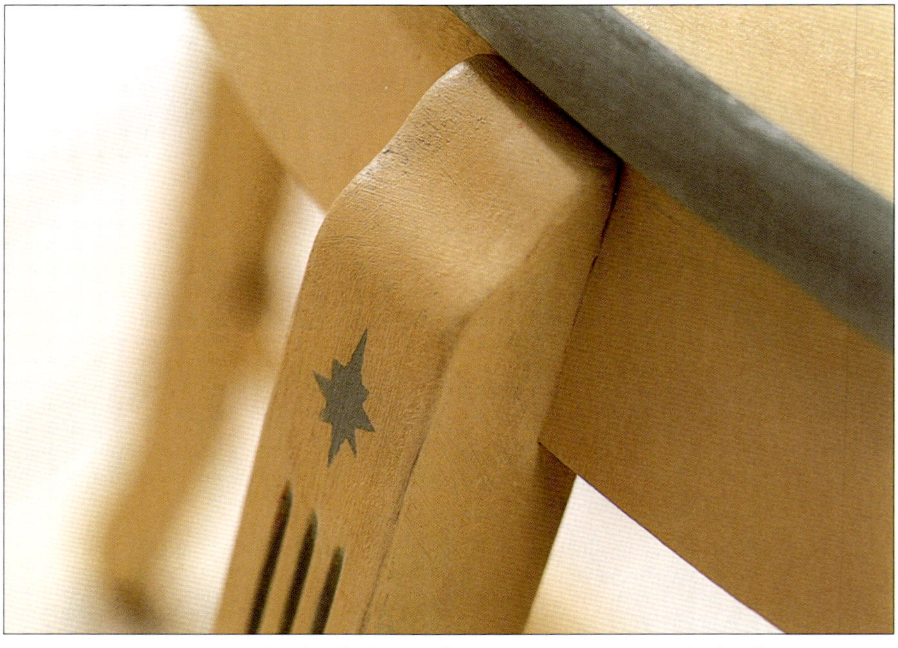

▲ Pensez à ajouter des petits détails décoratifs. Vous pouvez vous servir des dessins sculptés dans la table, ou bien appliquer des motifs au pochoir ou au tampon.

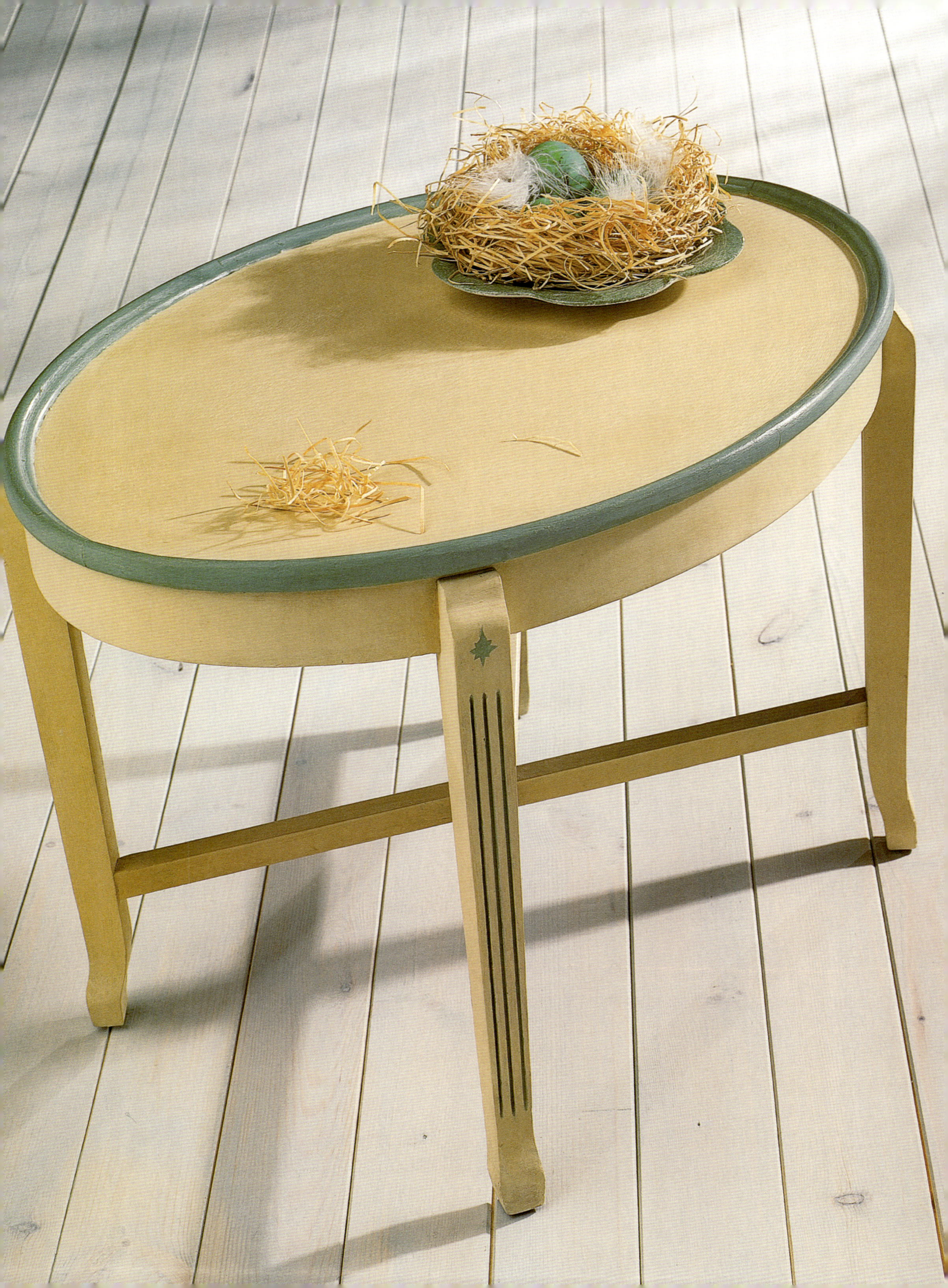

Table ronde

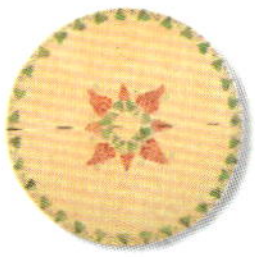

SIMPLE ET FONCTIONNELLE, cette table ronde avait besoin d'une touche d'originalité pour tenir sa place dans la salle de séjour à laquelle elle était destinée. Après l'avoir décapée pour la débarrasser de son ancien vernis, on l'a peinte en crème puis décorée d'un glacis moucheté couleur caramel. Le plateau a été recouvert d'un fond texturé mais clair, parfait pour recevoir un décor aux teintes plus soutenues, réalisé au pochoir. Le motif du milieu a été conçu pour se répartir équitablement de part et d'autre de la rallonge centrale. Une frise moins détaillée court autour du plateau. Grâce à une finition vernie très soignée, l'ensemble est aussi joli que résistant.

❖ MATÉRIEL ❖

Décapant pour vernis
Un pinceau pour appliquer le décapant
Papier abrasif à grain moyen et fin
Laine d'acier n° 000
White spirit
Chiffons
Peinture glycérophtalique couleur crème
Pinceaux plats de différentes largeurs
Papier de verre fin
Un rouleau à peindre pour radiateurs, avec un manchon laqueur
Peintures à l'huile pour beaux-arts : ocre jaune et terre d'ombre brûlée
Glacis à l'huile incolore
Un petit récipient
Une brosse à moucheter
Film alimentaire
Feuilles de PVC rigide (ou feuilles de film acétate)
Stylo-feutre indélébile à pointe fine
Un cutter et une plaque de coupe
Un mètre-ruban
Peintures à l'huile en bâtons : vert moyen, vert foncé, rouge foncé et bleu foncé
Brosses à pochoir
Colle repositionnable en bombe aérosol
Vernis acrylique mat, satiné ou brillant
Un pinceau à vernir

Techniques utilisées pour cette réalisation :
Préparation (pages 129, 131), peinture (pages 13, 17, 20-21), pochoirs (pages 22 à 27), vernis (pages 139 à 141).

1 Préparation. Supprimez l'ancien vernis et la saleté en appliquant un décapant. Poncez au papier abrasif à grain moyen puis fin. Polissez avec de la laine d'acier imprégnée de white spirit. Laissez sécher. Essuyez à l'aide d'un chiffon.

2 Peinture du fond. Retournez la table afin de pouvoir appliquer une couche de peinture à l'eau crème sur l'envers du plateau et sur le piètement. Laissez sécher, égrenez délicatement avec du papier de verre, essuyez soigneusement au chiffon, puis appliquez une deuxième couche de peinture crème.

Après avoir replacé la table à l'endroit, appliquez deux couches de peinture couleur crème sur le plateau, comme précédemment, mais en travaillant cette fois au rouleau afin d'obtenir une finition plus lisse. Si la couleur n'est pas assez couvrante, posez une troisième couche, sans omettre d'égrener et d'essuyer la surface au préalable.

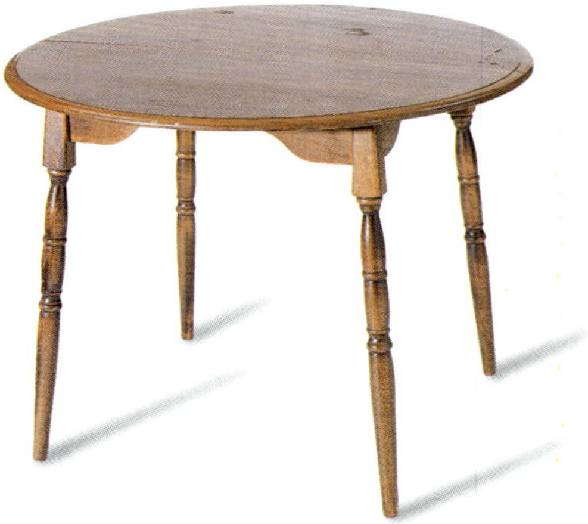

La simplicité de cette table ronde se prêtait bien à un décor détaillé, appliqué sur un fond discret.

3 Préparation du glacis. Mélangez un peu de peinture à l'huile ocre jaune, moitié moins de terre d'ombre brûlée et une cuillerée de glacis incolore. Ajoutez éventuellement de la peinture jusqu'à obtenir une teinte caramel. Délayez avec deux parts de glacis pour une part de white spirit jusqu'à obtenir une quantité suffisante de glacis crémeux.

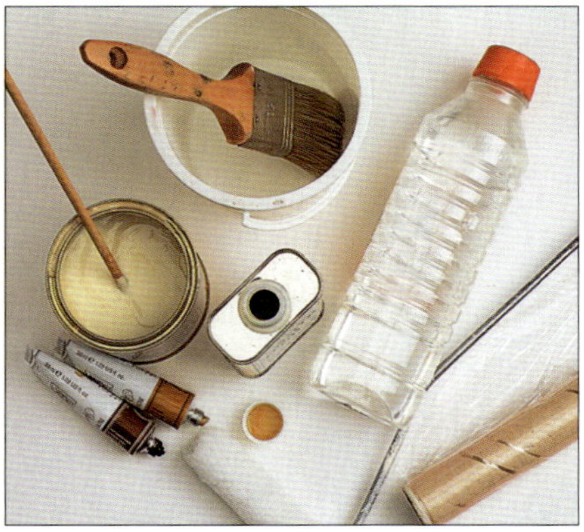

▲ Matériel de peinture nécessaire.

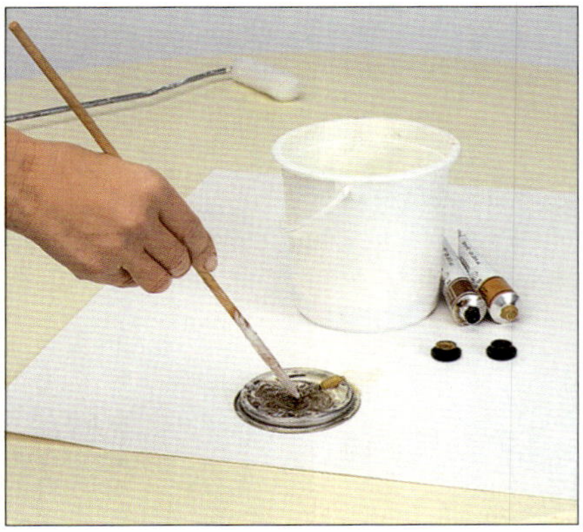

▲ Mélangez les peintures et le glacis.

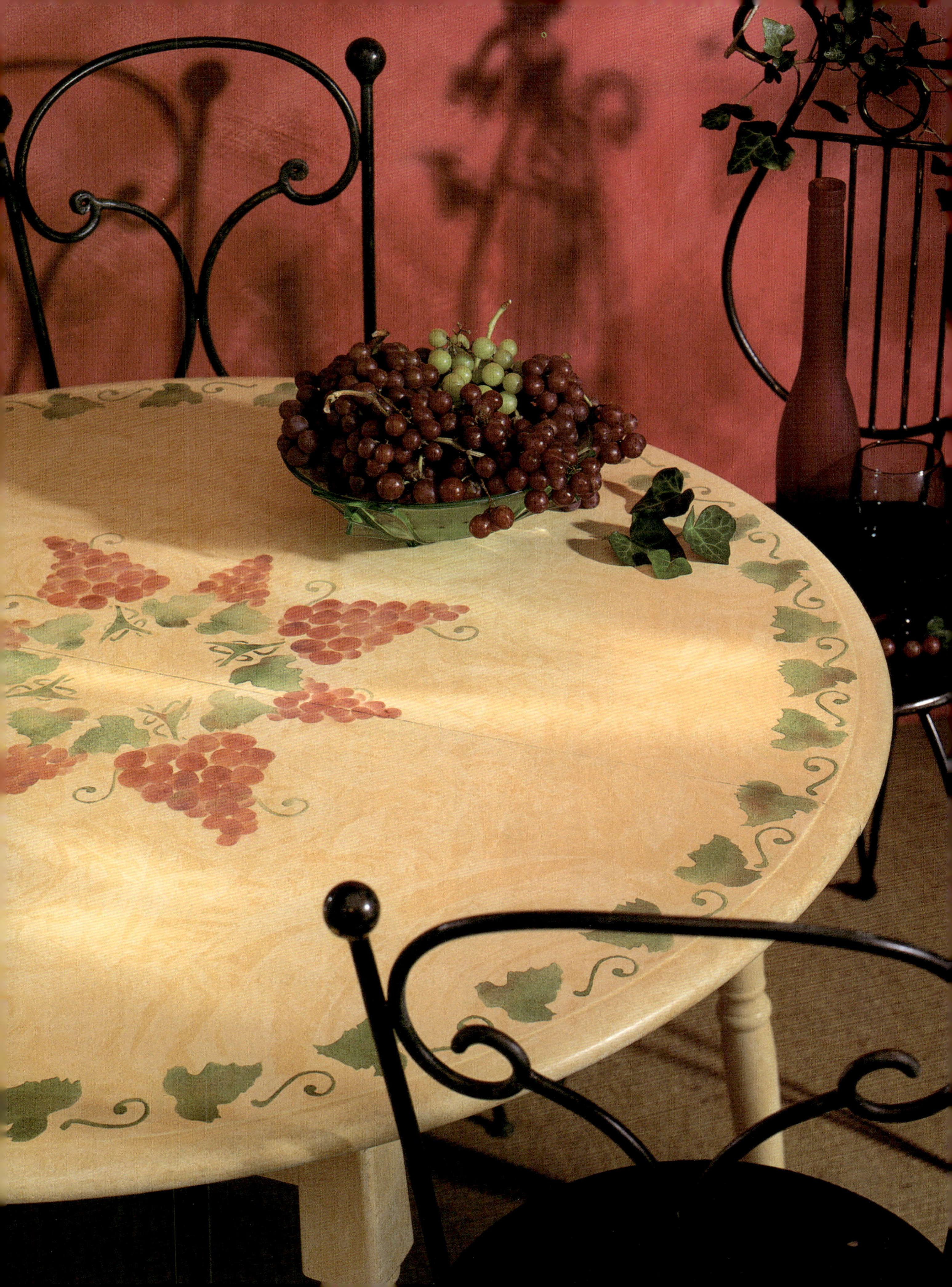

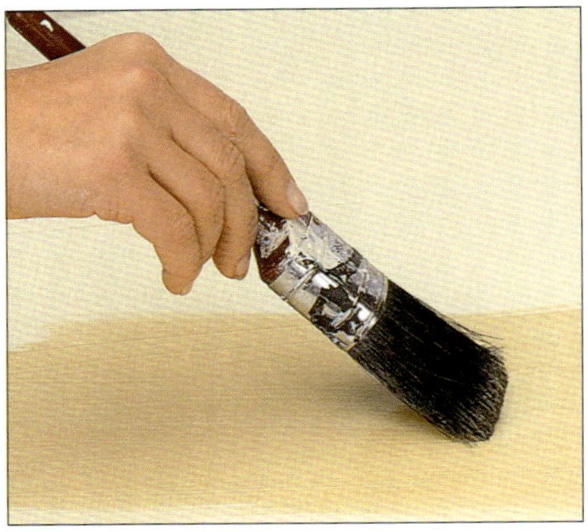

▲ Appliquez le glacis au pinceau.

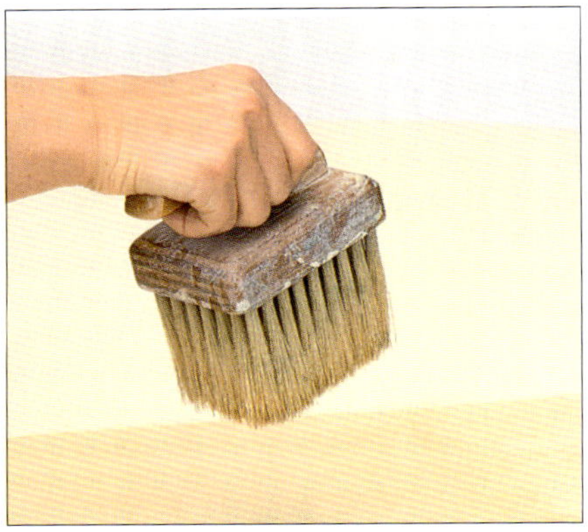

▲ Estompez avec la brosse à moucheter.

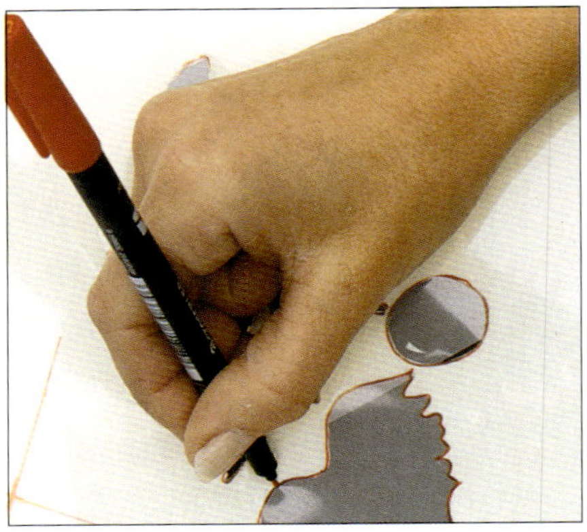

▲ Reportez les motifs par transparence.

4 Application du glacis. Appliquez le glacis à l'aide d'un pinceau plat, puis tapotez-le immédiatement avec la brosse à moucheter, en effectuant de brefs mouvements verticaux destinés à estomper les traces de pinceau. Répétez l'opération sur l'ensemble de la table, en travaillant par petites zones successives. Passez à l'étape suivante sans attendre que le glacis soit sec.

5 Effet nuageux. Découpez des carrés de film alimentaire d'environ 30 cm de côté. Tenez l'un d'eux à deux mains, entre le pouce et l'index, à une trentaine de centimètres au-dessus du plateau de la table. Laissez-le tomber tout en soufflant au centre puis, lorsqu'il est collé sur le glacis, soufflez sur toute sa surface. Pour retirer le film, soulevez-le délicatement par un coin avant de l'arracher d'un geste sec.

Répétez l'opération sur l'ensemble du plateau, en faisant légèrement chevaucher les zones nuageuses afin de ne pas former de marques régulières. Dès que le carré de film est trop chargé de glacis, utilisez-en un nouveau. Laissez sécher.

6 Réalisation des pochoirs. Agrandissez les motifs de la page 142 à la taille voulue, puis reportez-les par transparence sur le PVC rigide ou le film acétate, avec le stylo-feutre. Préparez cinq pochoirs : un pour le haut de la grappe, un pour chaque vrille et un pour chacun des deux grains de raisin isolés. Ne laissez pas trop de matière autour des motifs de façon à pouvoir les utiliser simultanément. Évidez les différentes formes au cutter.

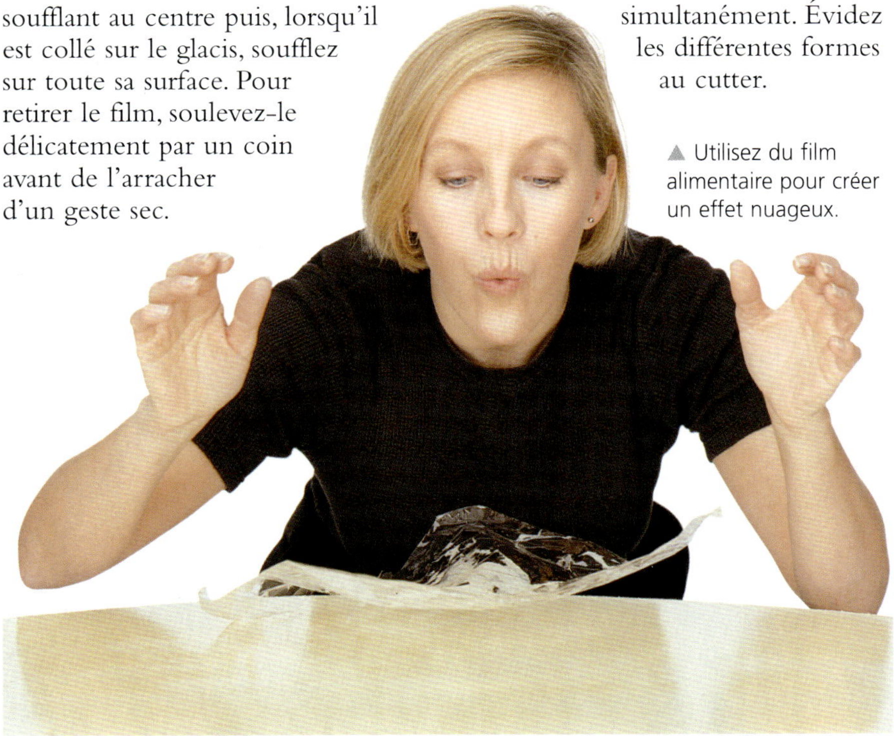

▲ Utilisez du film alimentaire pour créer un effet nuageux.

7 Conception du décor. Mesurez la table afin de déterminer l'emplacement du décor central. Il est composé de grosses grappes de raisin disposées en cercle et intercalées de grappes plus petites. Ces dernières sont réalisées avec les deux pochoirs présentant un seul grain. Pour calculer le nombre de grappes et leur espacement, vous pouvez esquisser un patron à taille réelle sur du papier.

8 Préparation des couleurs. Les bâtons de couleurs à l'huile sont protégés par une fine pellicule qui se reconstitue d'elle-même. Composez une palette en frottant chacun d'eux sur une feuille de PVC ou de film acétate. Espacez bien les teintes afin d'avoir la place de procéder à des mélanges.

Pour appliquer une couleur, essuyez la brosse à pochoir dessus, puis tapotez-la sur le support à décorer en exerçant de légers mouvements circulaires. Utilisez une brosse par teinte.

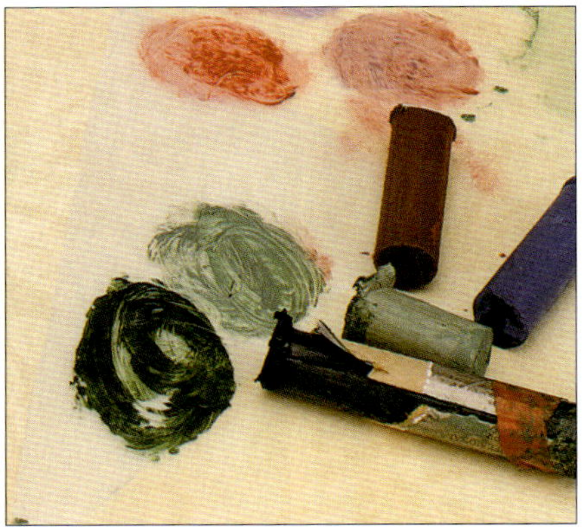

▲ Créez une palette sur une feuille de PVC ou de film acétate.

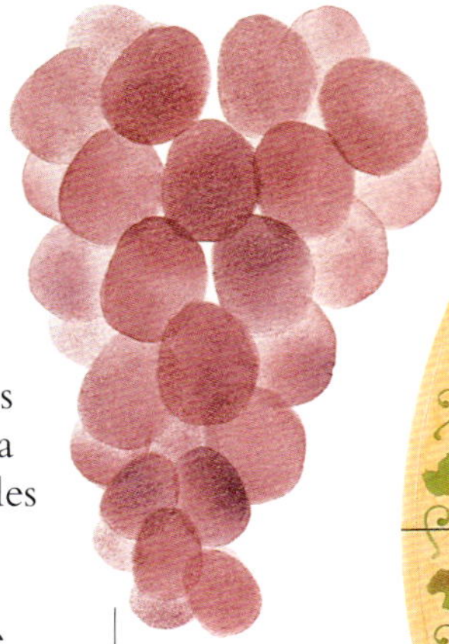

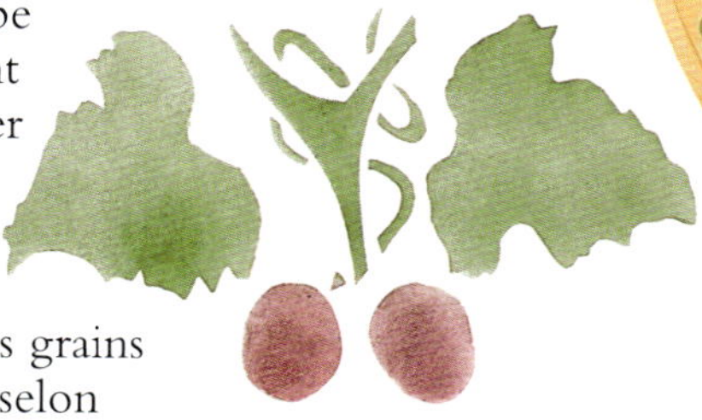

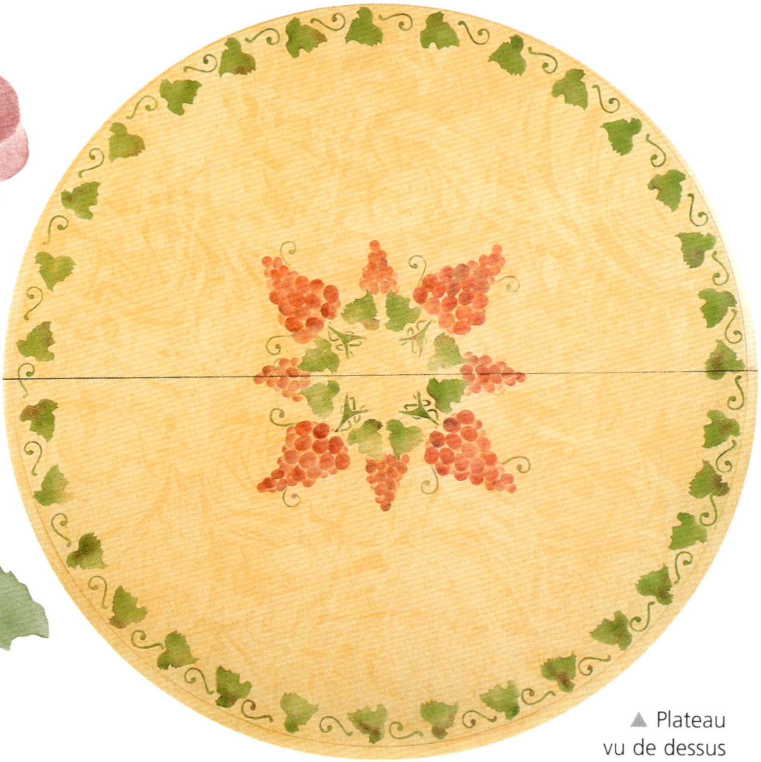

▲ Plateau vu de dessus

9 Décor central. Il est préférable de vous exercer à réaliser les motifs sur du papier avant d'entreprendre la décoration du plateau.

Fixez le pochoir principal avec de la colle repositionnable. Appliquez du vert moyen sur les feuilles et la tige. Assombrissez la tige et ombrez le bord des feuilles en vert foncé. Peignez les deux grains avec un violet obtenu en mélangeant du bleu et du rouge. Appliquez des gros grains de chaque côté de la grappe en les faisant légèrement chevaucher pour donner du volume. Travaillez par voiles légers afin de pouvoir assombrir progressivement certains grains ou en ombrer d'autres, selon la position qu'ils occupent. Pour créer une impression de relief, souvenez-vous que les grains du premier plan doivent être plus foncés que ceux placés derrière. Appliquez les gros grains situés sur le dessus de la grappe. Terminez par trois ou quatre petits grains à la base de façon à donner à la grappe une forme effilée. Avec les deux teintes de vert, appliquez une vrille de part et d'autre de chaque grappe. Réalisez les petites grappes en utilisant le pochoir du petit grain. Le sommet de ces grappes étant dissimulé sous les feuilles, veillez à ne pas déborder sur celles-ci. Pour faciliter ce travail, vous pouvez masquer une partie du pochoir du grain avec un morceau de PVC ou de film acétate.

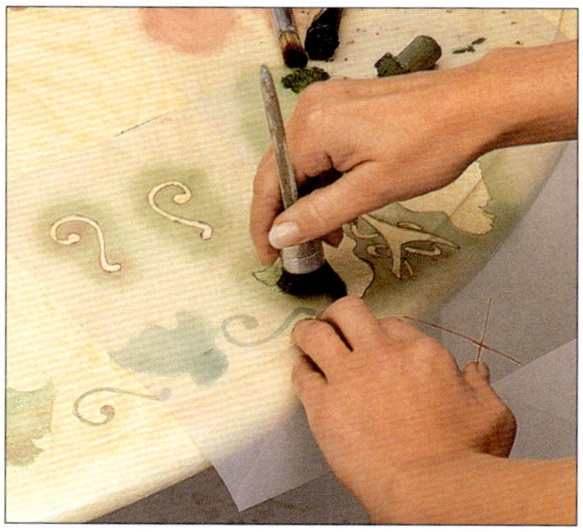

▲ Appliquez les couleurs en tapotant la brosse à pochoir.

10 Frise. Avec de la colle repositionnable, fixez un petit morceau de PVC ou de film acétate sur le pochoir principal de façon à masquer la tige de la grappe et les deux grains. Réalisez une frise autour du plateau en appliquant alternativement une feuille tournée vers la droite, puis une vrille orientée vers le bas, une feuille tournée vers la gauche et enfin une vrille orientée vers le haut. Utilisez les deux tons de vert, et ajoutez de légères ombres rouge foncé par endroits.

11 Finition. Les couleurs à l'huile sont longues à sécher. Il faut attendre au moins quarante-huit heures avant de procéder à la finition. Appliquez plusieurs couches de vernis acrylique, en ménageant un temps de séchage d'au moins vingt-quatre heures entre elles. Vous pouvez utiliser du vernis mat, satiné ou brillant. L'important est de travailler par voiles très fins. Utilisez un pinceau à vernir dont les longues soies souples ne laissent pas de traces.

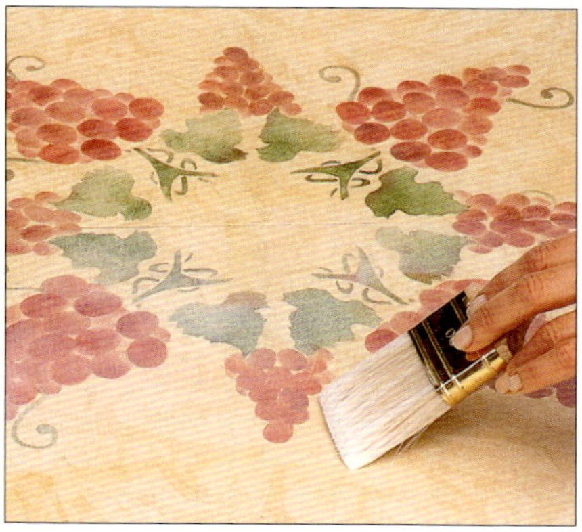

▲ Appliquez plusieurs couches de vernis acrylique avec un pinceau à vernir.

TRUCS ET ASTUCES

- Afin de vous familiariser avec la technique du glacis moucheté, commencez par travailler sur une petite surface peu visible comme, par exemple, l'un des pieds de la table.
- Le glacis doit être travaillé alors qu'il est encore humide. Pour ne pas perdre de temps, préparez le matériel – brosse à moucheter et carrés de film –, et déterminez l'ordre dans lequel vous traiterez les différentes surfaces.
- Qu'il s'agisse de la peinture du fond ou du vernis, ménagez des temps de séchage les plus longs possibles entre l'application de chaque couche. C'est ainsi que vous obtiendrez des surfaces bien lisses et des finitions parfaites.
- Bien que le décor soit réalisé avec des peintures à l'huile, il est préférable de le protéger avec du vernis acrylique, car les vernis à base de solvant ont tendance à jaunir légèrement.

Table et chaise assorties

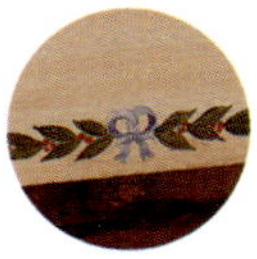

Ayant été achetés séparément, ces deux meubles étaient dépareillés. La chaise, avec son bois sombre et sa forme pleine de charme, provenait d'une église. Plus récente, la table en pin faisait partie d'un lot soldé par un magasin de meubles d'occasion. Elle avait été tour à tour recouverte de linoléum, décapée, plastifiée, poncée, laquée... Les deux pièces ont été peintes dans un même style rustique, grâce à un badigeon lissé beige clair, décoré de frises à main levée. Une housse de chaise volantée complète l'ensemble.

❖ MATÉRIEL ❖

Laine d'acier n° 00
Alcool dénaturé
Vinaigre
Une brosse à ongles
Papier abrasif à grain moyen et fin
Chiffons
Peinture-émulsion blanche
Pinceaux plats de différentes largeurs
Pigment en poudre :
rouge cadmium et terre d'ombre naturelle
Un récipient
Une queue à lisser (ou un pinceau à vernir)
Vernis polyuréthanne en bombe aérosol
Un mètre-ruban
Papier à dessin
Papier-calque
Un crayon
Ruban crépon adhésif
Peintures acryliques pour beaux-arts :
vert moyen, vert foncé, bleu,
rouge et blanc
Un pinceau fin
Papier kraft
Une paire de ciseaux
50 cm x 50 cm de ouatine polyester épaisse
2 m de tissu en 140 cm de largeur
Épingles
Une aiguille à coudre
Fil à bâtir
Un fer à repasser
Une machine à coudre
Fil à coudre
4 m de passepoil n° 3
25 cm de ruban autoagrippant

Techniques utilisées pour cette réalisation :
Préparation (pages 128-129),
peinture (pages 13-14, 17, 20- 21),
tracé des motifs (page 138),
motifs à main levée (pages 28 à 30),
vernis (pages 139 à 141).

1 Préparation. Si les meubles sont cirés, décapez-les en les frottant à l'aide d'un tampon de laine d'acier imprégné d'alcool dénaturé. Sinon, brossez-les avec de l'eau chaude additionnée pour moitié de vinaigre, puis essuyez-les à l'aide d'un chiffon humide. Dans les deux cas, poncez-les ensuite avec du papier abrasif à grain moyen puis fin pour enlever toute trace de peinture ou de vernis, et essuyez avec un chiffon.

2 Peinture du fond. Appliquez une couche de peinture-émulsion blanche sur la table et la chaise. Laissez sécher. Égrenez la peinture avec du papier abrasif à grain fin, essuyez soigneusement, puis appliquez une deuxième couche.

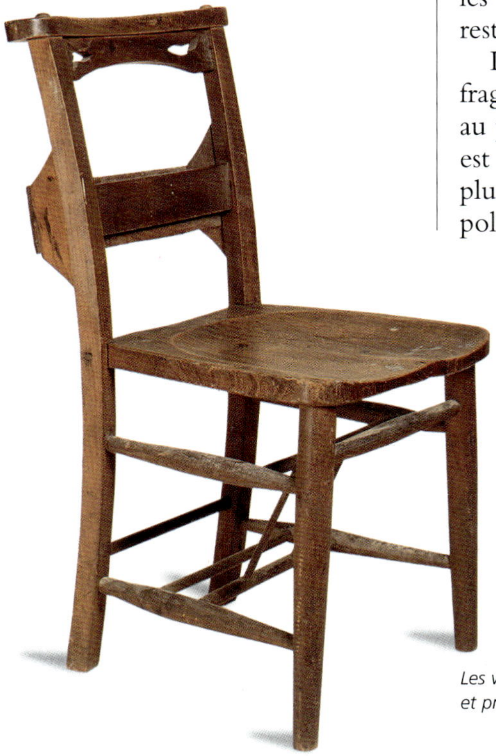

Les vieilles chaises d'église sont solides et présentent des formes intéressantes.

3 Badigeon. Mélangez trois cuillerées de pigment rouge cadmium et une pointe de pigment terre d'ombre naturelle. Délayez ce colorant dans de la peinture-émulsion blanche. Ajoutez de l'eau jusqu'à obtenir une consistance crémeuse de la teinte voulue.

Retournez les meubles afin de commencer par traiter l'envers des surfaces planes et les piètements. Appliquez le badigeon à l'aide d'un pinceau plat. Attendez quelques minutes puis, alors qu'il est encore humide, brossez-le avec la queue à lisser sèche, en travaillant dans le sens des veines du bois. Nettoyez régulièrement la queue à lisser sur un chiffon. Essuyez délicatement le badigeon avec un chiffon propre et sec. Laissez sécher. Retournez les meubles pour peindre les surfaces restantes de la même façon.

Les badigeons à l'eau étant très fragiles, on ne peut pas les vernir au pinceau. Dès que le badigeon est sec, protégez-le en vaporisant plusieurs voiles légers de vernis polyuréthanne en bombe aérosol.

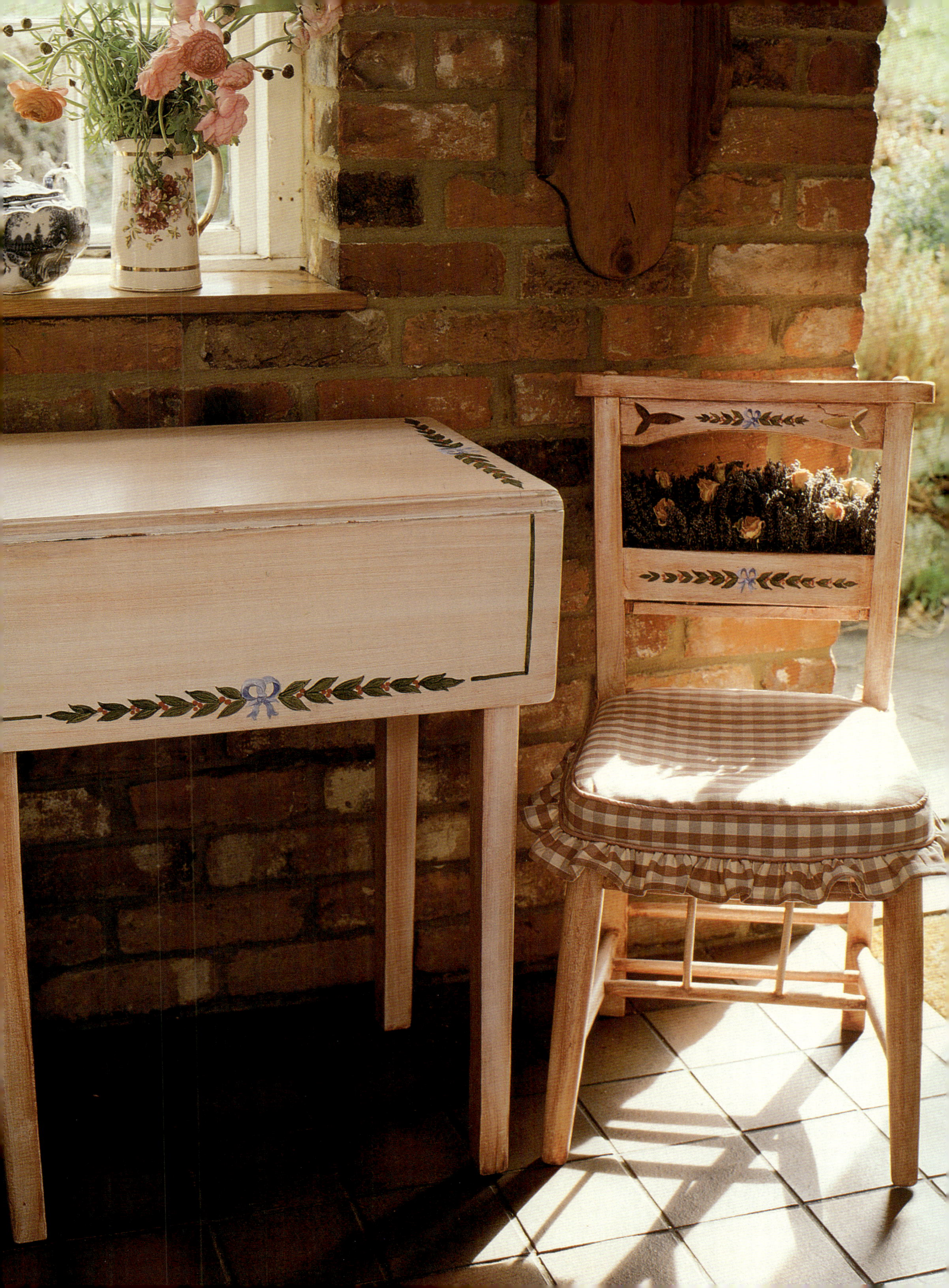

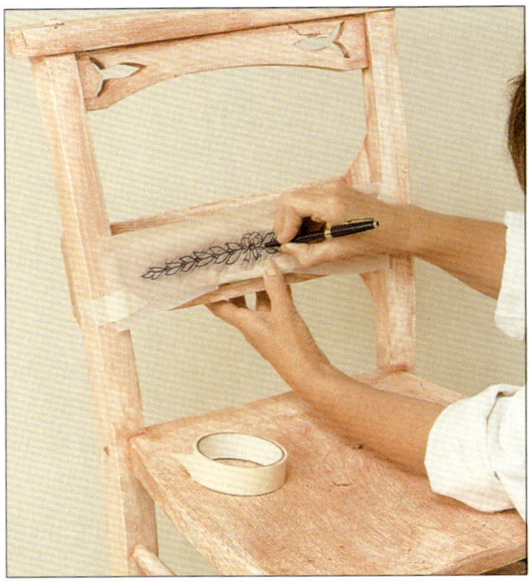

▲ Reportez les frises au crayon.

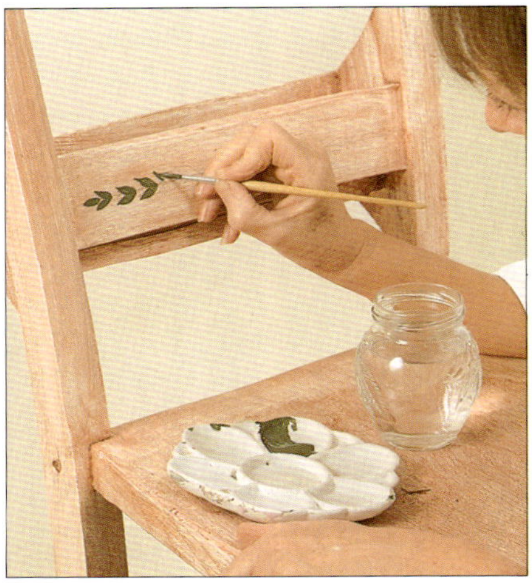

▲ Peignez les motifs avec un pinceau fin.

4 Réalisation des frises.

Dessinez la frise sur une feuille de papier. Vous pouvez créer votre propre motif ou reprendre celui donné page 143. Agrandissez-la ou réduisez à la photocopieuse autant de fois que nécessaire pour l'adapter aux différentes surfaces que vous voulez décorer.

Décalquez les frises. Fixez le papier-calque à l'endroit voulu avec du ruban crépon adhésif, puis repassez les motifs au crayon.

Réalisez les frises au pinceau fin, avec les peintures acryliques en tubes. Protégez-les en vaporisant dessus un ou deux voiles de vernis polyuréthanne en bombe aérosol.

5 Fabrication du patron.

Placez le papier kraft sur le siège de la chaise et tracez les contours de celui-ci au crayon. Prévoyez des échancrures pour les montants du dossier. Afin d'obtenir un patron symétrique, pliez le papier kraft en deux dans le sens de la hauteur et découpez les deux épaisseurs en suivant le tracé de l'une des faces.

6 Confection de la housse.

À l'aide du patron, coupez une pièce de ouatine, puis deux de tissu en ajoutant cette fois une réserve de 2 cm tout autour. Placez la ouatine entre les deux pièces de tisssu, l'endroit de celles-ci à l'extérieur. Bâtissez pour maintenir l'ensemble.

Dans le biais du tissu, coupez une bande de 30 cm x 4 cm. Pliez-la en deux de façon à superposer ses deux grands côtés, endroit contre endroit. Repassez. Dépliez le tissu, rabattez les deux grands côtés sur la marque du pli central et repassez de nouveau. Coupez le biais ainsi obtenu en deux longueur égales. Bâtissez-les puis piquez-les sur l'assise ouatinée, de façon à border les échancrures des montants.

Pour confectionner les tranches de la housse, mesurez la longueur de l'assise ouatinée entre les deux échancrures et ajoutez 20 cm. Coupez une bande de tissu de cette longueur sur 8 cm de hauteur. Coupez une deuxième bande de même hauteur, et d'une longueur égale aux longueurs cumulées des trois autres côtés de l'assise ouatinée, majorées de 20 cm. Bâtissez du passepoil sur les deux grands côtés de chacune des tranches, sur l'endroit. Laissez 10 cm sans passepoil aux deux extrémités de chaque tranche, pour les pattes de fixation.

Coupez et assemblez des bandes de tissu de 8 cm de hauteur de façon à obtenir deux volants, chacun étant trois fois plus long que la tranche à laquelle il est destiné. Ourlez les deux petits côtés et la base des volants, puis froncez le bord supérieur pour l'ajuster à la longueur de la tranche. Bâtissez les volants sur les tranches, endroit contre endroit, et piquez à 2 cm des bords.

Assemblez le bord non volanté des tranches autour de l'assise, endroit contre endroit, en piquant toujours à 2 cm des bords. Ourlez les bords des pattes de fixation et cousez-y des morceaux de ruban autoagrippant de façon à pouvoir les attacher deux à deux autour des montants de la chaise.

TRUCS ET ASTUCES

- Il est plus facile de mélanger les pigments en poudre si l'on dispose d'un mortier et d'un pilon.
- Pensez à garnir le casier fixé au dos de la chaise de magazines, de livres ou encore de fleurs séchées.

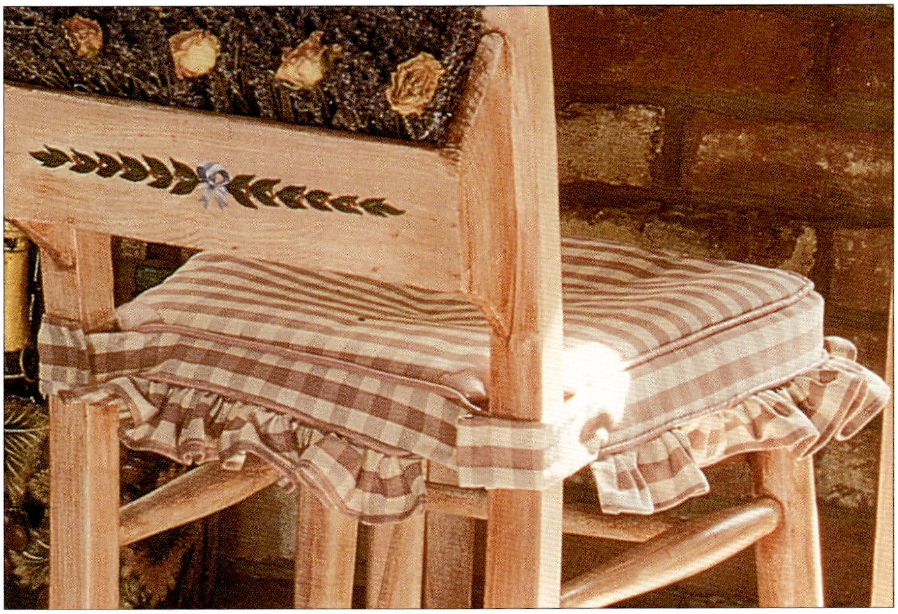

▲ La housse est attachée aux montants par des pattes fixées à l'aide de ruban autoagrippant.

Chaise rustique

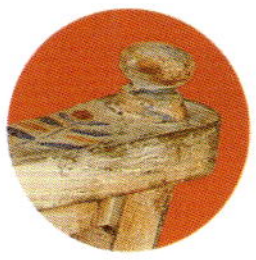

CETTE CHAISE SOLIDE ne nécessitait qu'un bon nettoyage. Sa forme simple se prêtait tout naturellement à un décor rustique. On a agrémenté son dossier en y vissant deux petits boutons de portes. Une peinture craquelée à l'aide de médium sert de fond à des motifs peints à main levée, inspirés par l'artisanat traditionnel d'Europe de l'Ouest, rehaussés de quelques touches dorées. L'ensemble a été vieilli avant d'être protégé avec de la cire incolore.

❖ MATÉRIEL ❖

Lessive de soude
Une brosse à ongles
Papier abrasif à grain moyen et fin
Chiffons
Une vrille
Deux petits boutons de portes en bois brut
Deux vis à double filet
Une pince universelle
Colle à bois
Un pinceau pour la colle
Un pinceau plat
Peintures-émulsions : rouge foncé et blanc
Médium à craqueler
Un récipient
Peintures acryliques en tubes : ocre jaune, bleu de Prusse et rouge
Papier abrasif à l'eau
Une règle
Carte bristol
Un crayon
Une paire de ciseaux
Pinceaux fins nos 2 et 6
Un godet
Cire à dorer
Cire incolore
(ou vernis polyuréthanne mat)

Techniques utilisées pour cette réalisation :
Préparation (pages 128-129), peinture (pages 12-13, 17), craquelures (page 43), motifs à main levée (pages 28 à 30), cires à dorer (pages 32, 34), cires (page 141), vernis (pages 139 à 141).

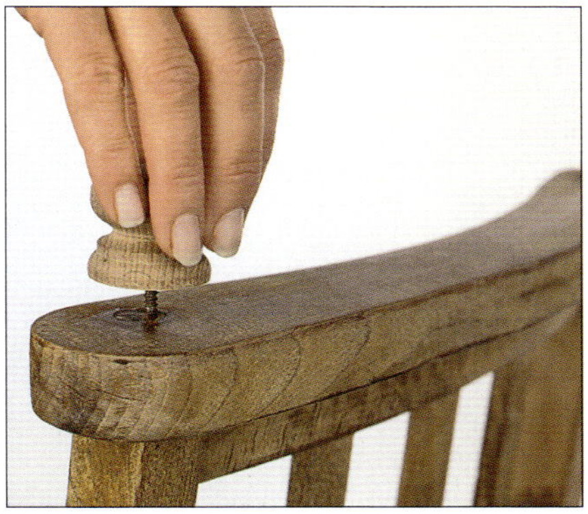

▲ Vissez les boutons de portes sur le dossier.

1 Préparation. Nettoyez soigneusement la chaise en la brossant avec de l'eau additionnée de lessive de soude. Poncez-la à l'aide de papier abrasif à grain moyen puis fin, et essuyez-la.

Avec la vrille, percez un trou à chaque extrémité du dessus du dossier. En maintenant l'une de leurs extrémités à l'aide de la pince, introduisez les vis à double filet dans les boutons de portes. Encollez la base de ces derniers et vissez-les sur le dossier. Essuyez l'excédent de colle en employant un chiffon humide. Poncez les boutons avec du papier abrasif à grain fin. Essuyez l'ensemble au chiffon.

2 Peinture du fond. Recouvrez la chaise d'une couche de peinture-émulsion rouge. Laissez sécher. Posez une autre couche si la première n'est pas assez couvrante.

Appliquez le médium à craqueler sur la chaise. Ne traitez pas les zones destinées à recevoir les motifs car elles doivent rester lisses mais, pour obtenir un vieillissement crédible, pensez à passer du médium tout autour, ainsi que sur les boutons du dossier. Appliquez une deuxième couche de médium si cela est préconisé par le fabricant.

Délayez un peu de peinture acrylique ocre jaune dans de la peinture-émulsion blanche afin d'obtenir une teinte crème pâle. Appliquez cette peinture sur la chaise avec le pinceau plat bien chargé de couleur, à petites touches rapides et épaisses. Ne surchargez pas les zones traitées au médium car cela empêche les craquelures de se former. Laissez sécher.

3 Vieillissement du fond. Lorsque la chaise est bien sèche, poncez délicatement les éventuelles coulures et surépaisseurs avec du papier abrasif à l'eau. Égrenez aussi certaines zones afin de simuler une usure naturelle en révélant par endroits le rouge du fond.

4 Réalisation des filets. Dans la carte bristol, découpez un gabarit rectangulaire d'une longueur inférieure d'environ 5 cm

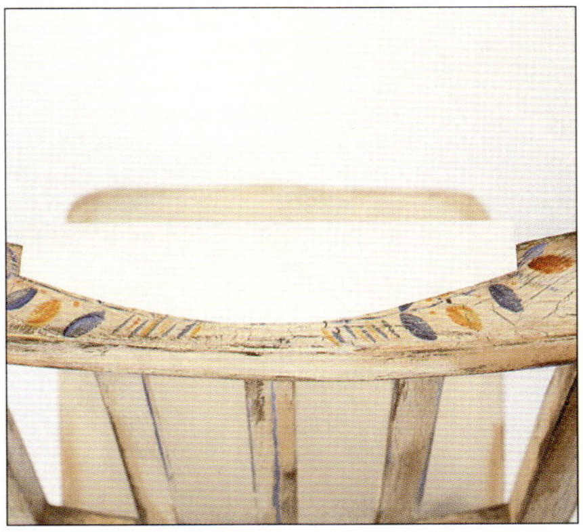

▲ Utilisez le bord arrondi du gabarit pour peindre les filets courbes.

à la distance séparant les deux boutons vissés sur le dossier. Arrondissez l'un des grands côtés.

Placez le gabarit sur le dossier, le milieu du bord arrondi au centre de la largeur. Avec le pinceau le plus fin, peignez un filet bleu de Prusse en suivant la courbe du gabarit. Utilisez le bord rectiligne du gabarit pour peindre un filet bleu de Prusse au dos du montant central et de la traverse. Vous pouvez également peindre des filets afin de souligner les arêtes des autres montants.

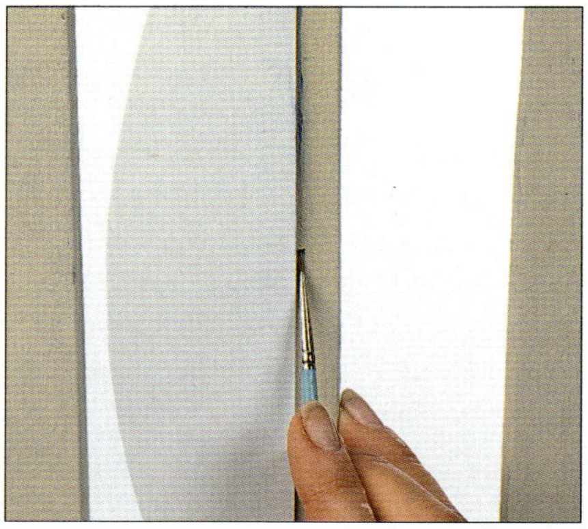

▲ Suivez le bord rectiligne du gabarit pour peindre les filets droits.

5 Réalisation des motifs. Pour commencer, ne tracez que les contours de chaque élément. Peignez cinq paires de feuilles de part et d'autre de chaque filet, en utilisant alternativement de la peinture acrylique bleu de Prusse et ocre jaune. Placez un bouton de fleur rouge au sommet.

Diluez les couleurs avec une petite quantité d'eau et de peinture blanche afin d'obtenir des tons plus

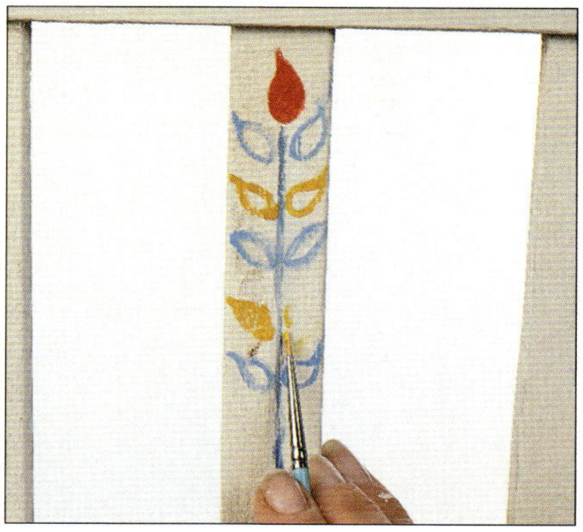

▲ Peignez les contours avant de remplir les formes.

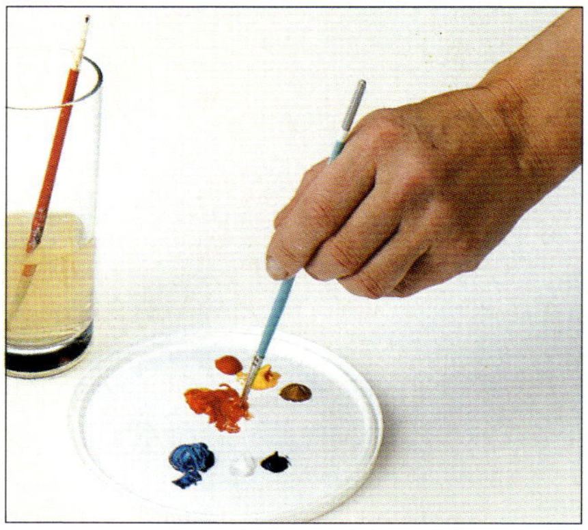

▲ Ajoutez un peu de blanc et d'eau pour éclaircir les teintes.

clairs et remplissez les motifs. Posez des ombres en appliquant des touches de couleur pure. Ajoutez des petits points entre les feuilles, et quelques traits obliques à la base des filets. Laissez sécher.

6 Vieillissement général. Déposez un peu de peinture acrylique bleu de Prusse dans le godet puis, avec le bout des doigts, appliquez-en au hasard sur les arêtes, les coins, les boutons du dossier. Laissez sécher et répétez l'opération avec de la cire à dorer.

Lorsque les motifs sont bien secs, poncez-en délicatement certaines petites zones avec du papier abrasif à l'eau.

7 Finition. Avec un chiffon, enduisez la chaise d'une couche régulière de cire incolore. Laissez sécher le temps préconisé par le fabricant avant de lustrer au chiffon.

Au lieu d'utiliser de la cire, vous pouvez protéger la chaise avec deux couches de vernis polyuréthanne mat, en ménageant un temps de séchage suffisant entre chacune d'elles.

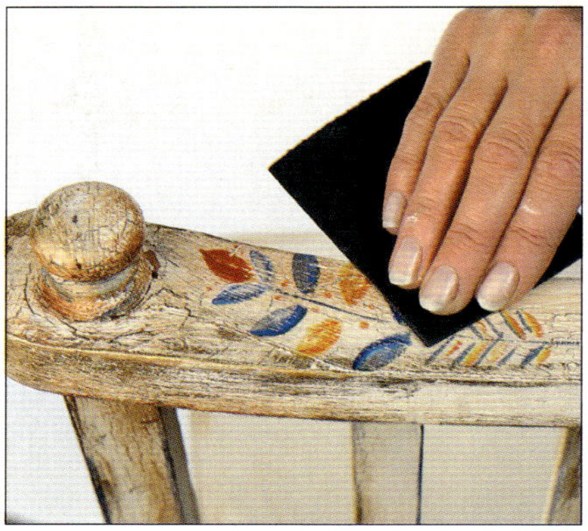

▲ Poncez les motifs par endroits avec du papier abrasif à l'eau.

TRUCS ET ASTUCES

- Commencez par réaliser les pieds et le dessous du siège. Cela vous permettra de vous entraîner avant d'entreprendre les surfaces les plus visibles.
- Lorsque vous appliquez le médium à craqueler, évitez de former des surépaisseurs et des coulures.
- Si les bords des zones non craquelées sont trop nettes, retouchez-les avec de la peinture à l'eau crème, laissez sécher puis poncez-les délicatement.

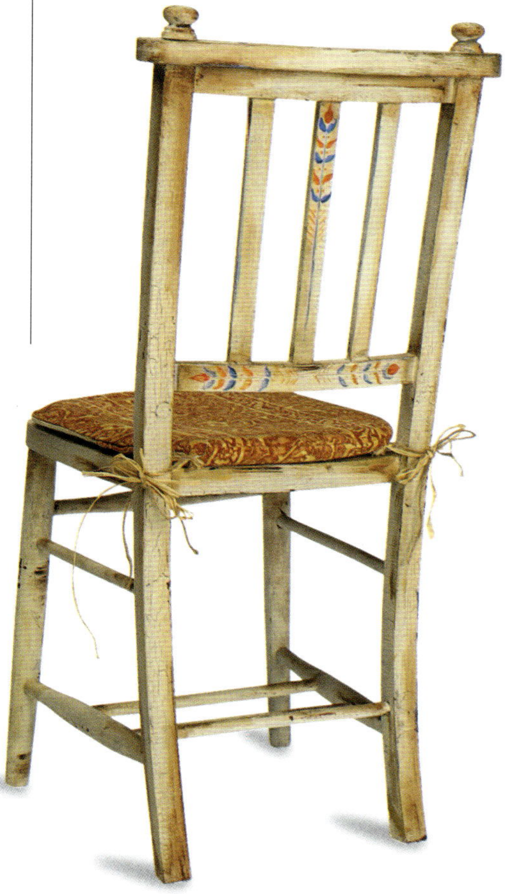

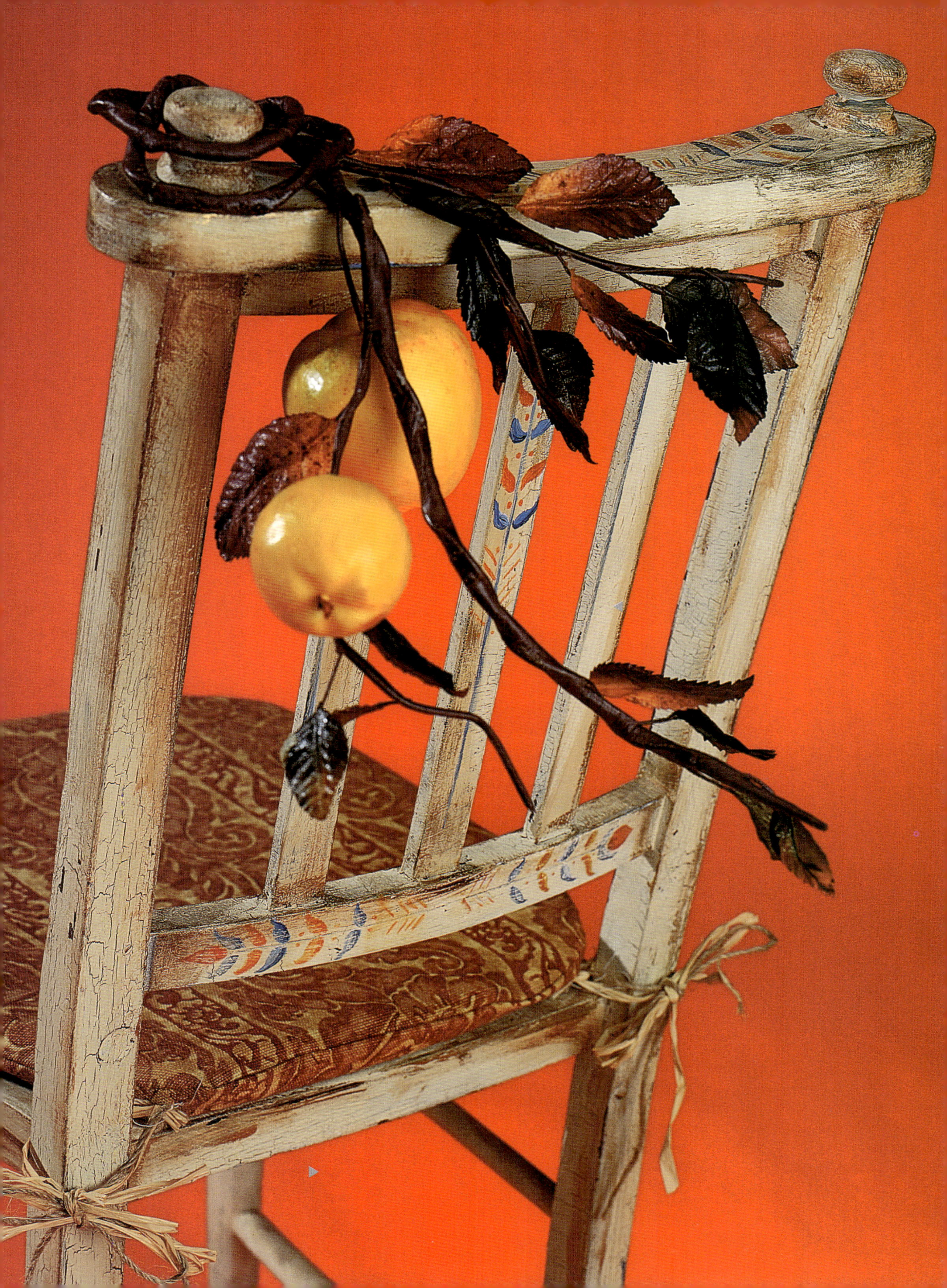

Chaise de style scandinave

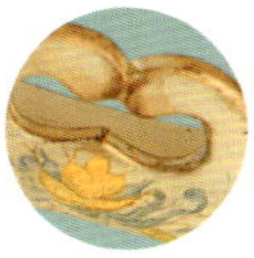

APRÈS AVOIR PEINTE ET VIEILLIE avec du médium à craqueler, cette chaise d'église a été décorée à main levée de motifs d'inspiration scandinave. On l'a dotée d'un dossier en medium chantourné. Vous pouvez faire découper cette pièce par un menuisier ou dans un magasin de bricolage. Soulignez le style de la chaise avec une galette coupée dans une étoffe naturelle, attachée par des liens en jute rehaussés de fils dorés.

❖ MATÉRIEL ❖

Lessive de soude
Une brosse à ongles
Papier abrasif à grain moyen et fin
Chiffons
Un mètre-ruban et un crayon
Carte bristol
Medium, 16 mm d'épaisseur
Une scie sauteuse (facultatif)
Une perceuse
Colle à bois
Trois vis à bois et un tournevis
Pâte à bois et un couteau à enduire
Peintures-émulsions : rouge foncé et blanc
Un pinceau plat
Médium à craqueler
Papier abrasif à l'eau
Peintures acryliques pour beaux-arts : ocre jaune, jaune cadmium, blanc, noir, bleu de Prusse et terre de Sienne brûlée
Papier-calque
Ruban crépon adhésif
Papier carbone
Fixatif en bombe aérosol
Un pinceau plat n° 4,
Une brosse ronde n° 4
Un pinceau fin n° 2
Une palette
Peinture à l'huile pour beaux-arts terre d'ombre brûlée
Cire à dorer
Cire incolore

Techniques utilisées pour cette réalisation :
Préparation (pages 128-129, 132 à 134), peinture (pages 13, 17), craquelures (page 43), motifs à main levée (pages 28 à 30), cires à dorer (pages 32, 34), cires (page 141).

1 Préparation. Nettoyez soigneusement la chaise en la brossant avec de l'eau additionnée de lessive de soude. Poncez-la à l'aide de papier abrasif à grain moyen puis fin, et essuyez-la au chiffon.

2 Fabrication du dossier. Mesurez la largeur entre les deux montants du dossier, à leur point le plus haut. Agrandissez le gabarit de la page ci-contre aux dimensions voulues et tracez-le sur la carte bristol. Utilisez ce patron pour scier le medium, ou confiez-le comme modèle à un artisan ou un magasin spécialisé qui effectuera la découpe.

Percez un trou à chaque extrémité du medium et un autre au milieu, à environ 1 cm du bord inférieur. Encollez la base du medium puis vissez-la à la chaise, sur le petit dossier plat si la chaise en possède un, ou bien sur la traverse supérieure.

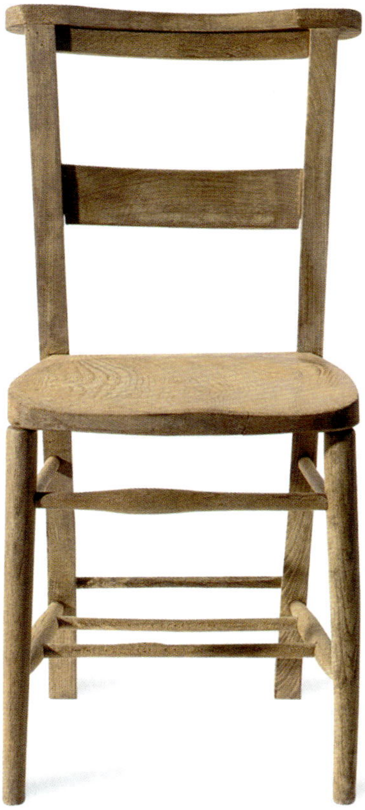

Recouvrez la tête des vis avec de la pâte à bois appliquée au couteau à enduire. Laissez sécher. Avec du papier abrasif à grain fin, poncez la pâte à bois et les arêtes du dossier. Essuyez l'ensemble avec un chiffon.

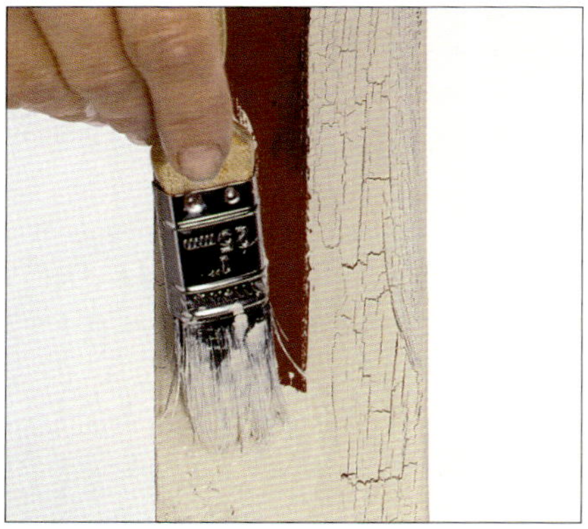

▲ Appliquez la peinture-émulsion crème.

3 Peinture du fond. Recouvrez la chaise d'une couche de peinture-émulsion rouge. Laissez sécher. Posez une autre couche si la première n'est pas assez couvrante.

Appliquez le médium à craqueler sur la chaise. Ne traitez pas les zones destinées à recevoir les motifs car elles doivent rester lisses mais, pour obtenir un vieillissement crédible, pensez à passer du médium tout autour. N'oubliez pas non plus de traiter les bords et les tranches du dossier et des montants. Évitez de former des surépaisseurs et des coulures. Toutes les zones enduites de médium se craquelleront lorsque vous les recouvrirez de peinture.

Cette chaise d'église, banale mais solide, peut être personnalisée de multiples façons.

Délayez un peu de peinture acrylique ocre jaune dans de la peinture-émulsion blanche afin d'obtenir un ton crème pâle. Tenez compte du fait que la cire appliquée en fin de travail assombrira un peu les teintes. Appliquez cette peinture sur la chaise, à petites touches rapides et épaisses. Ne surchargez pas les zones traitées au médium car cela empêche les craquelures de se former. Laissez sécher.

4 Vieillissement du fond. Poncez délicatement les coulures et surépaisseurs avec du papier abrasif à l'eau. Poncez aussi certaines zones afin de simuler une usure naturelle en révélant par endroits le rouge du fond.

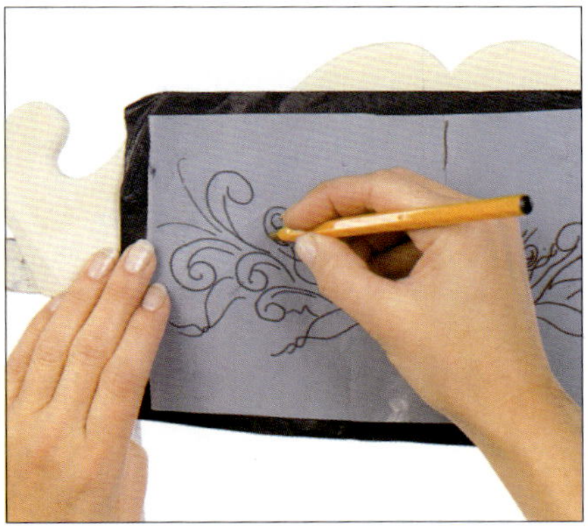

▲ Reportez le motif au dos de la chaise.

5 Tracé des motifs. Agrandissez le motif de la page 142 et décalquez-le. Avec du ruban crépon adhésif, fixez une feuille de papier carbone au dos du dossier, la face encrée contre le bois, puis placez le papier-calque au-dessus, en centrant bien le motif. Repassez les tracés au crayon. Procédez de la même façon pour reporter le motif au dos de la traverse. Vaporisez une fine couche de fixatif pour protéger les tracés.

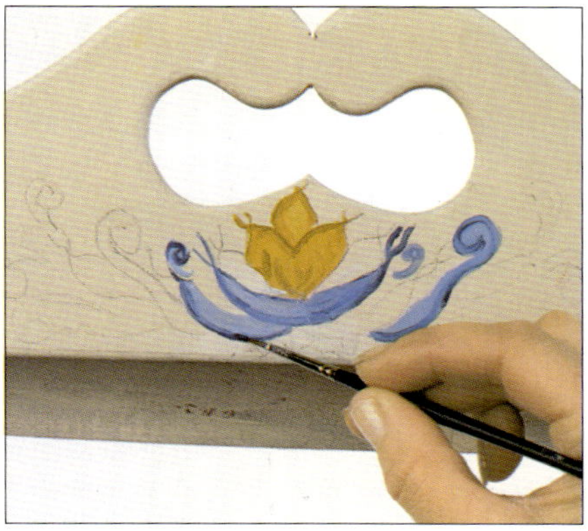

▲ Soulignez les motifs avec le pinceau fin.

6 Peinture des motifs. Les motifs sont réalisés avec les peintures acryliques. Mélangez sur la palette un peu d'ocre jaune, de jaune cadmium et de blanc : vous obtenez du jaune pâle. Élaborez d'autre part un bleu-gris clair en associant du noir, du blanc et du bleu de Prusse. Peignez l'intérieur des motifs avec le petit pinceau plat. Utilisez du jaune pour les fleurs, et du bleu-gris pour les volutes. Avec la brosse ronde, ombrez le bord des fleurs d'un mélange d'ocre jaune et de terre de Sienne brûlée. Soulignez les volutes à l'aide d'un bleu-gris plus soutenu que précédemment ; employez la même teinte pour tracer les lignes au pinceau fin.

7 Patine. En travaillant du bout des doigts, appliquez des touches de peinture à l'huile terre d'ombre brûlée au hasard sur la chaise. Soulignez les bords des volutes situées en haut du dossier pour donner l'illusion qu'il s'agit de deux moulures séparées. Laissez sécher puis répétez l'opération en utilisant de la cire à dorer. Évitez de travailler avec trop de régularité afin de simuler un vieillissement naturel.

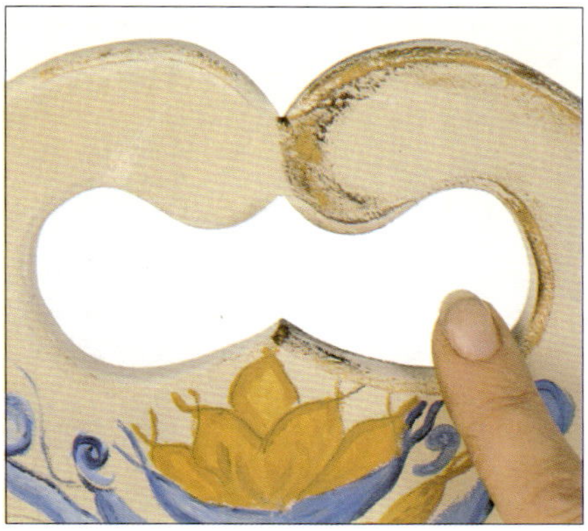

▲ Enduisez les tranches de cire à dorer.

8 Finition. Avec un chiffon, enduisez la chaise d'une couche régulière de cire incolore. Laissez sécher le temps préconisé par le fabricant avant de lustrer au chiffon.

TRUCS ET ASTUCES

Pour appliquer ce genre de technique, il n'est pas nécessaire de mettre le bois à nu. Il suffit d'obtenir des surfaces suffisamment propres et lisses pour que la peinture du fond puisse y adhérer correctement sans s'écailler.

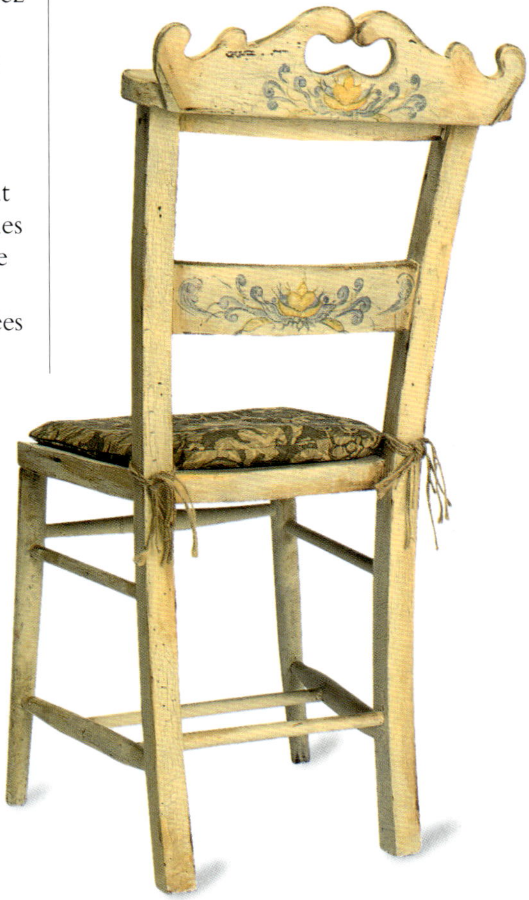

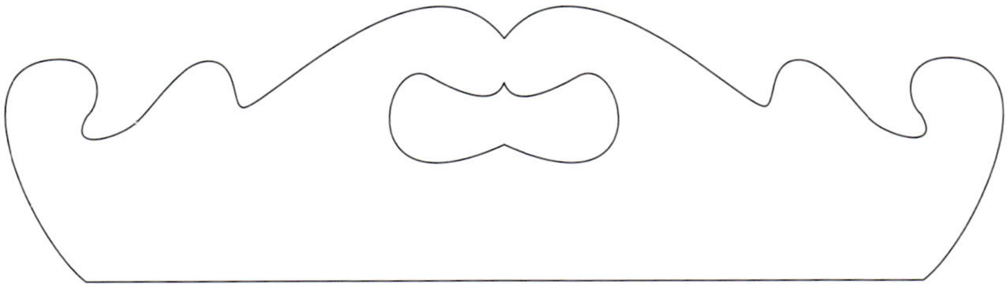

▲ Gabarit du dossier à agrandir à la taille voulue avant de le reporter sur la carte bristol.

Fauteuil en rotin

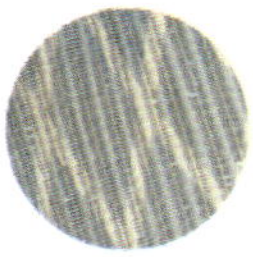

Les fauteuils en rotin, en osier ou en torons de papier enroulés autour d'une armature métallique connurent une grande vogue dans les années 1920-1930, et demeurent très appréciés aujourd'hui encore. Le modèle qui sert ici d'exemple était recouvert de plusieurs couches de peinture. Les fibres tissées n'étant pas simples à décaper, le fauteuil a été brossé puis dépoussiéré le plus soigneusement possible avant d'être repeint d'un jeu superposé de blanc et de bleu.

❖ MATÉRIEL ❖

Une brosse métallique
Papier abrasif à grain fin
Laine d'acier n° 2
Chiffons
Un aspirateur électrique
Peintures-émulsions : blanc et bleu
Pinceaux plats
et brosses à rechampir
Ruban crépon adhésif
Un mètre-ruban
Vernis acrylique
Peinture acrylique pour beaux-arts
terre d'ombre naturelle (facultatif)

1 Préparation. Frottez le rotin avec la brosse métallique afin de supprimer les éclats de vieille peinture. Lissez au papier abrasif à grain fin. Poncez l'extrémité des pieds avec de la laine d'acier. Utilisez des chiffons et l'aspirateur électrique pour dépoussiérer soigneusement l'ensemble.

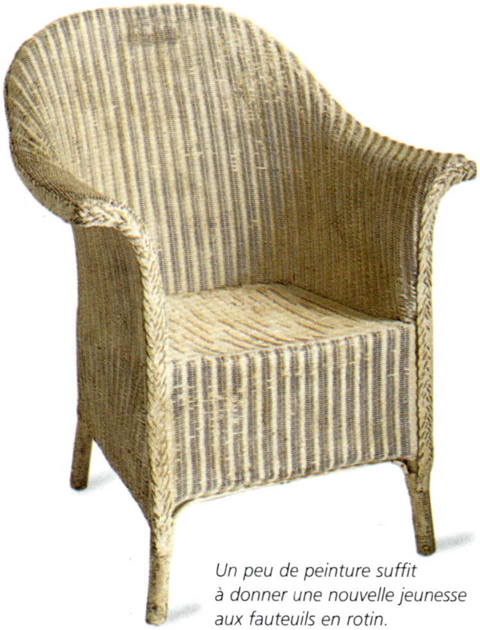

Un peu de peinture suffit à donner une nouvelle jeunesse aux fauteuils en rotin.

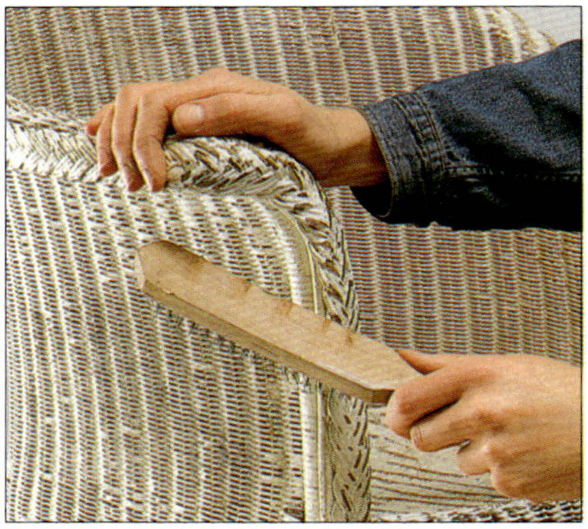

▲ Nettoyez le rotin avec la brosse métallique.

2 Peinture. Recouvrez le fauteuil d'une couche de peinture-émulsion blanche. Laissez sécher.

Réalisez un treillage régulier sur la face interne du fauteuil en entrecroisant des bandes de ruban crépon adhésif. Commencez à travailler au centre du dossier, puis progressez de façon symétrique vers l'extérieur, en lissant bien les rubans afin qu'ils adhèrent correctement au rotin.

Recouvrez le fauteuil d'une couche de peinture-émulsion bleue. Laissez sécher. Retirez délicatement les bandes de ruban crépon adhésif.

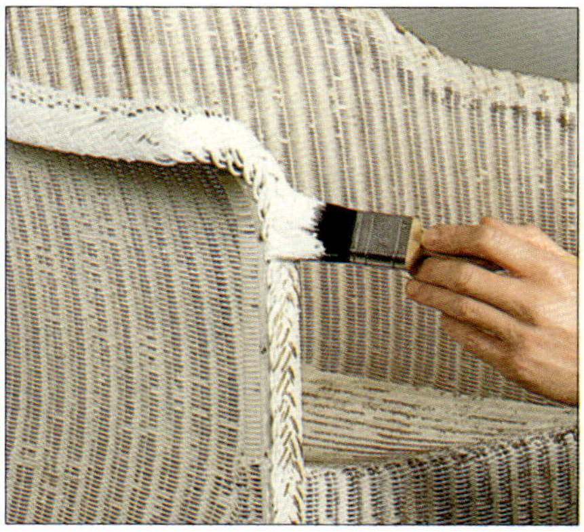

▲ Appliquez la peinture blanche.

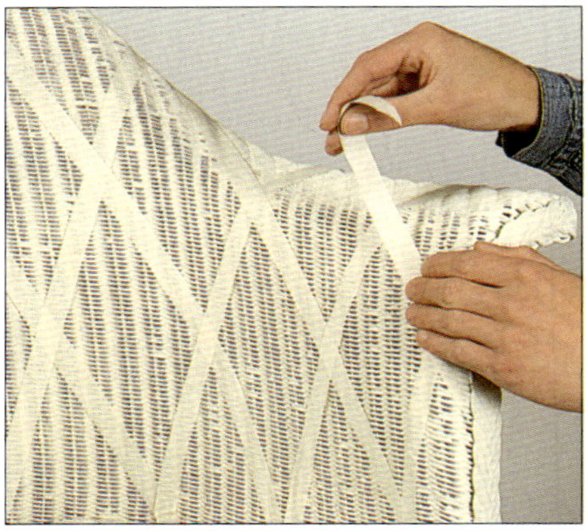

▲ Réalisez un treillage de ruban adhésif.

3 Finition. Appliquez une couche de vernis acrylique, teinté d'une pointe de peinture acrylique terre d'ombre naturelle si vous voulez vieillir les teintes du fauteuil.

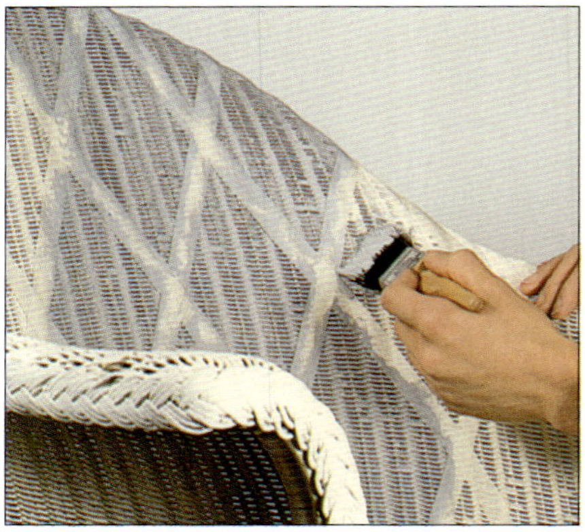

▲ Appliquez la peinture bleue.

TRUCS ET ASTUCES

Tout en dépoussiérant le fauteuil avec l'aspirateur, délogez la poussière à l'aide d'un pinceau à poils souples.

Techniques utilisées pour cette réalisation :
Préparation (pages 128-129), peinture (pages 12, 17), vernis (pages 139 à 141).

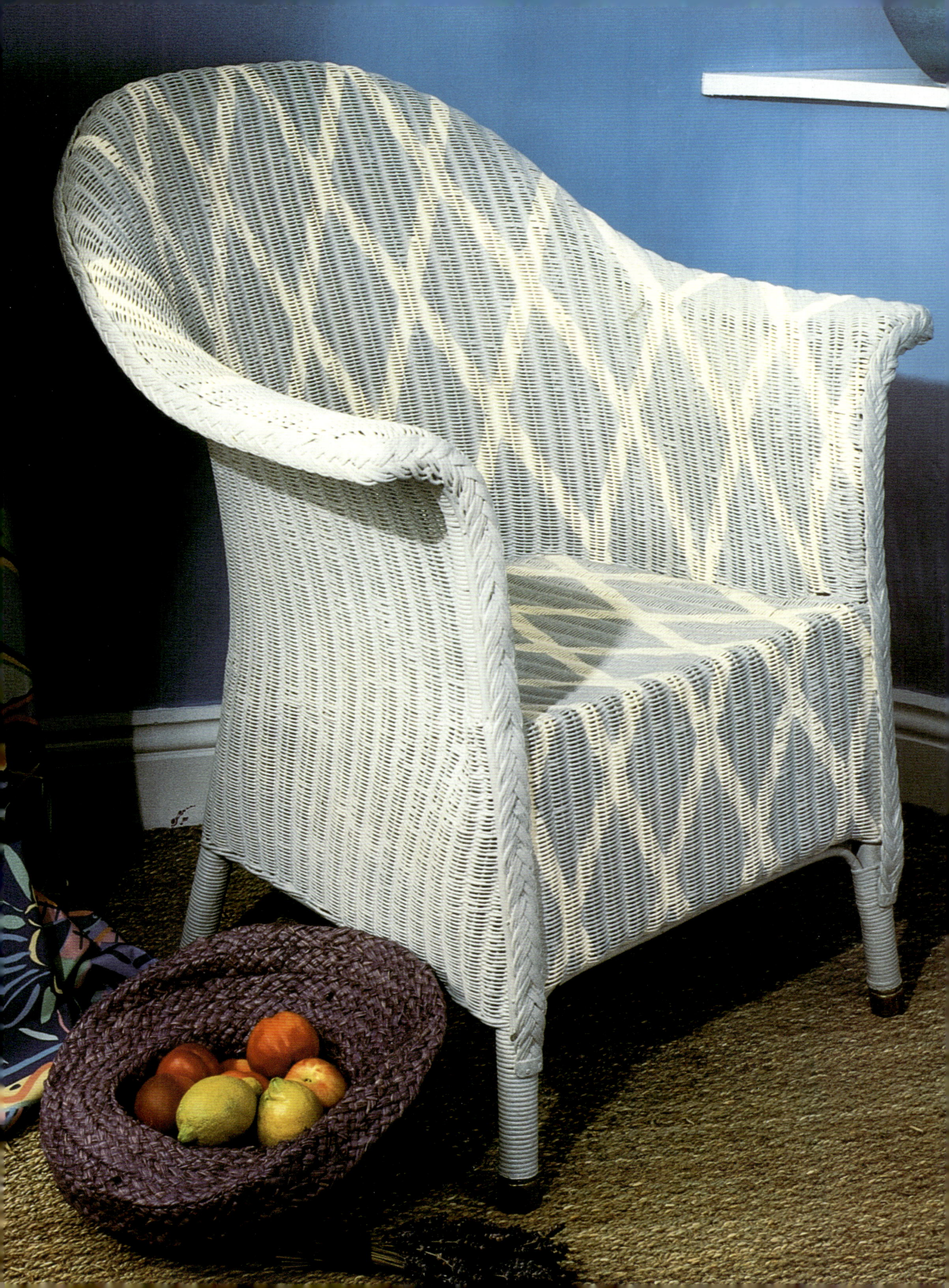

Transatlantique

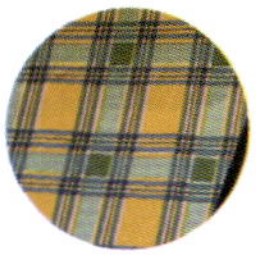

Avec son auvent bien pratique pour se protéger du soleil, ce vieux transatlantique avait encore fière allure. Il suffisait de remplacer son vieil habillage fâné par de la toile aux couleurs vives pour le métamorphoser en un fauteuil de jardin original et contemporain. Ce sont les anciennes pièces de tissu qui ont servi de patrons pour couper les nouvelles. Après nettoyage, la structure en bois a été protégée par un vernis capable de résister aux intempéries, et préalablement teinté en bleu sombre pour contraster avec l'éclat de le toile.

❖ MATÉRIEL ❖

Un marteau avec arrache-clou
Toile à transatlantique
Épingles
Une paire de ciseaux
Fil à bâtir et une aiguille à coudre
Une machine à coudre
équipée d'une grosse aiguille
Fil à coudre solide
Lessive de soude
Une brosse à ongles
Papier abrasif à grain fin
Chiffons
Vernis polyuréthanne mat
Colorant universel bleu
Un récipient
Un pinceau plat
Clous d'ameublement à têtes perlées
Galon frangé
Colle universelle (ou pistolet à colle)

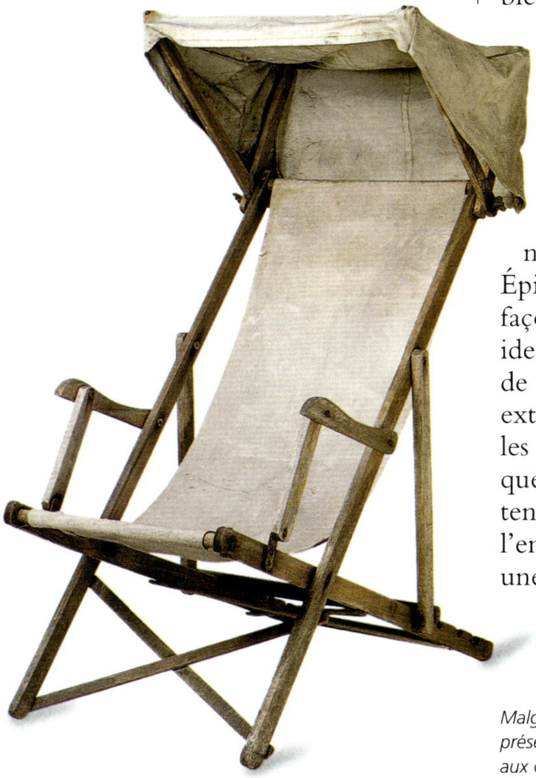

Malgré son vieil habillage fâné, ce transatlantique présentait une forme originale qu'une toile aux couleurs vives mettra encore mieux en valeur.

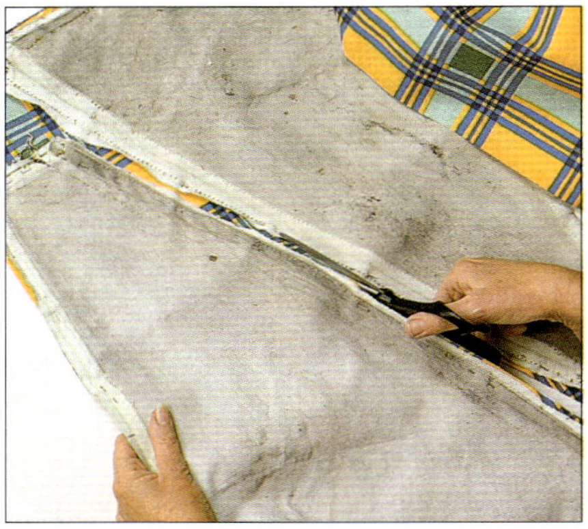

▲ Servez-vous des vieux morceaux de toile comme patrons.

1 Dégarnissage. Déclouez délicatement les morceaux du vieil habillage afin de pouvoir vous en servir comme patrons. Observez bien comment les bords de la toile sont pliés pour épouser la forme de la structure. Décousez les coutures de l'auvent et repassez les différentes pièces.

2 Habillage. Épinglez les patrons sur la toile neuve puis découpez tout autour. Épinglez puis bâtissez les pièces de façon à reconstituer un habillage identique à l'ancien. N'oubliez pas de prévoir une gaine aux deux extrémités de l'assise afin d'y glisser les traverses en bois. Vérifiez que l'auvent sera correctement tendu sur la structure. Piquez l'ensemble à la machine, avec une aiguille et du fil solides.

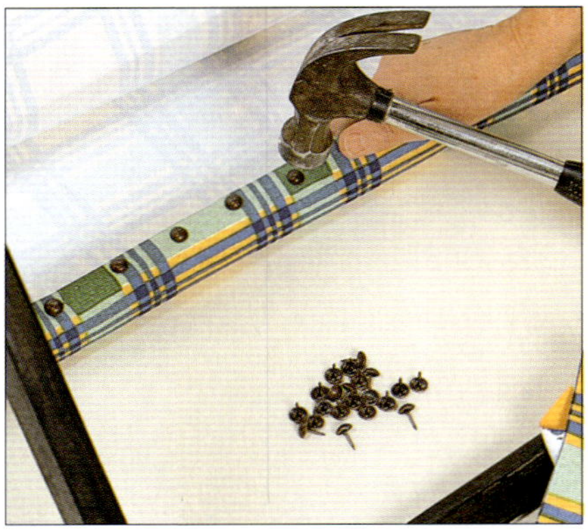

▲ Fixez la toile neuve sur les traverses avec les clous à tête perlée.

3 Réfection de la structure. Brossez la structure en bois avec de l'eau additionnée de lessive de soude. Laissez sécher, poncez au papier abrasif fin, puis essuyez.

Diluez le colorant universel dans le vernis polyuréthanne. Appliquez une couche de ce mélange sur toute la structure. Laissez sécher vingt-quatre heures, puis répétez l'opération après avoir égrené le bois au papier abrasif fin.

4 Pose de l'habillage. Lorsque le vernis est bien sec, disposez l'habillage sur la structure et clouez-la sur les traverses. Collez le galon tout autour de l'auvent.

TRUCS ET ASTUCES

Il existe dans le commerce des bandes de préclouage en plastique permettant d'espacer régulièrement les clous, et limitant le risque de coups sur les doigts.

Techniques utilisées pour cette réalisation :
Réfection (pages 128-129, 134), vernis (pages 139 à 141).

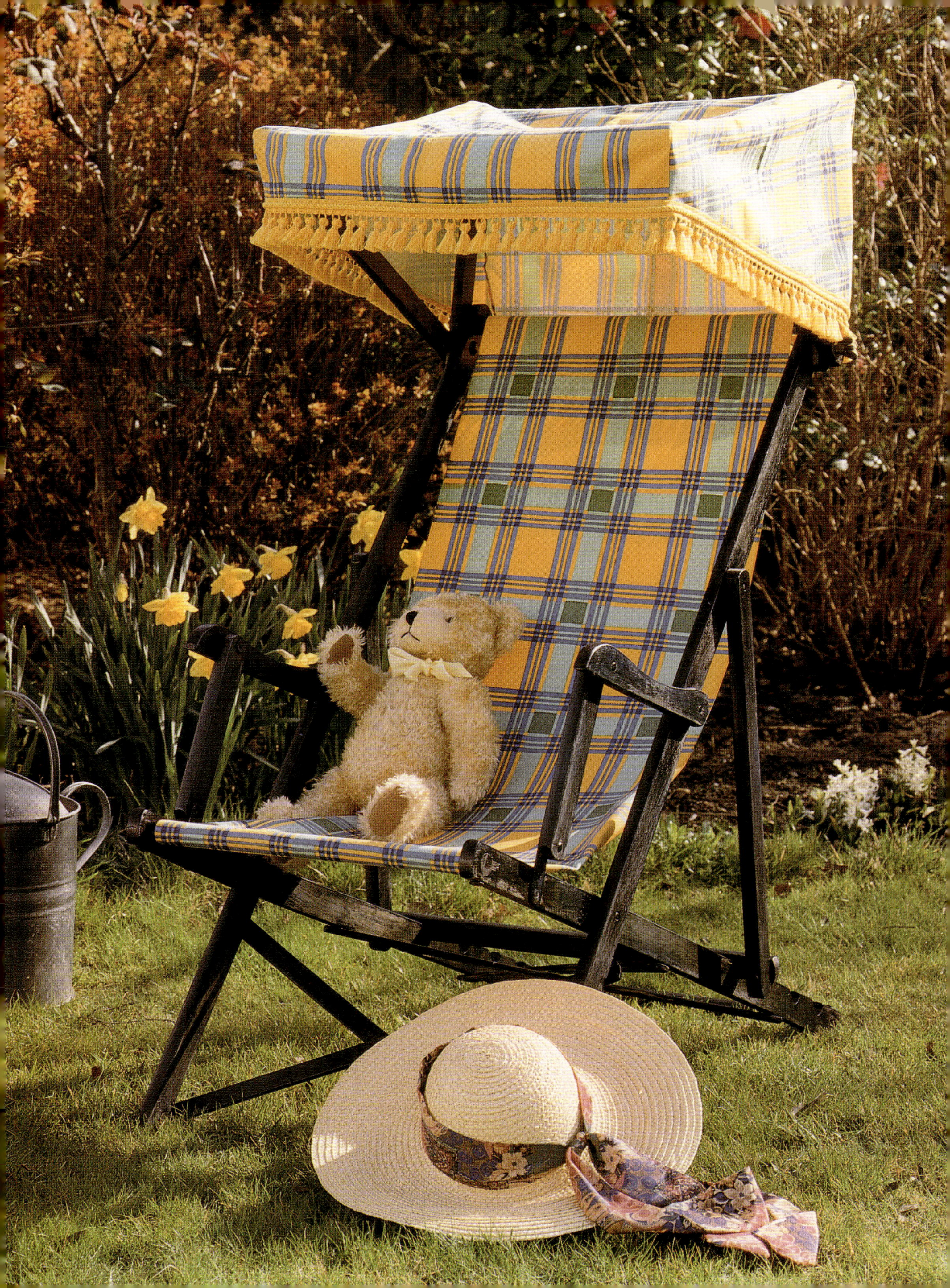

Fauteuil à bascule

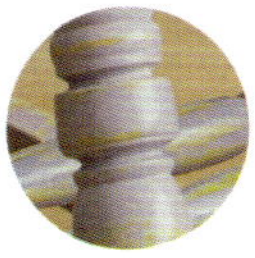

Compagnons familiers de bien des chambres d'enfant, les fauteuils à bascule permettent de bercer confortablement Bébé pour l'endormir. Il est facile d'en trouver dans les magasins de meubles d'occasion et chez les brocanteurs, mais ils sont souvent recouverts d'une superposition de couches de peinture accumulées au fil du temps. On a choisi ici d'appliquer un procédé de vieillissement à deux couleurs acidulées, très contrastées. Vous obtiendrez un effet plus subtil en associant des teintes plus proches l'une de l'autre, par exemple un blanc cassé et un beige clair, ou deux tons de bleu. Le fauteuil est garni d'une assise et d'un repose-tête en mousse, habillés de housses amovibles et passepoilées, nouées par des liens.

❖ MATÉRIEL ❖

Papier kraft
Un crayon
Une paire de ciseaux
Mousse, 5 cm d'épaisseur
Épingles
Tissu blanc
Un mètre-ruban
Une machine à coudre
Fil à coudre
Deux fermetures à glissière, d'une longueur égale à celle de l'arrière de chaque coussin, moins 5 cm environ
Tissu vert
Mèche à passepoil n° 3
Pied-de-biche pour fermeture à glissière
Fil à bâtir et une aiguille à coudre
Un fer à repasser
Papier abrasif à grain moyen et fin
Chiffons
Sous-couche acrylique blanche
Pinceaux plats et brosses à rechampir
Peintures-émulsions mates : vert et mauve
Vernis ciré incolore

Techniques utilisées pour cette réalisation :
Préparation (pages 129, 136), peinture (pages 12, 17), vernis (pages 139 à 141).

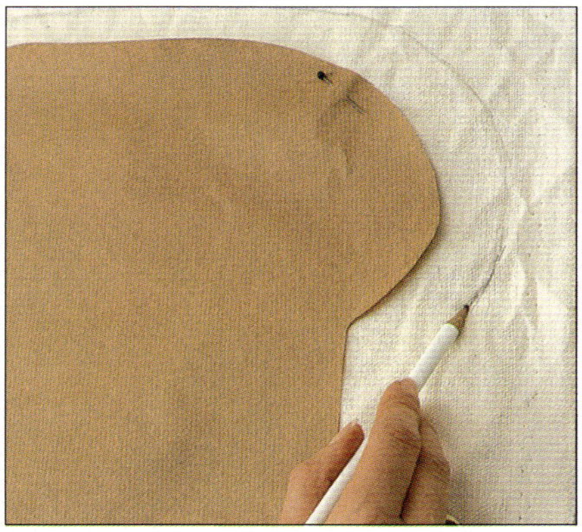

▲ Ajoutez une réserve autour des patrons.

1 Réalisation des patrons. Placez du papier kraft sur l'assise du fauteuil, relevez au crayon les contours de celui-ci, puis découpez. Procédez de la même façon pour établir le patron du repose-tête.

2 Coupe. Épinglez les patrons sur la mousse, tracez leurs contours au crayon puis découpez.

Procédez de la même façon pour reporter les patrons sur le tissu blanc plié en deux, endroit contre endroit, en ajoutant cette fois une réserve de couture de 2 cm tout autour de chaque pièce. Vous obtenez le dessus et le dessous des deux housses.

Pour la tranche principale de chacune des deux housses, coupez une bande de tissu blanc de 9 cm de hauteur, et d'une longueur égale au cumul des longueur du devant et des deux côtés du coussin, plus 4 cm.

La tranche arrière de chaque housse est constituée de deux bandes de 6,50 cm de hauteur, et d'une longueur égale à celle de l'arrière du coussin, plus 4 cm.

3 Préparation des tranches. La housse de l'assise et celle du repose-tête sont réalisées de la même manière. Tous les assemblages se font avec des réserves de couture de 2 cm.

Assemblez les deux bandes de la tranche arrière l'une au-dessus de l'autre, en intercalant la fermeture à glissière. Endroit contre endroit, assemblez la tranche arrière aux extrémités de la tranche principale de façon à former une boucle.

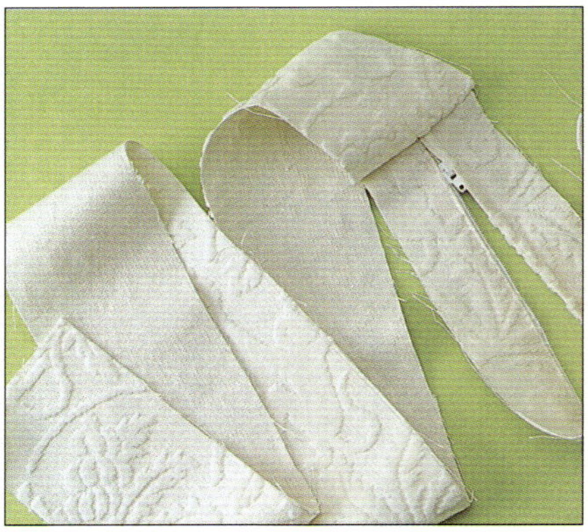

▲ Assemblez les tranches avant et arrière.

4 Confection du passepoil. En travaillant dans le biais, coupez des bandes de tissu vert de 5 cm de hauteur. Assemblez les bout à bout de façon à obtenir deux bandes d'une longueur légèrement supérieure au périmètre de la housse. Placez la mèche à passepoil au centre des bandes, sur l'envers, et rabattez le tissu dessus. Après avoir équipé la machine à coudre du pied-de-biche pour fermeture à glissière, piquez au ras de la mèche.

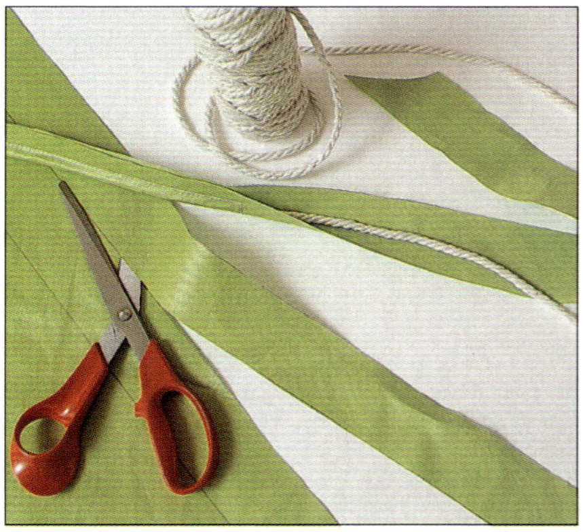

▲ Confectionnez le passepoil.

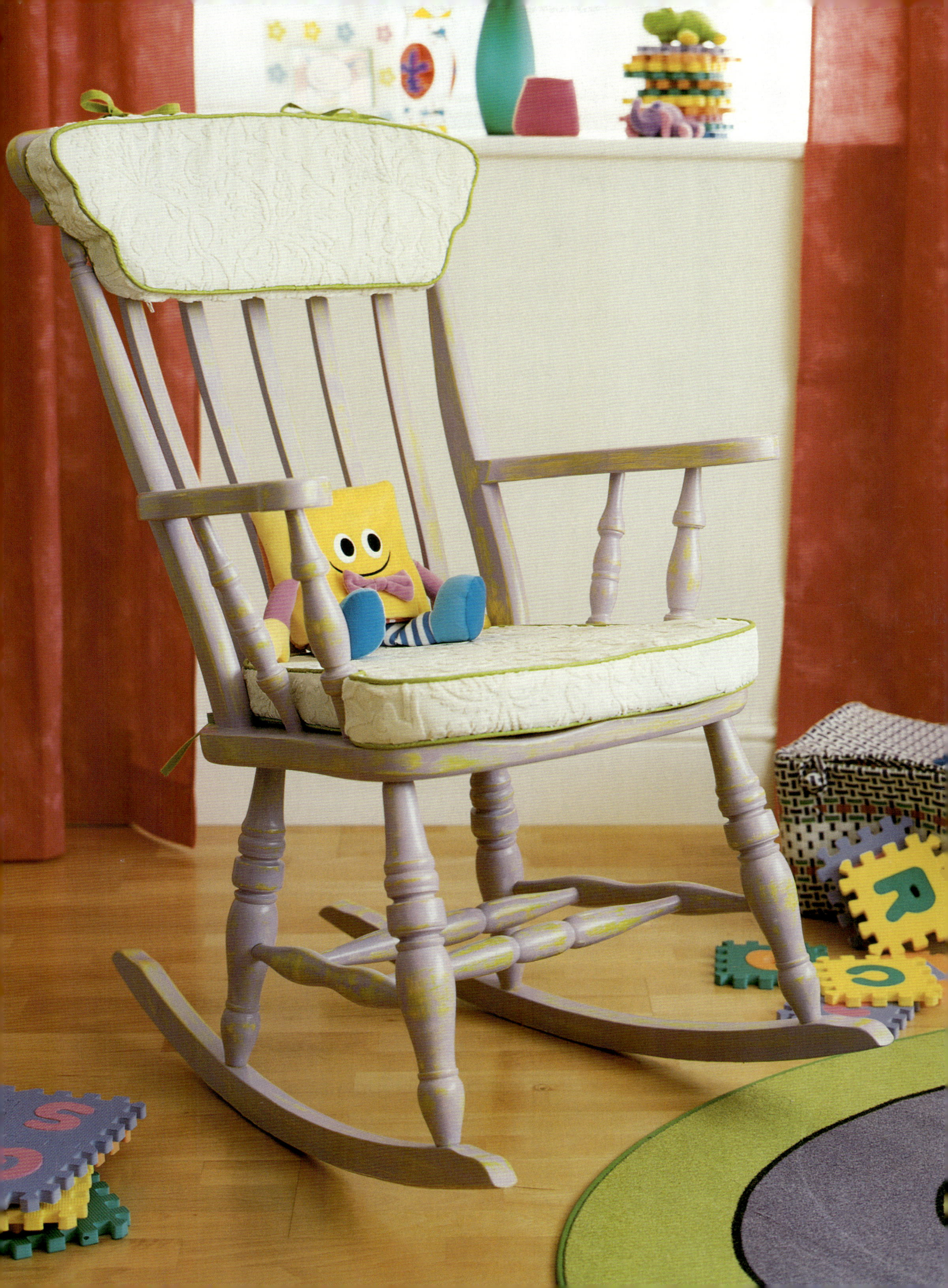
R
C
S

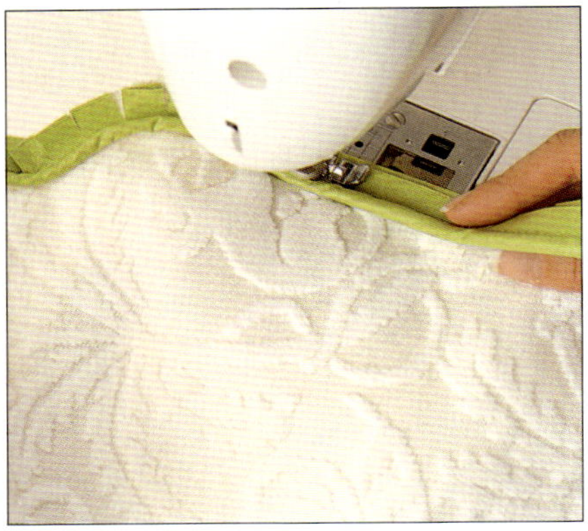

▲ Piquez le passepoil au ras de la mèche.

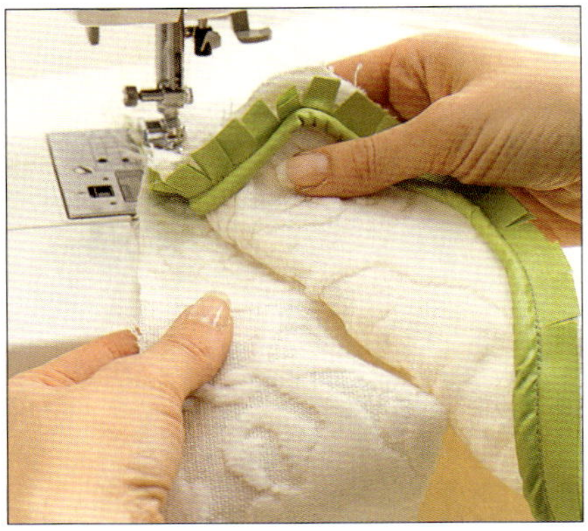

▲ Assemblez la tranche et le dessus.

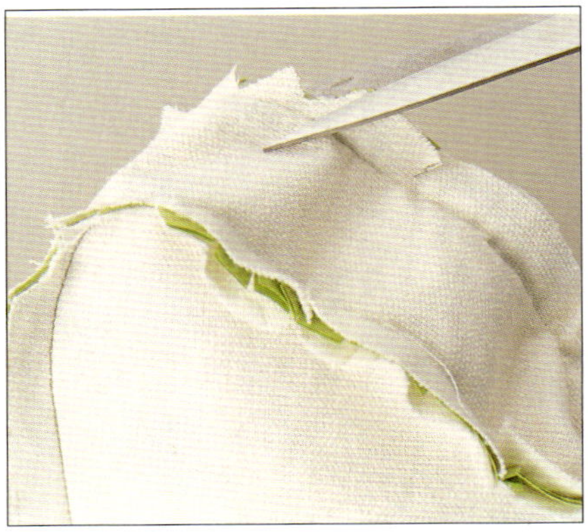

▲ Crantez les réserves de couture.

5 Pose du passepoil. Épinglez puis bâtissez le passepoil autour des pièces du dessus et du dessous, sur l'endroit, de façon que la piqûre se trouve à 2 cm des bords. Piquez au ras de la mèche. Crantez la réserve de couture du passepoil dans les angles et le long des courbes afin que la mèche épouse plus facilement le contour des pièces.

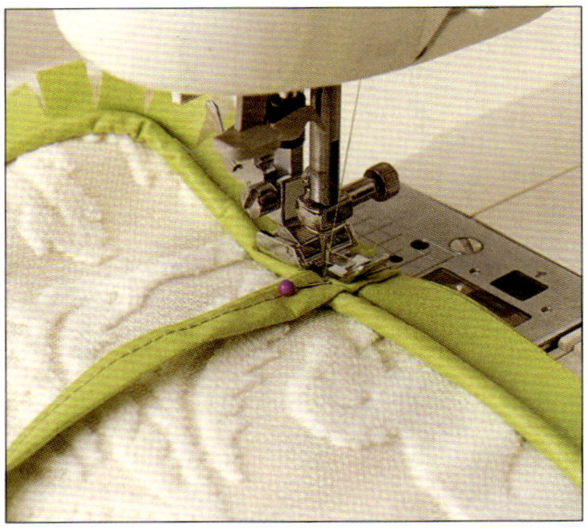

▲ Piquez les liens au ras du passepoil.

6 Réalisation des liens. Coupez huit bandes de tissu vert de 40 x 5 cm. Rabattez les deux grands côtés vers le centre, envers contre envers, repassez, puis pliez en deux. Piquez le grand côté ouvert à quelques millimètres du bord.

Pour la housse de l'assise, épinglez deux liens à l'arrière du dessus, sur l'endroit. Répétez l'opération sur le dessous, de façon que les liens soient en vis à vis si l'on superpose les deux pièces. Piquez les liens dans la réserve de couture.

Procédez de la même façon pour la housse du repose-tête, mais en plaçant cette fois les liens sur le bord supérieur des pièces.

7 Assemblage des housses. Épinglez la tranche autour de la pièce du dessus, endroit contre endroit, en plaçant la fermeture à glissière au centre du bord arrière sur la housse de l'assise, et au centre du bord inférieur pour celle du repose-tête. Bâtissez puis piquez au ras de la mèche du passepoil. Ouvrez la fermeture à glissière puis assemblez la base de la tranche autour de la pièce du dessous.

Afin que le tissu ne plisse pas, crantez les réserves de couture dans les angles et le long des courbes, en coupant à travers toutes les épaisseurs de tissu. Repassez.

Retournez les housses sur l'endroit et glissez les coussins en mousse à l'intérieur.

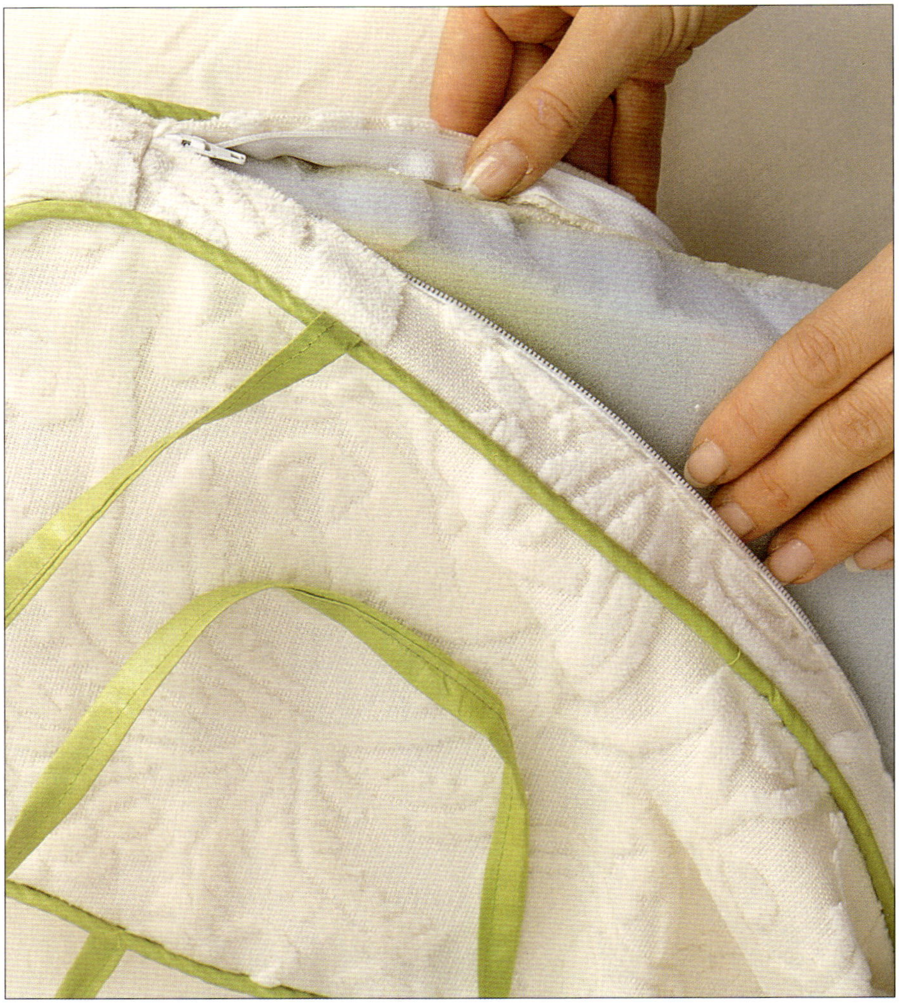

▲ Une fois la housse terminée et repassée, glissez le coussin en mousse à l'intérieur.

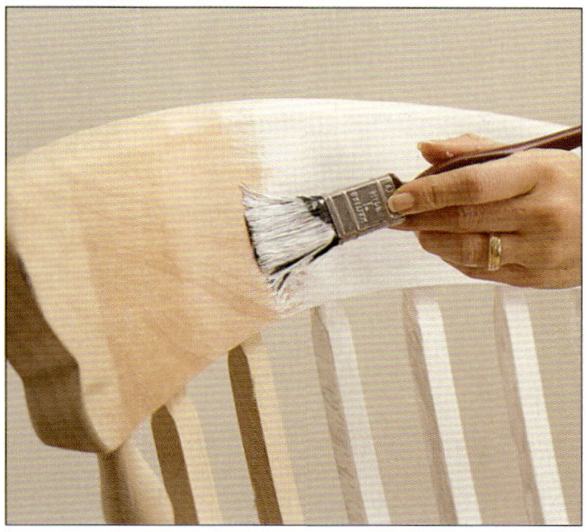

▲ Appliquez la sous-couche.

8 Préparation du bois. Poncez le fauteuil avec du papier abrasif à grain moyen puis fin. Essuyez à l'aide d'un chiffon.

Appliquez de la sous-couche acrylique blanche sur l'ensemble du fauteuil. Laissez sécher puis égrenez avec du papier abrasif à grain fin afin d'obtenir une surface lisse et douce. Dépoussiérez au chiffon.

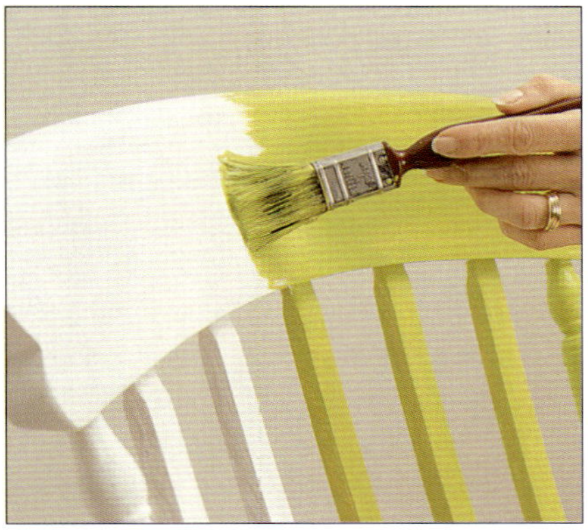

▲ Appliquez une couche de peinture verte.

9 Peinture. Appliquez une couche de peinture-émulsion verte. Laissez sécher, puis égrenez délicatement avec du papier abrasif à grain fin avant d'essuyer à l'aide d'un chiffon.

Recouvrez la peinture verte d'une couche de peinture-émulsion mauve. Laissez sécher.

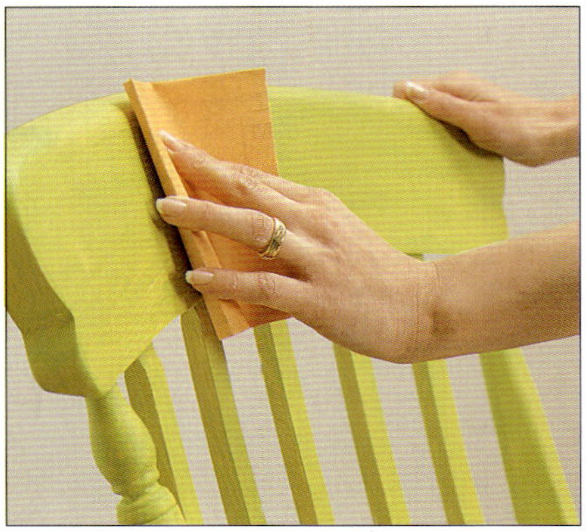

▲ Égrenez la peinture verte.

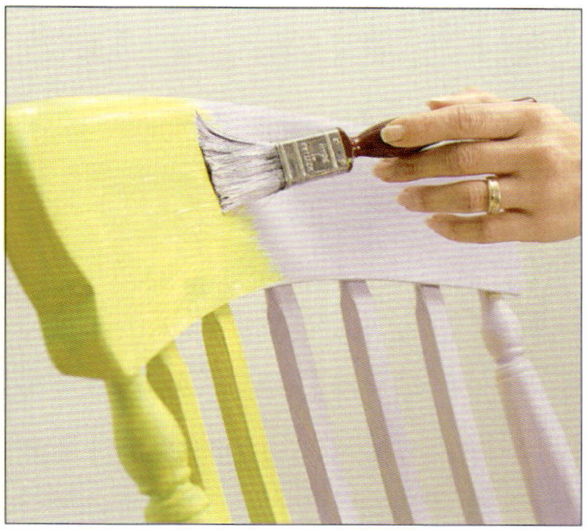

▲ Appliquez du mauve au-dessus du vert.

10 Vieillissement. En travaillant toujours dans le sens des veines du bois, poncez délicatement certaines zones du fauteuil avec du papier abrasif à grain fin, de façon à révéler par endroits la couleur verte. Insistez en particulier sur les arêtes, l'assise et la partie saillante des pièces tournées afin de simuler une usure naturelle. Procédez par petites touches en vérifiant régulièrement le résultat obtenu. Lorsque vous êtes satisfait de l'ensemble, dépoussiérez soigneusement avec un chiffon.

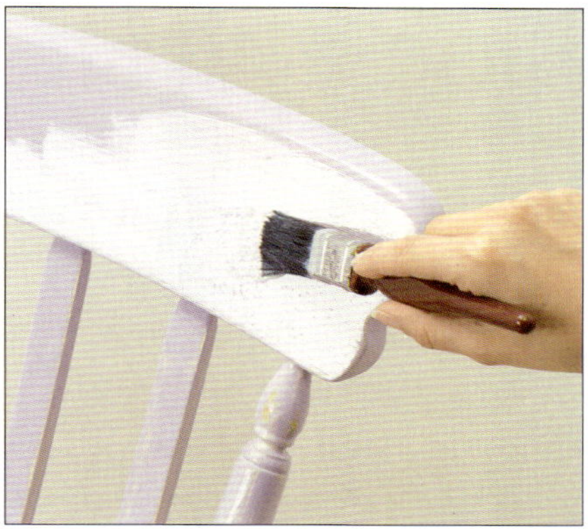

▲ Appliquez une couche de vernis ciré.

11 Finition. Appliquez une couche de vernis ciré. Laissez sécher puis lustrez avec un chiffon doux. Nouez les coussins sur le fauteuil.

TRUCS ET ASTUCES

- Pour obtenir des patrons symétriques, pliez le papier kraft en deux et coupez les deux épaisseurs en suivant le tracé de l'une des faces.
- Vous pouvez remplacer les fermetures à glissière par des bandes de ruban autoagrippants, plus faciles à poser.
- Commencez par choisir les tissus afin de pouvoir leur coordonner exactement les teintes des peintures.

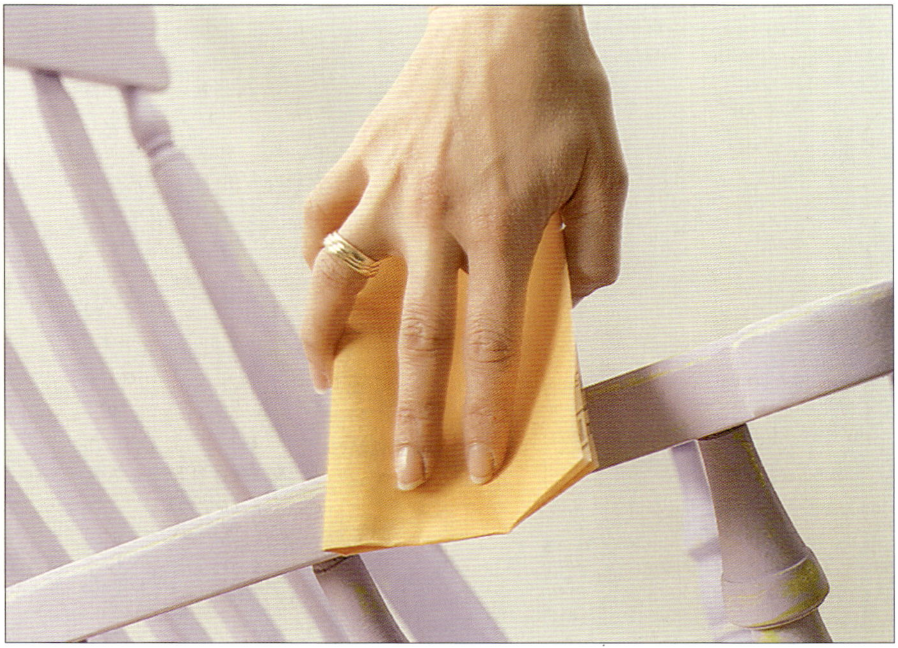

▲ Poncez la peinture mauve en travaillant dans le sens des veines du bois.

Bloc à tiroirs

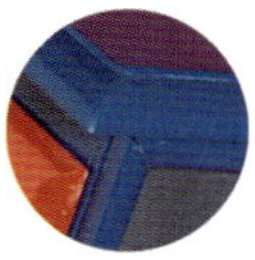

CONCILIER JEU ET RANGEMENT est souvent un art difficile dans les chambres d'enfant. Ce bloc muni de tiroirs très pratiques apporte une partie de la solution. L'un de ses flancs est garni d'un panneau de liège où l'on peut punaiser images, dessins et cartes postales. Sur l'autre, un tableau noir offre un espace d'expression qu'un simple coup d'éponge suffit à nettoyer. Une association de couleurs vives ajoute au charme de l'ensemble. Choisissez de préférence des peintures acryliques car elles sont solides sans être toxiques.

❖ MATÉRIEL ❖

Un tournevis
Papier abrasif à grain gros, moyen et fin
Chiffons
Enduit de finition liquide
Pinceaux plats de différentes largeurs
Sous-couche acrylique blanche
Une règle
Un crayon
Un panneau d'aggloméré, 10 mm d'épaisseur
Une scie (facultatif)
Pointes à tête homme
Un marteau
Peinture pour tableau noir
Une plaque de liège
Une paire de ciseaux
Colle vinylique
Chants plats en bois brut
Une boîte à onglets et une scie à dos
Peintures-émulsions brillantes : bleu, violet, orange, rouge, vert et jaune
Ruban crépon adhésif (facultatif)

Techniques utilisées pour cette réalisation :
Préparation (pages 129, 136), peinture (pages 12, 17).

TRUCS ET ASTUCES

- Pour éviter que des surépaisseurs n'empêchent les tiroirs de coulisser, laquez uniquement leurs façades et appliquez une seule couche de peinture sur les côtés.
- Afin d'obtenir de jolies finitions, prenez le temps de sortir les tiroirs du bloc, de dévisser les boutons et de peindre chaque élément séparément.
- Vous pouvez utiliser le même principe pour décorer des meubles plus grands – par exemple, une armoire – sans jamais oublier que le tableau et le panneau d'affichage doivent rester à la portée des enfants.

1 Préparation. Sortez les tiroirs du bloc et dévissez leurs boutons. Poncez l'ensemble en utilisant du papier abrasif successivement à grain gros, moyen et fin. Dépoussiérez soigneusement avec un chiffon.

Appliquez une couche d'enduit de finition à l'intérieur comme à l'extérieur du bloc et des tiroirs. Laissez sécher puis égrenez au papier abrasif fin.

Appliquez de la sous-couche acrylique blanche sur l'ensemble, laissez sécher, puis poncez à nouveau délicatement au papier abrasif fin.

2 Habillage des flancs. Sciez ou faites découper un panneau de bois aggloméré aux dimensions du flanc droit du bloc. Clouez-le avec les pointes à tête homme, puis appliquez dessus une couche régulière de peinture pour tableau noir.

Découpez la plaque de liège aux dimensions du flanc gauche du bloc et collez-la sur ce dernier.

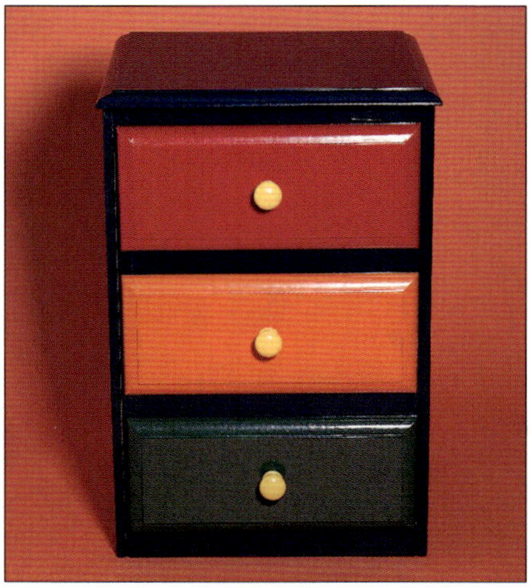

▲ Les enfants sont très souvent séduits par les associations de couleurs vives.

3 Encadrement des flancs. À l'aide de la boîte à onglets et de la scie à dos, coupez huit chants plats à 45° de façon à encadrer le panneau d'aggloméré et la plaque de liège. Recouvrez-les de sous-couche, laissez-les sécher, égrenez-les au papier abrasif fin, puis laquez-les en bleu. Clouez-les à leur place.

4 Peinture. Laquez le bloc, les tiroirs et les boutons avec les différentes couleurs. La solidité étant essentielle pour un meuble d'enfant, appliquez trois à quatre couches en laissant sécher puis en égrenant chacune d'elles au papier abrasif à grain fin avant d'appliquer la suivante. Si vous craignez de déborder sur les flancs, protégez-les avec du ruban crépon adhésif.

5 Finition. Lorsque l'ensemble est bien sec, revissez les boutons sur les tiroirs et replacez ces derniers dans le bloc.

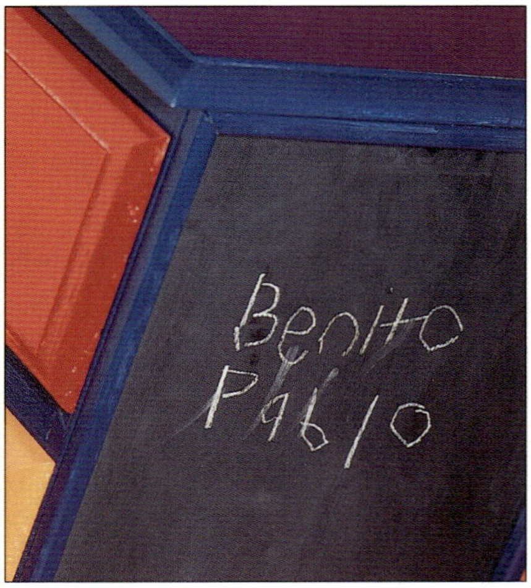

▲ Un tableau noir permet d'apprendre tout en jouant.

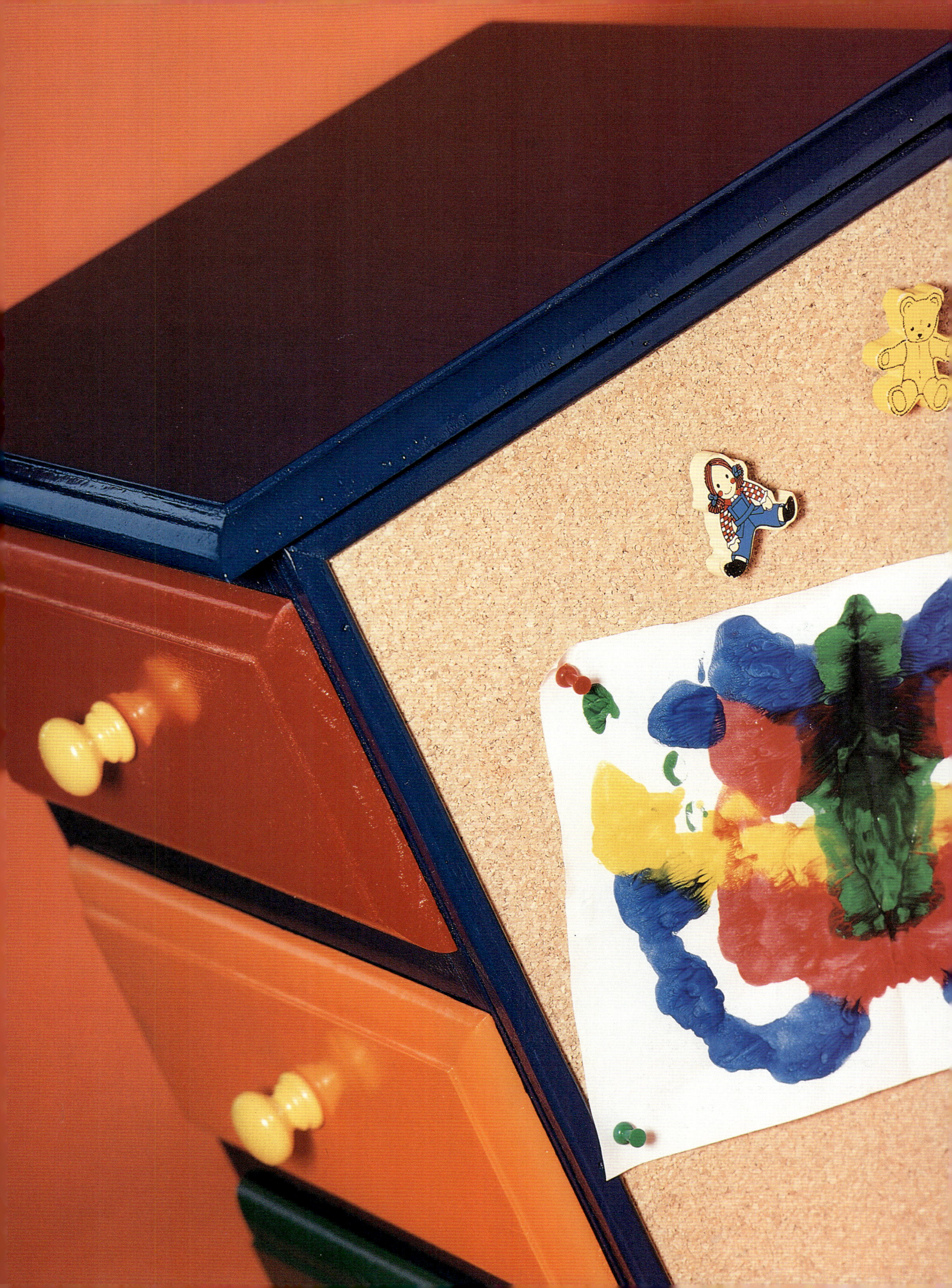

Bureau et chaises d'enfant

Bien que sales et usés, ces petits meubles d'écolier étaient parfaits pour créer un espace de jeu dans une chambre d'enfant. La simplicité du motif et la gaité des couleurs plairont aux bambins tout en étant suffisamment classiques pour les accompagner au fil des années. Chacune des chaises est peinte dans une teinte différente, que l'on retrouve dans les motifs de la table. Si vous manquez de temps pour élaborer ces losanges qui demandent un peu de précision, réalisez un damier parallèle aux bords de la table.

❖ MATÉRIEL ❖

Lessive de soude
Une brosse à ongles
Pâte à bois
Un couteau à enduire
Chiffons
Papier abrasif à grain moyen et fin
Sous-couche acrylique blanche
Pinceaux plats de différentes largeurs
Peintures-émulsions :
blanc, bleu turquoise, bleu lavande et rose
Ruban crépon adhésif
Une règle
Un crayon
Vernis acrylique mat ou satiné
Un pinceau à vernir

Techniques utilisées pour cette réalisation :
Préparation (pages 128-129),
peinture (pages 12, 17), vernis (pages 139 à 141).

1 **Préparation.** Nettoyez les meubles en les brossant avec de l'eau additionnée de lessive de soude. Laissez sécher.

Rebouchez les trous avec de la pâte à bois appliquée au couteau à enduire. Laissez sécher.

Poncez l'ensemble avec du papier abrasif à grain moyen puis fin. Essuyez à l'aide d'un chiffon.

Appliquez une sous-couche acrylique blanche sur chaque meuble. Laissez sécher.

2 **Peinture du fond.** Appliquez trois couches de peinture-émulsion blanche en laissant bien sécher chaque couche avant d'appliquer la suivante. Égrenez la dernière couche avec du papier abrasif à grain fin de façon à obtenir une surface lisse et douce.

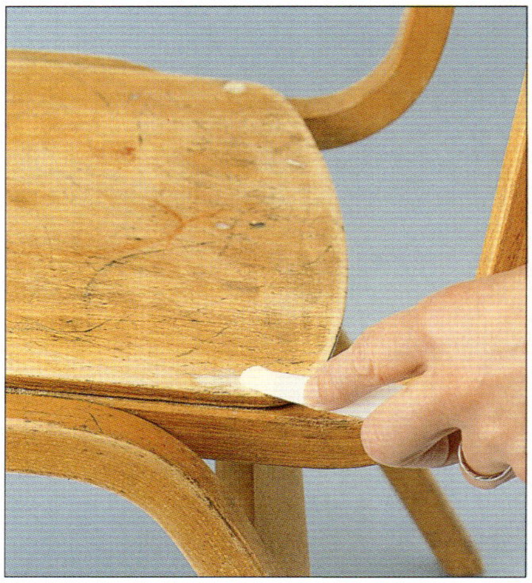

▲ Comblez les trous avec de la pâte à bois.

3 **Tracé des motifs.** Collez des bandes de ruban crépon adhésif autour du plateau de la table et de l'assise de chaque chaise, de façon à ménager une bordure régulière de 1 à 2 cm de largeur.

Calculez la taille des losanges de la table en fonction des dimensions de celle-ci, mesurées entre les bordures de ruban crépon adhésif. Dans l'exemple photographié, il y a dans la longueur six losanges entiers de couleur, et dans la largeur cinq losanges entiers et un demi-losange de chaque côté.

Avec le crayon et la règle, tracez sur deux côtés adjacents des repères régulièrement espacés correspondant aux pointes des losanges. Reliez ces repères deux à deux de façon à obtenir une série de lignes obliques parallèles. Procédez de la même manière sur les deux autres côtés de la table afin de compléter le quadrillage. Travaillez légèrement pour que les traits disparaissent ensuite sous la peinture.

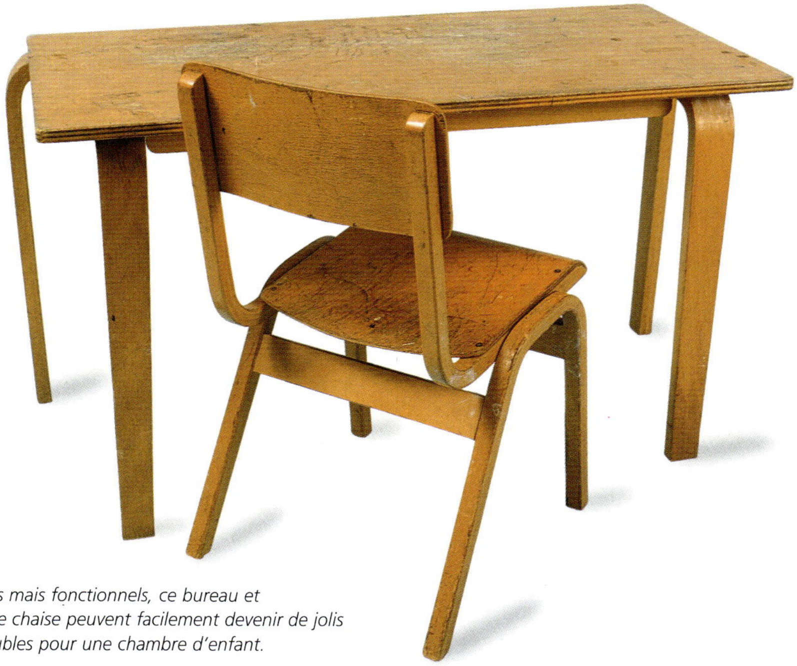

Usés mais fonctionnels, ce bureau et cette chaise peuvent facilement devenir de jolis meubles pour une chambre d'enfant.

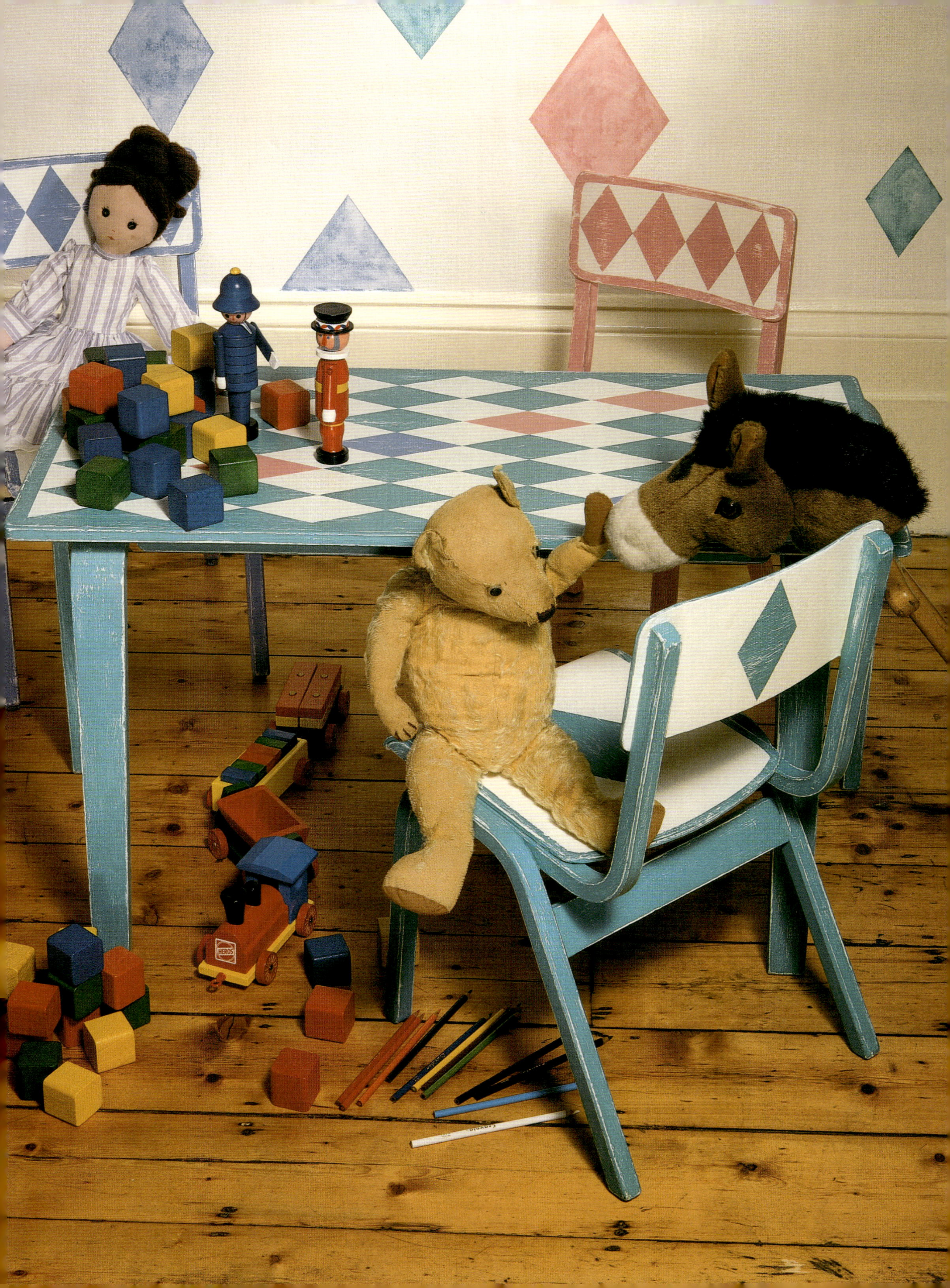

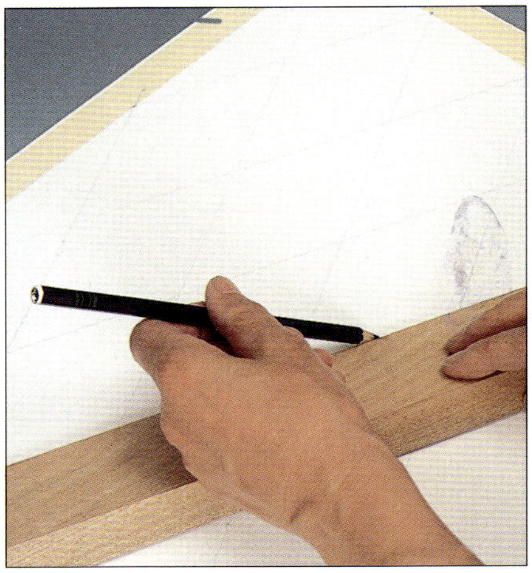

▲ Dessinez les losanges à traits légers.

Pour les dossiers des chaises, déterminez le nombre de losanges en fonction de la surface disponible. Tracez-les losanges au crayon en veillant à centrer l'ensemble du motif.

Sur la table et sur les chaises, délimitez un losange sur deux avec des bandes de ruban crépon adhésif.

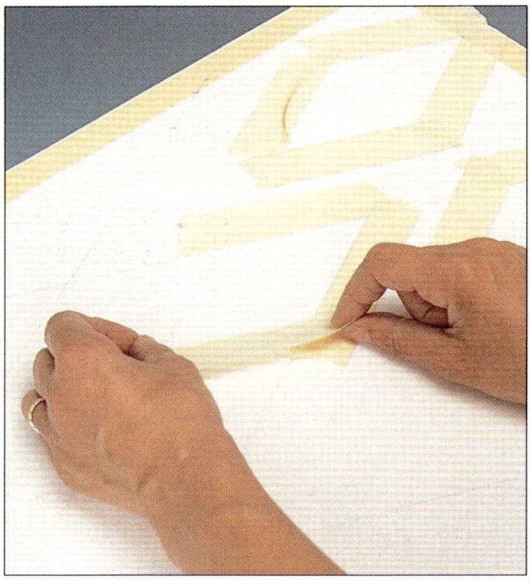

▲ Délimitez un losange sur deux avec du ruban crépon adhésif.

4 Peinture des motifs. En travaillant toujours dans le sens des veines du bois, peignez les losanges délimités par du ruban crépon adhésif avec les peintures-émulsions. Répartissez harmonieusement les coloris : dans l'exemple présenté ici, les losanges de la table sont peints en bleu turquoise à l'exception de quelques-uns, situés sur la diagonale, traités en rose et en bleu lavande ; chaque chaise est peinte dans une teinte différente. Laissez sécher.

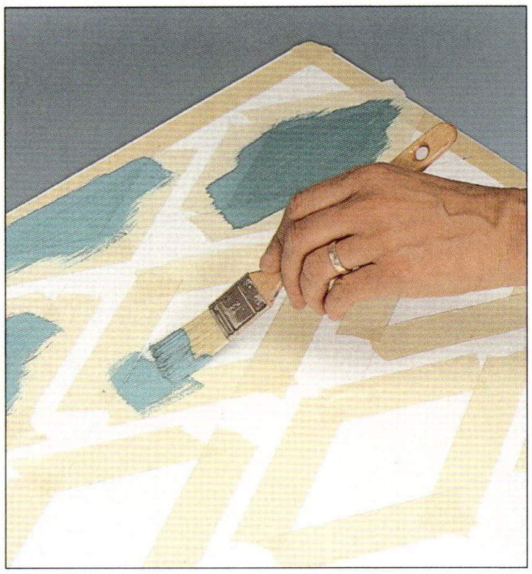

▲ Peignez les losanges délimités.

Retirez les bandes d'adhésif. Collez de nouvelles bandes pour délimiter les losanges restants puis peignez-les. Laissez sécher.

5 Peinture des meubles. Collez des bandes de ruban crépon adhésif au ras de celles qui délimitent les bordures, puis retirez ces dernières. Peignez les bordures, les tranches et les piétements de chaque meuble dans la couleur souhaitée. Laissez sécher.

6 Vieillissement. Avec du papier abrasif à grain moyen, poncez délicatement l'ensemble des surfaces peintes afin d'en atténuer l'éclat. Essuyez soigneusement à l'aide d'un chiffon.

7 Finition. Protégez l'ensemble avec deux couches de vernis acrylique, en laissant parfaitement sécher la première couche avant de poser la suivante. Utilisez un pinceau à vernir dont les soies longues et souples autorisent un travail fin et régulier.

TRUCS ET ASTUCES

- Si vous ne parvenez pas à déterminer la répartition des teintes, appliquez-les sur du papier ordinaire ou des chutes de papier peint, découpez des losanges et disposez ceux-ci sur la table afin de faire votre choix.
- Pour réaliser un décor coordonné, vous pouvez reprendre le motif des losanges sur les murs de la chambre (voir photographie page 101) ou sur d'autres meubles.

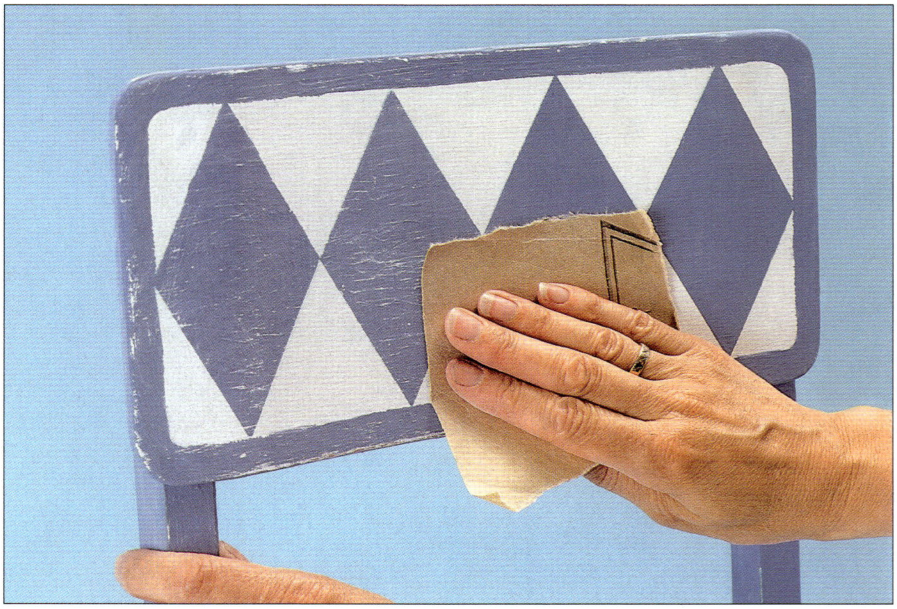

▲ Vieillissez le décor en le ponçant délicatement avec du papier abrasif à grain moyen.

Lit d'enfant

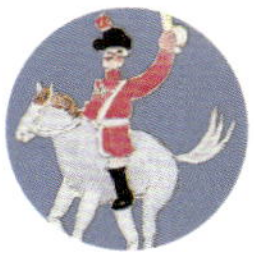

CETTE TÊTE DE LIT prouve que la technique du collage n'est pas réservée aux décors romantiques composés de fleurs et de papillons. Les personnages de livres d'images ou les héros de bandes dessinées décorent à merveille les chambres d'enfant. Ici, c'est la forme haute et arrondie du meuble qui a inspiré l'idée d'une parade de petits soldats. Des partitions vieillies avec du thé complètent la composition en lui donnant une touche plus musicale que guerrière. Les couleurs choisies sont très gaies, tout en étant patinées par le vernis.

❖ MATÉRIEL ❖

Papier abrasif à grain moyen et fin
Chiffons
Fondur
(ou enduit de finition liquide)
Pinceaux plats de différentes largeurs
Peintures-émulsions : bleu et rouge
Un petit pinceau rond
Papier à dessin blanc
Crayons de couleurs
(ou gouaches et pinceaux fins)
Partitions de musique
Une paire de ciseaux
Un sachet de thé
Pâte adhésive
Colle vinylique
Un pinceau pour la colle
Vernis acrylique
Un pinceau à vernir

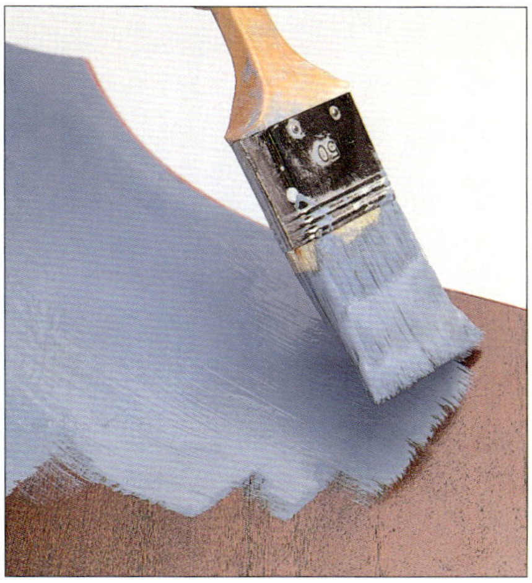

▲ Appliquez une couche de peinture bleue.

1 **Préparation.** Poncez le lit avec du papier abrasif à grain moyen puis fin. Essuyez au chiffon.

Appliquez sur l'ensemble une couche de fondur ou d'enduit de finition. Laissez sécher.

2 **Peinture du fond.** Appliquez deux couches de peinture-émulsion bleue, en laissant bien sécher la première avant de poser la suivante.

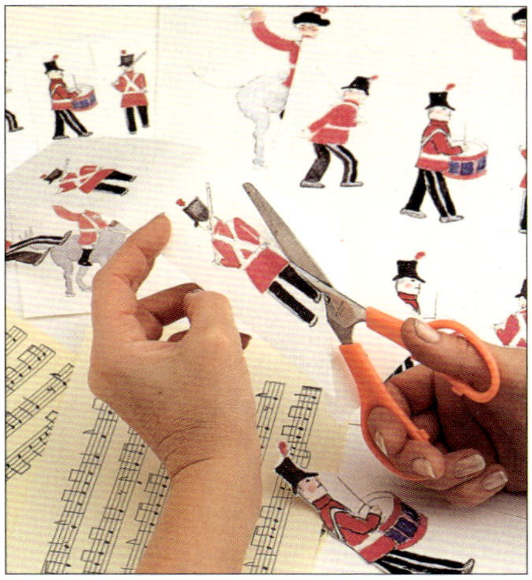

▲ Découpez les petits soldats en papier.

Avec le petit pinceau rond, peignez en rouge les tranches de la tête et du pied de lit.

3 **Préparation des motifs.** Sur le papier à dessin, dessinez des petits soldats, sans oublier quelques cavaliers et des tambours. Coloriez-les au crayon ou à la gouache. Sur une photocopieuse-couleurs, ajustez les dimensions des personnages et effectuez suffisamment de copies pour obtenir une armée. Réalisez également quelques photocopies noir et blanc des partitions de musique.

En employant la paire de ciseaux, détourez soigneusement les soldats au ras des contours. Découpez les partitions de façon irrégulière afin d'évoquer de vieux manuscrits.

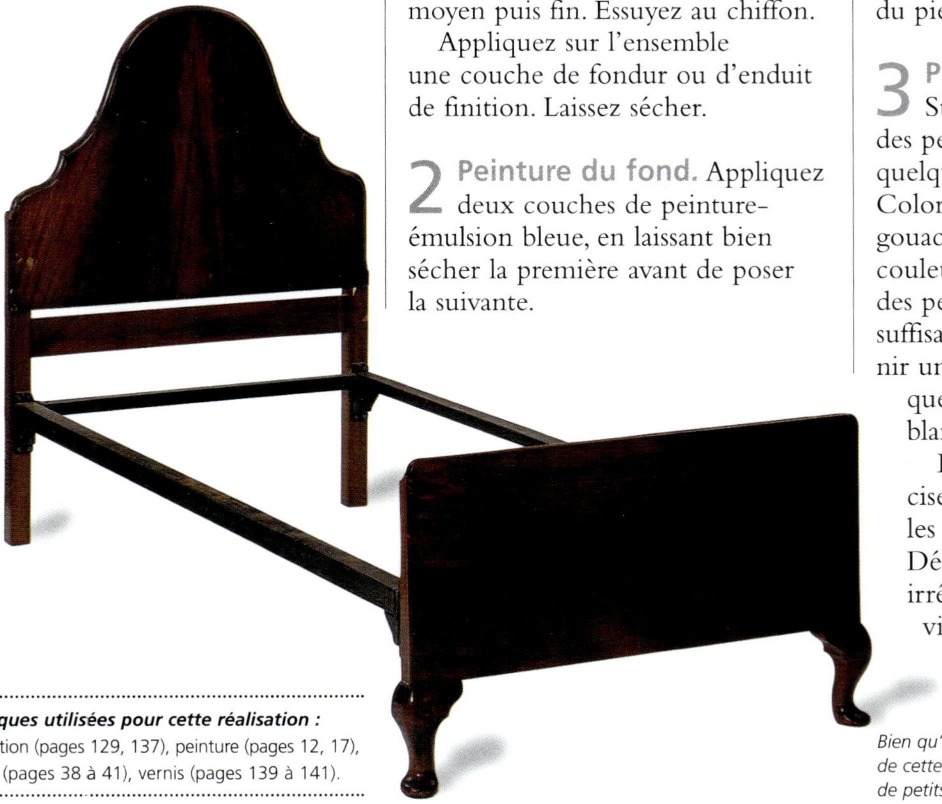

Bien qu'austère à première vue, la forme arrondie de cette tête de lit se prêtait bien à une parade de petits soldats.

Techniques utilisées pour cette réalisation :
Préparation (pages 129, 137), peinture (pages 12, 17), collage (pages 38 à 41), vernis (pages 139 à 141).

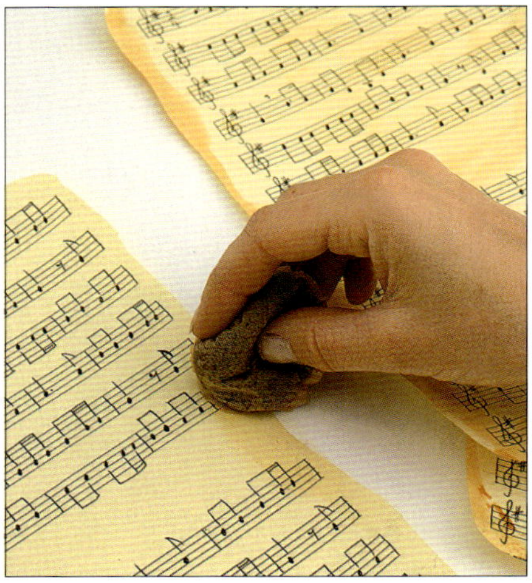

▲ Tamponnez les bords des partitions avec un sachet de thé chaud.

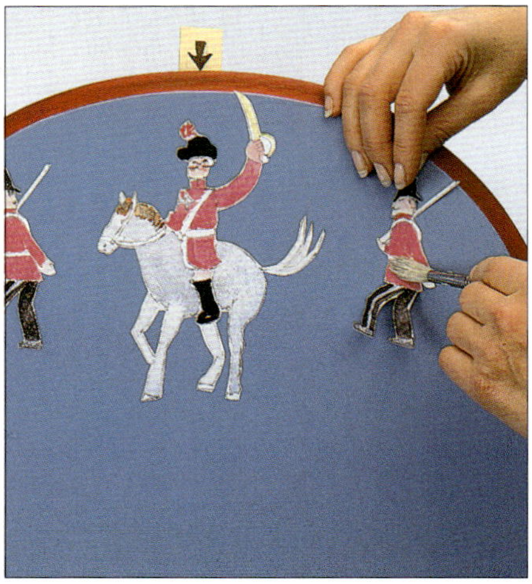

▲ Composez le décor en collant les petits soldats sur la tête de lit.

4 Vieillissement. Faites infuser le sachet de thé dans de l'eau chaude, essorez-le puis tamponnez-le sur les partitions, en insistant sur les bords. Laissez sécher.

5 Collage. Composez le décor sur la tête de lit en fixant provisoirement les soldats et les partitions avec de la pâte adhésive. Prenez du recul afin d'évaluer votre composition sous divers angles, et retouchez-la en prenant en compte le fait que les oreillers dissimuleront une partie de la tête de lit.

Lorsque vous êtes satisfait du résultat, encollez le dos des images et fixez-les définitivement à leur place. Lissez avec un chiffon propre pour chasser l'air et l'excédent de colle, et essuyez immédiatment avec un chiffon humide. Laissez sécher.

6 Finition. Protégez l'ensemble du lit avec deux couches de vernis en laissant bien sécher la première avant de poser la suivante.

Recouvrez la tête de lit décorée d'images collées d'une nouvelle couche de vernis. Laissez sécher. Égrenez délicatement avec du papier abrasif à grain fin, puis dépoussiérez à l'aide d'un chiffon. Répétez l'opération jusqu'à ce que la surface soit lisse et que les collages ne créent plus de surépaisseurs. Ménagez le temps de séchage le plus long possible entre chaque application.

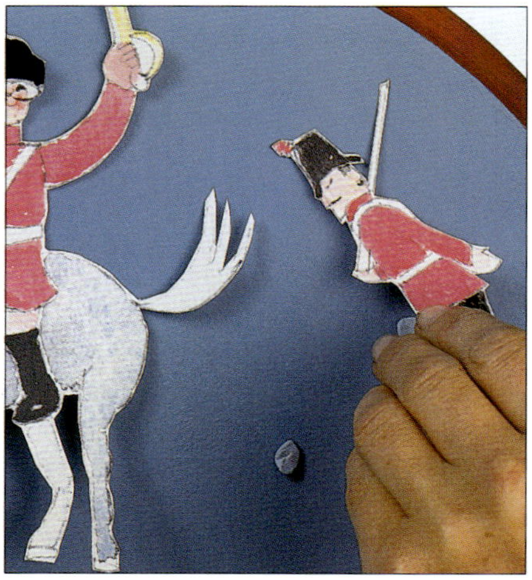

▲ Élaborez le décor avec de la pâte adhésive.

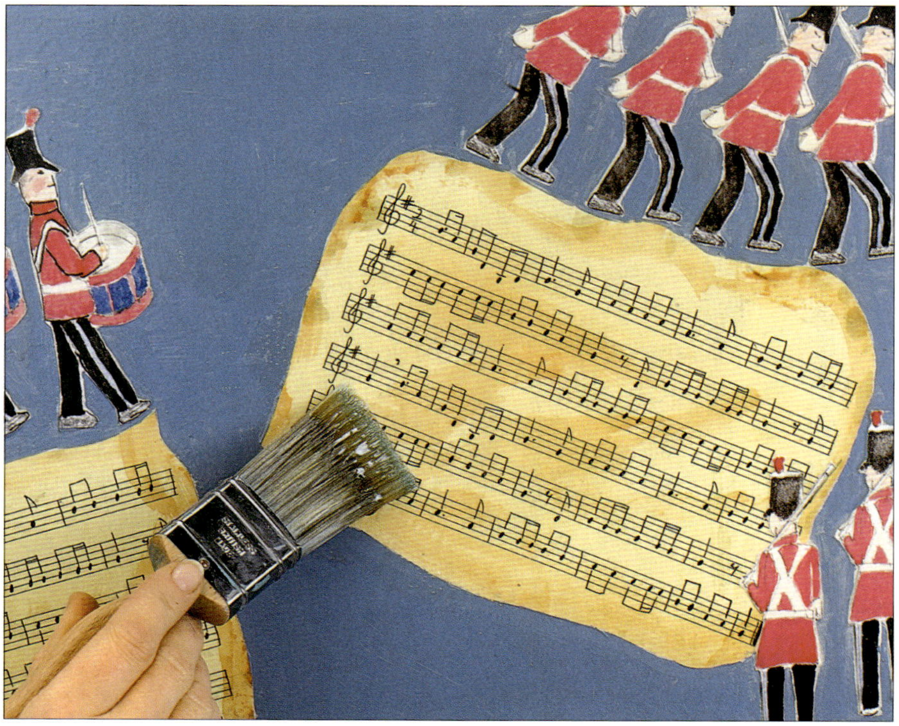

▲ Appliquez une succession de couches de vernis pour lisser le décor.

TRUCS ET ASTUCES

- Pour décorer un meuble destiné à une chambre d'enfant, employez toujours des peintures et des vernis non-toxiques.
- Choisissez une couleur de fond assez vive car les couches de vernis successives en atténueront l'éclat.
- Pour faire participer l'enfant à la décoration de son lit, vous pouvez lui demander de dessiner lui-même les petits soldats.

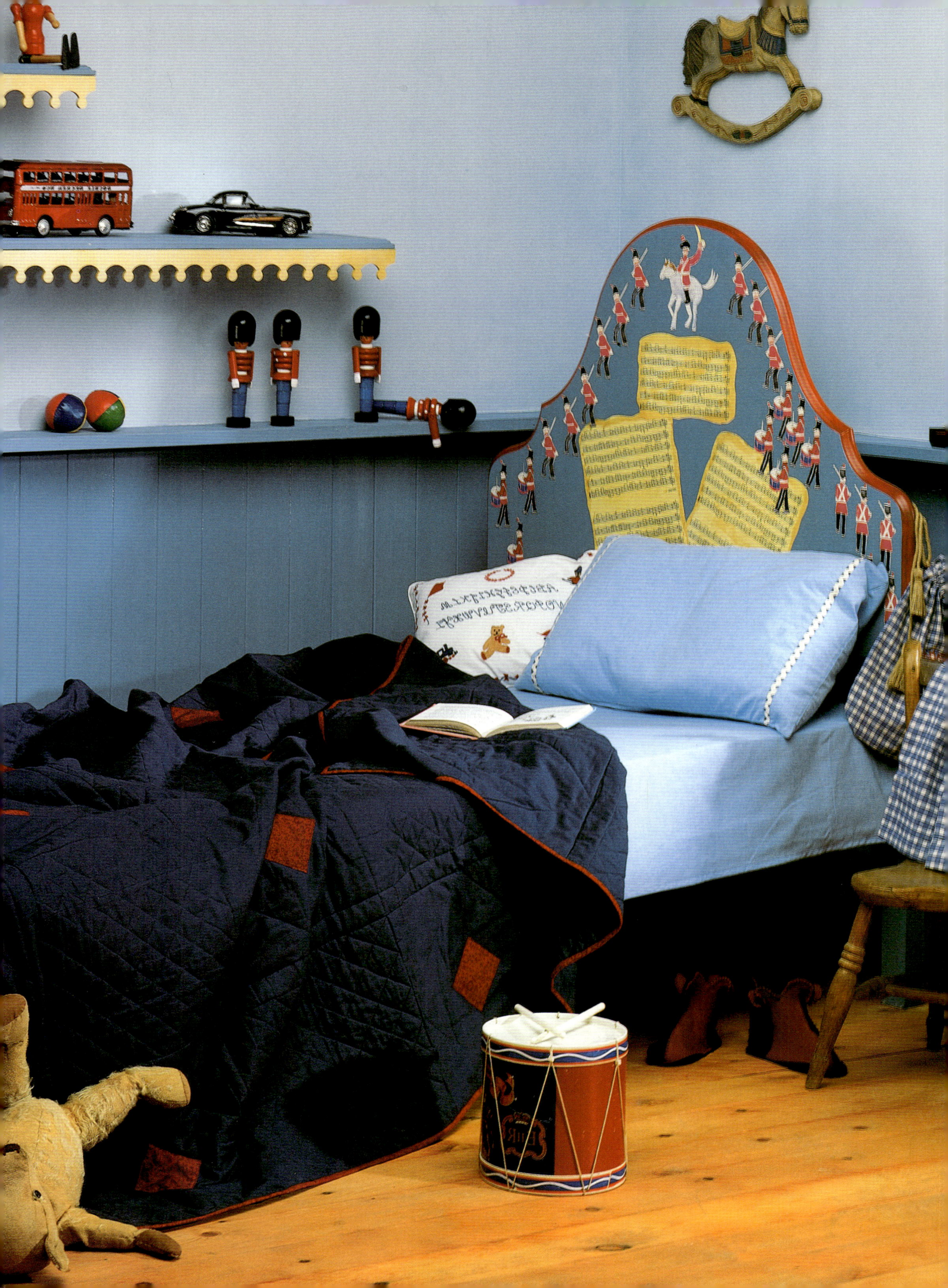

Lit de bébé

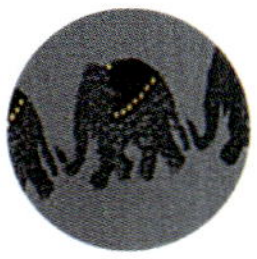

SOUVENT TRANSMIS D'UNE FAMILLE à l'autre, les lits de bébé perdent l'éclat du neuf au fil des années. Toutefois, ils sont généralement assez résistants pour accompagner plusieurs générations de bambins. Il suffit d'un peu de temps et d'imagination pour les métamorphoser à l'arrivée de chaque nouveau-né. Simple et amusante, la technique de l'impression à l'éponge permet de réaliser de charmants décors colorés, des motifs géométriques aux frises de sujets répétitifs, en passant par des saynettes complètes racontant une histoire.

❖ MATÉRIEL ❖

Papier abrasif à grain moyen et fin
Pâte à bois
Couteau à enduire
Chiffons
Sous couche-acrylique blanche
Pinceaux plats de différentes largeurs
Peintures acryliques pour beaux-arts : ocre jaune, noir, bleu, blanc, rouge et jaune
Glacis acrylique bleu
Un spalter
Papier-calque
Un crayon
Une paire de ciseaux
Une éponge synthétique
Un cutter
Une assiette plate
Un petit pinceau plat
Coton-Tige
Vernis acrylique

Techniques utilisées pour cette réalisation :
Préparation (pages 129, 136), peinture (pages 13, 17, 21), tampons (pages 36-37), vernis (pages 139 à 141).

1 Préparation. Poncez le lit en utilisant du papier abrasif à grain moyen puis fin. Bouchez les trous avec de la pâte à bois, laissez sécher puis lissez au papier abrasif fin. Essuyez à l'aide d'un chiffon.

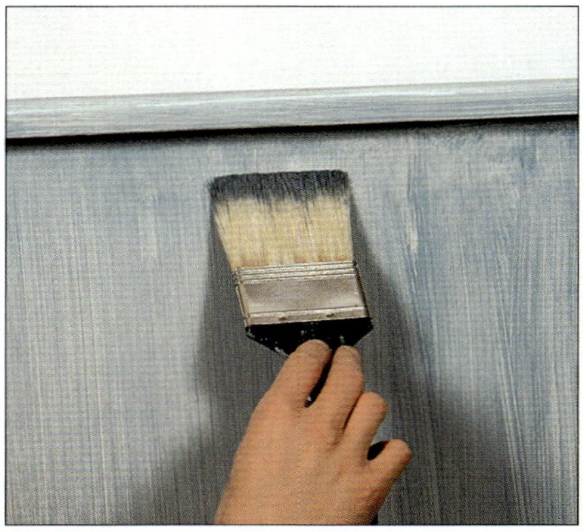

▲ Brossez le glacis avec le spalter.

2 Peinture. Appliquez la sous-couche. Quand elle est sèche, répétez l'opération en additionnant la sous-couche d'un peu de peinture acrylique ocre jaune et d'une pointe de noir, afin d'obtenir un blanc cassé.

Appliquez le glacis puis, alors qu'il est encore humide, brossez-le à l'aide du spalter, dans le sens des veines du bois. Travaillez par petites zones afin de ne pas laisser au glacis le temps de sécher. Faites légèrement chevaucher chaque zone pour ne pas créer de délimitations marquées. Laissez sécher l'ensemble.

3 Impression au tampon. Tracez la silhouette de l'éléphant sur le papier-calque (voir page 142). Découpez-la, reportez-la sur l'éponge puis détourez-la au cutter. Fabriquez un deuxième tampon pour la selle.

Mélangez le ton de bleu désiré sur l'assiette. Pressez le tampon dessus afin de l'enduire d'une couche régulière de peinture. Tamponnez une frise d'éléphants sur la tête du lit, en rechargeant le tampon de peinture avant chaque application. Laissez sécher avant d'appliquer les selles avec de la peinture rouge. Laissez de nouveau sécher puis, avec le bout d'un Coton-Tige, bordez les selles d'une ligne de pois jaunes.

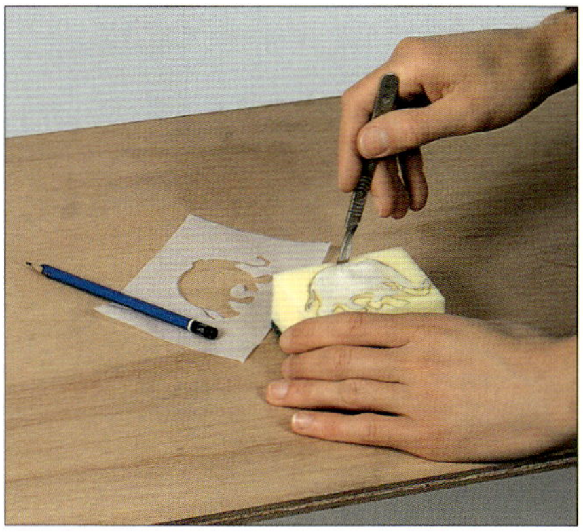

▲ Détourez le motif dans l'éponge.

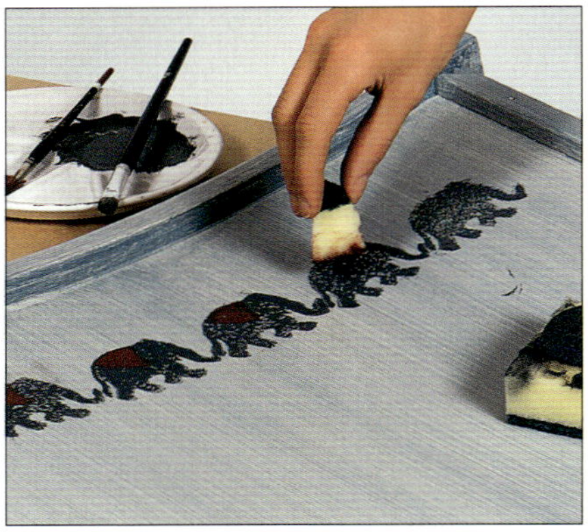

▲ Tamponnez les selles en rouge.

4 Finition. Appliquez deux couches de vernis acrylique sur l'ensemble du lit, en laissant bien sécher la première avant de poser la suivante.

TRUCS ET ASTUCES

Vous pouvez fabriquer un tampon symétrique afin de décorer le pied du lit de deux éléphants en vis à vis.

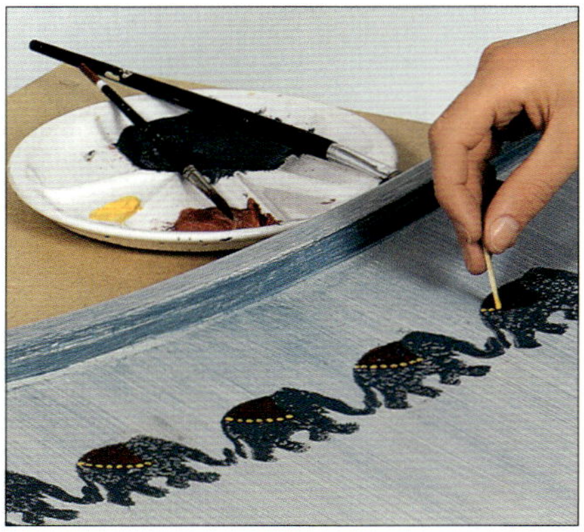

▲ Ajoutez des détails avec un Coton-Tige.

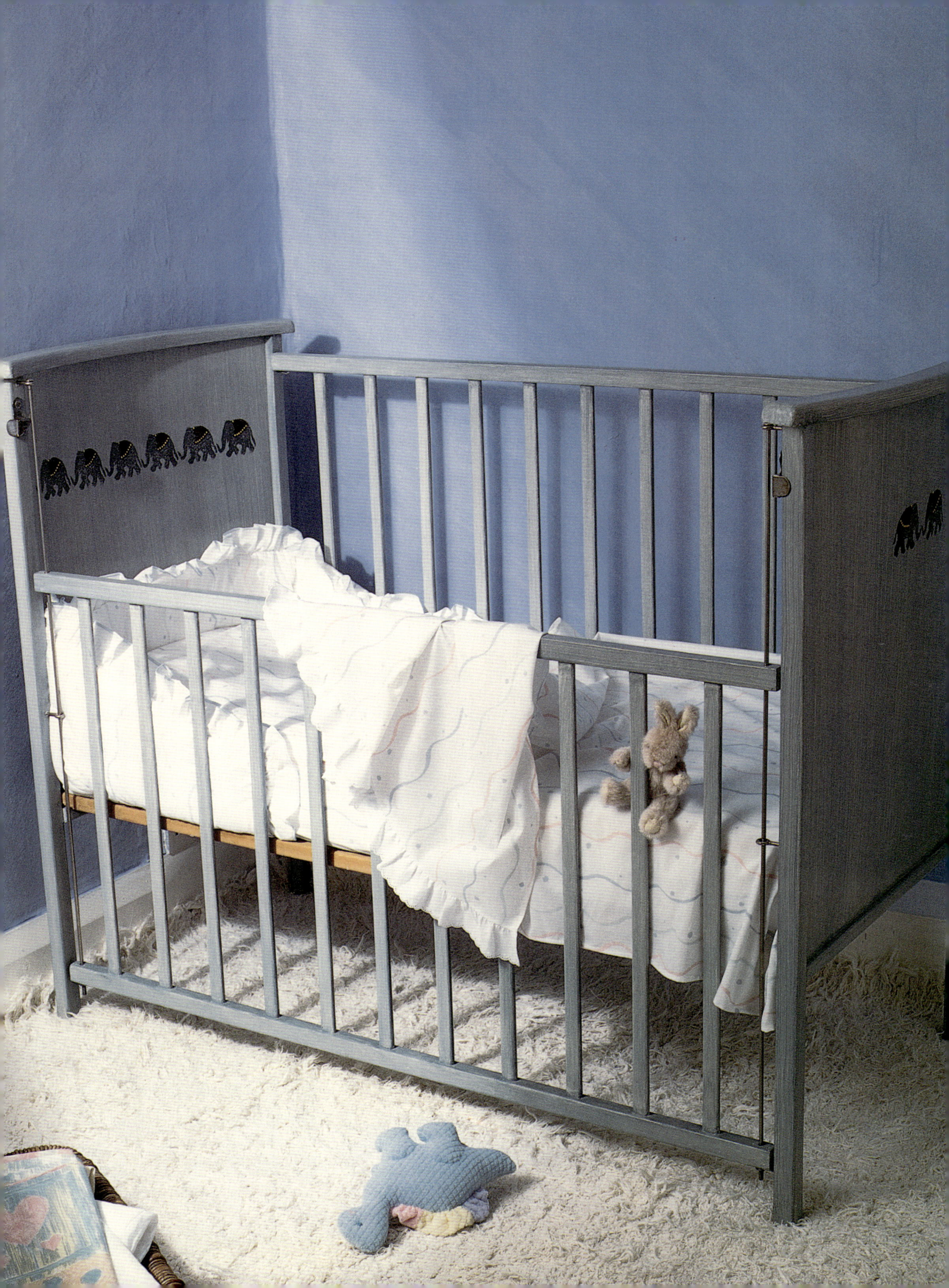

Berceau de poupée

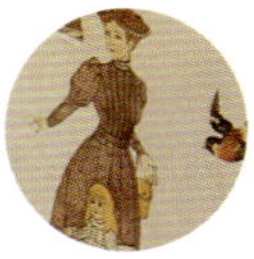

UN BERCEAU DE POUPÉE TRADITIONNEL est toujours un accessoire apprécié dans une salle de jeux. Celui qui sert ici d'exemple était recouvert d'une épouvantable peinture rose, parsemée de vis à grosse tête. Il était nécessaire de le décaper entièrement puis de le poncer avant de le repeindre dans un bleu délicat. On l'a ensuite décoré de personnages découpés dans de vieux livres d'images, qui complètent parfaitement le style ancien de la poupée et de la parure de lit immaculée.

❖ MATÉRIEL ❖

Un tournevis
Vis à bois à tête fraisée
Décapant pour peinture
Pinceaux plats de différentes largeurs
Un petit couteau de peintre
Papier abrasif à grain gros, moyen et fin
Pâte à bois
Un couteau à enduire
Chiffons
Sous couche-acrylique blanche
Peintures à l'huile pour beaux-arts : bleu outremer et terre d'ombre naturelle
White spirit
Un récipient
Peinture glycérophtalique satinée blanche
Une feuille de papier blanc
Un morceau de verre verni
Images en papier et papier imprimé
Une paire de ciseaux
Pâte adhésive
Colle vinylique et un pinceau
Un rouleau en caoutchouc ou en plastique
Un cutter et une plaque de coupe
Vernis polyuréthanne

Techniques utilisées pour cette réalisation :
Préparation (pages 129 à 134),
peinture (pages 13, 17), collage (pages 38 à 41),
vernis (pages 139 à 141).

1 Préparation. Remplacez les vis par des neuves, à tête fraisée. Décapez le berceau, puis poncez-le au papier abrasif à gros grain. Bouchez les trous et recouvrez les têtes des vis avec de la pâte à bois. Laissez sécher. Poncez en utilisant du papier abrasif à grain moyen puis fin. Essuyez à l'aide d'un chiffon.

Recouvrez le berceau de sous-couche. Quand elle est sèche, égrenez au papier abrasif à grain fin. Dépoussiérez avec un chiffon.

2 Peinture. Mélangez du white spirit, de la peinture à l'huile bleu outremer et une pointe de terre d'ombre naturelle. Ajoutez progressivement de la peinture glycérophtalique blanche jusqu'à obtenir une quantité suffisante d'un mélange crémeux. Pour vérifier la tonalité qu'aura la couleur une fois vernie, appliquez-en sur le papier blanc et regardez-la à travers le verre verni (voir page 39).

Appliquez trois ou quatre couches de peinture bleue sur le berceau. Avant de poser chaque couche, laissez sécher la précédente, égrenez au papier abrasif fin et essuyez.

3 Collage. Découpez les images, fixez-les sur le berceau avec de la pâte adhésive puis, lorsque vous êtes satisfait de leur disposition, collez-les. Lissez au rouleau pour chasser l'air et l'excédent de colle, et essuyez immédiatement avec un chiffon humide. À l'aide du cutter, découpez des bandes de papier imprimé d'une largeur égale à celle des tranches du bois, et collez-les sur ces dernières.

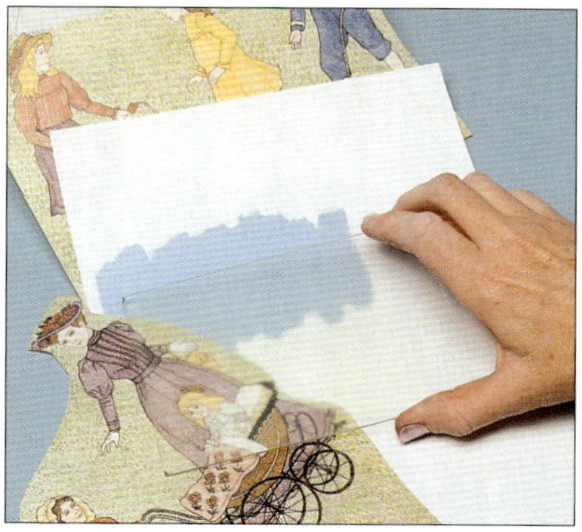

▲ Vérifiez la teinte à travers du verre verni.

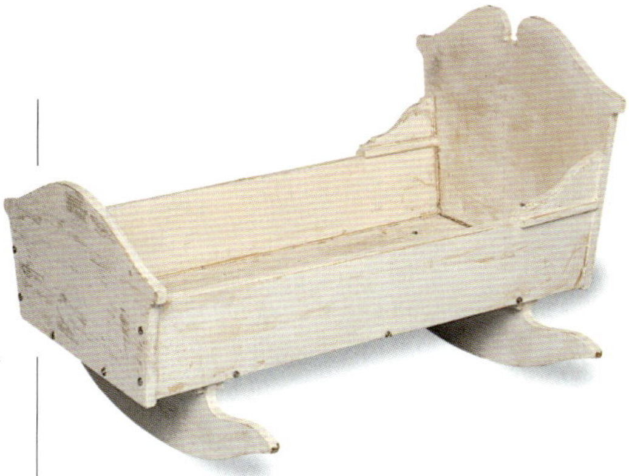

Un joli décor composé d'images collées redonnera de la gaieté à ce berceau de poupée.

4 Finition. Appliquez deux couches de vernis polyuréthanne à vingt-quatre heures d'intervalles. Laissez sécher.

Poncez délicatement avec du papier abrasif à grain fin, essuyez, puis posez une nouvelle couche de vernis. Répétez l'opération jusqu'à ce que les surfaces soient parfaitement planes.

TRUCS ET ASTUCES

Les boutiques de loisirs créatifs et les papeteries proposent des albums d'images anciennes spécialement conçues pour la technique du collage.

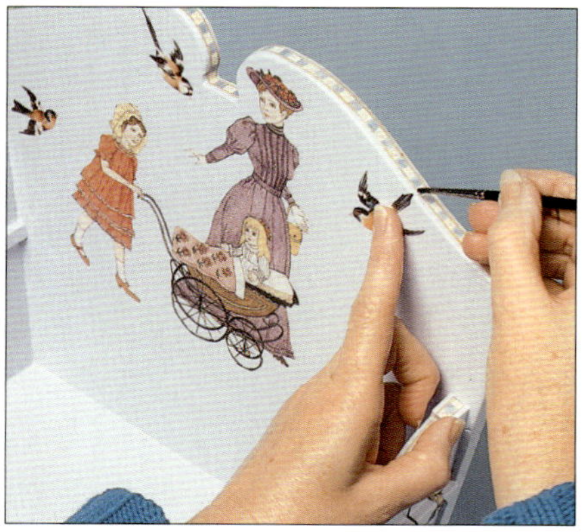

▲ Veillez à bien coller les petits détails.

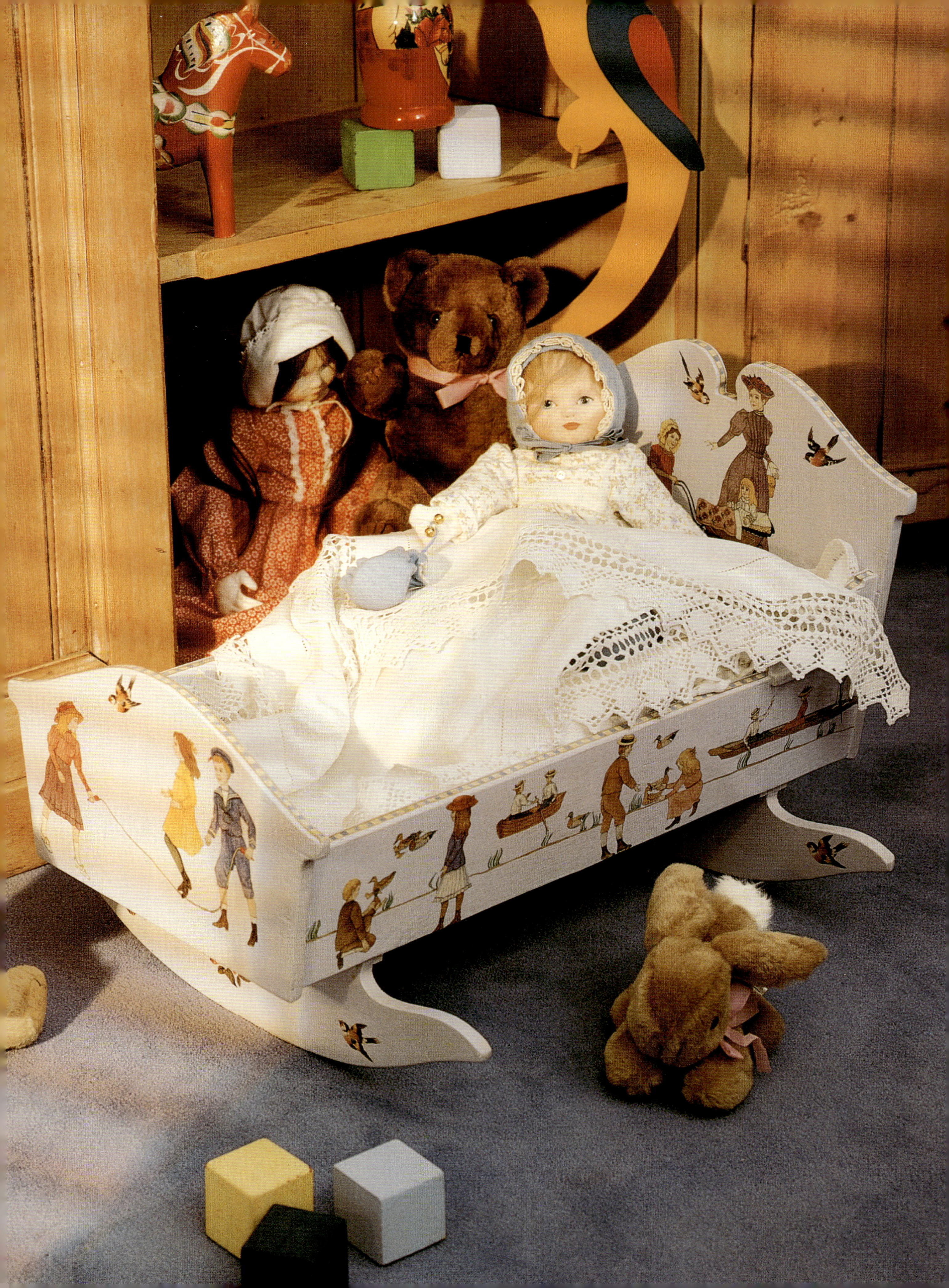

Verres et carafe

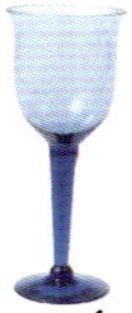

CETTE SÉRIE DE VERRES accompagnée d'une carafe à bouchon décorera avec brio une desserte ou des étagères. L'effet dépoli et givré a été réalisé en vaporisant deux fins voiles de couleurs opalines en bombe aérosol. Motifs et bordures ont ensuite été ajoutés avec un stylo-feutre doré ou de la peinture pailletée argentée. Les produits employés ici résistent à l'eau mais n'autorisent pas de contacts alimentaires. Si vous voulez utiliser réellement votre service, choisissez des peintures thermodurcissables au four ménager, qui permettent le contact alimentaire et supportent le passage en lave-vaisselle.

❖ MATÉRIEL ❖

Eau savonneuse chaude
Chiffons
Alcool dénaturé
Papier abrasif à l'eau
Journaux pour protéger le plan de travail
Peintures en bombe aérosol : bleu et vert
Une feuille de PVC rigide (ou film acétate)
Un stylo-feutre indélébile à pointe fine
Un cutter et une plaque de coupe
Stylos-feutres indélébiles
à pointe moyenne : doré et argenté
Peinture pailletée argentée
en tube-applicateur
Peinture pour verre bleue et solvant
Un pinceau fin

1 Préparation. Lavez les verres et la carafe avec de l'eau chaude additionnée de savon. Après les avoir soigneusement essuyés, dégraissez-les à l'aide d'un chiffon humide et imprégné d'alcool dénaturé. Laissez sécher.

Poncez délicatement l'extérieur de chaque pièce avec du papier abrasif à l'eau. Essuyez à l'aide d'un chiffon sec.

2 Peinture du fond. Protégez le plan de travail avec des journaux. Vaporisez un fin voile de peinture en tenant la bombe aérosol à une trentaine de centimètres de l'objet. Laissez sécher puis appliquez une deuxième couche.

3 Réalisation des pochoirs. Vous pouvez utiliser l'étoile et la fleur de lis de la page 143, ou tout autre dessin de votre choix. Adaptez les dimensions des motifs, en prévoyant deux tailles d'étoiles pour la carafe. Reportez-les par transparence sur le PVC rigide ou le film acétate, avec le stylo-feutre à pointe fine. À l'aide du cutter, évidez les différents éléments de la fleur de lis et détourez les étoiles.

4 Application des motifs. Pour peindre les étoiles, maintenez le masque du bout des doigts, et tracez son contour au stylo-feutre doré. Retirez le masque puis remplissez la forme.

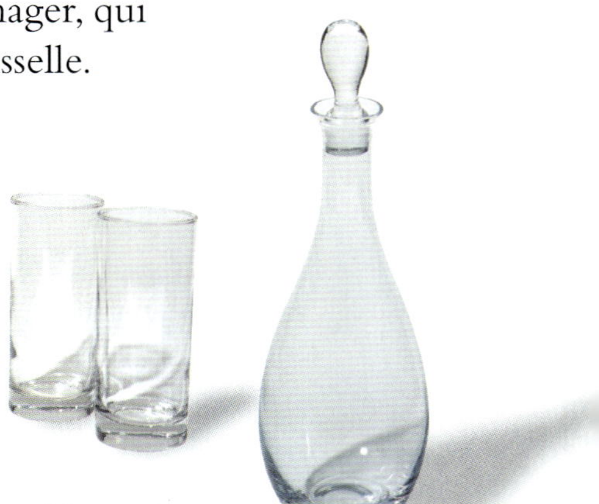

Les peintures modernes permettent de décorer facilement de la vaisselle ordinaire.

Placez le pochoir de la fleur de lis à l'endroit voulu. Dessinez le contour de chaque élément avec le stylo-feutre argenté. Ôtez le pochoir puis remplissez les formes de peinture pailletée argentée, en travaillant directement avec l'embout-applicateur du tube.

Bordez le haut de chaque pièce d'un filet continu de peinture pailletée argentée. Tracez également une spirale autour du bouchon de la carafe, puis soulignez-la d'un trait de peinture bleue.

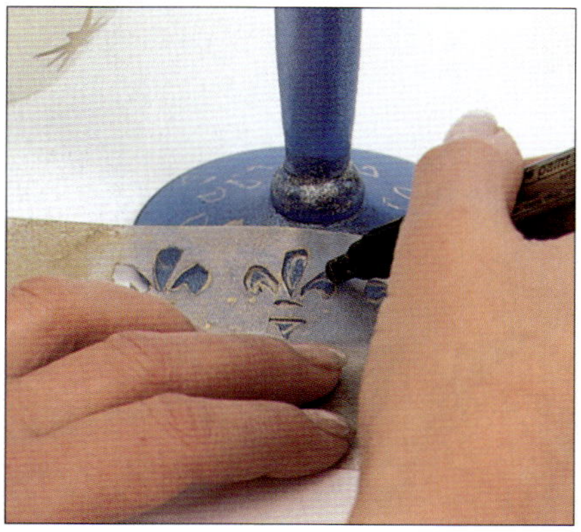

▲ Remplissez les motifs avec la peinture pailletée en tube-applicateur.

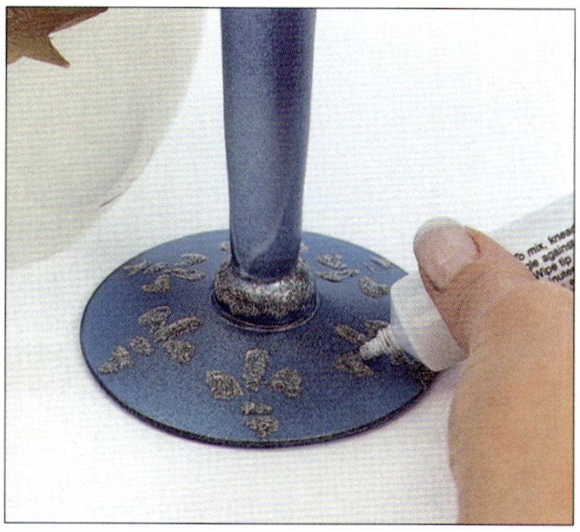

▲ Tracez les contours des motifs avec le stylo-feutre métallisé.

TRUCS ET ASTUCES

- Quand on peint à la bombe aérosol, on obtient toujours de meilleurs résultats en vaporisant plusieurs voiles de couleur plutôt qu'une seule couche épaisse.
- Posez les objets sur de petits socles afin de pouvoir peindre leur base sans qu'elle reste collée au plan de travail.

Techniques utilisées pour cette réalisation :
Préparation (pages 128-129), peinture (page 13), pochoirs (pages 22 à 27).

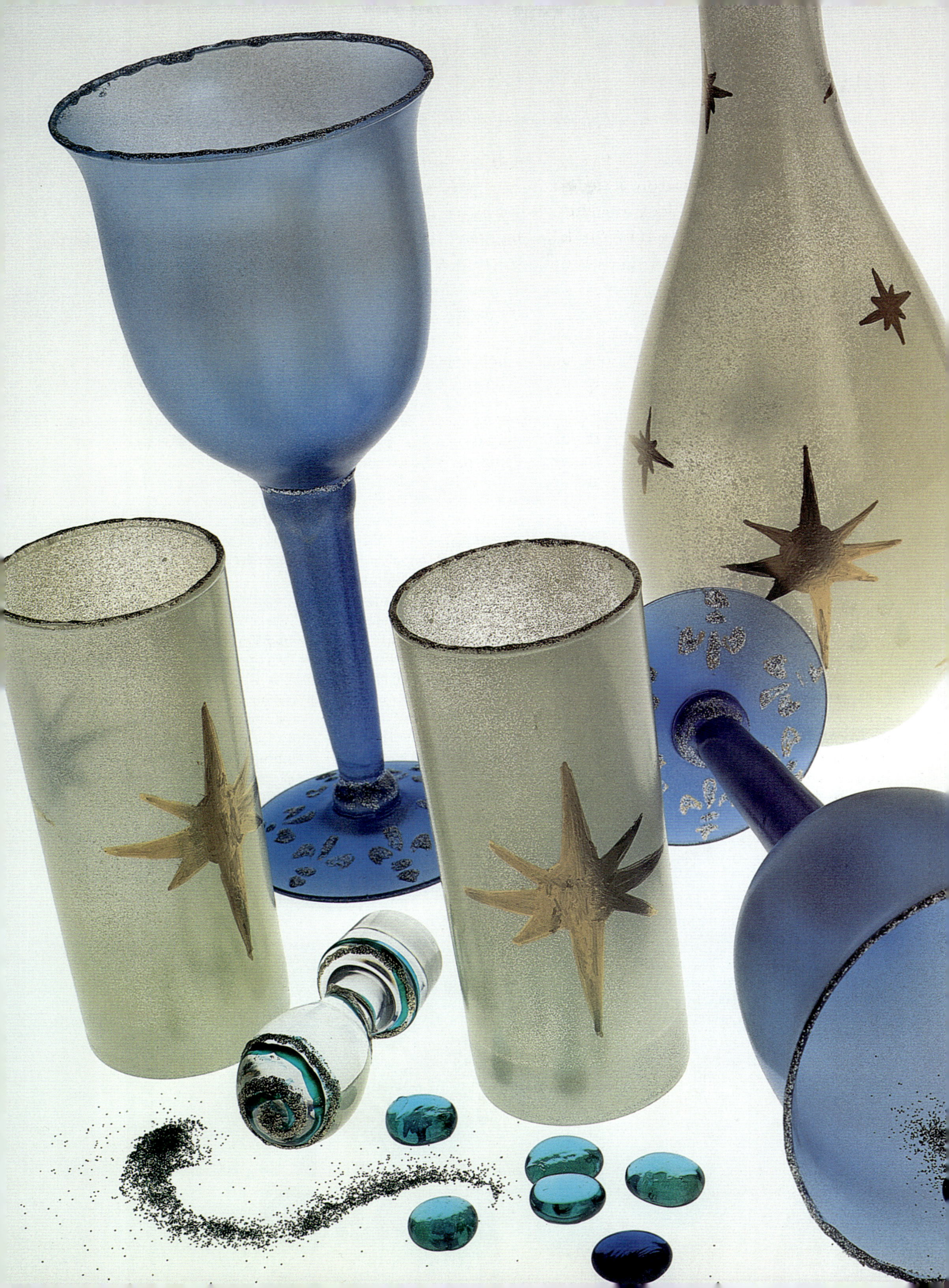

Plateau

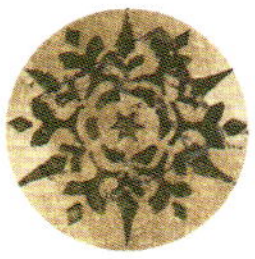

PETITS ET PEU COÛTEUX, les plateaux en bois offrent des supports parfaits pour s'entraîner à toutes sortes de procédés décoratifs, même les plus spectaculaires que l'on n'ose pas forcément employer sur des objets de dimensions importantes. Le modèle présentée ici fait appel à trois techniques : le fond a été peint d'un effet marbré bleu-vert réalisé avec de la gouache et du film alimentaire, les tranches et le rectangle du milieu ont été dorés à la feuille, puis on a utilisé un pochoir pour appliquer le motif central.

❖ MATÉRIEL ❖

Papier abrasif à grain fin
Chiffons
Gouaches : vert anglais, blanc, doré et bleu outremer
Pinceaux plats
Une règle
Un crayon
Ruban crépon adhésif
Médium pour peinture à l'eau
Une palette
Film alimentaire
Mixtion à dorer
Un pinceau plat pour la mixtion à dorer
Feuilles à dorer
Un vieux foulard en soie
Vernis gomme-laque
Un pinceau plat pour le vernis gomme-laque
Une feuille de PVC rigide (ou film acétate)
Un stylo-feutre indélébile à pointe fine
Un cutter et une plaque de coupe
Une brosse à pochoir
Vernis acrylique
Un pinceau à vernir

Techniques utilisées pour cette réalisation :
Préparation (page 129), peinture (pages 13, 17, 21), dorure à la feuille (pages 31 à 35), pochoirs (pages 22 à 27), vernis (pages 139 à 141).

TRUCS ET ASTUCES

- Il est préférable de porter des gants en coton lorsque l'on manipule des feuilles à dorer, afin que la sueur ne les décolore pas.
- Essayez de poser chacune des feuilles à dorer d'un seul geste pour éviter des les déchirer.
- Ne vous inquiétez pas si le vernis gomme-laque paraît opaque lorsque vous l'appliquez : en séchant, il deviendra lisse et transparent.

1 Préparation. Poncez toutes les faces du plateau, sans oublier les tranches. Essuyez avec un chiffon.

2 Peinture du fond. Appliquez deux couches de gouache vert anglais sur l'ensemble du plateau, en laissant parfaitement sécher la première avant de poser la suivante.

Tracez un rectangle au centre du plateau et masquez-le avec du ruban crépon adhésif. Recouvrez le plateau de médium, à l'exception du rectangle central et des tranches.

Mélangez grossièrement les quatre teintes de gouaches sur la palette, placez le film alimentaire dessus pour l'imprégner de peinture, puis tapotez-le sur le médium humide afin de créer des marbrures. Retirez délicatement le crépon adhésif. Laissez sécher vingt-quatre heures.

3 Dorure. Recouvrez le rectangle central de mixtion et laissez-la prendre jusqu'à ce qu'elle soit assez lisse pour pouvoir glisser le doigt dessus mais toujours collante. Placez alors une feuille à dorer dans l'un des coins du rectangle et tapotez-la du bout des doigts. Procédez avec précaution car la feuille adhère immédiatement à la mixtion. Répétez l'opération jusqu'à ce que le rectangle soit entièrement doré. Procédez de la même façon pour dorer les tranches du plateau.

Lissez les parties dorées avec le foulard en soie roulé en une boule serrée, puis recouvrez-les d'une couche de vernis gomme-laque. Laissez sécher.

5 Application du motif. Adaptez le motif de la page 142 à la taille voulue. Reportez-le sur le PVC rigide ou le film acétate avec le stylo-feutre, puis évidez-le au cutter. Placez le pochoir au centre du rectangle, mais sans le coller afin ne pas endommager la dorure. Peignez le motif à la brosse, avec de la gouache verte non diluée. Laissez sécher vingt-quatre heures.

6 Finition. Appliquez deux fines couches de vernis acrylique sur l'ensemble du plateau, en attendant que la première soit parfaitement sèche pour poser la suivante.

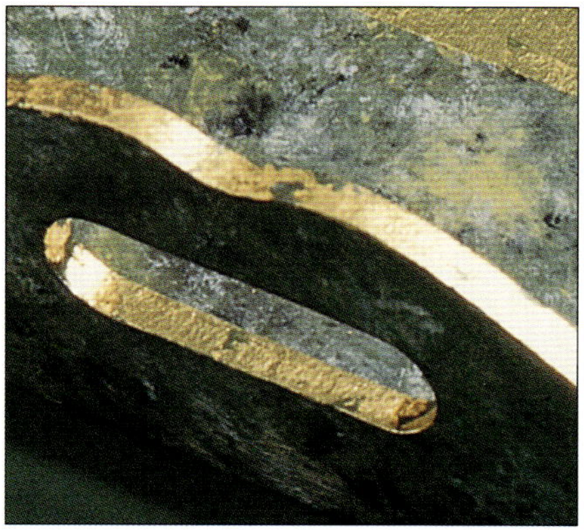

▲ Dorez également les tranches.

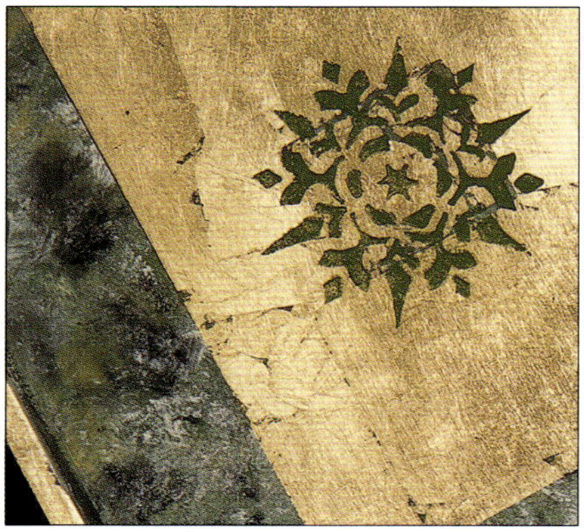

▲ Appliquez le motif central au pochoir.

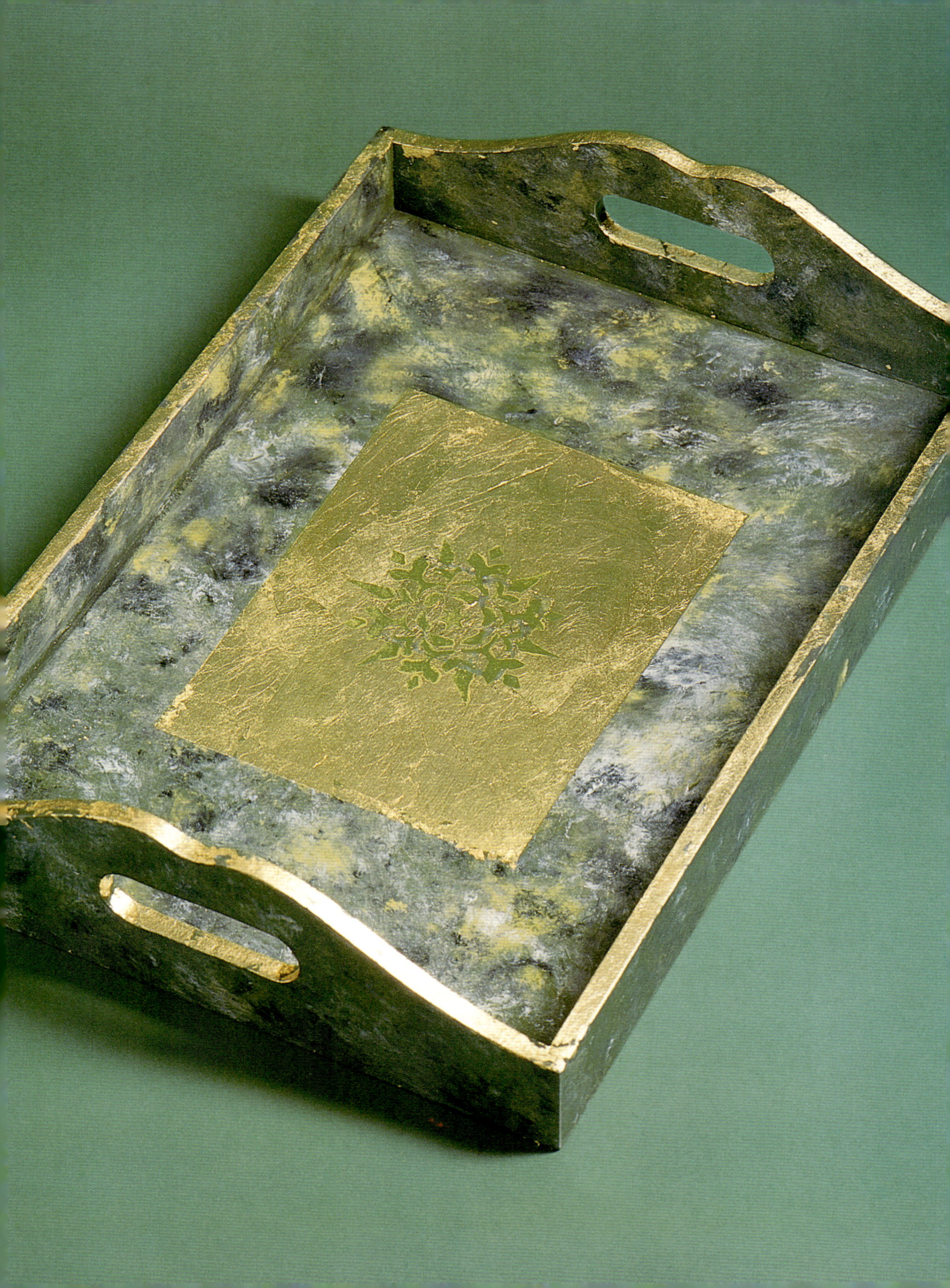

Desserte

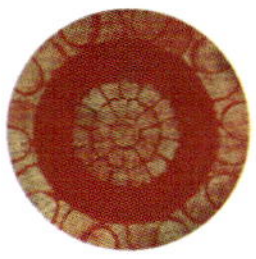

Les techniques employées sur cette desserte ont pour but d'évoquer les décors laqués orientaux. Un véritable travail de laquage à l'orientale exige de superposer une multitude de fines couches de laque traditionnelle (gomme-résine fournie par des plantes). Mais les artisans occidentaux utilisent plutôt de la gomme-laque sur un fond enduit de gesso. La surface était ensuite gravée afin de révéler les différentes couleurs. Ici, le bois est peint en noir et protégé avec du vernis avant d'être laqué en rouge. L'ensemble est alors vieilli à la laine d'acier. Pour finir, le plateau est orné de motifs d'inspiration chinoise, réalisés avec de la poudre métallique collée à l'aide de mixtion à dorer.

❖ MATÉRIEL ❖

Papier abrasif à grain gros et fin
Une cale à poncer
Chiffons
Sous-couche acrylique blanche
Pinceaux plats de différentes largeurs
Peinture-émulsion mate, noire
Vernis acrylique mat
Un pinceau à vernir
Peinture-émulsion brillante, rouge
Laine d'acier n° 000
Vernis gomme-laque
Un pinceau pour
le vernis gomme-laque
Une règle
Un crayon
Papier-calque
Ruban crépon adhésif
Talc
Mixtion à dorer à l'eau
Pinceaux fins
Poudre métallique dorée
Mèche de coton
Cire incolore

Techniques utilisées pour cette réalisation :
Préparation (pages 129, 136), peinture (pages 12, 17), dorure (pages 31 à 35), vernis (139 à 141).

1 Préparation. Éliminez l'ancien vernis en ponçant la desserte avec des feuilles de papier abrasif à gros grain, enveloppées autour de la cale à poncer. Travaillez par mouvements circulaires, en exerçant une pression régulière afin de supprimer le plus possible de vernis.

Lissez en utilisant du papier abrasif à grain fin. Dépoussiérez soigneusement à l'aide d'un chiffon.

Recouvrez l'ensemble de la desserte d'une sous-couche acrylique blanche. Laissez sécher.

Pendant toutes les phases du travail de peinture, veillez à traiter intégralement les différents éléments de la desserte, sans omettre les zones dissimulées par les montants lorsque ceux-ci sont repliés.

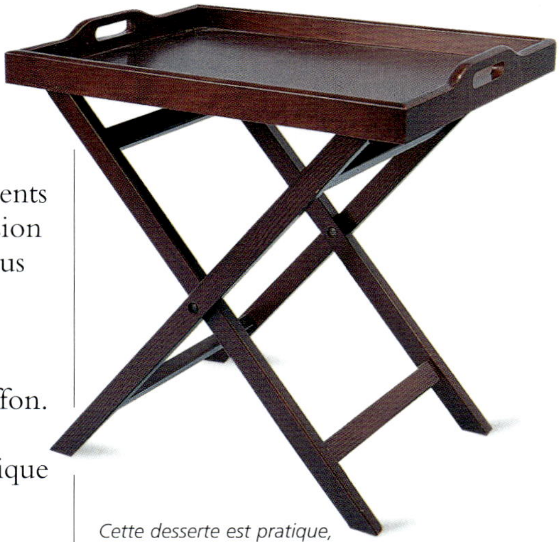

Cette desserte est pratique, mais très ordinaire.

2 Peinture du fond. Appliquez deux couches de peinture noir mat sur l'ensemble de la desserte, en attendant que la première soit parfaitement sèche pour poser la suivante.

Pour rendre la peinture noire étanche, appliquez une fine couche de vernis acrylique, avec un pinceau à vernir dont les longues soies souples autorisent un travail régulier. Laissez sécher une douzaine d'heures.

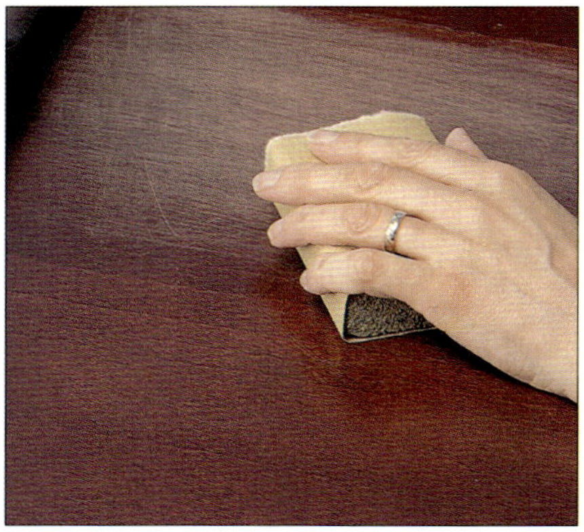

▲ Poncez la desserte avec du papier abrasif à gros grain.

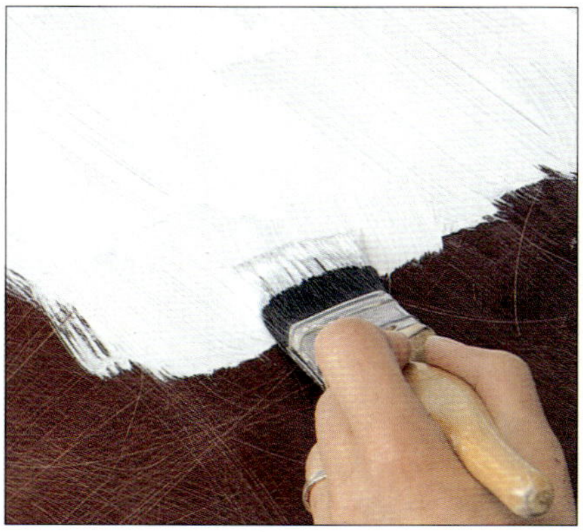

▲ Appliquez une sous-couche acrylique blanche sur l'ensemble de la desserte.

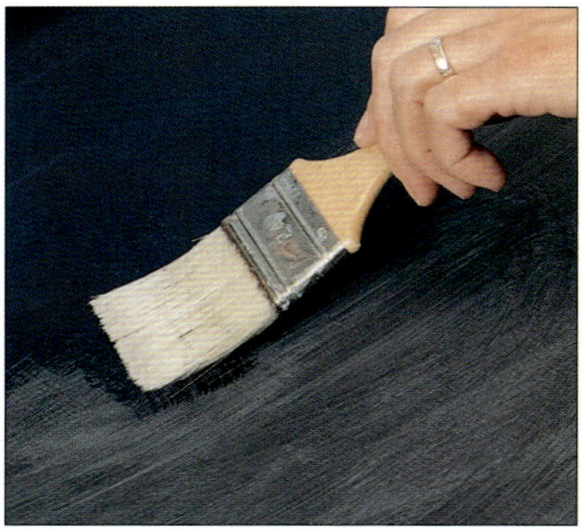

▲ Protégez la peinture noire en appliquant une couche de vernis acrylique.

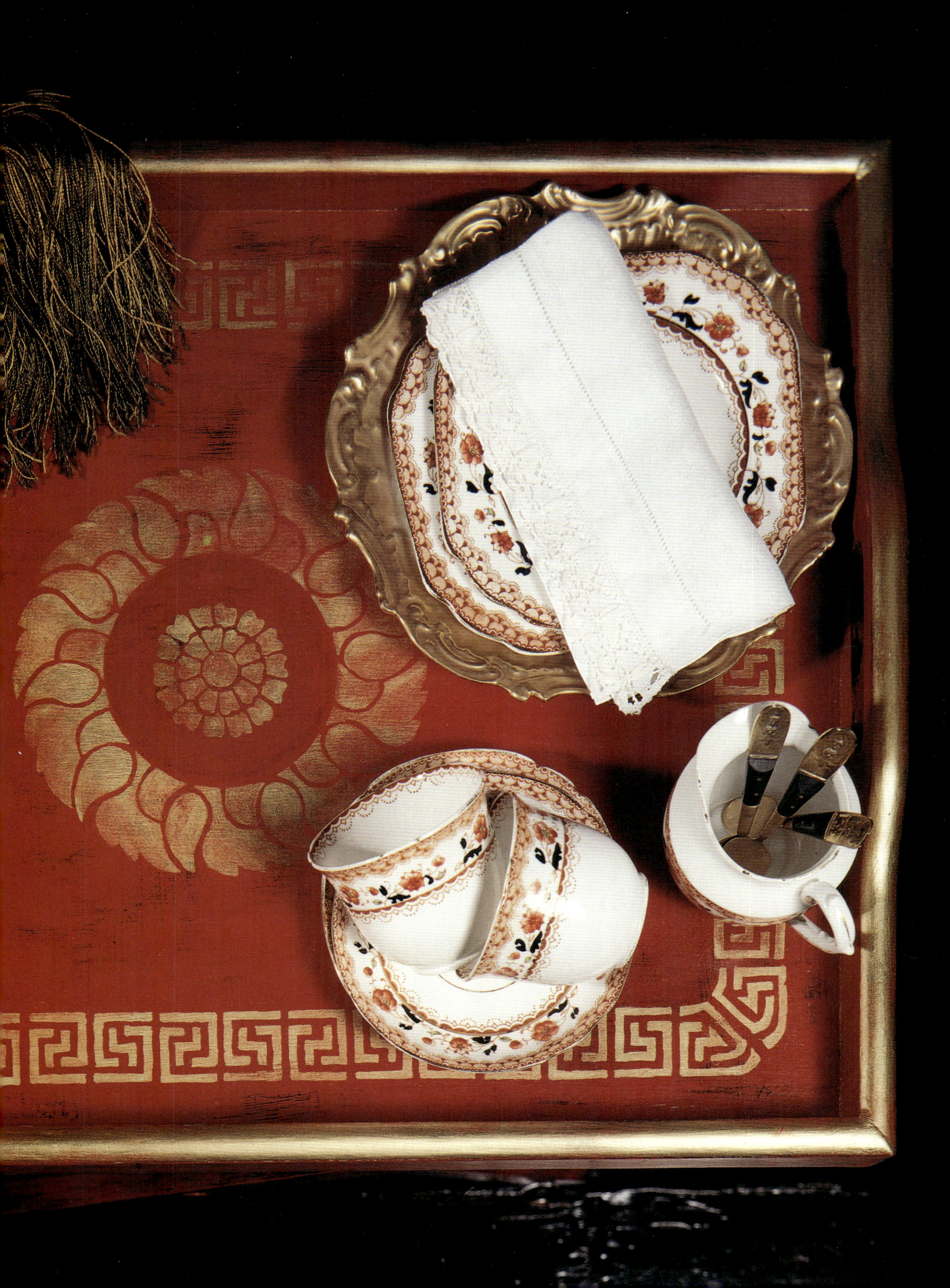

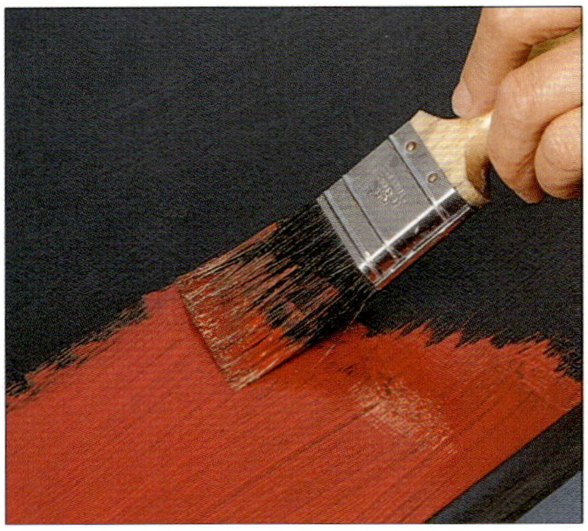

▲ Appliquez la peinture rouge brillant.

Appliquez ensuite deux couches de peinture-émulsion rouge brillant, en veillant toujours à ménager un temps de séchage suffisant entre chacune d'elles.

3 Vieillissement. Frottez la laque rouge avec de la laine d'acier humidifiée d'eau claire, en exerçant de petits mouvements circulaires. Essuyez à l'aide d'un chiffon.

Appliquez une couche de vernis gomme-laque sur l'ensemble.

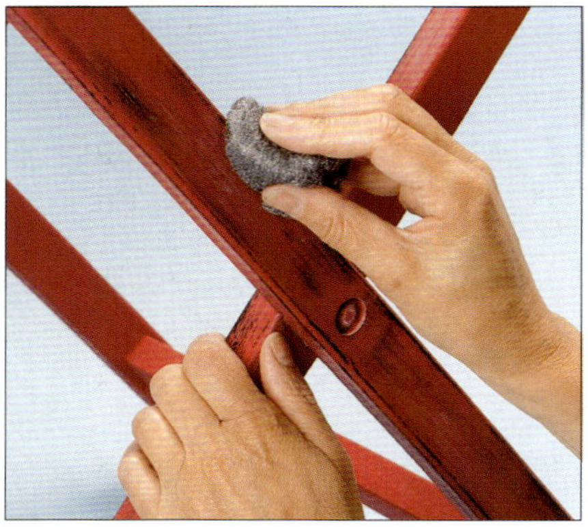

▲ Vieillissez la laque à la laine d'acier.

4 Tracé des motifs. Mesurez les côtés du plateau et marquez le centre de chacun d'eux d'un léger trait de crayon. Reliez ces repères deux à deux à l'aide de la règle afin de déterminer le centre du plateau.

Adaptez le motif circulaire de la page 144 à la taille souhaitée, reportez-le sur un morceau de papier-calque, puis fixez ce dernier au centre du plateau avec du ruban crépon adhésif. Repassez les tracés en appuyant suffisamment sur le crayon pour les transférer sur la peinture. Retirez le papier-calque.

Le modèle de la frise qui court autour du plateau est également reproduit page 144. Vous pouvez n'employer que les éléments carrés, ou bien placer deux motifs arrondis à chaque angle.

Adaptez les dimensions de cette frise à celles du plateau de façon à former un cadre régulier et bien centré. N'hésitez pas à esquisser un patron sur une feuille de papier. Décalquez la frise sur le plateau en procédant comme précédemment.

5 Dorure. Saupoudrez le plateau de talc, puis étalez celui-ci avec un pinceau muni de soies souples, en dégageant les motifs. Le but de cette opération est d'empêcher la poudre métallique d'adhérer ailleurs que sur les zones qui seront ultérieurement encollées.

Avec un pinceau fin, recouvrez le centre du motif circulaire de mixtion à dorer. Attendez quinze à vingt minutes que la mixtion devienne lisse et collante, puis déposez de la poudre métallique dessus, à l'aide d'un pinceau fin, propre et sec. Appliquez la poudre de façon irrégulière afin de créer des nuances. Répétez l'opération pour dorer un par un les autres éléments du motif – en travaillant du centre vers l'extérieur – ainsi que ceux de la frise.

Après les avoir délimitées entre deux bandes de ruban crépon adhésif, dorez les tranches des côtés du plateau en procédant comme précédemment. Laissez sécher l'ensemble dans un local à l'abri des courants d'air.

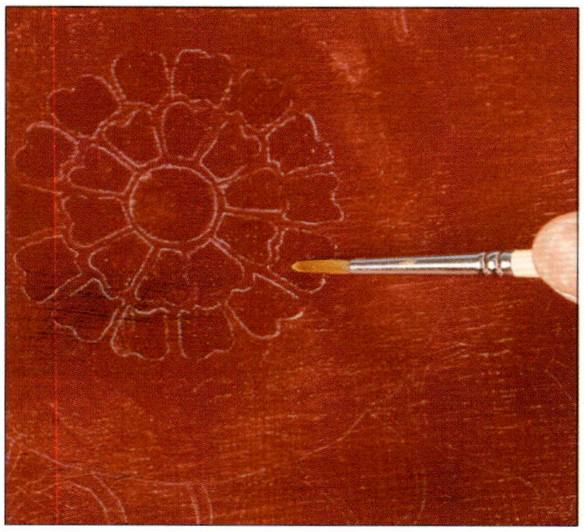

▲ Appliquez la mixtion à dorer.

6 Finitions. Essuyez délicatement l'excédent de poudre et le talc avec un tampon de mèche de coton imprégné d'eau claire.

Protégez l'intérieur et les tranches du plateau en appliquant une fine couche de vernis gomme-laque. Laissez sécher.

Appliquez deux couches de vernis acrylique mat sur l'ensemble de la desserte. Attendez que la première couche soit parfaitement sèche pour poser la suivante.

Enduisez la desserte de cire incolore, laissez sécher puis lustrez avec un chiffon doux.

TRUCS ET ASTUCES

- Si vous appliquez la mixtion à dorer en une seule fois sur une trop grande surface, vous risquez d'obtenir des marques disgracieuses. Veillez à ce que le talc ne se colle pas sur la couche de mixtion, car il empêcherait la poudre métallique d'adhérer.
- Il est également possible d'appliquer les motifs avec de la peinture dorée, à main levée ou au pochoir, mais le résultat perd alors en subtilité.
- Si vous souhaitez que le plateau résiste davantage à la chaleur, remplacez le vernis acrylique appliqué à l'étape 6 par du vernis à l'alcool.

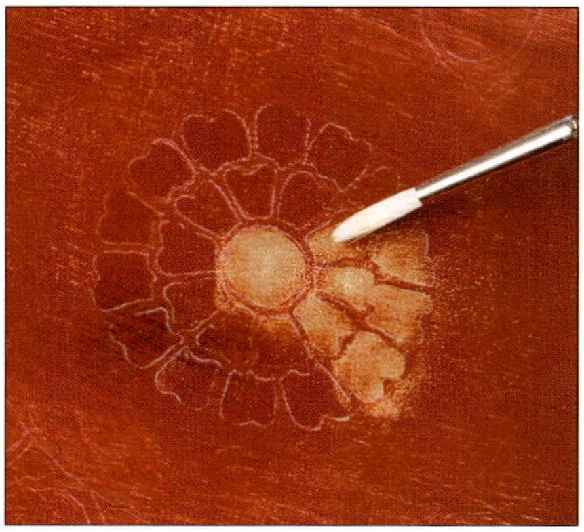

▲ Déposez la poudre métallique.

Suspension vert-de-grisée

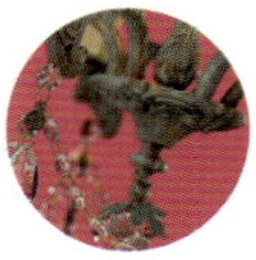

On appelle vert-de-gris la patine dont le cuivre ou le laiton se couvrent au contact de l'air, au fil du temps. Il est possible de simuler cet effet sur des métaux récents ou sur du plâtre. Cette technique donne des résultats particulièrement réussis lorsque le support est très ouvragé, comme cette suspension aux cinq branches finement sculptées. Sur les marchés aux puces ou chez les brocanteurs, il est facile de trouver des pendeloques et des guirlandes, en verre ou en cristal, mais vous pouvez également utiliser de grosses perles de bijouterie fantaisie. Dans tous les cas, fixez ces décorations avec du fil métallique couleur cuivre, ou bien patinez également ce dernier afin de souligner le style ancien de l'ensemble.

❖ MATÉRIEL ❖

Laine d'acier
Eau savonneuse chaude
Une vieille brosse à dents
Chiffons
Peintures-émulsions mates : brun moyen, vert jade clair et vert jade foncé
Un pinceau à filet (ou un petit pinceau plat)
Pinceaux fins
Une brosse à pochoir
Papier essuie-tout
Peinture à l'huile dorée en bâton (ou cire à dorer)
Pendeloques et guirlandes de perles, en verre ou en cristal
Peinture pour verre et solvant approprié (facultatif)
Un mètre-ruban
Fil métallique
Pince coupante et pince ronde

Techniques utilisées pour cette réalisation :
Préparation (page 128), peinture (pages 12-13, 17), cires à dorer (pages 32, 34).

Vérifiez toujours la conformité du dispositif électrique des anciens luminaires ou, mieux, remplacez-le par un neuf.

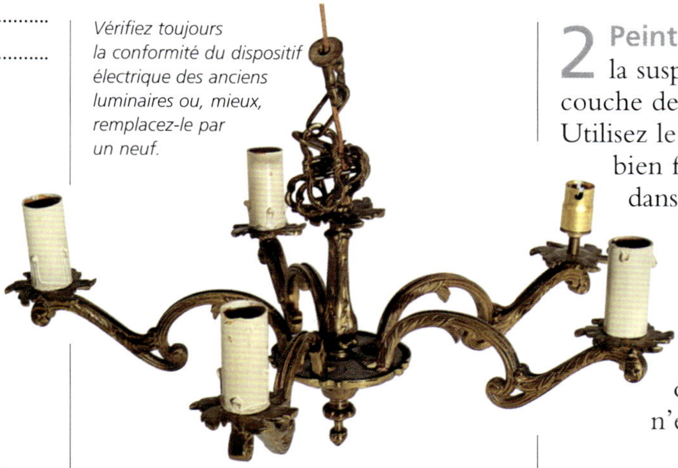

1 Préparation. Nettoyez la suspension avec de la laine d'acier imprégnée d'eau savonneuse chaude, en accordant une attention particulière aux parties en creux. Brossez les petites moulures à la brosse à dents. Essuyez à l'aide d'un chiffon humide. Laissez sécher puis dépoussiérez avec un chiffon sec.

2 Peinture du fond. Recouvrez la suspension d'une généreuse couche de peinture-émulsion brune. Utilisez le pinceau à filet afin de bien faire pénétrer la couleur dans les moulures, et un pinceau fin pour traiter les coins les plus difficiles d'accès. Laissez sécher puis effectuez quelques retouches aux endroits où la première couche n'est pas assez couvrante.

3 Patine. Versez une petite quantité de peinture-émulsion vert jade clair dans le couvercle du pot. Imprégnez-en la brosse à pochoir, essuyez l'excédent de couleur sur du papier essuie-tout, puis mouchetez le fond brun à petites touches rapprochées de façon à créer un effet finement pommelé. Laissez sécher.

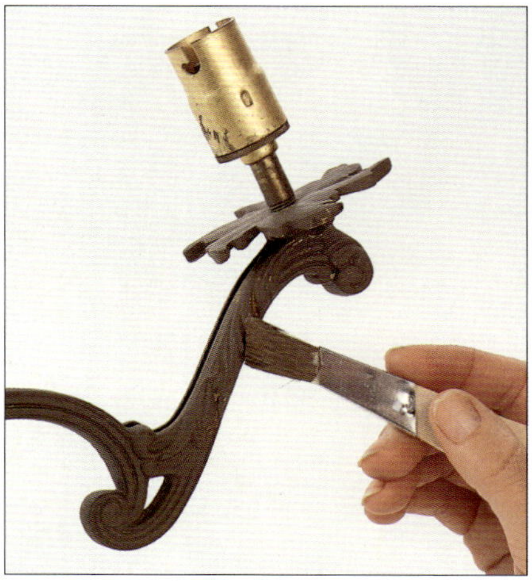

▲ Recouvrez le métal de peinture brune.

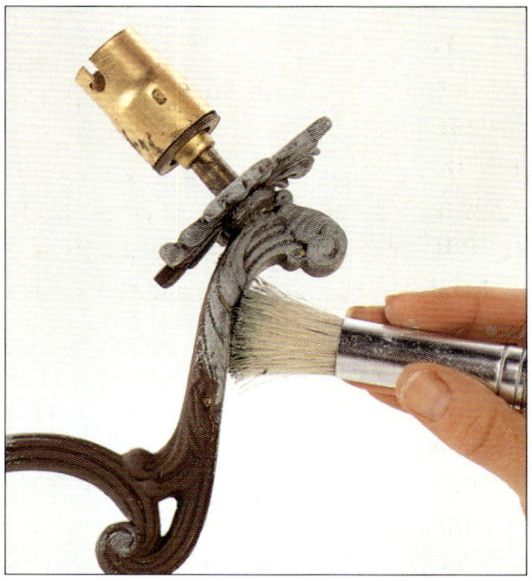

▲ Mouchetez avec du vert jade clair.

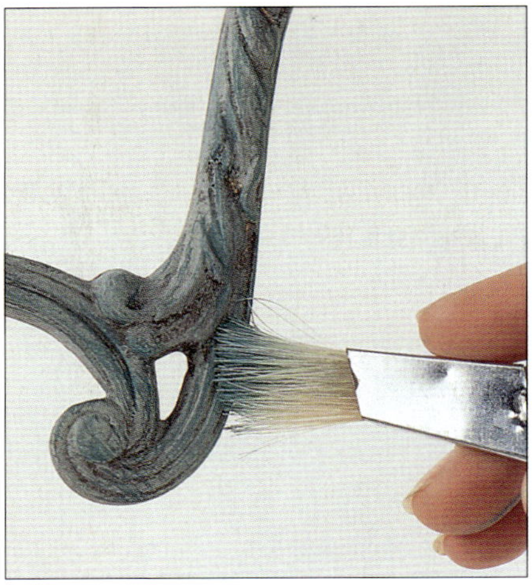

▲ Appliquez des touches de vert foncé.

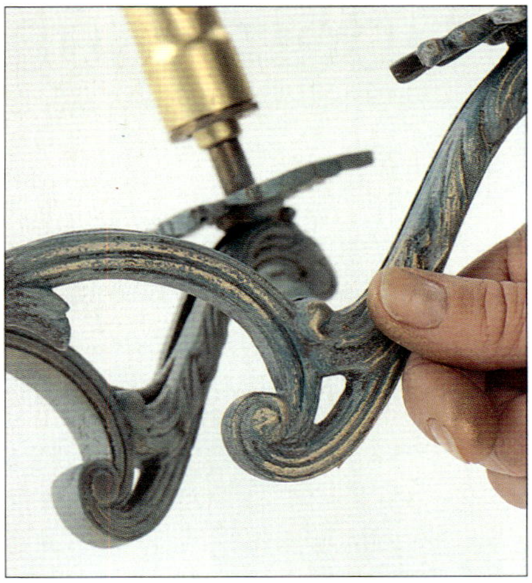

▲ Rehaussez les volutes en doré.

4 Vieillissement. En utilisant le pinceau à filet et un pinceau fin, appliquez des touches légères et estompées de peinture-émulsion vert jade foncé. Traitez en particulier les formes en creux, ainsi que les parties en saillie situées aux extrémités des branches. Cette opération a pour but de souligner le dessin des volutes et d'accentuer l'aspect patiné en opposant la clarté des reliefs aux teintes plus sombres des zones en retrait ou dissimulées. Afin d'obtenir un effet naturel, veillez à essuyer immédiatement tout excédent de couleur. Laissez sécher vingt-quatre heures.

5 Dorure. Déposez un peu de peinture à l'huile ou de cire dorées sur le bout de votre pouce et de votre index afin d'en enduire les parties en relief de la suspension. Soulignez en particulier les courbes des volutes de façon à les mettre en valeur. Comme précédemment, travaillez avec légèreté pour obtenir un vieillissement crédible.

6 Finitions. Répétez les étapes 1 à 5 pour patiner les ornements métalliques que vous voulez accrocher à la suspension.

Vous pouvez colorer tout ou partie des pendeloques et des perles de verre, en utilisant la peinture prévue à cet effet et un pinceau fin.

Pour que les guirlandes de perles tombent souplement, coupez-les d'une longueur égale à la distance séparant deux branches, majorée d'au moins 5 cm. Façonnez des petits maillons de fil métallique de façon à accrocher les pendeloques aux extrémités des guirlandes, puis fixez l'ensemble sous les branches de la suspension. Attachez également quelques perles ou pendeloques sous chacun des repose-bougies. Si les fils métalliques sont trop visibles, dissimulez-les avec quelques touches de peinture à l'eau verte.

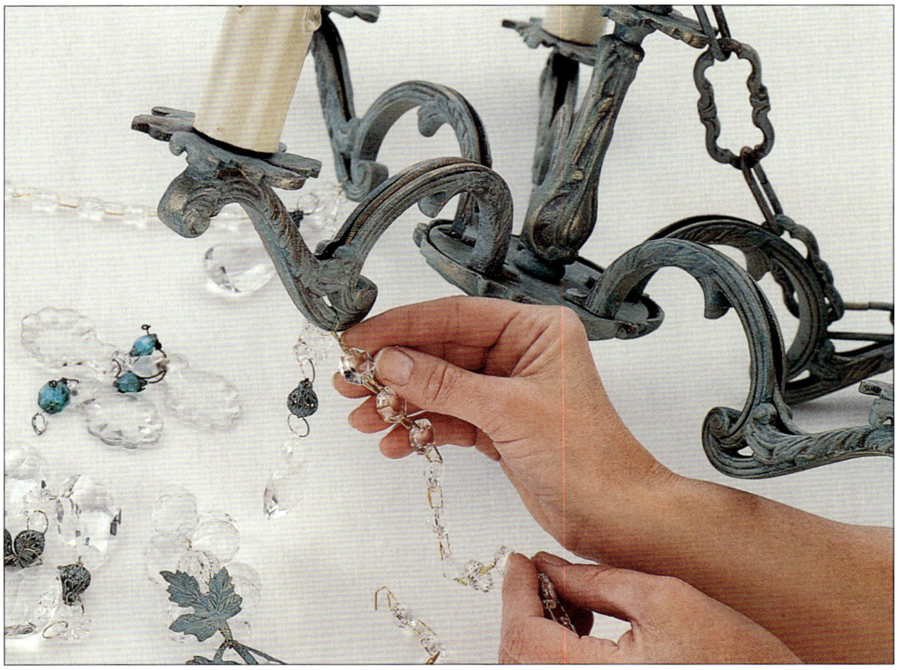

▲ Fixez les guirlandes de perles aux branches de la suspension.

TRUCS ET ASTUCES

- Il est toujours préférable de remplacer les anciens dispositifs électriques par des neufs. N'hésitez pas à faire appel à un électricien professionnel.
- Les suspensions de ce style sont particulièrement bien adaptées aux décors saisonniers. On peut par exemple les orner de houx ou de feuilles peintes en doré au moment des fêtes de fin d'année.
- N'oubliez pas d'ajuster la chaîne de la suspension. Les logements récents sont généralement pourvus de plafonds trop bas pour la chaîne d'origine.

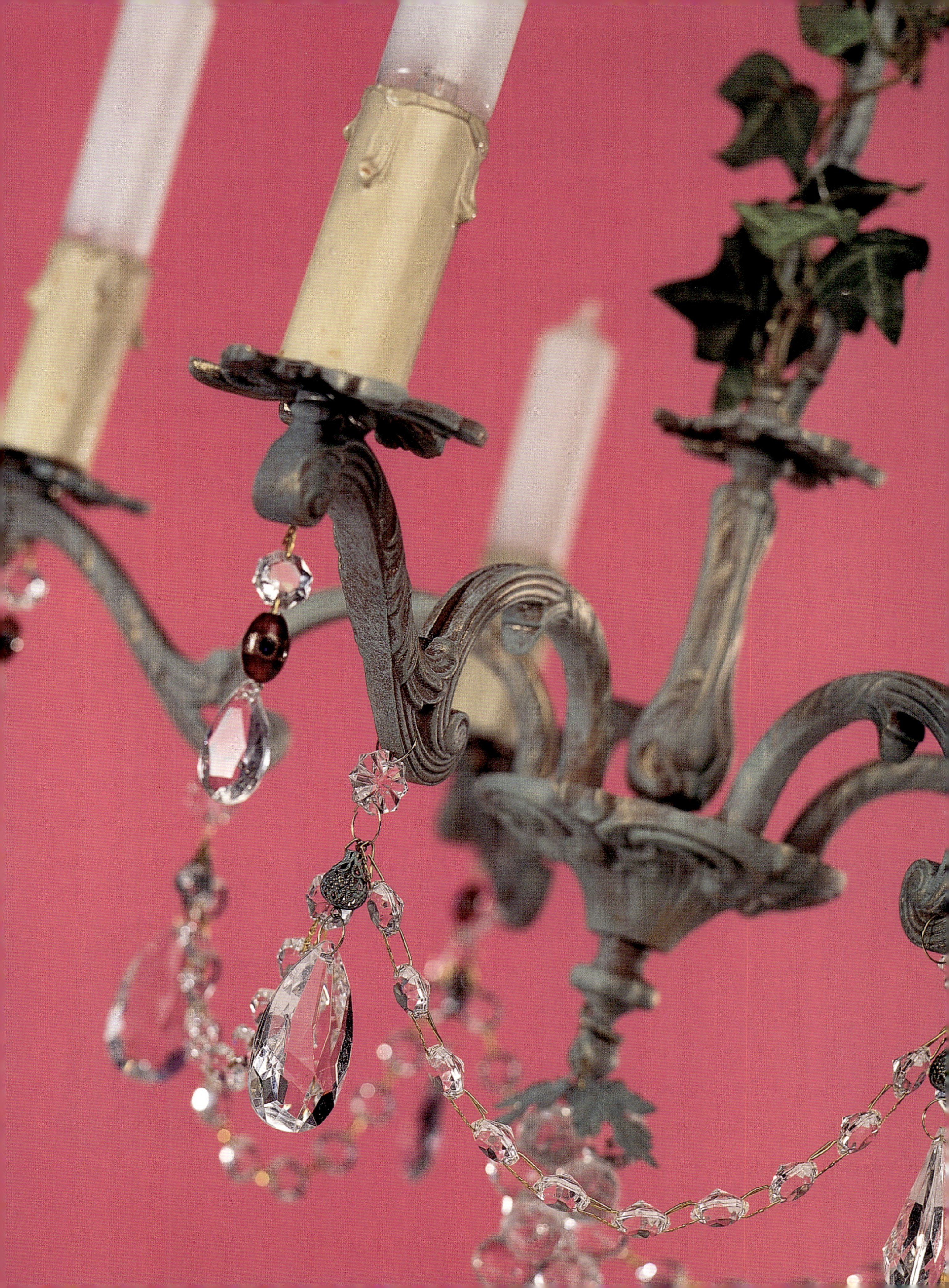

Abat-jour

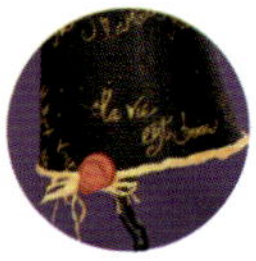

Il existe de multiples façons de personnaliser les abat-jour ordinaires en toile tendue. Ici, on s'est inspiré des étoffes populaires imprimées de mots écrits en plusieurs langues. Des tresses en raphia et un cachet de cire ajoutent au décor une touche d'élégance. Vous pouvez chercher des idées dans les ouvrages de calligraphie, les livres anciens, les dictionnaires étrangers ou encore les recueils de proverbes. Pour créer un décor harmonisé tout en évitant la monotonie, n'hésitez pas à assortir des abat-jour de formes et de couleurs différentes.

❖ MATÉRIEL ❖

Chiffons
Journaux pour protéger le plan de travail
Peinture dorée en bombe aérosol
Un stylo-feutre indélébile à pointe fine, doré
Papier à dessin
Raphia
Un mètre-ruban
Une paire de ciseaux
Colle universelle (ou pistolet à colle)
Carte bristol
Cire à cacheter
Un briquet
Un sceau
Un cutter et une plaque de coupe

Technique utilisée pour cette réalisation :
Peinture (page 13).

1 Préparation. Dépoussiérez soigneusement l'abat-jour et nettoyez-le avec un chiffon humide. Laissez sécher.

2 Peinture de l'intérieur. Protégez le plan de travail avec des journaux. Vaporisez une couche de peinture dorée sur la face interne de l'abat-jour, en veillant à ne pas tacher la face externe. Laissez sécher puis procédez à une deuxième application si la première n'est pas assez couvrante.

3 Calligraphie. Après vous être exercé sur du papier à dessin afin d'obtenir les pleins et les déliés voulus, tracez les mots choisis sur la face externe de l'abat-jour, avec le stylo-feutre doré. Si cela est nécessaire, travaillez en plusieurs temps afin de ne pas risquer de passer la main sur l'encre fraîche. Laissez sécher au moins une heure.

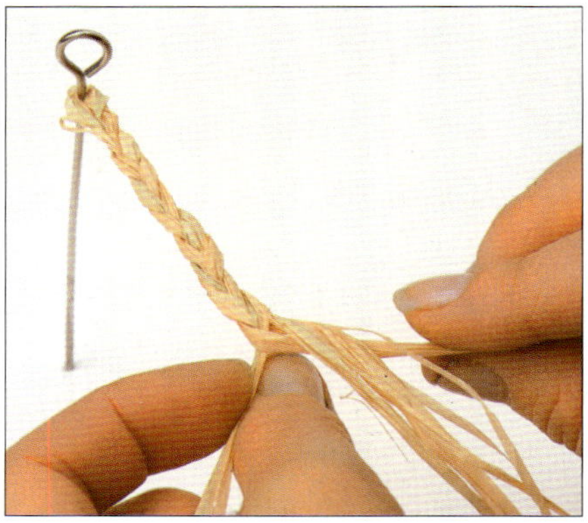

▲ Pliez les brins de raphia autour d'un support fixe et tressez-les.

4 Bordures. Coupez six brins de raphia d'une longueur égale au double du périmètre de la base de l'abat-jour, majoré d'une quinzaine de centimètres. Pliez-les en deux autour d'un support fixe, et tressez-les par deux. Nouez les extrémités puis effilochez-les. Collez la tresse autour de la base de l'abat-jour.

Procédez de la même manière pour réaliser la tresse du haut, mais en repliant cette fois les extrémités sur elles-mêmes afin d'obtenir un aboutage le plus discret possible.

5 Cachet de cire. Chauffez l'extrémité du bâton de cire à la flamme du briquet, au-dessus de la carte bristol. Dès qu'il y a suffisamment de cire sur cette dernière, appliquez fermement le sceau dessus. Laissez durcir.

Détourez le cachet au cutter, au ras de la cire. Il est important de laisser le cachet sur son support afin que la cire ne se craquelle pas. Collez le cachet sur la tresse du bas, à l'intersection des brins de raphia effilochés.

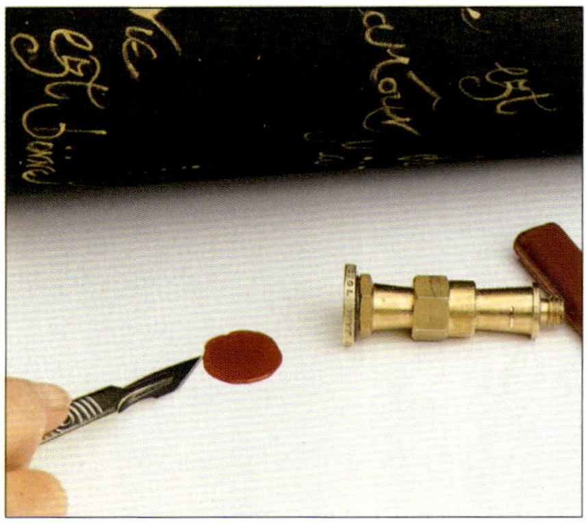

▲ Avec le cutter, découpez la carte bristol au ras du cachet de cire.

TRUCS ET ASTUCES

- Pour maintenir un débit d'encre constant, il est nécessaire de secouer régulièrement le stylo-feutre, en opérant au-dessus d'une surface protégée par des journaux.
- Vous pouvez fabriquer un sceau en fixant une pièce de monnaie ancienne ou un bouton en métal sur la tête d'un gros boulon.

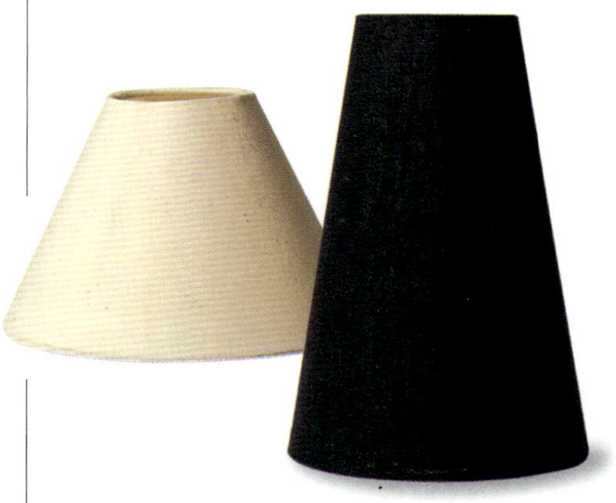

On trouve de nombreux abat-jour dans les braderies et les magasins de meubles d'occasion.

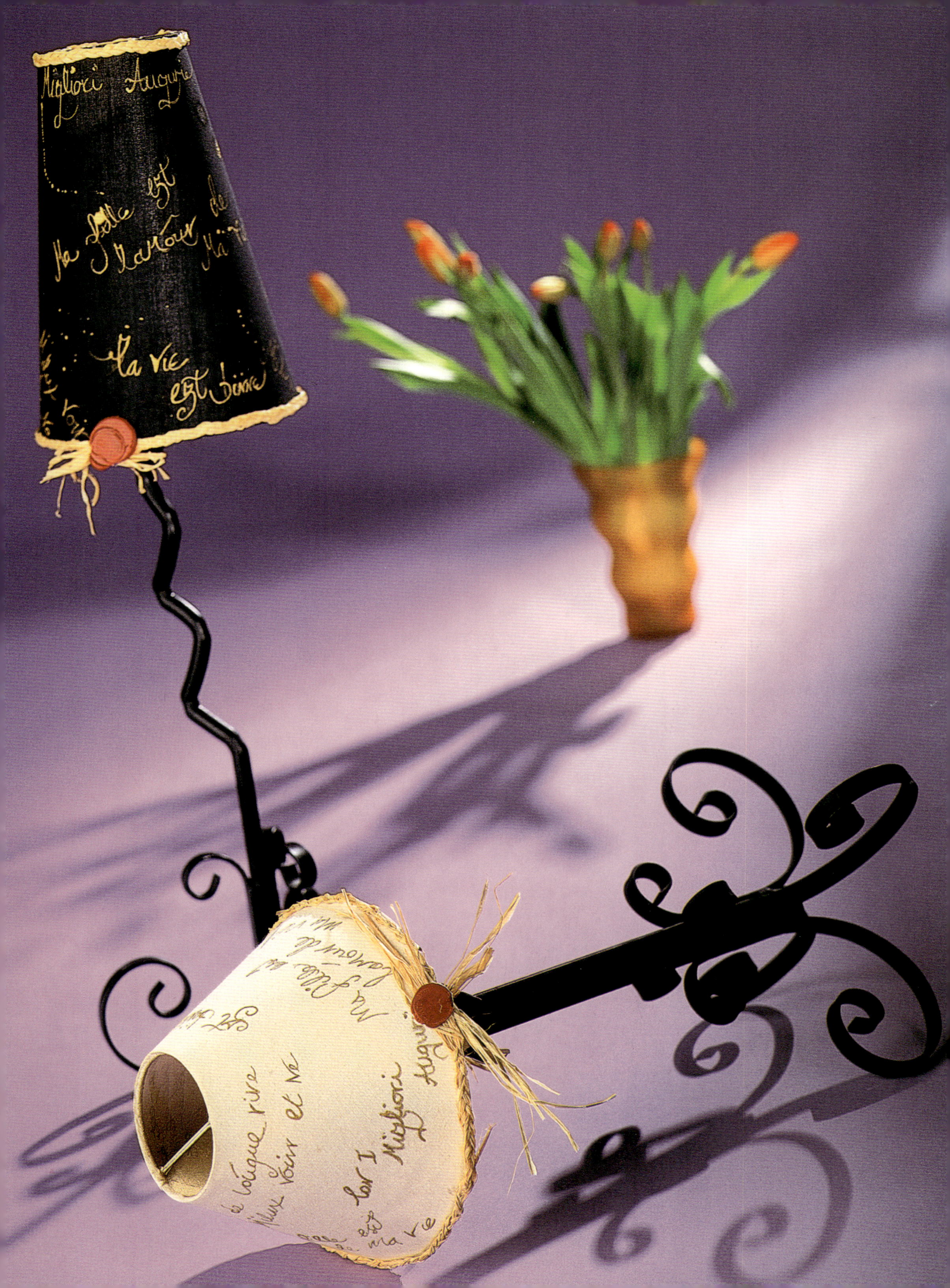
Migliori Auguri

Cadre

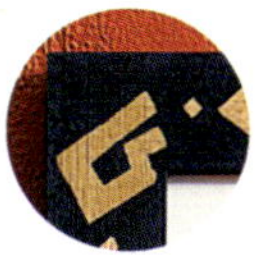

DANS LA DÉCORATION D'UN INTÉRIEUR, ce sont les petits détails qui font toute la différence. Les cadres sont des accessoires parfaits, car il est facile de les assortir au reste de la pièce grâce à toutes sortes de techniques. Pour ce modèle, on a repris les dessins d'un tissu afin de coordonner le cadre aux rideaux. Appliqués sur un fond moucheté, les motifs sont réalisés à l'aide de rubans métalliques adhésifs. Ces derniers s'appliquent comme des feuilles à dorer, mais ils sont fixés sur un support collant qui en facilite la pose.

❖ MATÉRIEL ❖

Papier abrasif à grain fin
Chiffons
Peintures acryliques :
bleu moyen et bleu foncé
Un pinceau plat
Un petit récipient
Glacis acrylique incolore
Une palette
Une brosse à pochoir
Tissu imprimé
Une paire de ciseaux
Ruban crépon adhésif
Mixtion à dorer à l'huile
Un pinceau pour la mixtion à dorer
Ruban de métal adhésif, doré
Vernis acrylique
Un pinceau à vernir

Techniques utilisées pour cette réalisation :
Préparation (page 129), peinture (pages 12, 17), dorure (pages 31 à 35), vernis (pages 139 à 141).

1 Préparation. Poncez le cadre avec du papier abrasif fin, puis dépoussiérez-le à l'aide d'un chiffon.

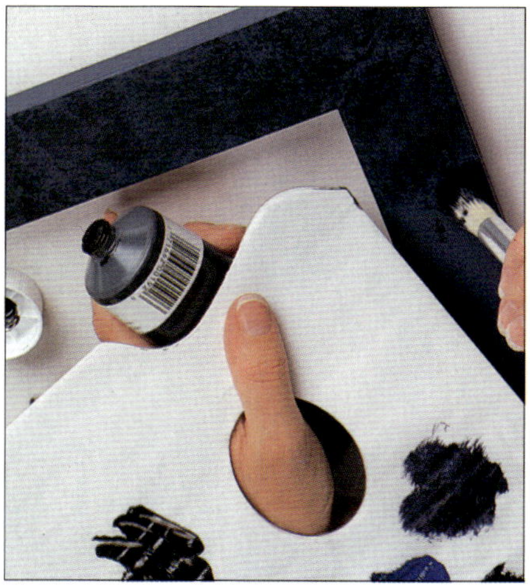

▲ Mouchetez la peinture du fond.

2 Peinture du fond. Peignez la face extérieure et les tranches du cadre avec la peinture acrylique bleu moyen. Laissez sécher.

Mélangez les deux teintes de peinture acrylique au glacis incolore de façon à obtenir une série de tons bleus, très voisins les uns des autres. Disposez-les sur la palette et utilisez-les tour à tour pour moucheter le cadre, en tapotant la brosse à pochoir dessus. Laissez sécher vingt-quatre heures.

3 Préparation des motifs. Découpez les motifs dans le tissu. Disposez-les sur le cadre en les retournant parfois sur l'envers pour obtenir des dessins symétriques. Lorsque vous êtes satisfait de votre composition, collez des bandes de ruban crépon adhésif autour des motifs, puis retirez ces derniers.

4 Dorure. Appliquez une couche de mixtion à dorer sur deux ou trois motifs. Lorsqu'elle est lisse et légèrement collante, posez des bandes de ruban métallique dessus. Lissez soigneusement avec le bout des doigts puis retirez la pellicule de protection qui se détache d'elle-même à mesure que le ruban adhère au support.

Répétez l'opération de façon à dorer l'ensemble du décor, en ne réalisant pas plus de deux ou trois motifs à la fois.

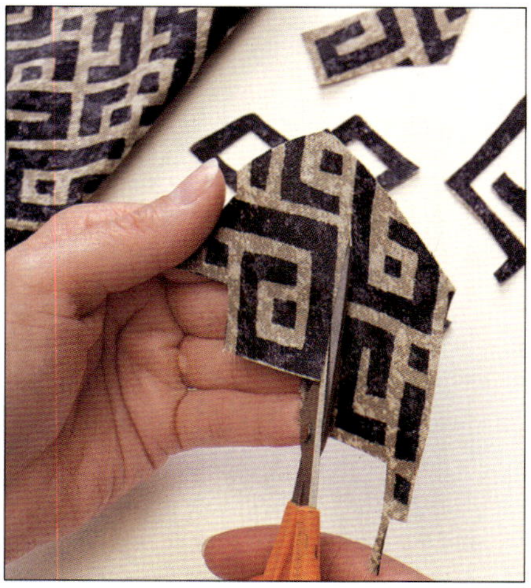

▲ Découpez des motifs dans le tissu.

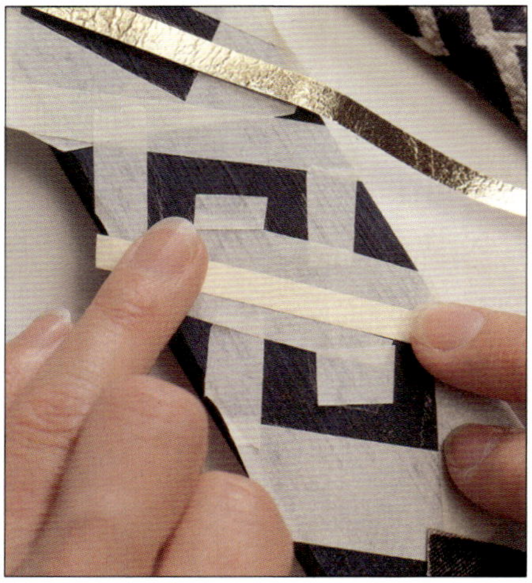

▲ Appliquez le ruban métallique.

5 Finition. Appliquez une fine couche de vernis acrylique sur l'ensemble du cadre.

TRUCS ET ASTUCES

- Choisissez du ruban crépon doté d'un faible pouvoir d'adhérence afin qu'il n'endommage pas la peinture du fond.
- Pour obtenir un travail soigné et régulier, il est important d'appliquer la mixtion avec un pinceau souple, de bonne qualité.

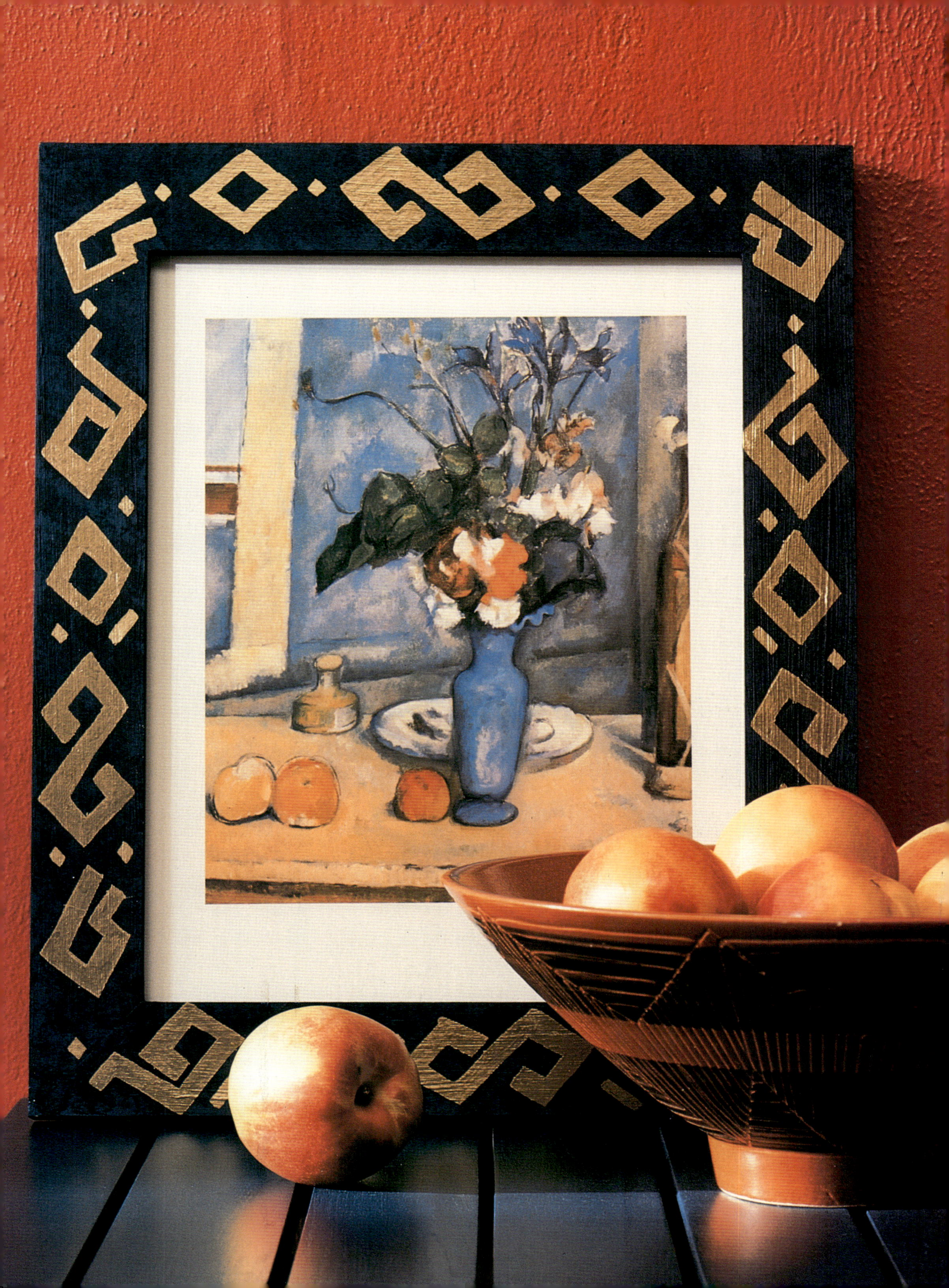

Miroir

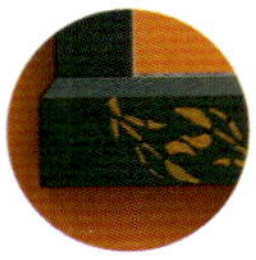

La technique de l'impression au tampon permet de réaliser des motifs répétitifs, simples ou plus détaillés, et de coordonner ainsi plusieurs objets d'une même pièce. Les magasins de bricolage et les boutiques de loisirs créatifs proposent un vaste choix de tampons, mais il est très amusant de créer ses propres modèles. Il est préférable de démonter la glace et le bougeoir avant de peindre le cadre. Vous pourrez ainsi les nettoyer plus facilement, vérifier l'état de leurs systèmes de fixation et les remplacer si cela est nécessaire.

❖ MATÉRIEL ❖

Papier abrasif à grain fin
Chiffons
Ruban crépon adhésif
Peintures acryliques :
bleu et ocre jaune
Un pinceau plat
Tampons
Une craie
Un mètre-ruban
Une petite éponge lisse
Coton-Tige

Techniques utilisées pour cette réalisation :
Préparation (page 129), peinture (pages 12, 17), tampons (pages 36-37).

1 Préparation. Poncez le cadre au papier abrasif à grain fin, puis dépoussiérez-le avec un chiffon.

2 Peinture du fond. Protégez les bords du miroir avec du ruban crépon adhésif. Appliquez une couche de peinture bleue sur l'ensemble du cadre. Laissez sécher. Égrenez avec du papier abrasif à grain fin, essuyez, puis appliquez une deuxième couche de peinture. Laissez de nouveau sécher.

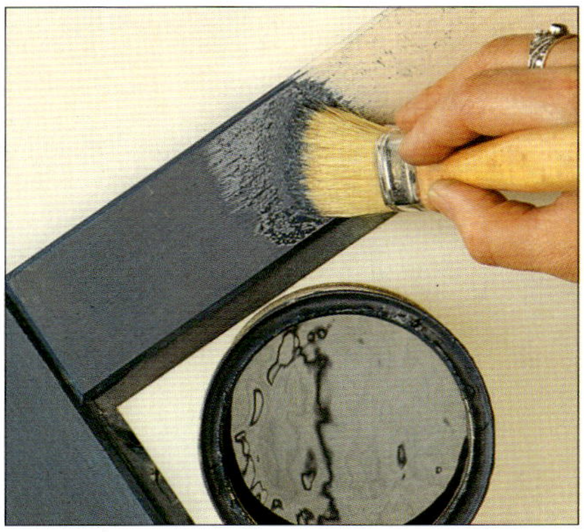

▲ Appliquez la peinture du fond.

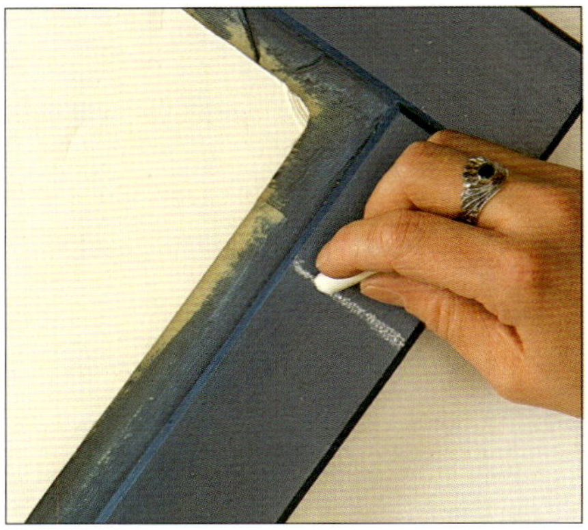

▲ Tracez des repères à la craie pour indiquer l'emplacement de chaque tampon.

3 Préparation des motifs. Avec la craie, tracez sur le cadre des repères correspondant à la longueur de chaque tampon. Il est également utile de repérer le centre des motifs au dos des tampons afin de travailler de façon symétrique.

4 Impression au tampon. Utilisez l'éponge pour enduire le premier tampon d'une couche régulière de peinture ocre jaune. Après avoir procédé à quelques essais sur du papier pour vérifier la qualité de l'impression, positionnez le tampon au-dessus du cadre, entre deux repères, appliquez-le fermement, puis faites-le légèrement basculer de gauche à droite afin d'exercer une pression régulière sur l'ensemble du motif. Si le tampon est de grande taille, maintenez-le à deux mains. Retirez le tampon à la verticale, d'un seul geste. Essuyez immédiatement les éventuelles bavures avec un Coton-Tige humide.

Procédez de la même façon avec les autres tampons jusqu'à ce que le décor soit entièrement réalisé. Laissez sécher.

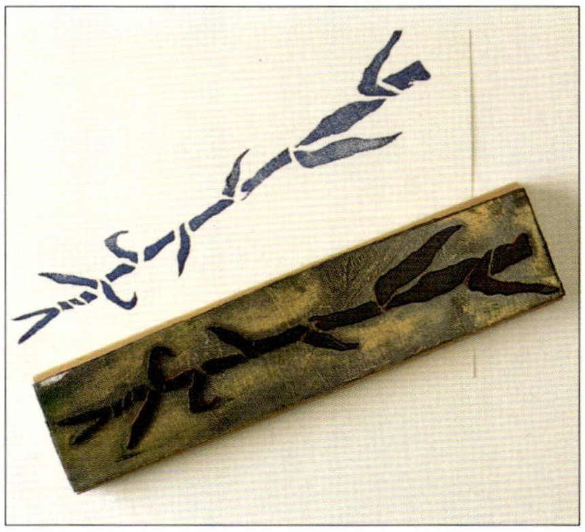

▲ Procédez à des essais sur du papier.

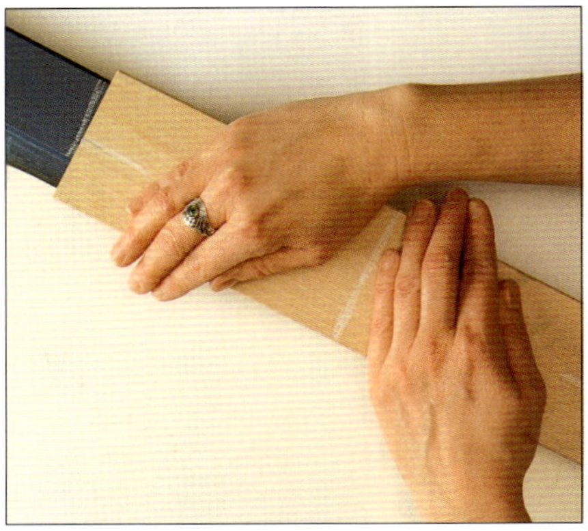

▲ Appliquez le tampon en exerçant une pression régulièrement répartie.

TRUCS ET ASTUCES

- Vous pouvez décorer un autre objet de la même façon mais en inversant les couleurs (voir la photographie de la page ci-contre).
- Si vous voulez réaliser un motif avec plusieurs couleurs, appliquez-les simultanément sur le tampon, en utilisant une éponge par teinte.
- Il est possible de rehausser les motifs appliqués au tampon de détails peints à main levée, avec un pinceau fin.

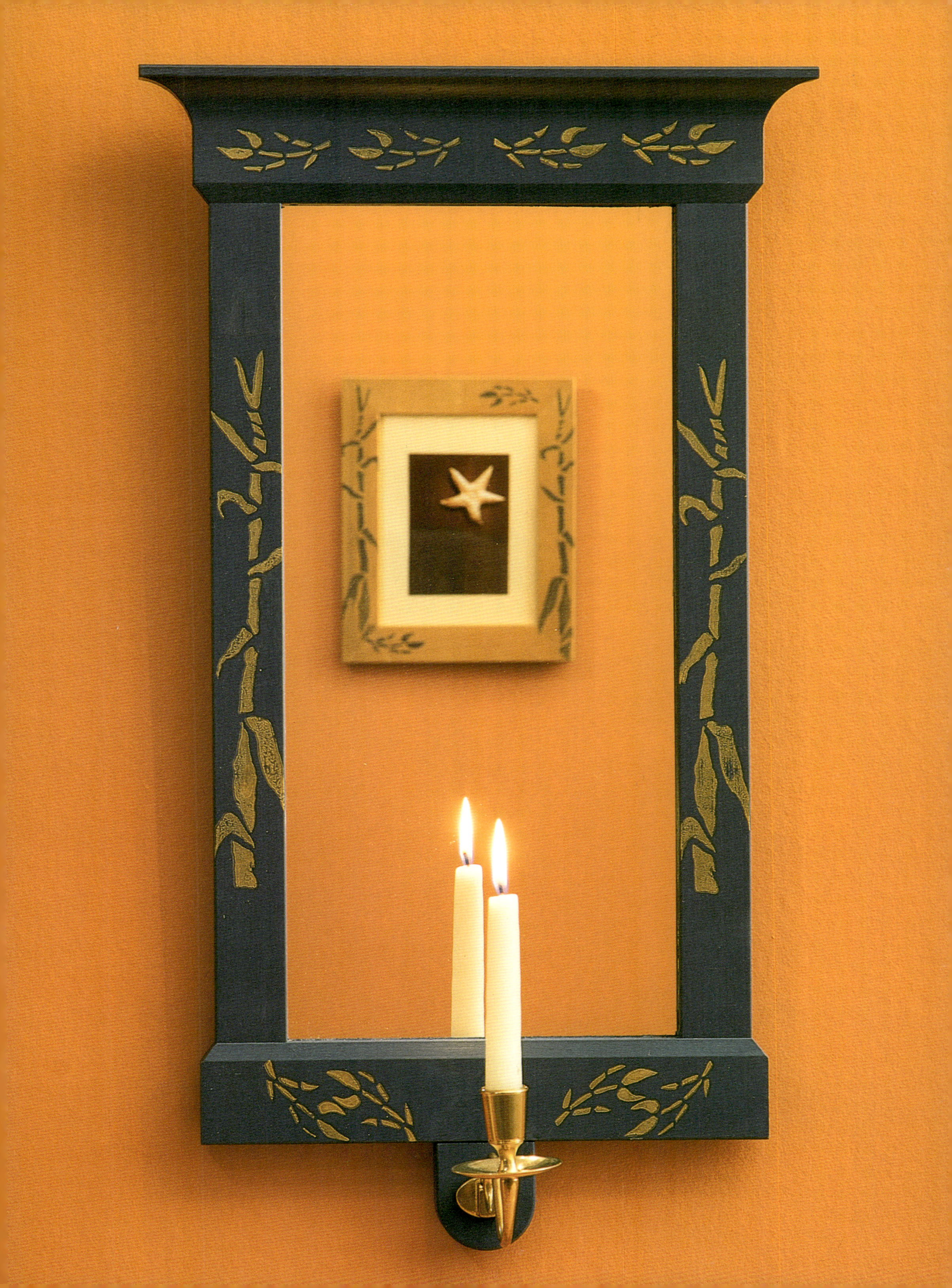

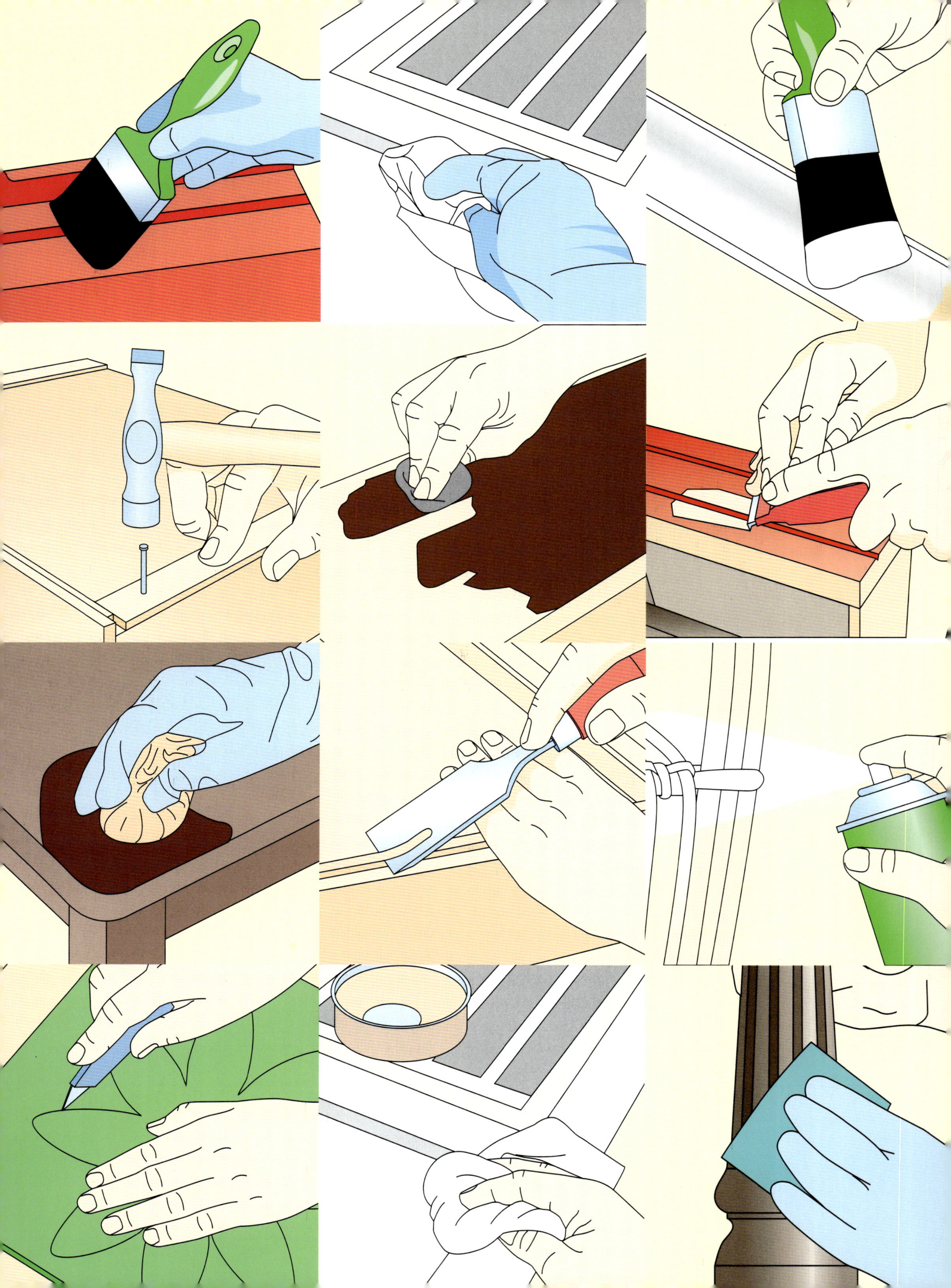

Annexes

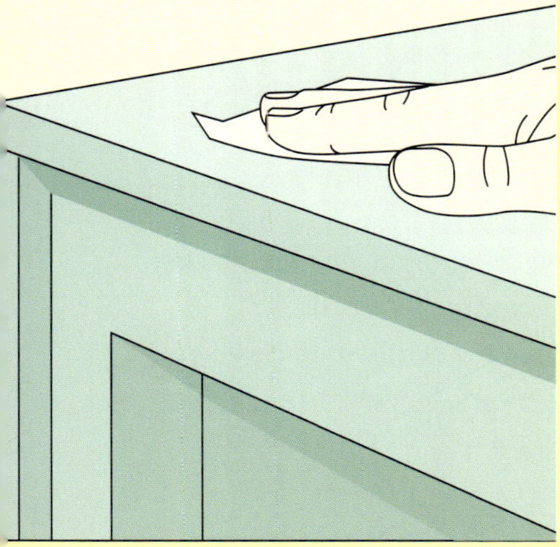

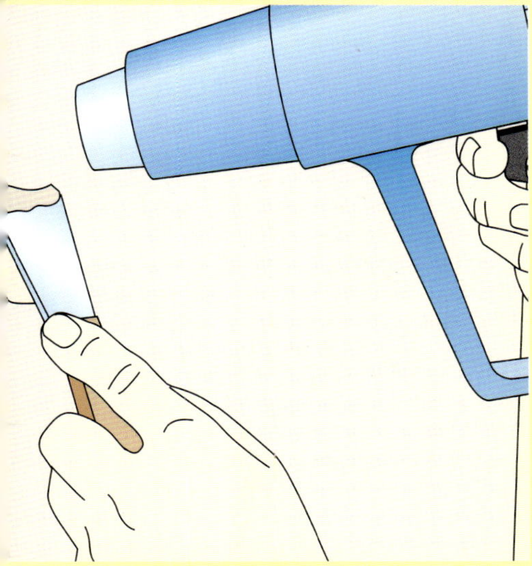

LA RÉNOVATION D'OBJETS ET DE MEUBLES DEMANDE UN PEU DE TEMPS ET DE PATIENCE, AINSI QUE LA CONNAISSANCE DE QUELQUES TECHNIQUES DE BASE. CE CHAPITRE VOUS PRÉSENTE LE MATÉRIEL NÉCESSAIRE ET VOUS DONNE DES CONSEILS PRÉCIS POUR PRÉPARER AU MIEUX LES SUPPORTS QUE VOUS SOUHAITEZ DÉCORER.

CONSIGNES DE SÉCURITÉ

Le rangement du matériel
Conservez l'outillage et les produits dans un placard fermé, hors de portée des enfants, même entre deux séances de travail.

Les gants de protection
Enfilez des gants de protection dès que vous manipulez de la peinture, du vernis ou des produits de nettoyage. Si vous n'y êtes pas allergique, les gants chirurgicaux en latex sont parfaits. Ne portez pas de gants en caoutchouc pour travailler avec une source de chaleur comme, par exemple, un décapeur thermique.

Les lunettes de protection
Portez des lunettes de protection pour effectuer toutes les tâches qui dégagent des poussières ou des particules chaudes : ponçage, sciage ou décapage.

La ventilation
Utilisez les produits à base de solvant dans un local correctement ventilé, à l'écart de toute flamme. Ne fumez pas à proximité. Portez un masque de protection, même si vous travaillez à l'extérieur.

L'électricité
Conservez les appareils électriques à l'abri de l'eau. En cas de problème avec l'un d'eux, débranchez-le avant de l'examiner. Coupez le courant au niveau du compteur avant toute intervention sur le réseau électrique.

Les escabeaux
Quand vous utilisez un escabeau, assurez-vous qu'il est stable. Ne vous tenez jamais sur la plate-forme supérieure. Retirez le matériel déposé sur cette dernière avant de déplacer l'escabeau.

Les chambres d'enfants
Les objets destinés aux enfants doivent être réalisés avec des produits non-toxiques et inodores, sans aucun petit élément mobile qu'un bambin pourrait avaler.

Le matériel de coupe
Lorsque vous effectuez des découpes avec un cutter ou un couteau, veillez à ne jamais laisser votre main devant la lame.

Les décapeurs thermiques
Pour utiliser un décapeur thermique, portez des lunettes de protection, des gants en coton et des vêtements ajustés. Attachez vos cheveux. Débarrassez la zone de travail de tout matériau inflammable, comme les rideaux, et ne protégez pas le sol avec du papier. Utilisez un déflecteur pour décaper à côté d'éléments en verre ou en plastique.

Décapage et petites réparations

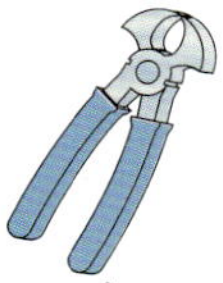

LES VIEUX OBJETS ont presque toujours besoin de nettoyage, voire d'un décapage, et de réparations. Il peut s'agir de tâches simples – par exemple, remplacer une charnière ou reclouer une moulure – ou plus importantes, comme rénover un vieux tiroir qui coulisse mal ou dégauchir une planche. Il est généralement possible d'effectuer ces travaux soi-même, avec quelques outils de base et un peu de patience.

LE NETTOYAGE

PAR DÉFINITION, les objets et les meubles d'occasion sont souvent sales et gras. Avant toute chose, il est essentiel de les nettoyer entièrement et d'établir la liste des réparations nécessaires. Vous trouverez page 137 un tableau récapitulant les diverses façons de procéder en fonction de la nature du support. Dans tous les cas, il convient de disposer de quelques fournitures de base.

LE MATÉRIEL DE LAVAGE

La plupart des vieux objets ont besoin d'un sérieux lavage avant même de pouvoir évaluer leur état. Si cela est possible, procédez à cette tâche à l'extérieur afin de pouvoir travailler sans craindre de salir. Pour dégraisser, mélangez de l'eau chaude et de la lessive de soude dans un récipient, puis imprégnez-en une éponge ou un tampon à récurer. Veillez à avoir toujours de l'eau claire à portée de main, afin de rincer régulièrement l'objet.

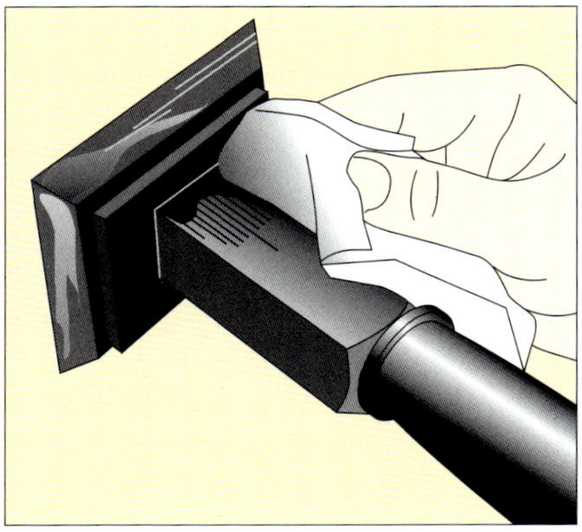

▲ Essuyez les moindres recoins de l'objet.

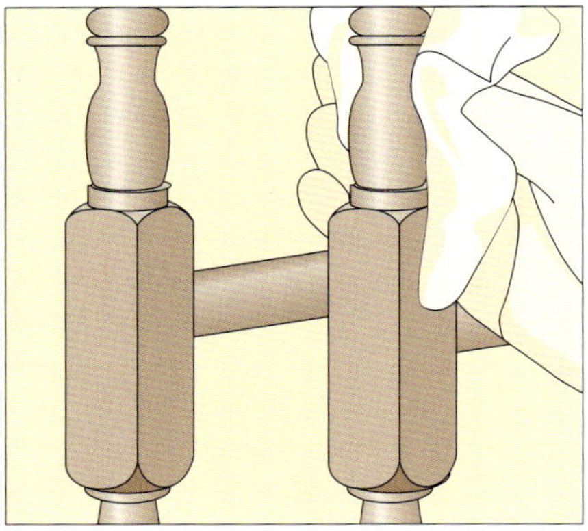

▲ Nettoyez avec une chiffonnette antistatique.

LES CHIFFONS

Une fois hors d'usage, les chemises et les draps en coton font de parfaits chiffons non-pelucheux, très utiles pour dépoussiérer, essuyer et nettoyer aussi bien les supports à décorer que les outils. On est souvent étonné du nombre de chiffons nécessaires pour une seule réalisation. Aussi, veillez à en préparer une quantité suffisante.

• LES TAMPONS EN JERSEY DE COTON. Ils sont vendus dans les magasins de bricolage. Habituellement employés pour lustrer ou pour dépoussiérer le bois, ils permettent également de texturer délicatement les glacis et les peintures, ou encore d'atténuer les traces de pinceau.

• LES CHIFFONNETTES ANTISTATIQUES. Résistantes et multi-usages, elles sont dotées d'une texture légèrement cireuse qui enlève et retient la saleté et la poussière. Elles permettent de nettoyer la plupart des matières – du bois au métal en passant par le plâtre –, à l'exception du verre.

LES PRODUITS CHIMIQUES

Outre le white spirit et l'alcool dénaturé, il existe de nombreux produits de nettoyage. Selon les cas, on les applique avec un chiffon ou de la laine d'acier. Reportez-vous au tableau de la page 141 pour savoir celui qui correspond au support à traiter. Dans tous les cas, portez toujours des gants de protection pour manipuler ces produits, et respectez scrupuleusement le mode d'emploi fourni par le fabricant.

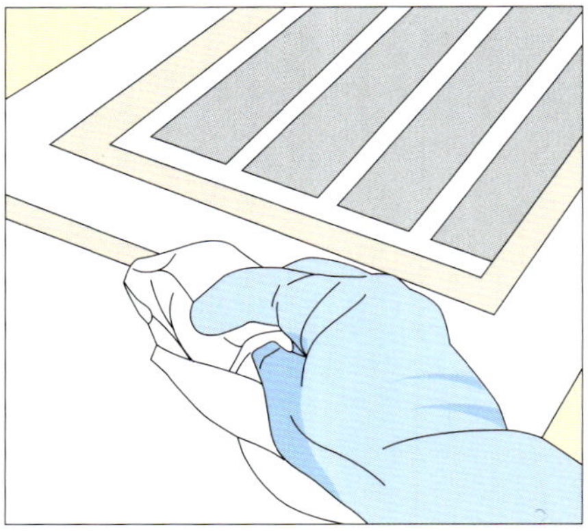

▲ Portez des gants de protection pour manipuler les produits chimiques.

CONSEILS DE SÉCURITÉ

Il est essentiel d'enfiler des gants de protection pour manipuler des produits chimiques, comme l'alcool dénaturé ou les décapants.
Lorsque vous poncez, portez toujours un masque ainsi que des lunettes de protection. Il est préférable de prévoir un casque anti-bruit quand on utilise longtemps un appareil électrique, par exemple une ponceuse.
Veillez à ce que le local de travail soit bien ventilé en permanence.

LE PONÇAGE

Si certains objets demandent juste un simple ponçage pour supprimer quelques écailles de peinture, d'autres sont revêtus de plusieurs couches de couleur ou de vernis qu'il convient d'ôter afin de mettre à nu le support d'origine. Les métaux, en particulier, exigent un ponçage soigné car la moindre parcelle de rouille oubliée finit par resurgir et par gâcher le décor réalisé. Le procédé utilisé est déterminé par la taille de l'objet, sa nature et l'effet décoratif recherché.

LES PAPIERS ABRASIFS

Ils servent à poncer les supports, à égrener les peintures, à vieillir les décors et à lisser les vernis. La qualité de leur grain est indiquée par un nombre : plus celui-ci est élevé, plus le grain est fin. Ils sont vendus en feuilles que l'on peut enrouler autour d'une cale à poncer – un bloc de bois ou de liège – pour les manipuler plus facilement.

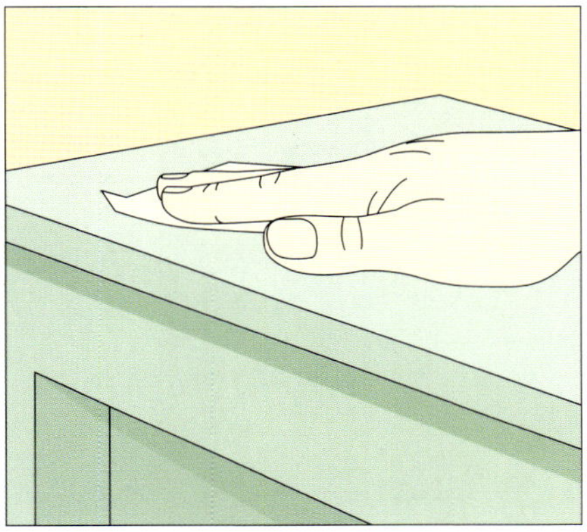

▲ Poncez avec du papier abrasif de plus en plus fin.

Certains papiers abrasifs sont prévus pour être fixés sur une ponceuse ou une perceuse électriques.

L'intensité du travail varie en fonction du support ; par exemple, les bois tendres doivent être plus poncés que les essences dures.

Le ponçage demande une certaine patience. Il est souvent nécessaire d'utiliser successivement plusieurs grosseurs de papier. En général, on dégrossit avec du papier à grain gros ou moyen – selon la dureté du support –, puis on termine en lissant à l'aide d'un papier fin. Sur du bois, on travaille toujours dans le sens des fibres. N'oubliez pas de porter un masque de protection afin de ne pas inhaler les poussières occasionnées par le ponçage.

• LE PAPIER DE VERRE. Ce papier abrasif doux sert à poncer les supports avant de les peindre.

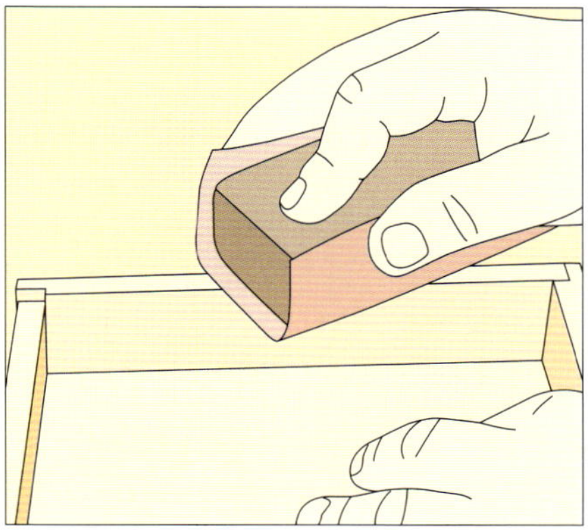

▲ On peut utiliser une cale à poncer.

• LE PAPIER CORINDON. Il s'agit d'un papier très rugueux, habituellement de couleur rougeâtre. Très résistant, il est recommandé pour poncer les bois tendres ou résineux.

• LE PAPIER ABRASIF À L'EAU. Comme son nom l'indique, il peut être humidifié. Il est idéal pour lisser des surfaces peintes. Dans sa qualité la plus fine et employé à sec, il permet de vieillir des motifs réalisés au pochoir ou à main levée.

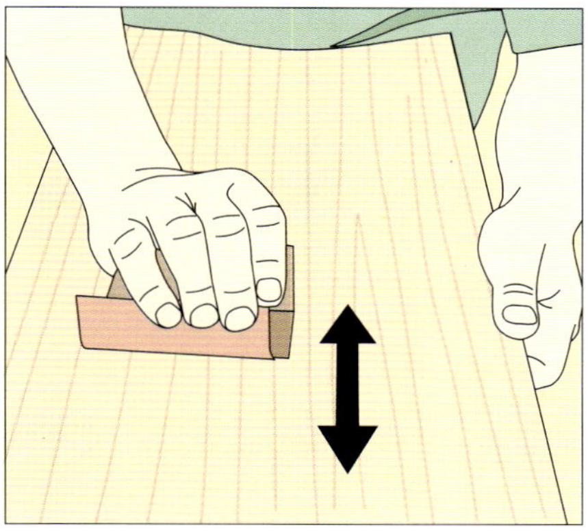

▲ Poncez dans le sens des fibres du bois.

LES BROSSES MÉTALLIQUES ET LA LAINE D'ACIER

Les brosses métalliques sont très utiles pour nettoyer la rouille ou les peintures écaillées. Elles servent également à ouvrir les pores d'un bois avant de le céruser. Pour traiter des surfaces importantes, on peut employer des modèles qui se fixent sur une ponceuse électrique.

La laine d'acier existe en plusieurs grosseurs, indiquées par un numéro. On utilise de la laine n° 2 pour dégrossir et décaper, et les qualités les plus fines (n°s 0, 00 et 000) pour polir une surface sans la rayer. La laine d'acier sert également à appliquer de la cire et à vieillir les décors. On l'emploie aussi, imprégnée de white spirit, pour nettoyer le bois. Il est nécessaire de porter un masque de protection lorsqu'on travaille à la laine d'acier afin de ne pas inhaler les petits filaments dont elle est composée.

MATÉRIEL DE BASE

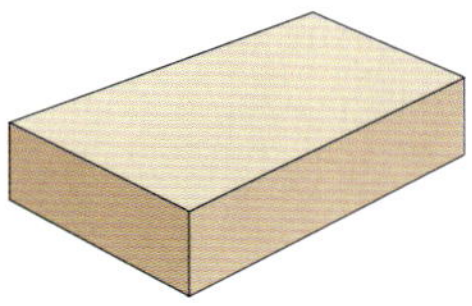

CALE À PONCER *autour de laquelle on enroule un papier abrasif*

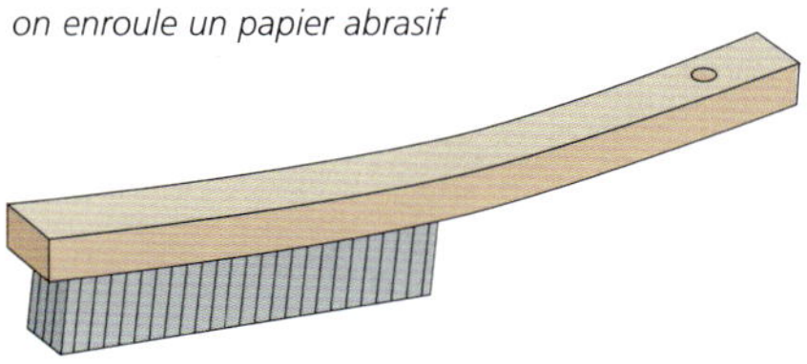

BROSSE MÉTALLIQUE *pour enlever la rouille et les peintures écaillées*

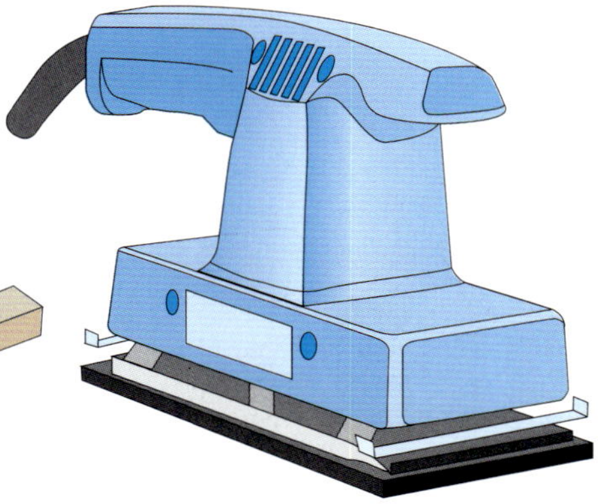

PONCEUSE ÉLECTRIQUE *pour obtenir une finition uniforme sur les surfaces importantes*

LES RACLOIRS

Ils servent à retirer les vieilles couches de peinture ou de vernis que l'on ramollit avec un décapant chimique ou un décapeur thermique.

• LES RACLOIRS LARGES. Leur lame plate de largeur variable est munie d'un tranchant qui se glisse entre le support et le revêtement à éliminer.

• LES ÉBARBOIRS. Chacun des côtés de leur lame triangulaire se termine par un tranchant qui permet de racler les recoins difficiles d'accès.

• LES GRATTOIRS. Ils sont munis d'une lame amovible et jetable. On peut les employer aussi bien sur des surfaces planes que sur des zones arrondies ou dans des rainures.

UTILISER UN GRATTOIR

1 Tenez fermement le grattoir et tirez-le vers vous, dans le sens des fibres du bois. Si le support devient irrégulier, faites pivoter le grattoir à 45° et continuez à travailler dans le sens des fibres.

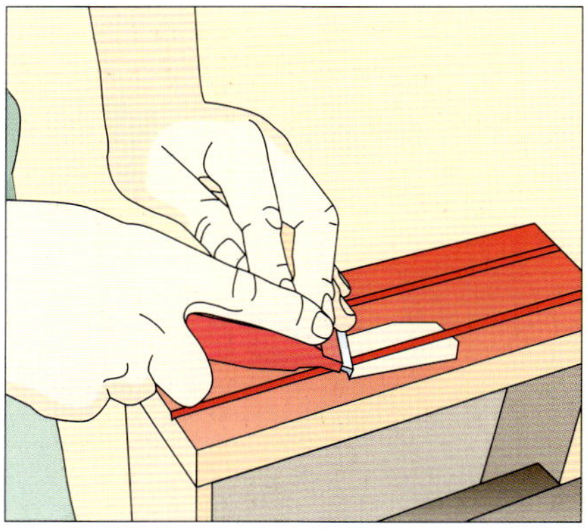

▲ Travaillez dans le sens des fibres du bois.

2 Tirez toujours le grattoir de l'extérieur vers vous, sauf dans certains cas, par exemple pour décaper des rainures. Maintenez alors fermement le grattoir à deux mains, au ras de la lame afin de pouvoir bien en contrôler la pression.

3 Si la surface est très accidentée, insérez une lame en dents de scie dans le grattoir. Pensez à la retirer après usage car elle risquerait d'endommager des supports lisses.

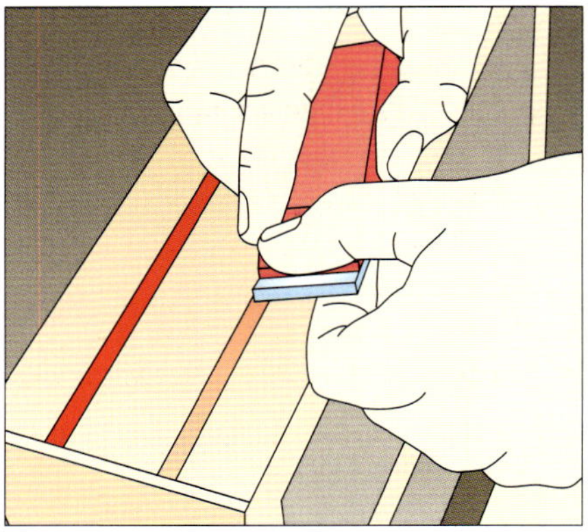

▲ Pour traiter une rainure, maintenez le grattoir au ras de la lame.

LES DÉCAPEURS THERMIQUES

Ces appareils électriques dégagent une chaleur qui ramollit les vieux revêtements – peintures ou vernis. Il est alors aisé de les détacher de leur support à l'aide d'un racloir. Les décapeurs sont vendus avec des buses amovibles permettant, selon les cas, de concentrer ou de diffuser la chaleur émise.

UTILISER UN DÉCAPEUR

1 Maintenez la buse du décapeur à une dizaine de centimètres du support à traiter, afin que le vieux revêtement ramollisse sans brûler.

2 Lorsque le vieux revêtement commence à former des cloques, détachez-le à l'aide d'un racloir.

3 Poncez le support avec du papier abrasif de plus en plus fin, puis dépoussiérez-le soigneusement à l'aide d'un chiffon.

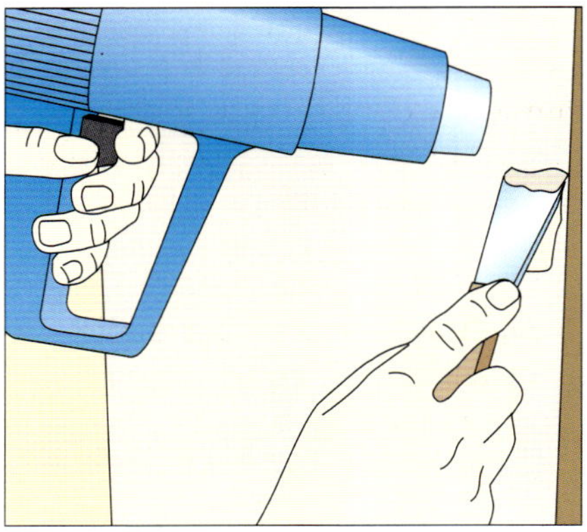

▲ Utilisez un racloir pour enlever le vieux revêtement ramolli par le décapeur.

CONSEILS DE SÉCURITÉ

• Autrefois, les peintures contenaient souvent du plomb. En décapant de vieux objets, on s'expose donc à d'éventuelles émanations toxiques.

• Il est dangereux de brûler, de gratter ou de poncer les peintures à base de plomb. La technique la plus sûre consiste à utiliser un décapant chimique et à récupérer les résidus afin de les porter à un centre de traitement des déchets. Si la couche de peinture est très mince, vous pouvez l'enlever avec un décapeur thermique, mais en veillant à ne pas la faire brûler.

• Effectuez les travaux de décapage dans un local correctement ventilé, à l'écart des enfants et des animaux domestiques, en portant un masque et des lunettes de protection. Rincez toujours soigneusement les supports après les avoir décapés. Veillez à ce qu'il ne traîne pas de déchets de peinture imprégnés de décapant.

MATÉRIEL DE BASE

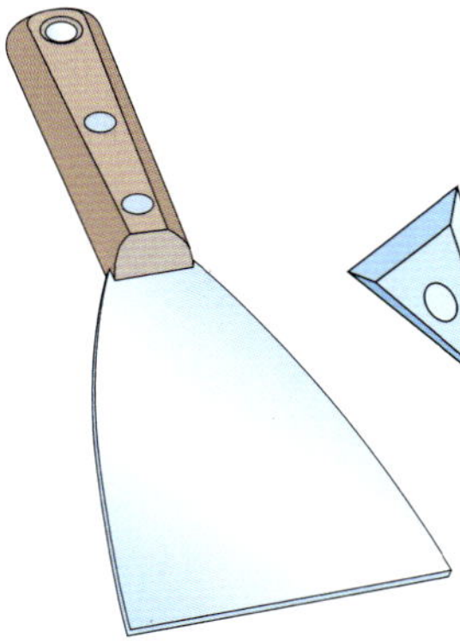

RACLOIR LARGE *pour la plupart des travaux*

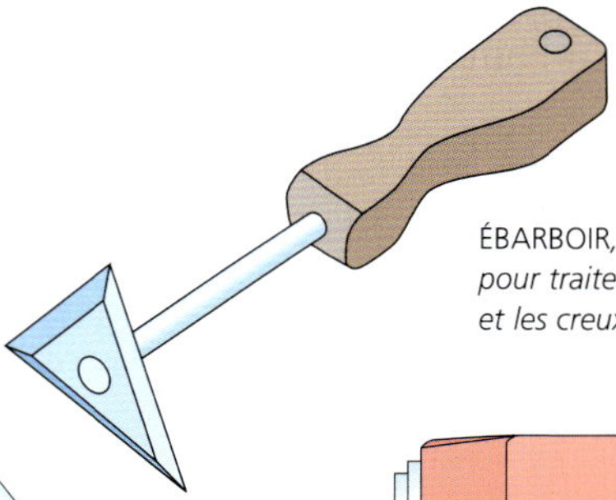

ÉBARBOIR, *racloir triangulaire pour traiter les zones arrondies et les creux*

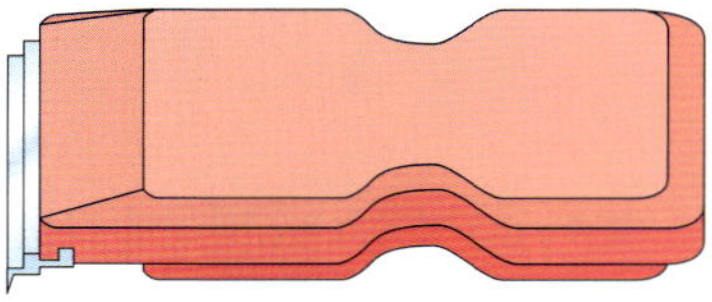

GRATTOIR, *outil muni de lames amovibles*

LES DÉCAPANTS

Il existe de nombreux décapants chimiques, dont certains sont plus adaptés au traitement des peintures ou à celui des vernis.

DÉCAPER DE LA PEINTURE

1 Démontez tous les accessoires métalliques. Avec un racloir, grattez les écailles de peinture, puis dépoussiérez à l'aide d'un chiffon.

2 Appliquez le décapant avec un vieux pinceau, en travaillant par petites zones successives.

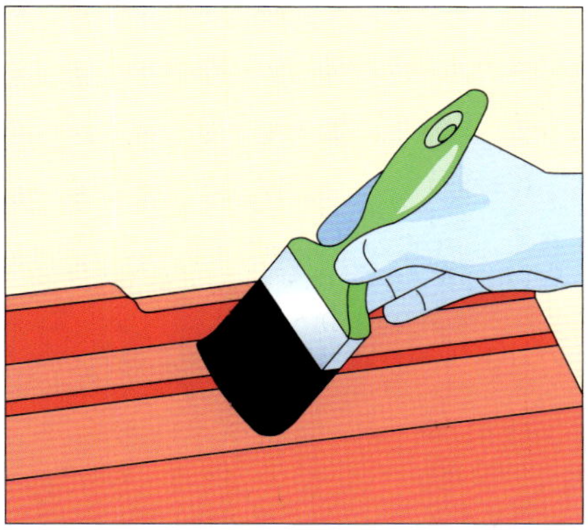

▲ Appliquez le décapant avec un vieux pinceau.

3 Détachez la vieille peinture à l'aide d'un racloir et d'un grattoir. Retirez l'excédent de décapant avec du white spirit, ou tout autre produit préconisé par le fabricant. Évitez d'utiliser de l'eau car elle peut tâcher certains bois.

4 Quand le support est sec, poncez-le avec du papier abrasif de plus en plus fin, puis essuyez-le soigneusement à l'aide d'un chiffon.

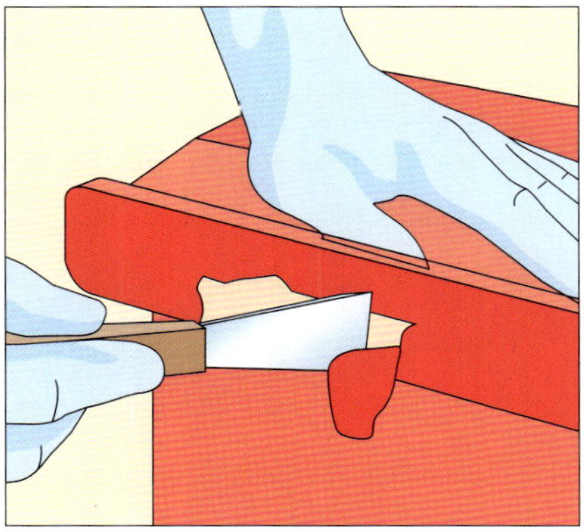

▲ Enlevez la peinture ramollie au racloir.

DÉCAPER DE LA GOMME-LAQUE

1 Travaillez par petites zones successives. Avec de la laine d'acier ou un tampon à récurer imprégnés d'alcool dénaturé, frottez le support d'avant en arrière, dans le sens des fibres. On peut aussi employer de l'ammoniaque, mais ses émanations sont très désagréables.

2 Nettoyez les creux et les zones difficiles d'accès au grattoir. Sur l'ensemble du support, essuyez les particules de vieux vernis avec un chiffon imprégné d'alcool dénaturé.

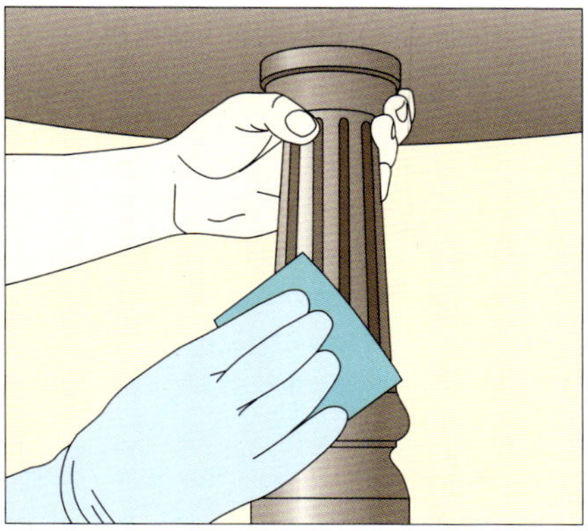

▲ Frottez le support avec un tampon à récurer imprégné d'alcool dénaturé.

3 Poncez le support avec du papier abrasif de plus en plus fin.

4 Si vous prévoyez de décorer le support avec des produits à base de solvant, laissez-le reposer quelques jours afin que l'humidité de l'air ambiant ouvre les pores du bois. Dans le cas où vous comptez employer des produits à l'eau, essuyez-le avec un chiffon humide et laissez-le sécher.

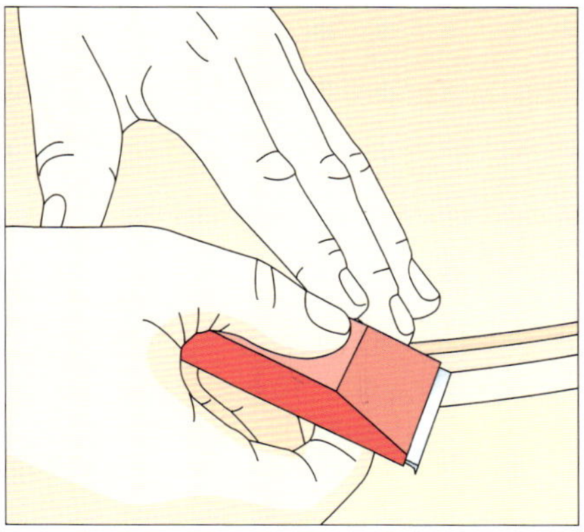

▲ Nettoyez les creux avec un grattoir.

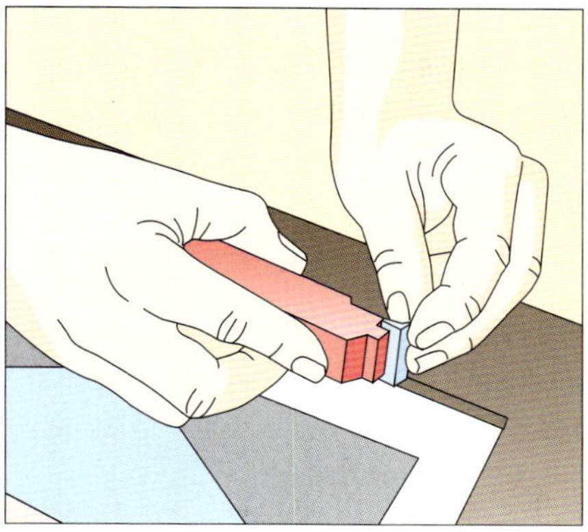

▲ Décapez soigneusement les moulures et les angles.

DÉCAPER DU VERNIS

1 Poncez grossièrement le support avec du papier abrasif à grain moyen pour faciliter la pénétration du décapant. Appliquez ce dernier en couche épaisse, en utilisant un vieux pinceau.

2 Laissez agir le vernis jusqu'à ce que le vieux vernis forme des cloques (cela peut prendre entre une et quatre heures). Détachez le vieux vernis avec un racloir. Nettoyez les creux et les zones difficiles d'accès avec un ébarboir ou un grattoir. Si cela est nécessaire, procédez à une nouvelle application de décapant.

3 Poncez le support avec du papier abrasif de plus en plus fin, puis dépoussiérez-le soigneusement à l'aide d'un chiffon.

TRUCS ET ASTUCES

- Si vous devez décaper un meuble de quelque valeur, il est préférable de confier ce travail à un artisan spécialisé.
- Après avoir décapé un support avec un produit chimique, essuyez-le avec un chiffon imprégné de vinaigre afin de neutraliser l'action du produit, puis laissez-le sécher avant de le poncer.
- Lorsque vous ne savez pas si le support est revêtu de gomme-laque ou de vernis, grattez une petite surface avec de la laine d'acier imprégnée d'alcool dénaturé. Si la laine d'acier se charge d'un dépôt brun et collant, c'est qu'il s'agit de gomme-laque ; si seule la saleté adhère à la laine d'acier, c'est qu'il s'agit de vernis.

LES DIFFÉRENTS BOIS

POUR RÉNOVER un vieux meuble, il est parfois nécessaire de remplacer ou d'ajouter un élément en bois, comme le dossier d'une chaise ou le panneau d'une porte de placard. Il est alors utile de connaître un peu les différentes sortes de bois les plus couramment utilisées afin de choisir un matériau le plus proche possible de l'original. Par exemple, le mobilier ancien est souvent fabriqué avec des essences nobles, alors que les éléments de cuisine récents sont constitués de bois bon marché, voire de panneaux de particules pour les parties non visibles. La nature du bois utilisé influence également le budget investi pour une rénovation.

LES RÉSINEUX

Les magasins de bricolage proposent essentiellement des bois de résineux comme le pin ou le sapin, deux essences très employées pour la fabrication du mobilier moderne courant. On peut acheter des planches brutes ou rabotées. Choisissez la deuxième catégorie, à moins de posséder des connaissances et l'outillage nécessaire pour les travaux de menuiserie.

LES FEUILLUS

Plus chers, les feuillus sont vendus dans des magasins spécialisés. On les emploie pour restaurer des meubles anciens dont la valeur fait qu'il est préférable de les confier à un artisan professionnel. Cependant, s'il vous arrive de devoir en utiliser, découpez-les toujours avec des outils très bien affûtés, en portant un masque de protection. Renseignez-vous sur les caractéristiques de l'essence choisie. Par exemple, les bois très huileux, comme le teck, doivent être assemblés avec de la colle à base de résines synthétiques. De même, le tanin contenu dans le chêne pouvant faire déteindre le métal, il faut se servir uniquement de vis en acier inoxydable ou en laiton.

LES BOIS RECONSTITUÉS

Les magasins de bricolage vendent différents types de bois reconstitués, vendus sous forme de grands panneaux ou bien découpés à la demande. Chacun d'eux existe en plusieurs épaisseurs. Il convient de choisir celui dont la solidité, le poids et l'aspect correspondent le mieux au travail envisagé.

• LES LATTÉS. Ils sont composés de lattes collées côte à côte entre deux feuilles de placage dont on peu choisir l'essence. Assez résistants, ils sont parfaits pour fabriquer des rayonnages ou des tiroirs.

• LES AGGLOMÉRÉS. Ces matériaux peu coûteux sont constitués de particules de bois tendre, assemblées sous pression. Leur surface lisse est destinée à être apprêtée puis peinte. Légers mais relativement solides, ils conviennent très bien à la réalisation de portes de placard. Il existe des qualités spécialement conçues pour les lieux humides.

• LE MEDIUM. Il s'agit d'un amalgame dense de fibres. Très solide, il présente les mêmes qualités que le bois naturel et peut donc être mouluré et chantourné comme ce dernier. Sa surface très lisse est destinée à être peinte ou revêtue de feuilles de placage.

• LES CONTREPLAQUÉS. Ils sont constitués de feuilles de bois – généralement en nombre impair – qui ont été collées sous pression les unes sur les autres, en intercalant le sens des veines. Selon leur épaisseur, on les emploie pour fabriquer des portes de placards, des fonds d'étagères et des rayonnages. Les qualités « marine » sont prévues pour les lieux humides et l'extérieur.

• LES PANNEAUX DE FIBRES DURES. Ils sont composés de fibres de bois compressées. Moins résistants que les matériaux précédents, ils mesurent en général 3 mm d'épaisseur. On les emploie surtout pour les fonds de placards ou de tiroirs.

ARRACHER DES CLOUS

LES VIEUX OBJETS comportent parfois des clous rouillés ou abîmés qu'il convient de retirer avec un marteau arrache-clou. Placez un petit bloc de bois à côté du clou pour pouvoir y appuyer le marteau sans abîmer le support. Glissez les griffes du marteau sous la tête du clou, et tirez doucement le manche en arrière. Si le clou est très long, superposez

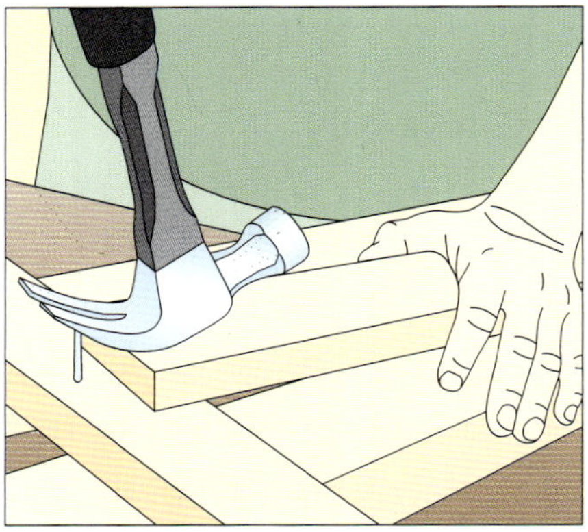

▲ Retirez les clous en les maintenant à la verticale.

d'autres blocs de bois à mesure que vous l'arrachez, de façon que le marteau soit toujours vertical et appuyé à la bonne hauteur. Le clou doit rester droit afin de ne pas élargir son trou dans le bois.

Pour retirer une pointe à tête homme, utilisez des tenailles. Après avoir saisi la pointe au ras du bois, soulevez-la en exerçant des tractions successives, à la verticale. Si vous ne parvenez pas à retirer une pointe, enfoncez-la le plus possible au marteau, puis masquez son sommet avec de la pâte à bois.

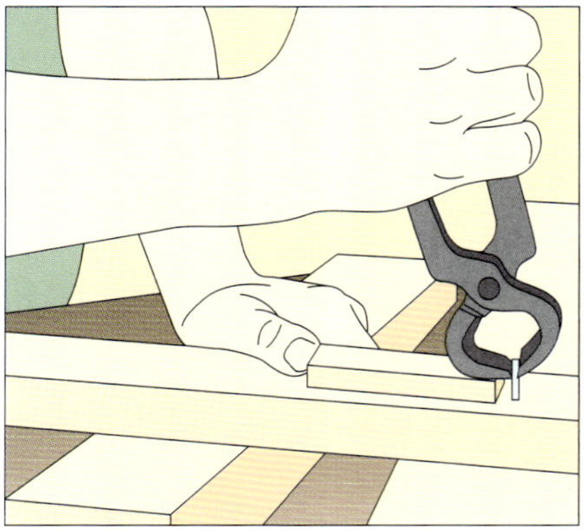

▲ Arrachez les pointes fines à la tenaille.

TRAITER LE BOIS

IL ARRIVE QUE les vieux objets en bois contiennent des vers. Ils se manifestent par des petits trous d'où s'échappe de la sciure fraîche. Contrôlez intégralement les meubles, car les parasites s'attaquent en premier lieu aux bois tendres, comme ceux des fonds de placards ou de tiroirs. Tout meuble infesté doit être immédiatement isolé du reste du mobilier. Injectez de l'insecticide dans chaques trou en vous conformant au mode d'emploi du fabricant.

La pourriture sèche se développe sur les bois, les métaux ou le ciment maintenus trop longtemps dans une atmosphère chaude et humide. Les meubles atteints dégagent une odeur de moisi et semblent poudreux au toucher. Au fil du temps, ils peuvent se fissurer et devenir friables. Il convient de retirer toutes les parties visiblement endommagées, et de traiter les autres avec un produit fongicide.

LES NŒUDS DU BOIS

RETIREZ LES NŒUDS non-adhérents en les poussant délicatement hors du bois et bouchez le trou avec de la pâte à bois. Les nœuds adhérents doivent être bouche-porés avec du vernis gomme-laque.

DÉGAUCHIR DU BOIS

LORSQU'UN MEUBLE comporte une planche gauchie, démontez-la délicatement. Placez sa face concave sur un linge humide et déposez l'ensemble sur une planche droite. Maintenez avec des serre-joints, puis enveloppez le tout dans des grands sacs en plastique. Laissez reposer une douzaine d'heures afin que l'humidité déploie les fibres du bois. Remettez la planche en place aussitôt que possible. Assujetissez-la au dos avec des traverses afin de renforcer la réparation.

BOUCHER UN TROU

TROUS, FISSURES et éraflures sont les défauts les plus courants des objets et des meubles de récupération. En les bouchant, il est tout à fait possible de retrouver une surface impeccable, prête à être décorée. Il existe plusieurs sortes d'enduits de rebouchage.

• LES REBOUCHEURS CELLULOSIQUES. Populaires pour leur capacité à reboucher facilement tous les petits trous de la maison, ils peuvent être employés sur le bois comme sur le plâtre. S'ils ne conviennent pas au remplissage de fissures importantes, ils permettent de lisser les bois ordinaires et les chants des panneaux de particules agglomérées.

• LES PÂTES À BOIS ET LES CIRES À REBOUCHER. Elles permettent de combler les trous et les fissures du bois et de consolider des assemblages défaillants. Elles existent en incolore et dans une large gamme de teintes naturelles. Il est toujours préférable de choisir une couleur un peu plus foncée que celle du bois.

• LA GOMME-LAQUE À REBOUCHER. Disponible dans les boutiques spécialisées dans la restauration de meubles, elle permet d'effectuer des retouches sur des objets laqués. On la réchauffe à la flamme d'un briquet afin de la rendre malléable.

• LES COUTEAUX À ENDUIRE. Ils permettent d'appliquer les enduits de rebouchage et de les faire pénétrer dans les cavités. De largeur variable, ils ressemblent à des racloirs mais leur lame non tranchante est plus fine et plus flexible.

TRUCS ET ASTUCES

Si vous prévoyez de laisser tout ou partie du bois visible – dans le cas d'un cérusage ou d'un badigeon, par exemple – comblez les trous et les fissures avec de la pâte à bois d'une couleur la plus proche possible de celle du bois.

1 Poncez la surface environnant le trou puis dépoussiérez-la. Prenez un peu d'enduit sur la lame du couteau, et pressez celle-ci sur le trou afin d'y faire pénétrer la pâte. Racler l'excédent d'enduit puis laissez sécher.

2 Si l'enduit de rebouchage s'est rétracté en séchant, appliquez-en une seconde couche. Poncez avec du papier abrasif à grain fin.

3 Si le trou est dû à une compression du bois, appliquez un linge épais et humide sur la zone bosselée, et placez un fer à repasser chaud dessus. La chaleur devrait aider les fibres du bois à se redresser.

NETTOYER LES BRÛLURES

IL EST POSSIBLE d'atténuer – voire de faire disparaître – les traces de brûlure que présentent souvent les vieux bois. Poncez doucement la zone noircie avec un morceau de papier corindon enveloppé autour de la pointe d'un crayon. Ne poncez pas les surfaces environnantes afin de ne pas les marquer. Dépoussiérez puis, à l'aide d'un Coton-Tige, appliquez un peu d'eau de Javel.

LES ASSEMBLAGES

L'EXÉCUTION DE PETITES réparations et la réalisation de certains décors font appel à différentes méthodes d'assemblages et de fixations.

LES COLLES

Le pouvoir d'adhérence d'une colle doit être bien adapté au matériau que vous souhaitez fixer.

• LES COLLES ÉPOXY. Très solides et résistantes à l'eau, elles conviennent au bois, au verre, à la terre cuite et aux métaux. Elles mettent en œuvre deux composants que l'on mélange juste avant utilisation. On encolle les deux parties à assembler, puis on les maintient avec un serre-joint. Selon les qualités, le temps de prise varie de quelques minutes à plusieurs heures. Les colles époxy doivent être manipulées avec précaution car elles irritent la peau et dégagent des émanations toxiques.

• LES COLLES NÉOPRÈNE. Moins puissantes que les colles époxy, elles permettent de fixer de nombreux matériaux comme le caoutchouc, le cuir ou la porcelaine. Après avoir encollé les deux parties à assembler, on les laisse sécher quelques minutes avant de les mettre en contact de façon très précise, car l'adhérence est immédiate.

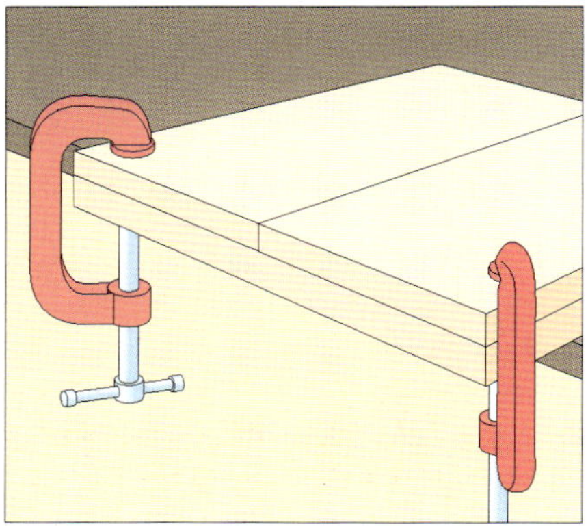

▲ Maintenez les pièces collées avec des serre-joints.

• LES COLLES UNIVERSELLES. Faciles à utiliser, elles conviennent à de nombreux matériaux à condition que l'assemblage ne soit pas soumis à des forces importantes.

• LES COLLES VINYLIQUES. Elles sont très efficaces pour coller les petites pièces de bois, le papier, le carton et le tissu. Elles doivent être appliquées, au pinceau, sur un support rigoureusement sec.

• LES COLLES EN BÂTON. Ces colles de bureau sont suffisantes pour fixer du papier ou de la carte bristol.

TRUCS ET ASTUCES

Intercalez une chute de bois entre le serre-joint et le support afin de ne pas endommager celui-ci.

LES PISTOLETS À COLLE

Il s'agit de petits appareils électriques dans lesquels on introduit des bâtonnets de colle. Rendue liquide sous l'effet de la chaleur, la colle est distribuée par une buse étroite, puis elle sèche rapidement. Les pistolets à colle sont très pratiques pour réaliser des travaux détaillés. Suivez attentivement le mode d'emploi du fabricant et manipulez le pistolet avec précaution.

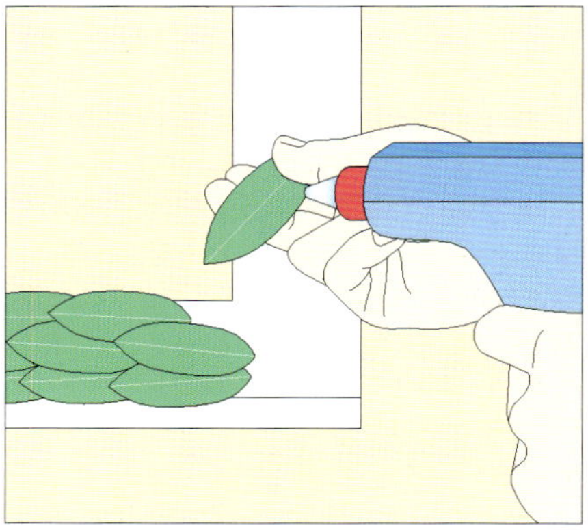

▲ La buse du pistolet distribue la colle.

LES FIXATIONS PROVISOIRES

Il est parfois nécessaire d'effectuer des fixations provisoires, par exemple pour maintenir un pochoir en place ou pour élaborer une composition d'images collées.

• LES COLLES REPOSITIONNABLES. Vendues en bombes aérosols, elles sont particulièrement utiles pour fixer des pochoirs ou des gabarits que l'on doit déplacer plusieurs fois au cours d'un travail.

• LE RUBAN CRÉPON ADHÉSIF. Il s'agit d'un ruban adhésif en papier, doté d'un faible pouvoir d'adhérence. Il sert à maintenir en place pochoirs et gabarits, mais aussi à masquer certaines zones lors d'un travail de peinture. Procédez toujours à un essai afin de vérifier que le ruban crépon adhésif n'endommage pas le support lorsque vous le décollez.

• LA PÂTE ADHÉSIVE. Elle permet de fixer des objets légers sans endommager le support. Choisissez une qualité adaptée au poids de l'objet à coller.

CLOUS, POINTES ET VIS

Choisissez la taille des clous, des pointes et des vis en fonction de l'épaisseur des matériaux à assembler.

• LES CLOUS. Leur tête peut être plate ou perlée, c'est-à-dire bombée. Tout en maintenant sa base entre le pouce et l'index, frappez la tête du clou avec un marteau, à petits coups nets et précis. Retirez vos doigts dès que le clou est enfoncé.

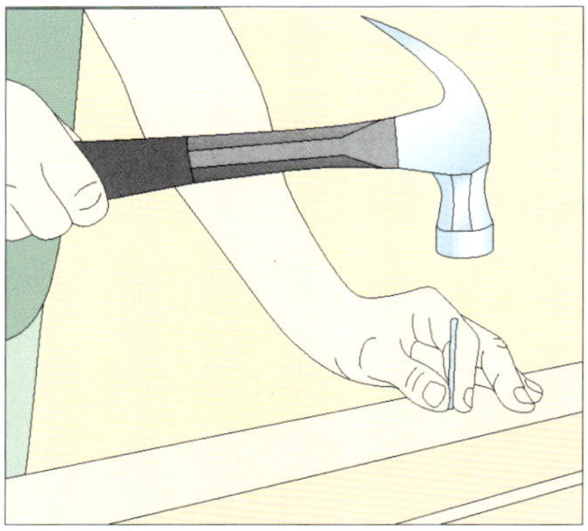

▲ Maintenez le clou par sa base.

• LES POINTES À TÊTE HOMME. On les utilise pour renforcer avec discrétion des pièces de bois préalablement assemblées à la colle vinylique. Presque rectilignes, ces pointes sont plus faciles à enfoncer avec un marteau américain ou un ramponneau, car ils sont tous deux munis d'une panne circulaire.

• LES VIS À BOIS. Elles résistent mieux que les clous aux forces exercées sur les assemblages, sans endommager le bois. Elles servent également à fixer les accessoires tels que boutons de porte et charnières.

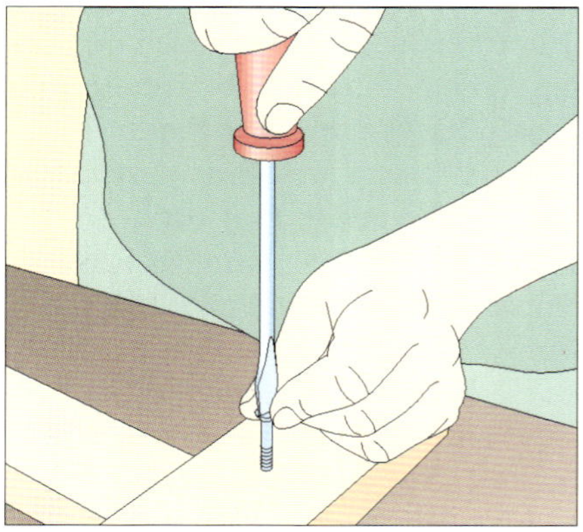

▲ Introduisez bien les vis à la verticale.

RÉPARER UNE CHAISE

Bien que les chaises soient souvent dans un tel état qu'elles semblent juste bonnes à être mise au rebut, il suffit de quelques réparations simples pour leur donner une nouvelle jeunesse.

1 Pour retirer l'assise, glissez délicatement un ciseau à bois dessous et enfoncez-le à petits coups de marteau. Répétez l'opération tout autour du siège.

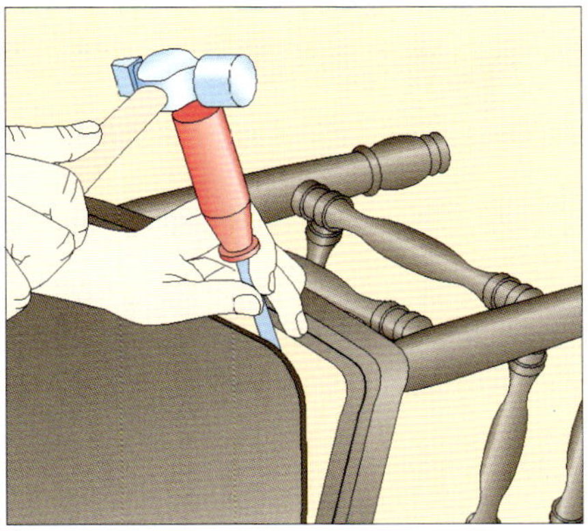

▲ Démontez l'assise avec un ciseau à bois.

2 Enlevez clous, vis et échardes. Si vous n'y parvenez pas, enfoncez-les avec un poinçon, puis recouvrez-les de pâte à bois.

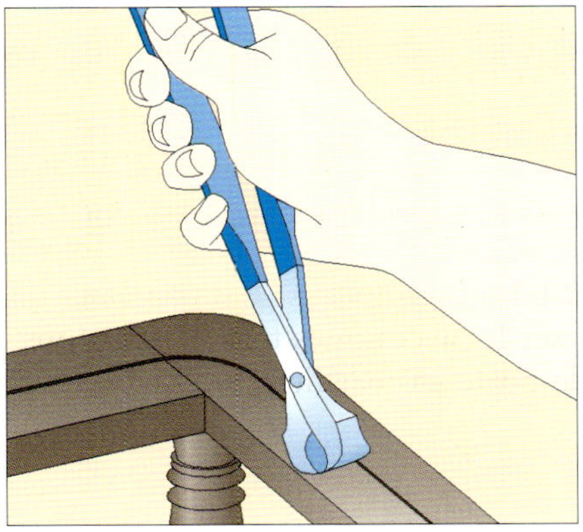

▲ Retirez clous, vis et échardes.

3 Retirez délicatement les pieds qui ne sont pas bien fixés, en repérant leur position. Nettoyez les traces de colle. Après avoir encollé les deux parties, introduisez de nouveau les pieds dans leurs cavités, en les poussant bien jusqu'au fond. Maintenez avec des serre-joints pendant le temps de séchage.

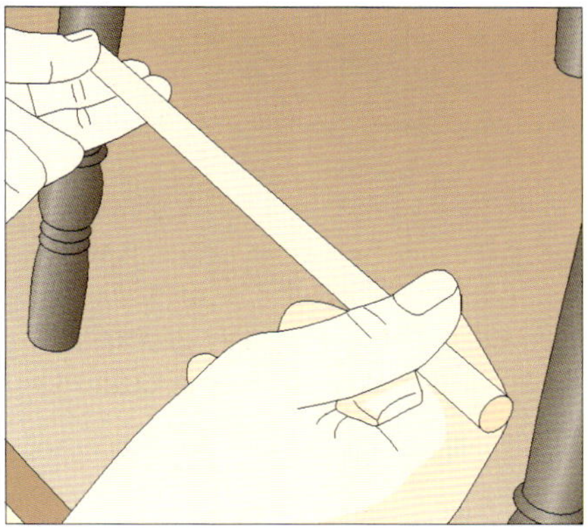

▲ Remplacez le barreau par un rond.

4 Pour remplacer un barreau reliant deux pieds, mesurez la distance entre ces derniers, et majorez-la de la profondeur de l'une des cavités où il sera fixé. Sciez une baguette ronde de même diamètre à cette longueur. Encollez les cavités et les deux extrémités de la baguette. Introduisez celle-ci dans les cavités, puis centrez-la. Laissez sécher. Teintez ce nouveau barreau comme le reste de la chaise.

5 Pour remplacer une assise, tracez un patron en plaçant du papier kraft sur la ceinture de la chaise. Reportez la forme au crayon sur du contreplaqué de 9 ou 10 mm d'épaisseur, puis découpez-la à la scie.

Découpez un bloc de mousse d'une forme identique au contreplaqué et fixez-la sur ce dernier grâce à quelques points de colle. Tendez de la toile épaisse au-dessus, puis agrafez-la au dos du contreplaqué. Recouvrez l'ensemble avec l'étoffe de votre choix, en la tendant bien et en l'agrafant également au dos du contreplaqué.

Placez la nouvelle assise dans la ceinture de la chaise et clouez-la avec des petites pointes si vous souhaitez qu'elle soit fixe.

TRUCS ET ASTUCES

Lorsqu'une chaise est bancale, placez-la sur une surface parfaitement plane afin de déterminer lequel des pieds est trop court. Glissez des morceaux de carton sous celui-ci jusqu'à obtenir la hauteur requise, puis utilisez-les comme gabarit pour raccourcir à la scie les trois autres pieds.

POSER DES CHARNIÈRES

Les charnières des vieux meubles sont souvent rouillées, tordues ou à moitié dévissées. Plutôt que de les réparer, il est préférable de les changer pour faciliter la manipulation des portes et éviter qu'elles ne se gauchissent. Veillez à choisir des charnières de la bonne taille, avec un système d'ouverture adapté à la position des portes sur le meuble.

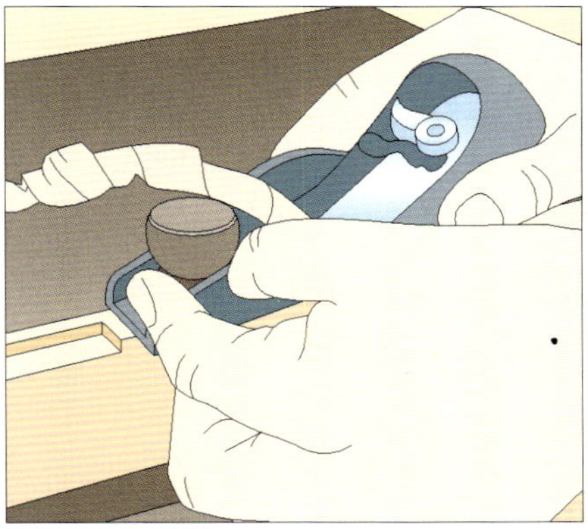

▲ Creusez les logements des charnières.

1 Démontez les vieilles charnières et, avec un petit rabot, creusez un logement adapté aux nouvelles.

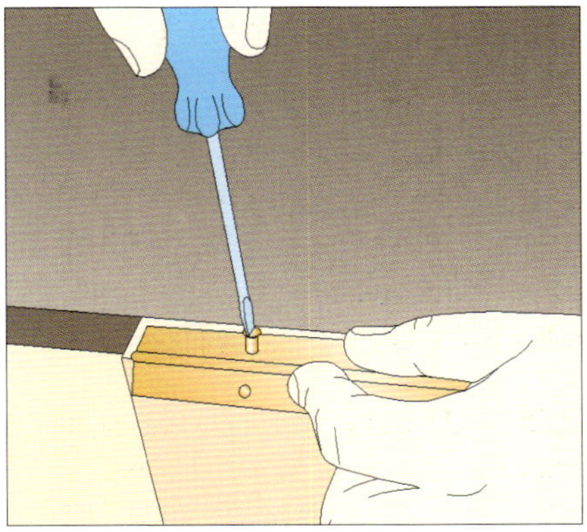

▲ Vissez les charnières neuves.

2 Installez les nouvelles charnières, d'abord sur le meuble, ensuite sur les portes, en veillant à ne pas laisser dépasser les vis.

TRUCS ET ASTUCES

- Il existe des vernis qui protègent l'éclat des accessoires neufs en cuivre et en laiton.
- Pensez à huiler régulièrement les charnières de vos meubles.

RÉPARER UN TIROIR

IL ARRIVE FRÉQUEMMENT que les coulisseaux des vieux tiroirs soient trop usés pour fonctionner correctement. Ce problème est bien plus facile à résoudre qu'il n'y paraît. Avant de commencer à les réparer, assurez-vous toutefois que les tiroirs ne comportent ni parasites ni pourriture sèche, et traitez-les éventuellement (voir page 133).

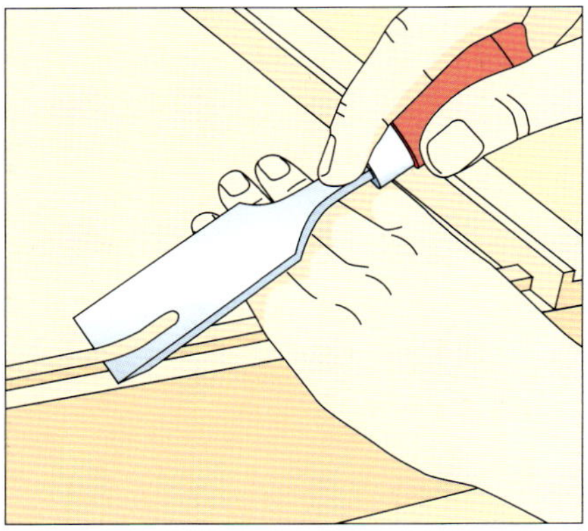

▲ Rognez les vieux coulisseaux.

1 Utilisez un ciseau à bois pour rogner les vieux couliseaux au ras du tiroir.

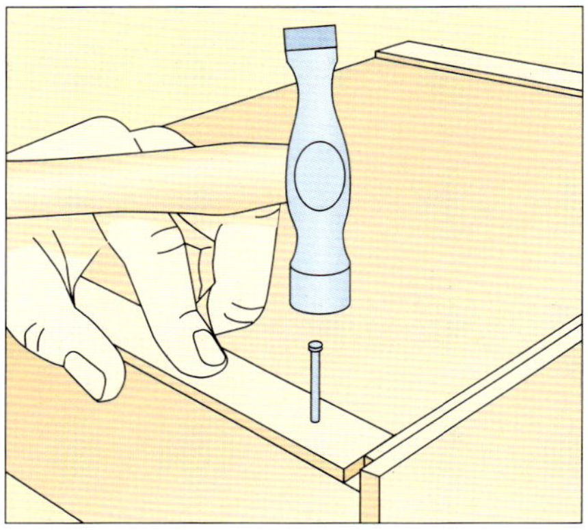

▲ Clouez deux planchettes de bois dur.

2 Clouez de chaque côté du tiroir une planchette en bois dur de l'épaisseur requise. Poncez rainures et coulisseaux au papier abrasif fin.

CONSEILS DE SÉCURITÉ

Manipulez les ciseaux à bois avec précaution. Fixez la pièce de bois dans un étau. Travaillez toujours vers l'extérieur, en veillant à ne jamais placer votre main devant la lame.

Préparation des supports

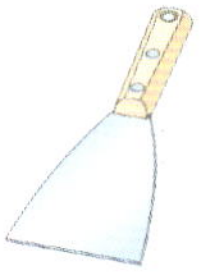

TOUTES LES TECHNIQUES décoratives, quelle que soit leur complexité, requièrent un support propre et sain. Bien que le travail de préparation soit parfois fastidieux, il est indispensable pour éviter que la peinture ne se craquelle ou ne s'écaille. Il est en effet regrettable de voir s'abîmer un décor auquel on avait accordé beaucoup de soin et de goût Vous ne regretterez pas le temps investi dans une préparation soigneuse, effectuée en toute sécurité.

LES APPRÊTS

UNE SURFACE bien préparée doit garantir la bonne adhérence de la finition décorative qui lui sera appliquée. La plupart des supports – en particulier le bois – étant poreux, il est nécessaire de les rendre quelque peu étanches avant de les peindre ou de les vernir. Il existe plusieurs sortes d'apprêts.

• LES SOUS-COUCHES ACRYLIQUES. Généralement blanches, elles ont l'avantage de sécher rapidement. Elles conviennent à de nombreux types de supports, mais il existe des qualités spécialement destinées au métal, au ciment ou encore aux matières plastiques. Sur le bois, il est parfois nécessaire d'en appliquer deux couches.

TRUCS ET ASTUCES

Les bois qui seront protégés par un vernis incolore peuvent être lissés avec du ponce-soie. Il s'agit d'une poudre très fine qui remplit les pores et les veines du bois. On l'applique à l'aide d'un chiffon en coton, roulé en tampon et imprégné d'alcool dénaturé, en exerçant des mouvements circulaires légers mais réguliers. Lorsque toute la surface est traitée, essuyez l'excédent de poudre avec un chiffon propre.

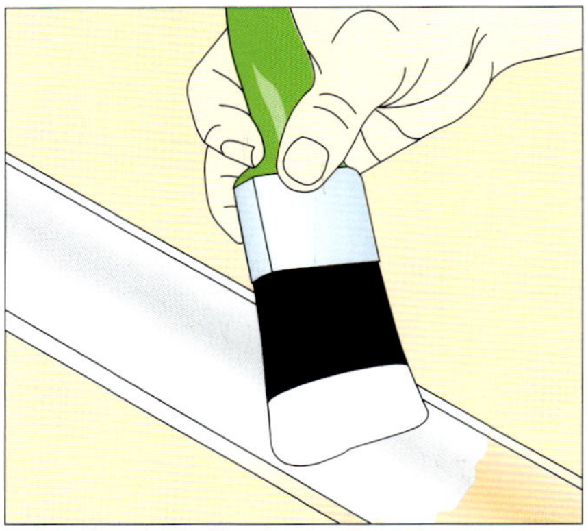

▲ Appliquez une sous-couche acrylique sur les bois brut.

• LES APPRÊTS À BASE DE SOLVANT. Ils sont très résistants mais assez longs à sécher. On les emploie surtout pour les supports sur lesquels les produits acryliques n'adhèrent pas, par exemple le métal ou les matières plastiques. Ces apprêts dégagent des émanations très fortes. Il est donc important de travailler dans un local correctement ventilé.

• LA COLLE DE PEAU. On l'utilise pour apprêter les supports destinés à recevoir une dorure à la feuille. On l'applique également sur du papier afin d'empêcher qu'il soit pénétré par de la peinture ou du vernis. Il convient de la dissoudre dans de l'eau puis de chauffer le mélange au bain-marie. Il existe du blanc-colle prêt à l'emploi.

❖ LA PRÉPARATION DES SUPPORTS ❖			
NATURE	NETTOYAGE	PONÇAGE/DÉCAPAGE	APPRÊT AVANT PEINTURE
AGGLOMÉRÉ			
• PLAQUÉ	essuyer avec un chiffon humide	papier abrasif à grain fin	sous-couche acrylique pour bois
• MÉLAMINÉ	laver avec de la lessive de soude	papier abrasif à grain fin	sous-couche acrylique pour bois
BOIS			
• BRUT	essuyer avec un chiffon humide	papier abrasif de plus en plus fin	sous-couche acrylique pour bois
• PEINT	laver avec de la lessive de soude	décapant chimique puis papier abrasif de plus en plus fin	sous-couche acrylique pour bois
• VERNI	brosser avec une brosse métallique puis laver avec de la lessive de soude	décapant chimique puis papier abrasif de plus en plus fin	sous-couche acrylique pour bois
• CIRÉ	brosser avec une brosse métallique puis laver avec de la lessive de soude	décapant chimique puis papier abrasif de plus en plus fin	sous-couche acrylique pour bois
CONTREPLAQUÉ			
• BRUT	essuyer avec un chiffon humide	papier abrasif à grain fin	sous-couche acrylique pour bois
• VERNI	brosser avec une brosse métallique puis laver avec de la lessive de soude	papier abrasif à grain fin	sous-couche acrylique pour bois
FIBRES DURES	laver avec de la lessive de soude	papier abrasif à grain fin	sous-couche acrylique pour bois
MEDIUM			
• BRUT	essuyer avec un chiffon humide	papier abrasif à grain fin	sous-couche acrylique pour bois
• PEINT	laver avec de la lessive de soude	papier abrasif à grain fin	sous-couche acrylique pour bois
MÉTAL			
• BRUT	brosser à la brosse métallique puis essuyer avec de la laine d'acier imprégnée de white spirit	papier abrasif à l'eau	sous-couche antirouille pour métaux
• PEINT	laver avec de la lessive de soude	décapant chimique puis papier abrasif à l'eau	sous-couche antirouille pour métaux
PLASTIQUE	laver avec de la lessive de soude ou du white spirit	papier abrasif à l'eau	sous-couche pour plastiques

• LES SOUS-COUCHES ANTIROUILLE. On les applique sur les métaux pour éviter la réapparition de la rouille. Le minium traditionnel est très résistant, mais sa teinte rouge ou grise est difficile à couvrir. Préférez-lui une sous-couche ou une primaire blanche. Avant de l'appliquer, brossez soigneusement le support puis poncez-le.

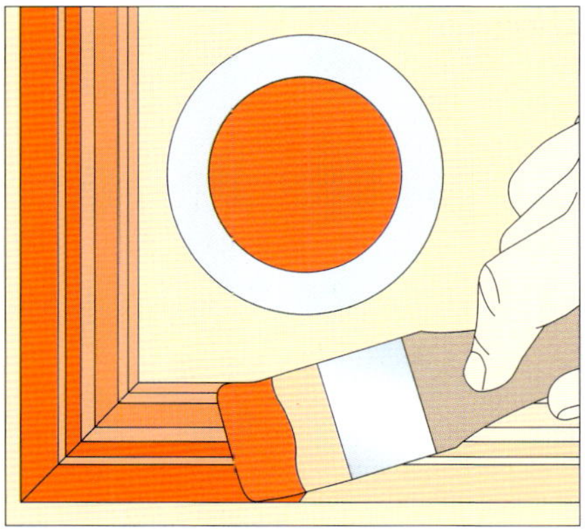

▲ Protégez les métaux en appliquant une sous-couche antirouille.

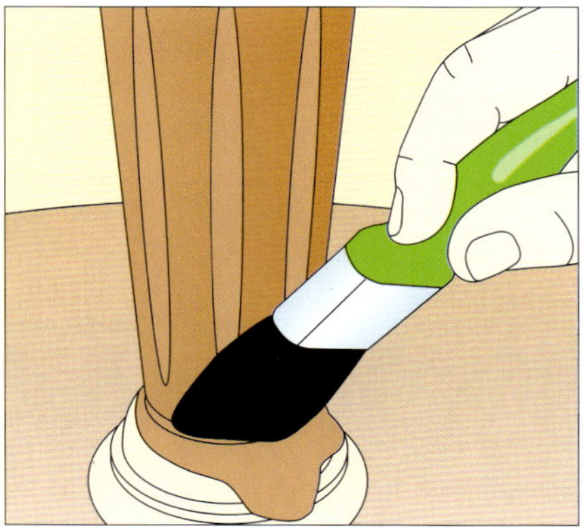

▲ Bouche-porez les bois bruts en appliquant une couche de fondur.

• LES ENDUITS DE FINITION LIQUIDE. Applicables au pinceau, ils permettent de lisser un support avant d'appliquer une sous-couche.

• LES FONDURS. On les applique pour bouche-porer les bois, en particulier ceux que l'on vient de décaper ou les essences très poreuses. Incolores, ils génèrent une surface lisse et imperméable, prête à être cirée, vernie ou décorée de collages.

TRACÉS ET DÉCOUPES

LE RESPECT DE quelques principes de base simples permet d'effectuer des tracés et des découpes soignés, garants d'un décor réussi.

LA PRISE DE MESURES

Trois outils très simples suffisent à placer correctement un motif.

• LA RÈGLE. Choisissez une règle plate et solide, avec des graduations précises. Les modèles en métal sont plus stables et résistent aux passages répétés des lames de cutters.

• L'ÉQUERRE. Elle permet de tracer rapidement des angles droits. Les modèles en plastique transparent sont pratiques car ils laissent voir les repères marqués sur le support.

• LE CRAYON. Selon la nature du support, effectuez les tracés avec un crayon à mine tendre ou un stylo-feutre soluble à l'eau. Vérifiez toujours qu'il sera possible d'effacer facilement les traits.

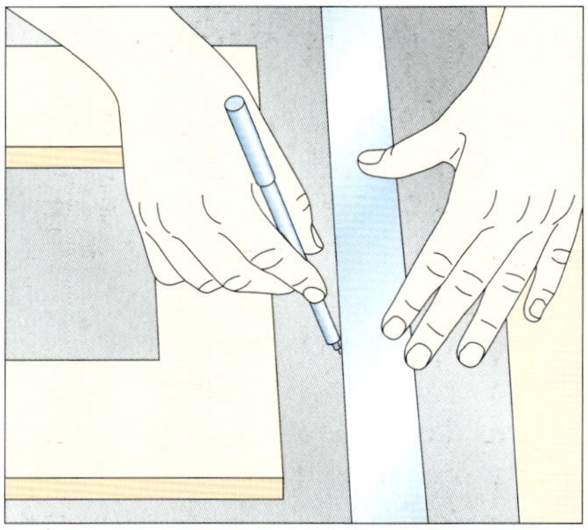

▲ Une règle plate permet des tracés précis.

PRÉPARER UNE RÉALISATION

1 Lorsque vous souhaitez apporter des aménagements à un meuble, effectuez des mesures précises et reportez-les sur un plan sommaire mais coté. Pensez à indiquer sur celui-ci les endroits où seront placées les différentes fixations. Assurez-vous que les transformations envisagées seront suffisamment résistantes et fonctionnelles. Par exemple, si vous voulez munir un placard d'étagères, réfléchissez à la taille des objets que vous y rangerez. Il est toujours préférable de majorer légèrement l'espace requis afin d'en faciliter l'accès. Réfléchissez également à l'emplacement le plus judicieux pour les boutons, les charnières et les systèmes de fixation.

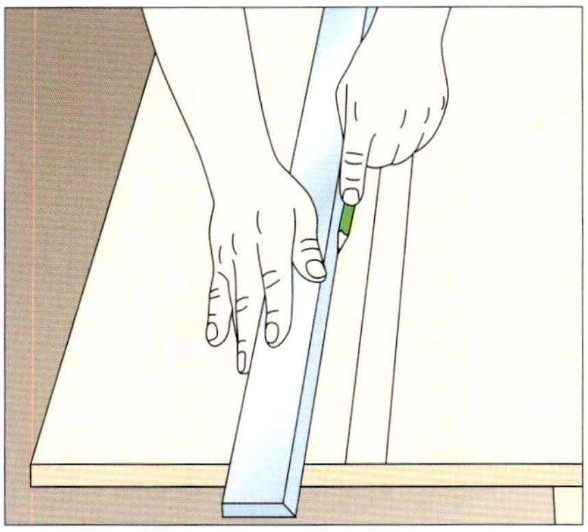

▲ Tracez des repères précis.

2 Lorsque vous devez réaliser plusieurs pièces semblables ou symétriques – par exemple des dossiers de chaise en bois –, fabriquez un gabarit en papier, fixez-le sur le support, et tracez-en soigneusement le contour.

LE REPORT DU MOTIF

Utilisez du ruban crépon adhésif pour fixer le modèle et le support sur lequel vous le reportez, afin qu'aucun des deux ne glisse. Vous pouvez travailler par transparence sur une table lumineuse ou contre la vitre d'une fenêtre, ou encore utiliser du papier-calque.

DÉCALQUER UN MOTIF

1 Fixer une feuille de papier-calque sur le modèle. Dessinez le motif avec un crayon HB bien aiguisé. Si le dessin comporte des courbes, il est préférable de déplacer le papier plutôt que de changer de position.

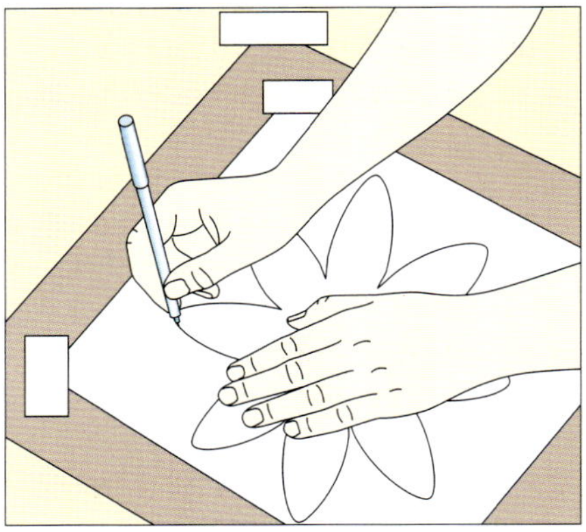

▲ Dessinez le motif par transparence.

2 Retournez le papier-calque et placez-le sur une feuille de papier. Repassez les tracés avec un crayon tendre (2B). Fixez le papier-calque sur le support, la face endroit sur le dessus, et repassez de nouveau les tracés.

TRUCS ET ASTUCES

Tracez les motifs avec la plus grande précision possible. Lorsque vous les découpez, placez la lame de la scie ou du cutter sur le contour extérieur du tracé. En effet, si vous travaillez à l'intérieur de celui-ci, la forme obtenue sera légèrement trop petite.

MATÉRIEL DE BASE

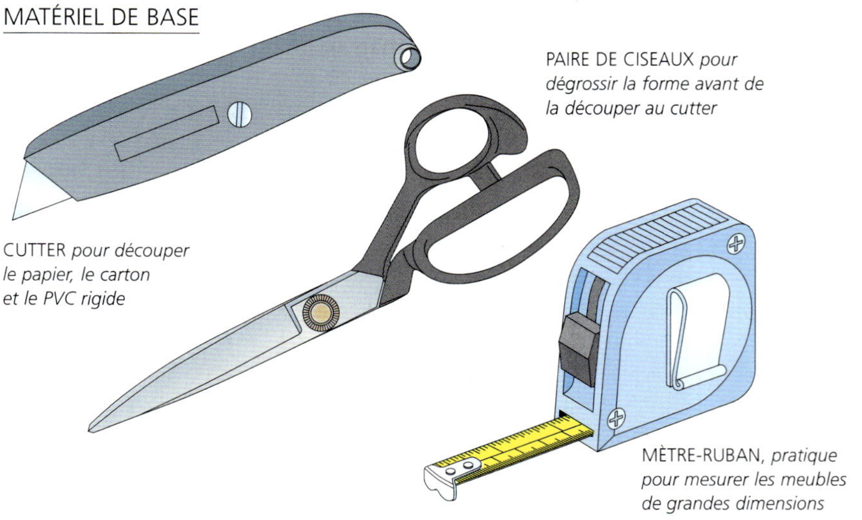

LES OUTILS DE DÉCOUPE

Qu'il s'agisse de papier, de PVC rigide, de bois ou bien de feuilles de métal, le secret d'une découpe réussie consiste à employer des outils bien affûtés.

• LES SCIES. Il en existe différentes sortes, chacune étant adaptée à un usage précis. Les scies égoïnes servent à effectuer des découpes rectilignes. Pour réaliser des courbes, on emploie une scie sauteuse ou une scie à chantourner. Dans le cas de motifs complexes, commencez par dégrossir la forme avant de scier en suivant précisément les tracés.

• LES PAIRES DE CISEAUX. Afin de ne pas endommager leurs lames, réservez-en une paire à la découpe exclusive du papier, du carton et du PVC rigide. Pour les travaux minutieux, vous pouvez utiliser une paire de ciseaux de manucure.

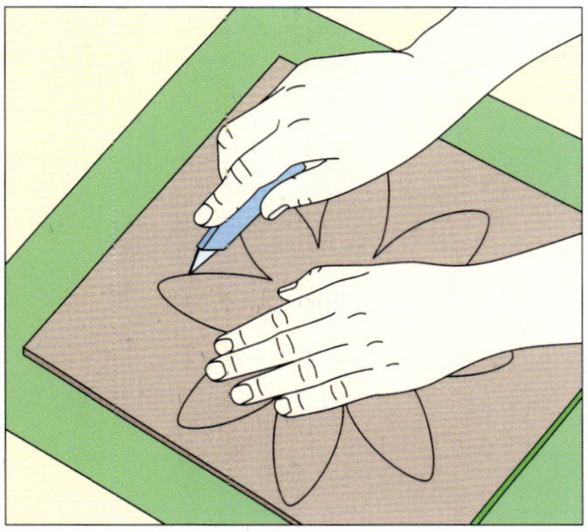

▲ Découpez les motifs au cutter.

• CUTTERS ET COUTEAUX. Ils autorisent des découpes plus complexes et plus précises que les paires de ciseaux. Les cutters sont pratiques pour réaliser des coupes rectilignes. Les couteaux sont mieux adaptés aux motifs complexes, surtout les modèles pivotants. Dans tous les cas, veillez à changer régulièrement la lame.

• LES PLAQUES DE COUPE. Bien que l'on puisse protéger le plan de travail avec du carton, on obtient des résultats plus précis en utilisant une plaque de coupe en matière plastique autocicatrisante.

Finitions : vernis, cire

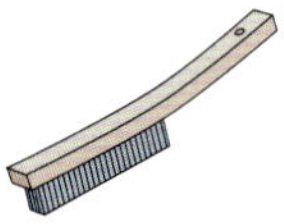

Une fois un décor réalisé, il est important de le protéger. Cette finition permet de rendre le support rénové aussi joli que fonctionnel, puisqu'il pourra être manipulé et entretenu au fil du temps. Tout en étant résistante, elle doit être accordée au style de l'objet ou du meuble sur laquelle on l'applique.

LES PRODUITS DE FINITION

On protège habituellement un support naturel ou décoré avec du vernis ou de la cire.

LES VERNIS

À l'inverse des teintes à bois qui pénètrent les fibres, les vernis forment une pellicule protectrice à la surface du support. On peut les appliquer sur un support nu, préalablement poncé et essuyé, ou peint.

Il existe une multitude de vernis, offrant des finitions mates, satinées ou brillantes. Ils peuvent être incolores ou bien teintés.

• LES VERNIS À BASE DE SOLVANT. Il en existe différentes sortes, dont certaines disponibles en bombe aérosol. Les plus simples à utiliser sont ceux contenant des résines polyuréthannes, car ils sèchent rapidement, tout en offrant une protection renforcée. Pour obtenir une finition lustrée mais pas trop éclatante, appliquez une couche de vernis brillant puis, après séchage, recouvrez-la de vernis mat ou satiné. Le solvant approprié au nettoyage des outils est indiqué par le fabricant. Il s'agit en général de white spirit ou d'essence de térébenthine.

Les vernis à base de solvant sont plus résistants à l'usure et à la chaleur que les vernis acryliques (voir ci-dessous). En revanche, ils ont tendance à jaunir au fil du temps.

Tout en ofrant une protection équivalente, les vernis cirés donnent une finition patinée.

Les vernis gras – c'est-à-dire composés principalement d'huiles siccatives – sont parfaits comme apprêt pour l'application ultérieure d'un vernis craqueleur à l'eau.

• LES VERNIS ACRYLIQUES. Ils ont l'avantage de sécher rapidement, d'être quasiment inodores et d'autoriser le nettoyage des outils à l'eau. D'apparence laiteuse, ils deviennent absolument transparents en séchant. Toutefois, les qualités mates ont tendance à opacifier le décor si on en superpose plusieurs couches, ce qui les rend inadaptés pour certaines techniques, comme le collage.

Moins résistants que ceux à base de solvant, les vernis acryliques offrent cependant une protection suffisante pour la plupart des objets destinés à rester à l'intérieur de la maison. Dans le cas de meubles soumis à un usage intensif – un bureau d'enfant, par exemple –, on peut employer un vernis acrylique contenant des résines polyuréthannes.

TRUCS ET ASTUCES

Vous obtiendrez toujours une finition plus esthétique et plus résistante en superposant plusieurs fines couches de vernis, plutôt qu'une ou deux couches épaisses. Avant d'appliquer une nouvelle couche de vernis, attendez que la précédente soit parfaitement sèche, égrenez-la – c'est-à-dire poncez-la très légèrement – avec du papier abrasif à grain très fin ou avec de la laine d'acier n° 000 (voir page 129), puis dépoussiérez soigneusement le support.

❖ VERNIS ET CIRES ❖

NATURE	SOLVANT	ÉCLAT	QUALITÉS
VERNIS À BASE DE SOLVANT			
• MATS	white spirit	faible	jaunit parfois en vieillissant, très résistant
• SATINÉS	white spirit	moyen	jaunit parfois en vieillissant, très résistant
• BRILLANTS	white spirit	élevé	jaunit parfois en vieillissant, très résistant
VERNIS ACRYLIQUES			
• MATS	eau	aucun	ne jaunit pas, résistant
• SATINÉS	eau	faible	ne jaunit pas, résistant
VERNIS GOMME-LAQUE	alcool dénaturé	élevé	ne jaunit pas, très résistant
VERNIS CELLULOSIQUES	eau	élevé	ne jaunit pas, peu résistant
ENCAUSTIQUES	white spirit	moyen	jaunit parfois en vieillissant, résistant
CIRE TEINTANTES	white spirit	moyen	ne jaunit pas, résistant

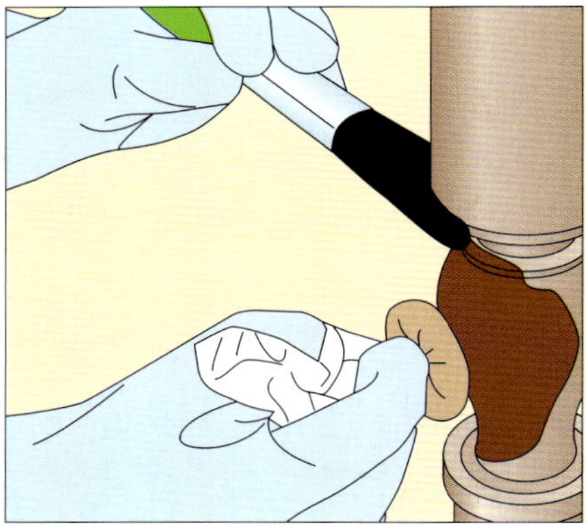

▲ Application du vernis gomme-laque sur une petite pièce

• LES VERNIS GOMME-LAQUE. Composés de résines naturelles et d'alcool, ces vernis fins sèchent très vite. Ils sont traditionnellement employés dans la restauration de meubles pour la méthode dite « au tampon ». Les vernis gomme-laque sont incolores ou teintés dans différents tons de brun. On peut les fabriquer soi-même en mélangeant des paillettes de gomme-laque et de l'alcool fin.

Sur les petites pièces, on applique le vernis gomme-laque au pinceau, puis on l'étale avec un chiffon roulé en boule ; pour les surfaces importantes, on utilise un tampon de mèche de coton enveloppé dans un chiffon.

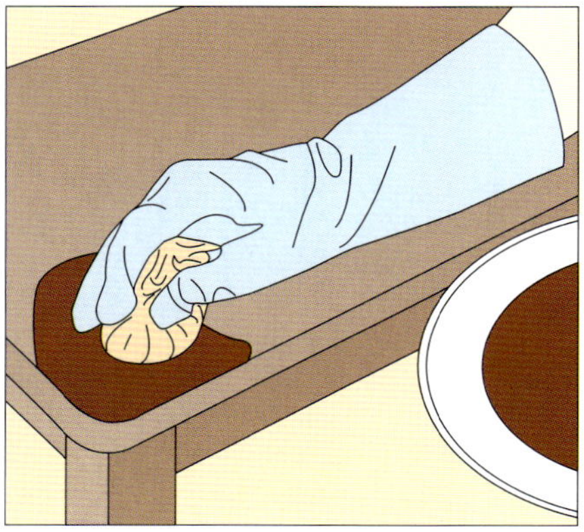

▲ Application du vernis gomme-laque sur une surface de grande taille

• LES VERNIS CELLULOSIQUES
Généralement vendus en bombe aérosol, ces vernis donnent une finition très brillante. Ils sèchent rapidement et ne jaunissent pas trop en vieillissant.

On utilise uniquement les vernis cellulosiques sur des décors réalisés avec des peintures acryliques ou à l'eau, car leurs composants risquent de dissoudre les solvants.

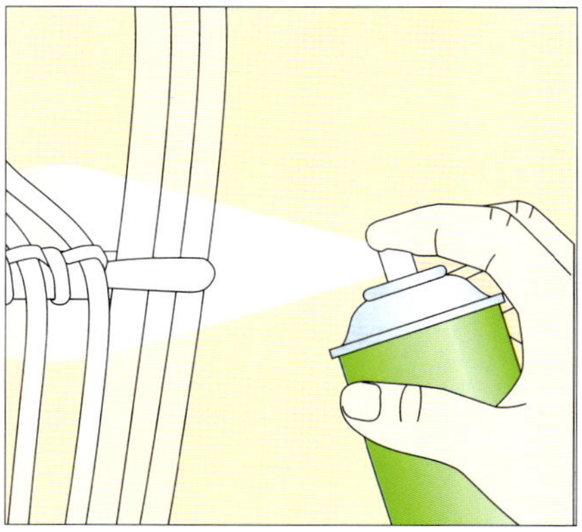

▲ Vaporisez une fine couche de vernis cellulosique sur le support décoré.

APPLIQUER DU VERNIS

1 Poncez le support avec du papier abrasif à grain fin, puis essuyez-le à l'aide d'un chiffon.

2 Utilisez un pinceau parfaitement propre. Essuyez-le sur du papier afin de chasser l'air retenu entre les soies et de retirer celles qui sont déjà détachées.

Appliquez le vernis par longues touches souples, en l'étirant bien pour éviter les coulures et les surchages. Tenez le pinceau presque perpendiculairement au support et travaillez dans le sens des fibres.

TRUCS ET ASTUCES

• Tous les vernis sont fragiles tant qu'ils ne sont pas parfaitements secs. Lorsque vous les appliquez, évitez de porter des vêtements laineux ou duveteux afin qu'aucune fibre ne vienne se coller sur le support. Si vous avez les cheveux longs, attachez-les ou retenez-les sous un foulard. Laissez sécher à l'abri des courants d'air, dans un local chauffé mais sans excès, car les changements brusques de température peuvent rendre le vernis poudreux.

• Pour appliquer du vernis gomme-laque, portez des gants de protection car ce produit est très salissant, et utilisez toujours des chiffons non-pelucheux.

• Quelle que soit la nature du vernis, appliquez-le avec un pinceau à vernir, c'est-à-dire plat et doté de longues soies douces et souples.

3 Laissez sécher le vernis le temps préconisé par le fabricant, plusieurs jours si cela est possible. Avant d'appliquer une nouvelle couche, égrenez la précédente avec du papier abrasif à grain fin, puis dépoussiérez soigneusement.

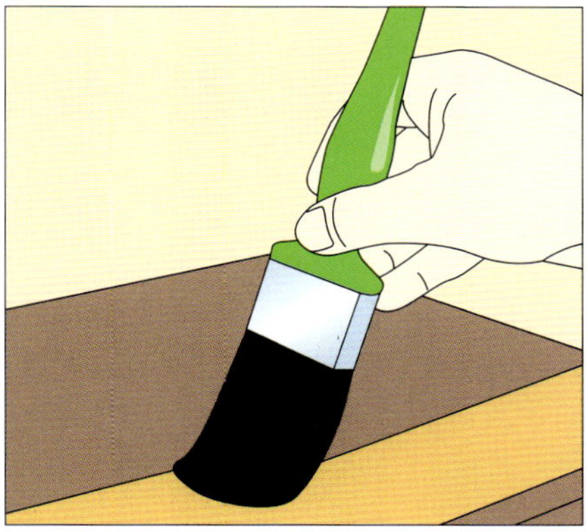

▲ Étirez souplement les touches de vernis.

LES CIRES

On peut appliquer de la cire sur un support brut, peint ou verni. On obtiendra des patines réussies en superposant un grand nombre de fines couches de cire.

• LES ENCAUSTIQUES. Incolores, en pâte ou liquide et composées de cire d'abeilles. Elles servent à protéger un support mais aussi à l'entretenir.

• LES CIRES TEINTANTES. Elles existent dans plusieurs tons de bois.

• LES CIRES À CÉRUSER. On les utilise pour remplir les veines et les pores du bois. Traditionnellement blanches, elles existent également en divers tons pastel.

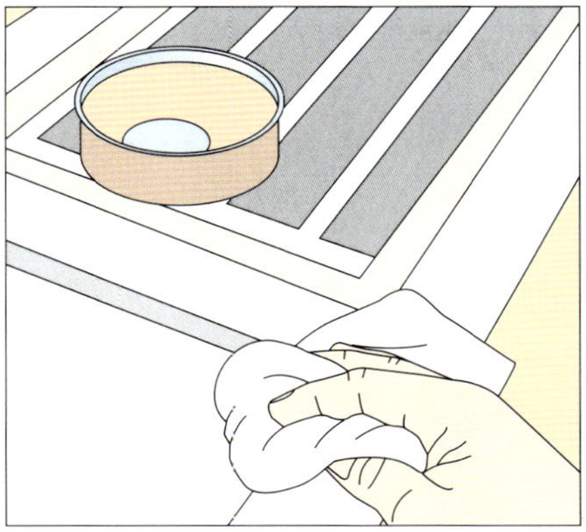

▲ Superposez plusieurs fines couches de cire.

APPLIQUER DE LA CIRE

1 Poncez légèrement le support au papier abrasif à grain fin, puis dépoussiérez-le avec un chiffon.

2 Appliquez la cire à l'aide d'un tampon de laine d'acier. Procédez par longues touches parallèles aux fibres, en faisant bien pénétrer la cire dans celles-ci, sans former de surcharges.

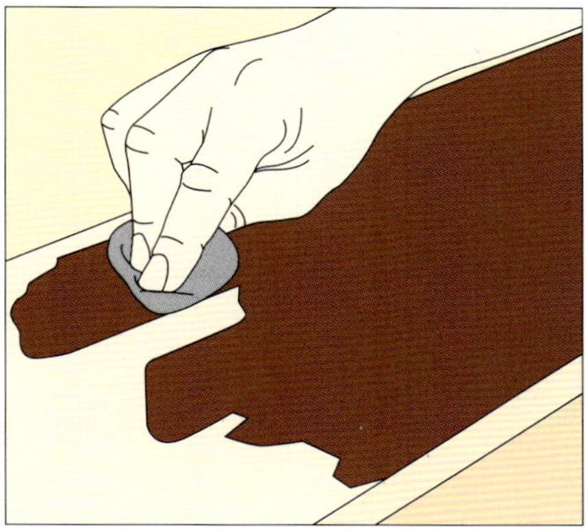

▲ Faites pénétrer la cire avec un tampon de laine d'acier.

3 Laissez sécher quelques minutes puis lustrez avec un chiffon non-pelucheux. Dès que celui-ci est trop chargé de cire, prenez-en un nouveau. Maintenez fermement le support avec votre main libre et un chiffon de façon à ne pas tacher les surfaces déjà cirées. Continuez à lustrer jusqu'à ce que le support ne soit plus du tout collant.

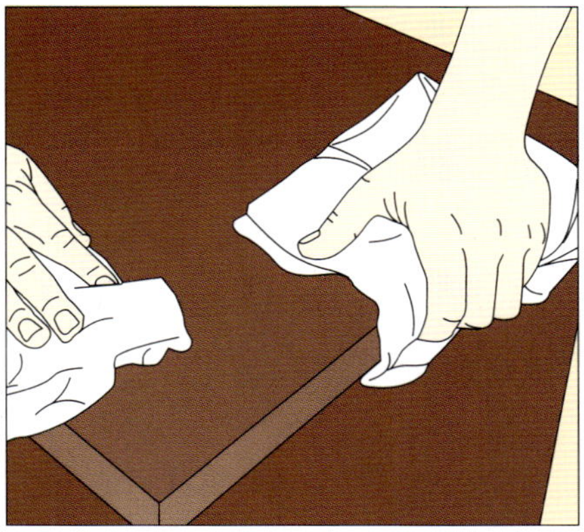

▲ Maintenez le support avec un chiffon.

4 Répétez les étapes 2 et 3 au moins une fois. Plus vous appliquerez de couches de cire en lustrant chacune d'elles, plus la patine obtenue sera réussie.

Modèles et gabarits

Table ronde, pages 78 à 81

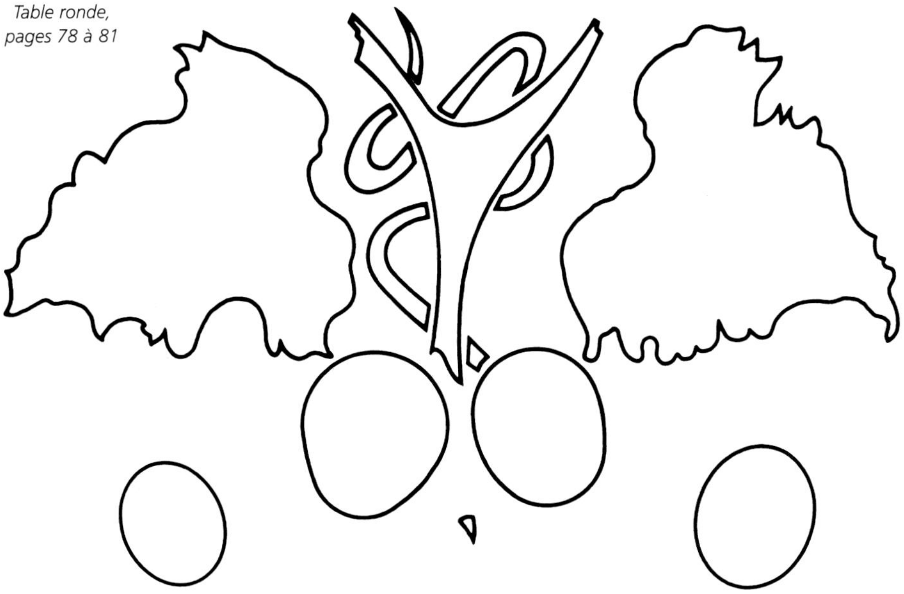

Table ronde, pages 78 à 81

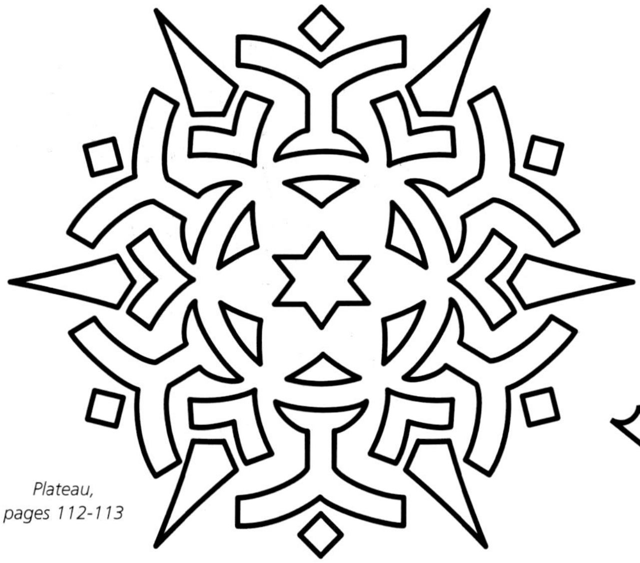

Plateau, pages 112-113

Lit de bébé, pages 106-107

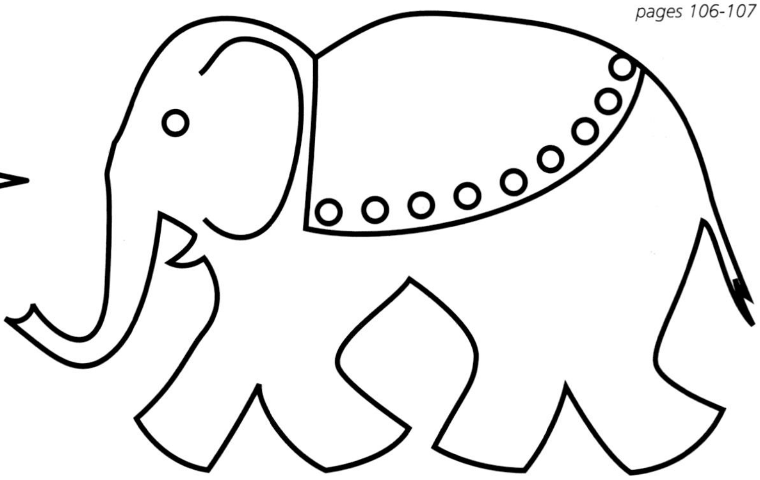

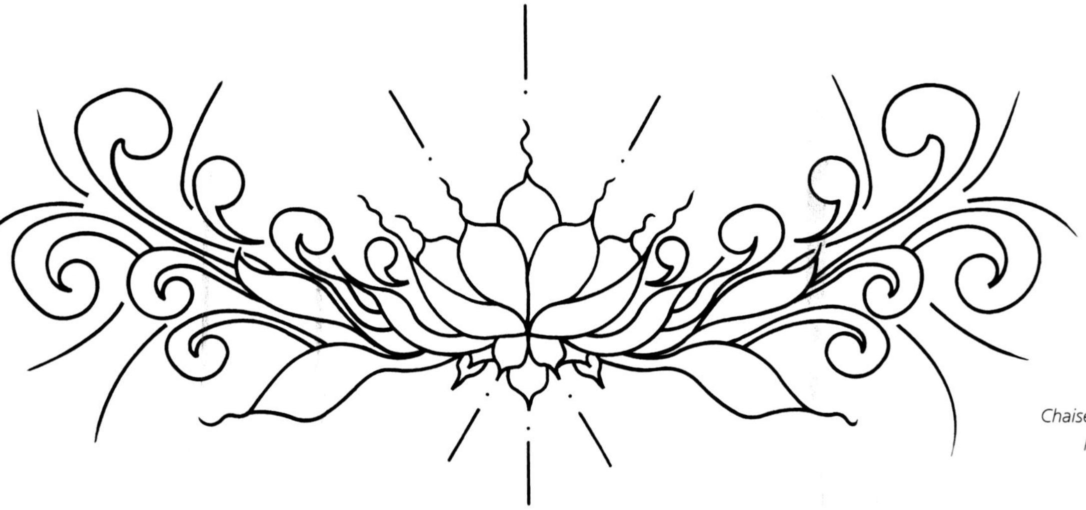

Chaise de style rustique pages 88-89

Chevet,
pages 58 à 60

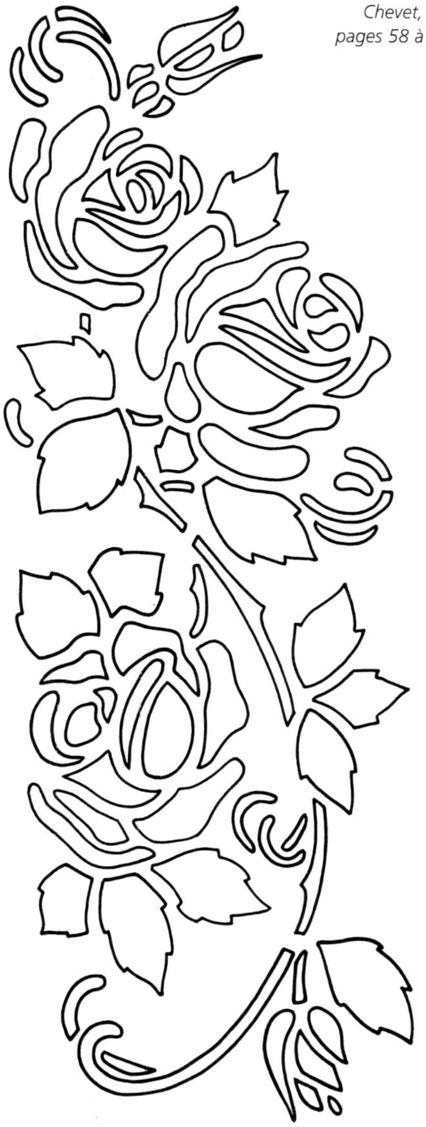

Verres et carafe,
pages 110-111

Table basse,
pages 75 à 77

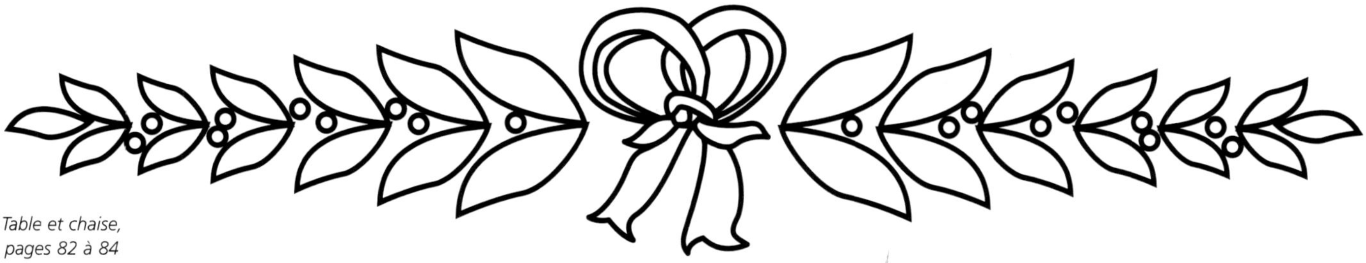

Table et chaise,
pages 82 à 84

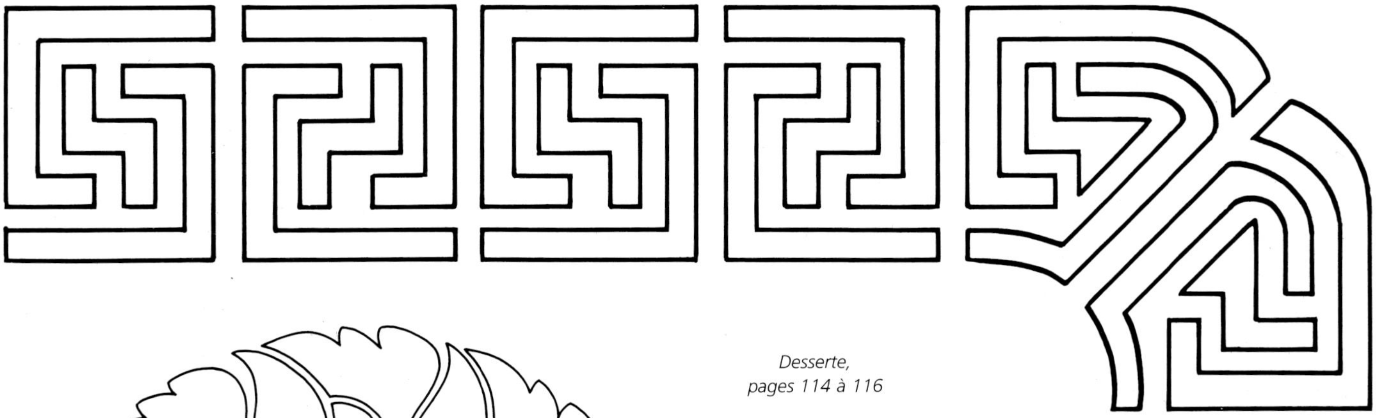

Desserte,
pages 114 à 116

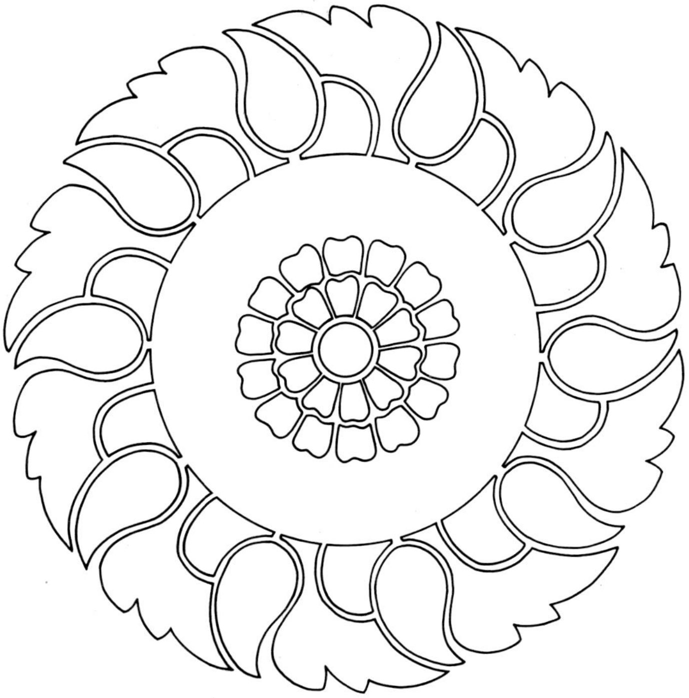

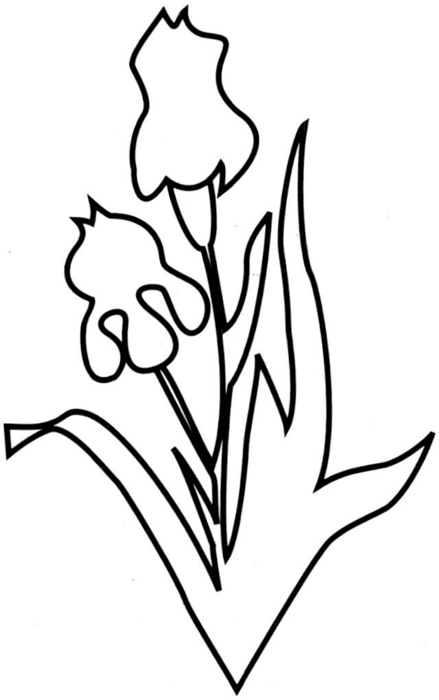

Paravent,
pages 48 à 51

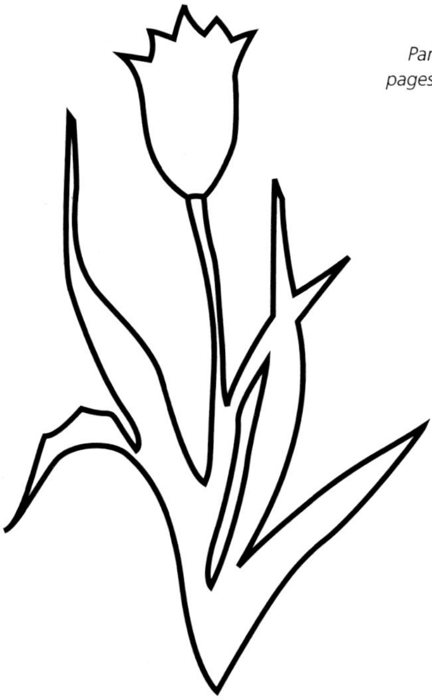

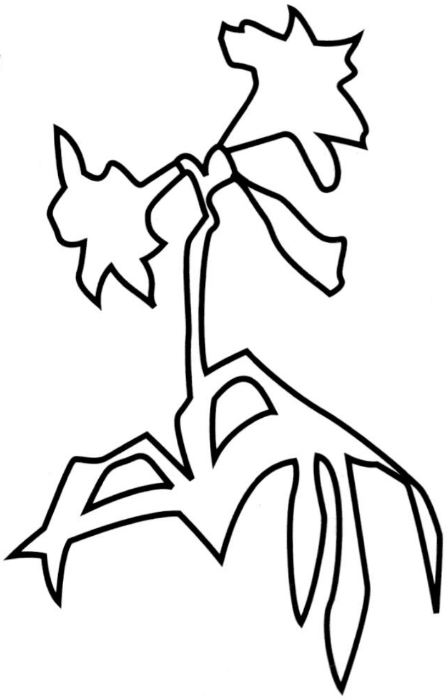

Dépôt légal : octobre 2000
Numéro d'éditeur : 6175